譽毀之間
PRAISE AND CRITIC

—— 邁向權力巔峰的希拉蕊 ——

二〇一六年美國總統大選，希拉蕊再度競選，

理所當然，卻又有些令人出乎意料。

希拉蕊旋風引起熱烈的討論，

貫穿了她的政治生命乃至家庭生活，

成為這個全球矚目的女人鮮明的人生縮影。

前言

在政壇上，希拉蕊是一個神話般的存在。

或許，從入主小岩城州長官邸的那一刻開始，政治就已經取代柯林頓，成為希拉蕊生活中的全部——

否則，我們很難相信，一個女人需要怎樣的勇氣，才能在看過丈夫搞砸的那條裙子之後（意指與別的女人偷情），還能繼續與他同床共枕；也無法理解，希拉蕊為何要在第一夫人「任期」的最後兩年，選擇遠離白宮，去競選紐約州的參議員。

否則，我們難以解釋，在二〇〇八年大選中與歐巴馬奮戰到最後一州鎩羽而歸的希拉蕊，為何在半年之後，欣然同意為自己恨過、罵過、也罵過自己的歐巴馬同台助選拉票；我們更無法相信，在出任國務卿的四年內，希拉蕊可以像女超人一樣，奔波訪問世界一百一十二個國家，積累了一百五十多萬的飛行里程，目的就只是為了她所謂的「重塑美國的大國形象」。

我們寧願相信，這是一起長期預謀、精心策劃的政治野心路線圖，並且即將在二〇一六年迎來希拉蕊政治長跑的終點——美國歷史上第一位女總統。

嗯……演義的成分似乎多了一點。

歷史畢竟不是萬靈丹，儘管希拉蕊在二○○八年大選後的政治生涯，有著與《達文西密碼》一樣的血淚曲折和堅毅的隱忍，在絢爛華麗的政治舞臺背後，充滿著利益交換和宮心鬥計，隱匿著一個長達八年的「白宮道路工程」。

而引爆這一工程的最後時刻，將被定格在二○一六年七月二十八日，費城，民主黨的全國代表大會，屆時紅藍白條的彩旗和氣球將隨著歡呼聲排山倒海而來，希拉蕊的身後是比爾．柯林頓、女兒雀兒喜和兩歲的外孫女夏綠蒂，還有幾萬名民主黨的忠貞黨員，希拉蕊將被正式提名為民主黨總統候選人。

這場景怎麼看著有點眼熟？噢，是八年前站在這的主角——在政治上初出茅廬的巴拉克．海珊．歐巴馬二世（**Barack Hussein Obama II**），美國歷史上第一位黑人總統。

曾經在華盛頓創造了二十多年政治神話的希拉蕊，這一次，能否再度締造奇蹟？

但希拉蕊不是神，可能在某些人眼裡，她是女神，但她真的不是「神」。

有時候，她的神經有點大條。坐在軍用運輸機上，戴著墨鏡看手機；在南非扭著屁股，與黑人女歌手大跳貼面舞；一成不變的褲裝和怎麼改變都會被嘲笑的髮型。

有時候，她給人的感覺很強勢，鷹派作風明顯。場景回到在白宮地下戰情室，希拉蕊強烈主張用巡弋飛彈將賓．拉登藏身地炸飛，一了百了；在遏止中國崛起和南海爭端上，她第一個提出美國「亞太再平衡」的戰略；在「阿拉伯之春」發軔之初，希拉蕊就警告中東一些體制僵化的國家，警惕來自民間的公民運動力量，總有一天會將獨裁國家「陷落沙丘」。

希拉蕊並不善於處理政治危機，擔任國務卿的四年，她奔走世界到處「撲火」，卻收效甚微。中東和談基本上陷入無和平可談的地步，以巴地區衝突不斷；北韓、伊朗核子問題停滯不前；極端宗教恐怖主義改頭換面後捲土重來，且更加隱蔽、分散和殘忍；在亞洲地緣政治上不斷攪局，而美國提出的「亞太軸心戰略」反而誘發這些地區的局勢更加不穩。

希拉蕊甚至不會處理個人形象危機。在班加西事件的國會聽證會上，希拉蕊幾乎是咆哮敲著桌子，為自己辯護，面目有些猙獰，整張臉垮下來；在聯合國記者招待會上，面對媒體對她利用私人電子信箱處理政府公務郵件的質疑，希拉蕊像個高中生一樣，面無表情地朗讀一份事先準備好的聲明稿，生硬蒼白，顯得毫無誠意，最後竟然任性地將家中伺服器上的三萬多封電子郵件全數刪除。

希拉蕊不是一個宏觀的戰略家，作為女人，她對細節的關注超過對大趨勢的研判。她會記得國務卿專機上空服員的生日，會在拜訪緬甸民主聯盟領袖翁山蘇姬的時候，細心地穿一件東方風格的白色套衫，還會鉅細靡遺地給自己的重要政治捐款人一人發一封感謝信。

希拉蕊身為女性，她期待著打破籠罩在女性頭上的那塊「玻璃天花板」，卻沒有信心把自己推到女權領袖的前臺，直到升格成為外婆，她才意識到，自己作為女人對於美國政治的重要性。

希拉蕊不是神，也從來沒有想過走上神壇。她大部分的時候是真誠、率直的，如果政治必須虛假，她寧願選擇沉默，這也讓她在公眾面前顯得有點冷漠和疏離。

因此，這本書無意將希拉蕊捧上神壇，而是儘量還原一個真實、多元的希拉蕊，還原一個政治生命在遭遇滑鐵盧之後，她的痛苦、隱忍、奮進、不滿和幸福。

希拉蕊的八年白宮之路，也是美國現代政治史上的轉折期。華爾街金融風暴之後，美國全球霸權的地位不再；歐巴馬疲於應對國內危機，在健保改革、移民法案等新政上的實施舉步維艱；人口地理的變化，少數族群尤其是西班牙裔、亞裔人口的增加，正在改變著美國的選舉地圖和民主共和兩黨的力量對比；網際網路和社群媒體對政治輿論的滲透和影響力不斷擴大。

這本書不會非常專業地討論這些問題，但從希拉蕊的政壇路途中，我們可以感受到美國當代政治的生動和複雜性，而這些可能是你在《紙牌屋》裡看不到的。

最後，謹以此書獻給初為人母的妻子，以及用各種方式騷擾我寫作的寶寶。

目錄

前言 3
序幕 11

Part 1 出仕 23

1 團結 24
團結鎮 24
丹佛大會的花瓶 28
電郵名單 33

2 國務卿 43
對歐巴馬說「不」 43
柯林頓的犧牲 48
自由組閣 54
「巧實力」 65

3 霧谷 74
明星紅毯 74
外交新思路 77
保持距離 82

Part 2 亞洲戰略 93

4 起飛 94
波音七五七 94
太平洋世紀 99
亞洲旋風 104
北韓人質事件 114

5 試水中國 124
同舟共濟 124
世博會 131
6 圍堵南海 141
送給越南的大禮 141
拜訪緬甸 151
翁山蘇姬 164
Part 3 鐵腕柔情 171
7 阿拉伯之春 172
突尼西亞的骨牌效應 172
埃及強人的終結 180
利比亞禁飛區 190
8 賓・拉登 205
帕內塔的秘密 205
戰情室內搖擺不定 212
狙擊賓・拉登 219
9 巴基斯坦 225
民間外交 225
照片往事 236
北約補給線 243
10 班加西之戰 248
第十一個紀念日 248
憤怒的穆斯林 253
混亂的紅色警報 259
代罪羔羊 265

Contents
目錄

11 死結 277
「重啟」美俄關係 277
中東的鷹派對手 287
脆弱的停火 302

Part 4 網路外交 309

12 推特政治 310
伊朗綠色革命 310
網路力量 318

13 維基解密 324
爆炸性的外交電文 324
道歉之旅 329

Part 5 性情中人 339

14 形象 340
邊緣 340
真情流露 347
被惡搞的簡訊 353

15 柯林頓 358
柯林頓的小岩城 358
超高人氣 364

16 雀兒喜 371
官二代 371
家族事業 381
升格外婆 393

Part 6 白宮之路 397

17 熱身 398

傳奇 398

新生 408

18 女總統 415

準備 415

競爭 428

女人 432

附錄一 希拉蕊大事記 441

附錄二 參考書目 443

序幕

二〇〇八年六月六日，美國首都華盛頓西北角，懷特海文街的盡頭，一片林蔭掩映之處，柯林頓夫婦的豪宅內隱隱傳來喧鬧和笑聲，一場暴風雨即將來臨，華盛頓顯得異常悶熱。

二〇〇八年的美國總統大選，在這個悶熱的六月，迎來了它的分水嶺。

希拉蕊．柯林頓的臉上浸潤著汗水，簇擁著一支競選團隊，在後院裡拍照留念，兩百多名政治顧問、幕僚和工作人員將豪宅內外花園擠得更加悶熱。

這是希拉蕊為爭取民主黨總統候選人而展開的競選之旅最後一場狂歡，空氣中瀰漫著失敗和沮喪。後花園裡，丈夫柯林頓仍在抱怨《與媒體見面》訪談節目主持人提姆．拉瑟特（**Tim Russert**）的偏見。早在一個月前的北卡羅萊納和印第安納州預選中，這位國家廣播公司（**NBC**）的名嘴就斷定，希拉蕊的競選旅程已經終結。

「有時候，在大選中，競選人往往是最後一個意識到時機已過的人。就像是靠呼吸器維生的植物人，一旦拿走呼吸機，他們就只有死路一條。」拉瑟特說。

希拉蕊顯然不是政治植物人，對於這場持續數月的民主黨總統候選人大戰，在印第安納之役以些微多數險勝歐巴馬之後，希拉蕊心裡也明白，自己已是強弩之末。希拉蕊向競選高層下達命令，要求停止攻擊歐巴馬，避免發佈任何可能對歐巴馬今後的大選造成負面影響的資訊。

這種善意是否潛藏著希拉蕊可能在歐巴馬的競選過程中扮演著某種角色的政治考量？民主黨候選人初選的最後一個月，當希拉蕊的競選戰車不可避免地駛向終點時，華盛頓有關「歐希搭配、競選不累」的傳言早已吵得沸沸揚揚。但希拉蕊很清楚，作為副總統候選人與歐巴馬搭檔，這種可能性幾乎為零。

就在這競選團隊最後一場感恩餐會的前一天晚上，一輛小巴士悄悄駛出懷特海文街。希拉蕊坐在後排，躲開門口留守的媒體記者，準備前往加州參議員黛安·范士丹（**Dianne Feinstein**）的家裡，與歐巴馬舉行了一場秘密會談，大多數競選成員對這場會面毫不知情。

時光回到競選惡戰即將結束的最後兩天，蒙大拿州和南達科他州的民主黨初選投票結束後，歐巴馬的勝局已定，他把希拉蕊悄悄地拉到一邊說：「看你覺得什麼時候合適，我們坐下來聊聊。」

第二天，在美國以色列公共事務委員會召開的一場會議上，希拉蕊和歐巴馬在後臺再度不期而遇，場面雖然有點尷尬，但大局已定，兩人的競選助理已經開始商量一場秘密會談，最後選定在黛安的家裡。

黛安參議員是希拉蕊多年的好友，她將希拉蕊和歐巴馬一前一後地迎進客廳，坐在壁爐前的沙發上，給兩人分別倒了一杯加州紅酒，靜靜地拉上客廳的門。

希拉蕊和歐巴馬相識四年，在競選中多次交鋒，臺上臺下接觸的機會也很多，但像這樣的面對面促膝交談，還是第一次。

事實上，同為律師出身的希拉蕊和歐巴馬，從個人經歷到政治觀點，都有許多惺惺相惜之處。兩個人都是從美國最底層的草根政治開始，逐漸積累經驗和政治閱歷。希拉蕊大學畢業後即開始投身社會公益活動，在「兒童保護基金」做社會公益專案，在德州幫助西班牙裔人民進行選民登記工作，在一家法律援助機構為窮人打官司。

歐巴馬則是從芝加哥南部黑人區組織社區活動開始一步步踏入美國政壇，直到二〇〇四年成為聯邦參議員。當年，在華盛頓和芝加哥，希拉蕊還曾為歐巴馬的參議員競選舉辦過兩場募款餐會。在希拉蕊的參議員辦公室裡，至今仍擺放著希拉蕊在芝加哥募款會上與歐巴馬一家的合影。

但競選的目的在於作出差異化，強調的是衝突和對立。算算歐巴馬和希拉蕊陣營在競選時所攻擊對方的缺點，可以列出一籮筐，積久的怨氣讓這天晚上的爐邊談話氣氛顯得尷尬，拿希拉蕊的話說，像是兩個初次約會的情人，話也不知從何說起。

兩人抿了幾口紅酒，還是歐巴馬首先開口打破了僵局。他先拿之前的選戰開了幾句玩笑，隨後歐巴馬切入正題，他希望希拉蕊能夠摒棄前嫌，並肩出席即將在丹佛舉行的民主黨大會，以團結昂揚的姿態鼓舞黨內士氣，共同對抗共和黨候選人。

希拉蕊對此並沒有異議，民主黨內的候選人大戰持續數月，她和歐巴馬被綁在競選的戰

車上，背後是搖旗吶喊的支持者，口舌之爭有時並非本意，或是媒體的誇大解讀。初選的塵埃落定，雖然無法一笑泯恩仇，但出於黨內團結和美國民主的傳統，希拉蕊可以體面地承認失敗，但毫無保留地宣佈支持歐巴馬？希拉蕊還得仔細斟酌一番。

這場秘密會談持續了一個半小時，歐巴馬就競選中對希拉蕊以及柯林頓一些過火的指責做了些解釋。大選中，希拉蕊最耿耿於懷的有兩件事。一是在二〇〇八年一月二十六日，柯林頓前往南卡羅來納州的初選現場為希拉蕊造勢。南卡羅來納州一半的選民都是黑人，柯林頓認為憑藉自己在黑人族群的影響力，能夠為希拉蕊扳回一城。但事實上，柯林頓用力過猛，他將歐巴馬比作傑西．傑克遜＊。柯林頓企圖借傑西．傑克遜諷刺歐巴馬想在南卡羅來納州利用自己的黑人膚色搶得先機，沒想到卻搬起石頭砸了自己的腳。

「種族主義」一直是美國政治最為敏感的話題，歐巴馬迅速抓住柯林頓的小辮子，指責柯林頓發佈種族主義言論。在黑人佔優勢的南卡羅來納州，歐巴馬揮舞種族主義的「政治正確」大旗，在南卡羅來納州的初選中以54%對27%的得票率，將希拉蕊殺得片甲不留。

希拉蕊對歐巴馬的不滿，還有來自歐巴馬陣營在女性主義問題上的攻擊。在希拉蕊看來，是性別歧視毀掉了她入主白宮的機會。競選後期，希拉蕊公開指責那些「極度憎惡女性的人」，她認為在美國，性別歧視比種族歧視更甚，她尤其不滿一些男性菁英主導的媒體對她醜化的報導。作為第一個在白宮挑戰美國男性主導政治的女性，希拉蕊對於將她的競選娛樂化的做法感到極度憤慨，也很無奈。

歐巴馬對此表示認同，他談到自己的奶奶當年做生意時也碰到性別上的歧視，談到他對妻子蜜雪兒．歐巴馬（Michelle Robinson Obama）和兩個女兒感到非常驕傲，從她們身上，歐巴馬體會美國社會為女性爭取平等權利還有很長的路要走。

希拉蕊相信歐巴馬的態度是真誠的，因為她之前罵歐巴馬，也有許多言不由衷的地方。最後，臨走前，歐巴馬跟希拉蕊要了她丈夫柯林頓的電話號碼，柯林頓在黑人選民中的巨大影響力有時候連他這個黑人總統候選人都自歎不如，接下來的幾個月，歐巴馬急需柯林頓的背書。

但是，歐巴馬始終沒有提到是否邀請希拉蕊作為民主黨副總統候選人，正式登記參選。

柯林頓夫婦的花園裡，宴會仍在進行。

一些人索性脫掉鞋子，把腳泡在游泳池裡，享受著難得的愜意。希拉蕊在人群中微笑著，不時回憶起過去幾個月競選戰場上的舊聞趣事，與昔日的助理拍照留念。她的臉上看不出一絲疲倦，對於競選失敗後的打算，希拉蕊更是鮮少提及。

＊傑西．傑克遜（Jesse Louis Jackson, Sr.）是美國著名黑人民權領袖和浸信會牧師。在一九八四和一九八八年曾是民主黨總統提名候選人。曾在南卡羅來納州的大選中直接要求黑人選民投票給他。

柯林頓夫婦這幢喬治亞古典風格豪宅，是他們在二〇〇一年花了兩百八十五萬美元買下的。豪宅位於華盛頓特區最優雅的社區，與紐西蘭使館和英國大使館僅有幾道綠牆相隔，隱秘而舒適。不遠處就是未來副總統拜登（Joseph Biden）的住宅。

在民主黨的圈子裡，他們戲稱柯林頓夫婦的這幢大宅為「未來的白宮」，或者「募款中心」，因為它幾乎是為希拉蕊的白宮之路私人訂制的。寬敞到近乎奢侈的客廳，能夠舉辦大規模政治聚會，餐廳的長桌可以容納三十人同時用餐。站在後院的實木平臺上，俯瞰綠蔭環繞的花園、游泳池，以及足夠舉辦戶外超級派對的大草坪。

入夜，當最後一批客人離開之後，希拉蕊回到餐廳，準備起草她的競選失敗感言。

三天前，民主黨初選投票結束後，歐巴馬當晚就宣佈自己已獲得足夠的黨代表票，將成為民主黨參選總統提名人，希拉蕊一直拒絕承認失敗，但在民主黨高層連續幾天的協商之後，為避免民主黨內因選戰而造成的裂痕進一步擴大，希拉蕊總算接受了現實。

幾個小時前，希拉蕊與政治顧問道格．哈特威（Doug Hattaway）和莎拉．霍維茨（Sarah Hurwitz）已經就這份眾人矚目的演講稿的框架和要點達成共識，一是要感謝希拉蕊的死忠粉絲，二是宣佈支持歐巴馬。但持續數月的交戰，雙方勢如水火，如何在措辭上將矛盾化為無形又不傷感情，倒還真不是一件容易的事。

幾天下來，負責希拉蕊對外聯絡的政治顧問團，電子郵件往來頻繁，對演講稿逐字逐句的斟酌修改。她的競選高層，以首席顧問為代表的大多數智囊傾向於演講中毫無保留地支持歐巴馬，而一小部分顧問，主要是希拉蕊圈內的好友，如哈特威和霍維茨，則認為希拉蕊的演講必須闡述她參加競選的歷史價值，以及她背後數百萬的女性選民支持者所代表的女性主義政治覺醒的意義，只有這樣，才能讓希拉蕊對歐巴馬的支持顯得更加可靠和真誠。

希拉蕊點點頭，有點激動。民主黨的這場初選，競爭的激烈和殘酷超乎所有人的想像。一開始，主流媒體的全國民意調查都表明，希拉蕊的支持率遙遙領先民主黨內的其他候選人。但是，當歐巴馬帶著黨內政治新秀的鋒芒，打著「改變」（Change）的旗號，在愛荷華州的全國第一個黨團投票中勝出後，選情急轉直下。其後長達六個月的初選中，希拉蕊和歐巴馬在各州各有斬獲，難分伯仲。直到二〇〇八年六月三日，蒙大拿州和南達科他州最後兩場初選完成投票，歐巴馬最終獲得足夠的票數贏得黨內提名，但事實上，希拉蕊在初選中總共獲得了約一千八百萬張選票，在選票數上超過歐巴馬十七萬張，只是因為民主黨特殊的比例分配制度導致代表票數落後歐巴馬。

在與歐巴馬鏖戰的大部分時間裡，希拉蕊都像一個男人在戰鬥，她刻意模糊自己的性別差異，只願意讓人們看到她的堅強和勇氣，而把女人和母親的溫柔一面隱藏在幕後，這也是她為什麼對歐巴馬陣營利用她的性別大作文章極為憤怒的原因之一。作為一名女性，希拉蕊必須承受比男人更大的心理壓力和體力消耗，她偶爾也有脆弱的時候，那是在新罕布希爾州

的一次競選活動結束後，心力交瘁的希拉蕊終於忍不住在後臺流下了眼淚。

歐巴馬手中有一張種族主義的牌，競選中，他毫不掩飾地強調自己的膚色對於美國民主制度的偉大意義。但二〇〇八年的大選註定要載入美國民主政治的史冊，不管是黑人總統還是女性總統，對美國人來說，都是偉大而新鮮的，是歷史上頭一遭。但是，希拉蕊卻很少拿自己的性別說嘴，更不願意把自己的競選活動放在歷史的宏大敘事裡，提高女性參選的意義。

坐在餐廳的長桌旁，希拉蕊將演講稿又仔細地讀了一遍，其中有段女性主義色彩濃厚的話，她並不確定是否要加進演講稿裡。這是柯林頓非常信賴的助理吉姆．甘迺迪（Jim Kennedy）三更半夜躺在床上靈機一動想出來的，得意之際，他立刻用手機簡訊發給希拉蕊。說：「希拉蕊的競選，是在美國男性主義政治中最為堅固的玻璃天花板上，砸開了一千八百萬條裂縫，是美國婦女運動的歷史性高潮。」

希拉蕊在這段話旁邊畫了一個問號，「這跟女性沒有關係。」希拉蕊說。

「想想看，這不是指你作為女性的意義，而是對支持你的女性選民，」哈特威在一旁堅持自己的觀點。「對她們來說，這是一個巨大的進步。」

霍維茨一直在旁邊記著筆記，希拉蕊大部分的精彩發言和演講都是由這位哈佛畢業的律師操刀。霍維茨湊上前，擺出一副呈堂供證、總結陳辭的樣子說道：「美國歷史上，從來沒有一位女性能夠像你這樣與權力的巔峰如此接近。明天的演說，你不是在為自己解釋，你是

Prelude
序幕

在代表數以百萬的美國女性，代表所有曾經被你希拉蕊感動過的母親。她們渴望看到白宮的橢圓形辦公室裡出現第一位女總統，這種渴望，甚至超越了另一種幾乎同樣強烈的期待——美國第一位黑人總統。對她們來說，這種情感是彌足珍貴的。」

希拉蕊被兩位助理的激情打動了，「好吧，那就保留這一段吧！」希拉蕊說。

凌晨四點，希拉蕊修訂演講稿裡的最後幾句話，然後用電子郵件發給競選團隊，一切又歸於平靜。「在玻璃天花板上砸開一千八百萬條裂縫」——強硬而不失細膩，在這個潮濕的夜晚，自家的餐桌上，希拉蕊漸漸地開始喜歡上這個表達了。

天色未亮，懷特海文街三〇六七號門外的幽靜小路上，已經擠滿記者的長槍短炮（意指攝影鏡頭），幾大電視臺開始直播希拉蕊的車隊開出家門的實況，對媒體來說，這是一個歷史性的時刻，它意味著一場鏖戰的結束，和另一場鏖戰的開始。

車隊徑直駛向華盛頓的國家建築博物館。這座恢宏的仿希臘古典主義建築原本屬於聯邦養老金管理局的辦公大樓，八根巨大的科林斯柱支撐起五十多米高的室內空間，使它成為華盛頓特區最迷人的公共慶典活動場所，幾乎每一屆新總統上任時的慶祝舞會都會在這裡舉行。

幾千名希拉蕊的支持者將大廳擠得水泄不通，傷感、憤怒、自豪或摯愛，人群中，氣氛五味雜陳，許多人在等待著他們不願看到的這一刻。

但這場謝幕演講整整推遲了一個小時，甚至有些心急的電視直播員在揣測是不是選情出

現轉機了。當希拉蕊和丈夫柯林頓、女兒雀兒喜，以及八十九歲的母親一起走向講台時，掌聲雷動，歡呼聲在古希臘神廟般的廣闊空間裡迴盪，如果不是偶爾的啜泣，這裡彷彿又是一場新總統的加冕大典。

在演講中，希拉蕊花了很長時間感謝她的支持者，感謝站在身後的家人，對這場失敗的競選做一個了斷。演講進行到六分鐘後，歐巴馬的支持者終於等到了希拉蕊的表態：「為了實現我們的目標，從現在開始，我們仍要繼續戰鬥，我們要竭盡全力，傾注我們全部的熱情和努力，幫助巴拉克．歐巴馬成功當選下一屆美國總統。」

政治家的離別感言往往是其職業生涯最為經典的政治演說，希拉蕊的這篇演講也不例外。消弭民主黨內因選戰而造成的分裂和憤怒，成功地將自己的支持者與歐巴馬的民意基礎揉合，演繹成民主黨共同的價值理念，希拉蕊的表達如行雲流水。而最打動人心的橋段，卻是在幾個小時前的不眠之夜，那段讓她心神不寧，關於女人的表白。

「從我個人而言，每當有人問我，作為一個女人參加總統競選意味著什麼？我從來不會說，我之所以參選，是因為自認為我能成為一位傑出的總統。我的回答始終是：以女人的身份競選，我很驕傲。但是，我只是一個女人，同成千上萬的女人一樣，我意識到，這個社會對女人仍存在著種種障礙和偏見，而且經常是無意識的。我想要的美國，是一個能夠尊重和包容我們每一個人的美國。」

接下來的這段話，讓希拉蕊的謝幕成為美國政治史上的經典畫面——

「雖然這一次，我們沒能打破那道高高在上、無比堅硬的玻璃天花板，但因為你們，玻璃天窗上出現了一千八百萬條裂縫。陽光第一次這麼耀眼地灑下來，給予我們每個人以希望和信心。我們相信，下一次，打碎這層天花板會更容易。美利堅的歷史是不斷前進的，我將永遠站在民主的最前方，為未來而戰。」

無論是希拉蕊當選為美國歷史上首位女總統，還是歐巴馬在廢奴運動一百七十年後成為第一個入主白宮的黑人，以婦女解放和反種族歧視為核心的美國民權運動，都將在二〇〇八年十一月的總統大選中迎來歷史性的一刻。希拉蕊沒有太拘泥於她的個人表達，而是將自己代表的女性主義和歐巴馬的種族平等，與追求美國夢的機會和平等理念融為一體，重新集結民主黨的民意基礎。

這是希拉蕊從未嘗試過的敘事風格，主題宏偉而不失細膩，有她自己的個人風格，卻又不顧影自憐。而在國家建築博物館的輝煌大廳內，包括她本人在內，許多人都沒有意識到，希拉蕊下一次創造歷史的演講，會在什麼時候。

Part 1

出仕

二〇〇八年總統大選，希拉蕊在民主黨內的候選人提名戰中，儘管奮戰到最後一刻，但仍然不敵政治新秀歐巴馬，灰溜溜地回到參議院，並轉而支持歐巴馬競選。

國務卿一職給了她在政治上浴火重生的機會，但希拉蕊能否在國務院重塑美國的世界員警形象？能否以她的個人魅力和國際知名度，在美國外交史上寫下新的傳奇？

「在通往自由的道路上，哈莉特．塔布曼曾說：『如果你聽到狗叫，不用管他，繼續前進，如果你看到叢林裡的火把，不用管他，繼續前進，如果你聽到背後的喊叫，不用管他，繼續前進。永遠不要停下，繼續前進，如果你想嘗到自由的滋味，繼續前進……』但是我們必須記住，如果我們想繼續前進，我們就必須選巴拉克．歐巴馬當總統。」

二〇〇八年八月，希拉蕊在丹佛民主黨全國代表大會上

第一章 團結

團結鎮

在國家建築博物館的謝幕演說之後，希拉蕊突然從大眾的目光中消失了。她回到位於紐約市北郊的查巴克（Chappaqua）家中，靜養了幾天，或許是覺得離華盛頓還不夠遠，她索性到加勒比海的多明尼加度假。

但希拉蕊必須回歸現實，回到她原本的紐約州參議員辦公室。六月二十四日，回歸的這一天，希拉蕊的助理在國會大廈為她準備了一場別開生面的歡迎儀式。

希拉蕊走進辦公室，一場乒乓球大賽正打得如火如荼，助理們穿著運動短褲，頭綁吸汗帶，推來擋去。在嚴謹有餘、活動力不足的國會山莊，這樣歡樂的場景已經許久不見，連乒乓球桌還是希拉蕊的新聞秘書跑遍華盛頓，好不容易才找來的。

希拉蕊由衷地笑了，按照電視臺名嘴的毒舌說法，希拉蕊發自內心的笑聲往往很「呱噪」，但希拉蕊的助理聽著這「咯咯咯」的笑聲，終於放下心中的大石，看得出來，他們的「BOSS」總算從陰影中走出來了。

希拉蕊笑道：「我喜歡看你們打乒乓球。」她看得很認真，白色的小球在桌面上蹦來跳去，猶如選戰中她與歐巴馬的你推我擋。勝負已定時，她不由自主地走上去，安慰輸球的助理：

「輸了沒關係，不用太在意。」

對希拉蕊來說，最為「寬宏大量」的表現，就是站在歐巴馬的身邊，為他接下來的總統選戰搖旗吶喊。對於這種角色轉換，希拉蕊沒有太多的心理障礙，反而是她的助理和死忠支持者難以接受失敗。

六月二十六日，希拉蕊回到參議院剛剛過了兩天，歐巴馬的團隊就迫不及待地希望希拉蕊能夠與歐巴馬共同出席一場政治募款晚會，他們在五月花酒店包下一間會議廳，希拉蕊親自給自己的捐款人和支持者打電話，希望他們能夠前來為歐巴馬捧場。許多捐款人婉拒出席，他們無法接受希拉蕊的失敗，更不用說投靠歐巴馬陣營。

不過最後會議廳還是擠得水洩不通，場面不算難看。希拉蕊在言談中對歐巴馬表示敬佩，歐巴馬也不吝嗇對希拉蕊的讚揚，他回憶說，自己的女兒瑪麗亞（Malia Obama）曾經告訴他，現在是選出一位女性總統的時候了。「這場大選，我需要希拉蕊的支持，需要在座各位的支持！」歐巴馬說。作為善意的姿態，歐巴馬甚至當場開出一張二千三百美元的支票，送給希拉蕊，用以支付她在初選中的政治欠款，歐巴馬還鼓勵他的捐款人慷慨解囊，幫助希拉蕊還債。

美國大選是一場燒錢的遊戲，儘管有政治捐款人的資助，但競選團隊的工資、集會組織和場地費用，幾乎所有的一切都需要花錢，雖然有公共競選基金，但大部分的開銷還得靠個

人和企業的捐款，因此入不敷出是家常便飯，許多候選人在競選結束後多年仍欠著一屁股的債務，尤其是敗選的候選人，在政治前景渺茫後，還清債務更是遙遙無期。大選中，希拉蕊團隊的財務管理一度非常混亂，在初選結束時，希拉蕊的債務高達六百三十萬美元。希拉蕊很需要歐巴馬的政治捐款人替她還掉一部分債務。

在隨後的提問裡，氣氛卻顯得不那麼友善。希拉蕊的死忠支持者將提問變成了對歐巴馬的質問，咄咄逼人。歐巴馬顯得不太高興，最後，這場原本為了顯示雙方冰釋前嫌的「團結大會」，最終卻不歡而散，歐巴馬承諾的二千三百美元支票，也被砍掉了一半。

而在新罕布希爾州一個鳥不拉屎的地方，還真有一個小鎮叫做「團結鎮」。善於造勢的歐巴馬競選團隊，決定在這個偏僻的小鎮辦一場歐巴馬和希拉蕊兩大陣營聯合的競選造勢活動，以顯示民主黨內「團結」。在二月份的初選中，希拉蕊和歐巴馬在團結鎮勢均力敵，得票數居然一致獲得一百零七張選票。因此，選擇團結鎮開一場團結大會，為歐巴馬的總統競選造勢活動拉開序幕，在歐巴馬的競選團隊看來，非常具有象徵的意義。

只是苦了希拉蕊和歐巴馬的競選班底和支持者，昔日廝殺的對手，如今不得不擠在同一架飛機上，飛行一個半小時，然後再搭乘二個小時的大巴，趕往團結鎮中學。

歐巴馬競選團隊的總監大衛．普勞夫（David Plouffe）是這場政治芭蕾的總導演，也是一個對細節錙銖必較的完美主義者。團結鎮大會象徵著希歐背後兩大草根社會群體歷史性的聯姻，象徵民主黨療傷之後的滿血復活，象徵歐巴馬整頓軍隊，重新出發，因此從交通安排、會場安排，到節目程式，必須完美無缺，甚至在出發前的最後一刻，他還在發電子郵件，以確認歐巴馬準備戴的那條長春花圖案的領帶與希拉蕊的長褲是否搭配合適。

歐巴馬和希拉蕊並肩坐在包機的第二排，探討著柯林頓夫婦如何在未來的大選中，給予歐巴馬最大限度的幫助。希拉蕊說，她將傾盡全力，但她的支持者可能沒那麼容易改旗易幟，這不是一兩天就能夠適應的。「最大的難處在於，如何說服我的支持者，下至草根階層，上至政治捐款人，激發他們對你競選的熱情。」希拉蕊說。

飛機降落後，一輛競選大巴等著他們，準備前往兩百公里外的團結鎮。對於這種舟車勞頓，希拉蕊並不陌生，她想起一九九二年民主黨大會結束後，她和丈夫柯林頓，以及副總統候選人高爾夫婦，一起乘著大巴奔波全國，為柯林頓競選拉票造勢的情形。只是這一次，大巴上印的是歐巴馬的競選標語：「改變」，故事的主角是她身邊的這個男人。

希拉蕊深深地吸了一口氣，上了車。

在團結鎮中學廣闊的操場上，四千多人前來參加歐巴馬的競選造勢活動，「團結鎮，你們好！」希拉蕊走上了臺。「團結不僅是一個美麗的小鎮，也是一種美好的感覺，對吧？」

歐巴馬站在右側，仔細揣摩著希拉蕊的每一個用詞，他帶頭鼓起掌來。希拉蕊結束演講，他友善地上前擁抱親吻，表示感謝。希拉蕊拍拍他的肩膀說道：「不用客氣。」

台下歐巴馬的支持者歡呼：「謝謝你，希拉蕊！謝謝你，希拉蕊！」

歐巴馬走到麥克風前，「你們大夥兒是不是看過我的演講稿了，知道我第一句要講什麼？」歐巴馬笑著說，回頭看看希拉蕊，感激之情溢於言表。

活動結束後，兩人的競選團隊都長舒了一口氣，興奮和高興自然談不上，希拉蕊的支持者在現場造勢的能量實在太大，活動沒出事情就已經是萬幸了。

接下來的幾週，希拉蕊和歐巴馬相繼攜手參加了紐約、華盛頓等地的多個募款晚會。在一次募款會上，走下講臺的歐巴馬，不得不再次返回講臺，拿起麥克風，因為他忘了呼籲自己的捐款人到希拉蕊的桌子填幾張捐款支票。而希拉蕊也不斷將歐巴馬引薦給她財大氣粗的競選後援團。從某種意義上說，這些舉動打通了兩人的政治募款基礎，這是一個雙贏的局面，因為希拉蕊也需要歐巴馬的政治捐款後援會，幫她還清部分的債務。

丹佛大會的花瓶

八月底的丹佛民主黨全國代表大會，是見證歐巴馬和希拉蕊合體的最好機會。歐巴馬將在這次會議上正式被提名為二〇〇八年民主黨總統候選人，而德拉瓦州資深參議員約瑟夫·拜登將作為歐巴馬的搭檔，競選副總統。

能夠容納七萬五千人的丹佛百事中心，被擠得水泄不通。這個昔日以金礦聞名的西部小鎮，自從掘金熱退潮以後，已經很久沒有像這樣人潮洶湧了。八月二十六日晚上八點，這場以歐巴馬為主角的白宮故事，終於迎來了它的第一個高潮。

從一九七五年開始，歷屆的民主黨全國代表大會，希拉蕊從未缺席，尤其是在一九九二年的紐約和一九九六年的芝加哥兩場全國代表大會上，希拉蕊站在柯林頓的身邊，享受著作為第一夫人的幸福和滿足感。而如今的丹佛大會，希拉蕊只是個花瓶，但她仍精心準備著手中的演講稿。

這篇二十五分鐘的演講，希拉蕊的撰稿人花了近一個月的時間草擬。在距離百事中心會場外一點六公里的布朗宮酒店（The Brown Palace Hotel），希拉蕊團隊成立了一個戰情工作室，統籌演講的流程。麗莎・慕斯卡蒂娜（Lissa Muscatine）負責演講稿的起草，她躲在工作室長條桌的一個角落裡，對稿子進行最後的潤色。

希拉蕊基本上對演講稿表示滿意，她琢磨著是否要在稿子裡加一點煽情的爆點，比如，是不是可以講一段哈莉特・塔布曼（Harriet Tubman）的故事？塔布曼是十九世紀廢奴運動中著名的「地下鐵路售票員」，從南方解救了數百名黑人奴隸。將歐巴馬放在美國黑人民權運動的歷史框架下，這是一個不錯的主意。但種族主義是一張微妙的政治牌，她想起柯林頓在南卡羅來納州那場「傑西・傑克遜」的災難性演講。

下午，希拉蕊驅車前往百事中心，就演講流程事先彩排。但當她回到布朗宮酒店，重新

拿起演講稿，卻發現剛剛彩排過的演講稿居然被改得面目全非。原來，在她彩排時，丈夫柯林頓也不甘寂寞，在酒店裡親自操刀，將演講稿的結構乾坤大挪移，在一些段落加了許多柯林頓風格的修飾和點綴。

希拉蕊頓時火冒三丈，她在柯林頓的光環下生活了太久，這次競選，她所信賴和重用的也是柯林頓一九九六年大選時的原班人馬，結果卻在戰略上搞得一團糟，她還沒有找丈夫算賬，現在又來插手她的事情。

希拉蕊氣鼓鼓地衝出去，找柯林頓出氣。希拉蕊的助理趕緊打開演講稿，將柯林頓改過的那些得意的「修飾句」刪掉，把打亂的結構重新按希拉蕊的原稿拼接。

距離晚上八點電視臺黃金檔的出場時間不到一個小時。百事中心的會場，歐巴馬團隊正在焦頭爛額，他們還沒有拿到希拉蕊演講的草稿。遠在蒙大拿州指揮的歐巴馬已經多次打電話，要求他們事先替希拉蕊的演講稿「把把關」，歐巴馬並不放心這個跟他死纏爛打幾個月的女人，儘管這幾個月他們已經多次並肩同臺，但在台下，每一次出場，希拉蕊團隊就會追著歐巴馬的人，為她的競選經費欠債簽單。

希拉蕊仍在酒店房間，井然有序地準備，她還沒有化妝，正在考慮是否要穿一件亮橙色的晚裝，這樣即使是在鋪天蓋地的藍色標語和旗幟下的會場上，仍然能夠光彩奪目。

在希拉蕊的車隊駛向百事中心會場的路上，歐巴馬團隊終於「提前」收到了演講稿的電子郵件。時間快來不及了，會場工作人員仍在等著希拉蕊的演講稿。車子剛剛停穩，希拉蕊的助理一個箭步跳下車，一路狂奔，將裝有演講稿的隨身碟交給工作人員，在最後一刻，將演講稿灌進了希拉蕊講臺旁的提詞機。「典型的柯林頓家族風格，總是這麼讓人提心吊膽的。」一旁歐巴馬的競選廣告策劃譏諷道。

希拉蕊補了一點妝，整理好頭髮，在隨從人員的陪同下，走向會場，沿途還不忘和幾位歐巴馬的助理打聲招呼，握手言歡。看得出來，希拉蕊有點緊張，這樣的競選大場面她並不是第一次經歷，這已經是三個月以來，希拉蕊第三次站在全國選民面前，為歐巴馬搖旗吶喊。但今天的感覺卻很不一樣，她已經聽到風聲，一些死忠的追隨者正在會場，他們至今仍無法接受希拉蕊已經失敗競選的殘酷現實，準備在丹佛大會上給歐巴馬的提名製造麻煩。一旦這些人真的鬧事，所有的責任都得要希拉蕊來承擔。

希拉蕊終於站在講臺上，離美國東部時間電視臺晚間新聞的黃金時段結束還有二十分鐘，會場響起「希拉蕊！希拉蕊！」的歡呼聲。無數寫著「希拉蕊」的紅白藍標語牌晃動著形成一片三色海洋。

希拉蕊在演講中第一次向歐巴馬的競爭對手麥肯（John McCain III）開炮，這位滿頭白髮的資深參議員與希拉蕊的關係一向不錯，想當初，兩人一起去愛沙尼亞訪問時，還曾在酒吧裡對飲伏特加。但現在，為了歐巴馬的總統前程，友誼可以暫時犧牲一下，這就是大選的殘

酷，希拉蕊對此已經有點麻木了。

「過去三十五年來，我一直在為保護兒童福利奮戰，為建立全民醫療保險制度而奔走，努力幫助父母平衡工作和家庭，在國內和全球其它地區為婦女權益而戰，但另一位垂涎白宮的共和黨人卻在糟蹋我們對這個國家的承諾，糟蹋人民的希望。沒門，現在不行，麥肯。」希拉蕊直接點名共和黨總統候選人。

希拉蕊談到了哈莉特．塔布曼，這位廢奴運動中表現英勇的黑人女性最能夠體現希拉蕊對於美國民主、女性主義和種族主義的政治理想，「在通往自由的道路上，哈莉特．塔布曼曾說：『如果你聽到狗叫，不用管他，繼續前進，如果你看到叢林裡的火把，不用管他，繼續前進，如果你聽到背後的喊叫，不用管他，繼續前進。永遠不要停下，繼續前進，如果你想嘗到自由的滋味，繼續前進……』但是我們必須記住，如果我們想繼續前進，我們就必須選巴拉克．歐巴馬當總統。」希拉蕊這段修飾意味濃厚的話，引發會場一片山呼海嘯。

「不管你投了我一票，還是投了歐巴馬，現在，正是團結的時刻，為了同一個政黨，為了同一個目標，為未來而戰，我們必須贏得這場戰役。我支持歐巴馬作為候選人，他必將成為我們的總統。」多次彩排後，希拉蕊的語氣顯得很堅定。

幕後，歐巴馬的助理正緊張地計算著希拉蕊的演講稿裡出現了幾次「歐巴馬」，他們一字一句地對照希拉蕊的原稿，生怕她即興發揮，說一些不該說的話。看臺高處，蜜雪兒．歐巴馬和拜登都站了起來，高解析度攝影機捕捉到柯林頓站在包廂裡，做了一個「我愛你」的曖昧表情。

演講結束，在休息廳，拜登迎上前來，單膝跪下，誇張地給希拉蕊行了一個騎士的「吻手禮」。希拉蕊對拜登頗有好感，他在國會一直是柯林頓政府的支持者，在參議院與希拉蕊的關係也不錯，即使是民主黨候選人提名競選的熱戰時期，拜登同希拉蕊的關係也比他與歐巴馬的關係更親密。

歐巴馬也從蒙大拿州打電話來，對希拉蕊表示感謝。聽得出，在全國代表大會連續四天的民主黨大戲中，他對希拉蕊今天的表演非常滿意。

電郵名單

希拉蕊的辦公室位於拉塞爾參議院大樓的四樓，毗鄰參議院軍事委員會，經常可以看見五角大廈的將軍前來委員會作證，鋥亮的皮靴踩在大理石地板上，迴盪在大樓走廊裡。

在國會山莊，希拉蕊並不是唯一一位沒能敲開白宮的大門又灰溜溜地回到國會的人。在這裡，有無數還在任的參議員投身總統競選，最終都跌得遍體鱗傷地回到參議院。但希拉蕊這一跤，跌得最慘，回到參議院的希拉蕊很快感受到回歸的尷尬。

一天，在拉塞爾參議院大樓外的小花園，希拉蕊戴著一副誇張的太陽眼鏡，巧遇一位競選時的助理，希拉蕊友善地打著招呼：「嗨，你好啊！」

「你好，參議員。」前助理禮貌地回答，然後冷不防地又加了一句：「回到國會，感覺不錯吧？」氣氛頓時凝固。望著希拉蕊瞬間僵化的臉，小姑娘訕訕地找了個藉口，趕緊開溜。

一名熟悉希拉蕊的政治顧問說：「在競選中，參議院內有一些議員和朋友，對希拉蕊的傷害還是蠻大的，特別是那些歐巴馬的支持者，或者站在旁邊看熱鬧，甚至躲在暗處放冷箭。」回到參議院後，希拉蕊不得不每天在走廊裡與這些或明或暗的政敵擦肩而過，打招呼。

希拉蕊在她的回憶錄裡說，競選失敗留下她最大的一筆遺產，就是她不再那麼在乎別人的指指點點，她會認真地對待批評，但不會把批評視作是針對她個人。「我解放了，終於可以把頭髮放下來了。」

希拉蕊回憶說，當她出任國務卿後，有一次出訪印度，在接受CNN記者採訪時，記者問她：「去國外訪問時都注意到，每次走下飛機，你總是戴著一副時髦誇張的黑框眼鏡，不太妝扮。」希拉蕊笑著回答：「這叫希拉蕊的自然美。活到我這把年紀，我已經學會了在臺上非常放鬆，想戴什麼眼鏡，就戴什麼眼鏡，想把頭髮盤起來，就把頭髮盤起。」

希拉蕊的許多助理也認為，希拉蕊沒有那麼脆弱，對於回到國會工作，希拉蕊始終充滿熱情，很快就進入參議員的角色。

二〇〇八年的夏天，當歐巴馬與共和黨總統候選人麥肯為選戰奔波忙碌、奮力鏖戰的時候，希拉蕊參議員正悠閒地坐在她的辦公室，她有大把的時間協同助理反覆討論和總結競選失敗的原因。到底在什麼環節出現了失誤，導致原本民意大好的情勢出現逆轉？助理非常驚訝地發現，希拉蕊對於一年來的初選進程仍然記憶猶新，她熟悉每一個細節，瞭解競選團隊的每一個人，一個個鏡頭在她的腦海裡逐漸形成了一幅清晰的選情畫面。

希拉蕊很快意識到，這場初選失敗的關鍵原因在於用人失當。希拉蕊對自己圈子裡的朋友過於信任，尤其是她競選班底的第一任經理帕蒂·多爾（**Patti Solis Doyle**）和首席戰略師馬克·佩恩（**Mark Penn**）。另外，她的首席對外聯絡官霍華德·沃爾夫森（**Howard Wolfson**）和政策主任妮拉·丹頓（**Neera Tanden**）也是「自傲狂妄」，無形之中損害了希拉蕊團隊的執行力。

「為什麼不早一點告訴我？」希拉蕊問助理。

「我們告訴過你。」助理回答。

其次，希拉蕊對二〇〇八年大選的拉鋸戰缺乏足夠的準備。一些政治分析家至今仍記得希拉蕊為二〇〇八年大選拍攝的第一部競選廣告，希拉蕊坐在沙發上，對著鏡頭自信地說：「我準備競選，我一定會贏」，彷彿志在必得。但實際上希拉蕊的競選準備並不充分，無論是政治綱領、競選策略、競選團隊的組織架構，還是為大選籌措的經費，都準備不足。

希拉蕊為二〇〇八年大選籌措了一億美元，但到希拉蕊競選的後期，隨著選情向歐巴馬傾

斜，希拉蕊陣營的募款能力急劇下降，許多政治捐款人開始向歐巴馬「下注」，萬不得已，希拉蕊只能自掏腰包，借了一千三百二十萬美元作為競選經費，以解決燃眉之急。幸虧柯林頓及時出手，號召柯林頓基金會的捐款人為希拉蕊緊急「輸血」，才避免了破產。

此外，希拉蕊團隊競選活動的協調不暢，組織運作也存在很多問題，競選流程混亂，對選民的動員不力等等。

反觀歐巴馬陣營，從「改變」競選口號的提出，到那幅廣受好評的波普藝術風格的競選畫像，從志願者挨家挨戶敲門拜訪，到充分利用社群媒體和網路平臺製造話題，吸引年輕人的關注，競選造勢搞得有聲有色。如何像一名企業執行長一樣精細管理她的競選團隊，並適應二十一世紀美國選舉政治的新趨勢，這門課，儘管希拉蕊已經付出了高昂的學費，但離畢業還有很長的一段路要走。

丹尼爾．哈勃（Daniel Halper）在《柯林頓公司：政治機器的大膽重建》中認為，除了希拉蕊競選團隊的組織失誤，還有丈夫柯林頓在南卡羅來納州的種族主義言論，主要原因在於民主黨內自由主義派和反戰力量對希拉蕊的不信任，希拉蕊與美國軍方的良好關係以及她在外交政策上的鷹派風格，讓民主黨內許多對伊拉克和阿富汗戰爭深惡痛絕的政治人士轉而支持打著反戰旗號的歐巴馬。

除了幾次演講讓人刮目相看以外，歐巴馬在參議院短暫的幾年任期，幾乎沒有任何作為。但在民主黨高層，歐巴馬的低調反而成為他的優勢，不像希拉蕊，「希拉蕊自以為憑藉她的資歷，能夠在黨內指手畫腳，但實際上，許多民主黨人並不需要她來確定政治戰略，推動某項法案，或者告訴別人我們需要爭取什麼。希拉蕊的強勢讓她在黨內遭到不少人的嫉妒甚至憎恨，大家紛紛轉向經驗不足的歐巴馬。」一名參議員說。在參議院的一些民主黨高層紛紛在關鍵時刻支持歐巴馬，如南達科他州的參議員提姆．強森（Tim Johnson），麻州的約翰．凱瑞（John Kerry），紐約州的查克．舒默（Chuck Schumer），以及關鍵性的參議院多數黨領袖哈利．瑞德（Harry Reid），儘管他公開宣稱中立，但暗地裡卻倒戈支持歐巴馬。希拉蕊在參議院幾乎是眾叛親離。

在希拉蕊的參議員辦公室裡，羅布．盧梭（Rob Russo）剛剛從喬治．華盛頓大學畢業，作為希拉蕊參議員資歷最淺的助理，整個夏天他都在做著一份枯燥乏味的工作——向希拉蕊的支持者和捐款人郵寄感謝信，共計一萬六千零五十四封。總統競選向來是「一次性」的生意，選舉結束，大家拆夥。但希拉蕊仍惦記著那些死忠的支持者，從重要的捐款人、志願者，到資深政治家，希拉蕊團隊保留一份上萬人的名單，給每一個人寫一封親筆簽名的感謝信，這不僅僅是希拉蕊沿襲已久的傳統，更重要的是，如果有一天希拉蕊重整旗鼓，她希望這些忠誠的追隨者知道，希拉蕊不是一個過河拆橋的人，她一直惦記著他們。

這份一萬多人的聯繫名單只是希拉蕊競選資產的冰山一角。希拉蕊的捐款人電子郵件聯繫

地址曾一度高達五百萬個，後來經過重新整理砍掉「殭屍帳號」之後，仍有兩百五十萬個郵件地址。雖然與歐巴馬陣營的一千三百萬人捐款人名單相比略顯寒酸，但卻比二〇〇四年約翰·凱瑞競選總統所積累的兩百萬人捐款人名單可觀。這是一筆無形卻龐大的政治資產。

美國聯邦法律規定，捐款人電子郵件名單視作競選團隊財產之一，如同其他實物一樣可變賣或租用，但售價必須與聯邦選舉委員會劃定的「公平市場價值」一致。名單售價靈活不一，買家可買斷全部名單，或者購買目標客戶資訊。

競選結束後，希拉蕊團隊將捐款人電子郵件名單租借給民主黨內其他政治家，以償還競選時欠下的債務。許多政治組織和機構對希拉蕊的這份名單也非常感興趣，一個名為「監督美國媒體」的組織就利用希拉蕊的電郵聯繫人名單，向幾百萬人發送了一份募款廣告信。雖然沒有透露具體價格，但根據「公平市場價值」估算，這份電郵名單的使用費起碼價值數十萬美元。

一萬六千多封的感謝信，佔據了希拉蕊整個夏天的「療傷季」，她幾乎每一封信都讀過，偶爾做一些修改，然後簽上自己的名字。希拉蕊像一隻蜘蛛，在一場暴風雨過後，努力地重新編織著自己的人際關係網，在那些不同的姓名、職業、背景、階層背後，一股政治力量，就這樣以一種充滿人情意味和個人色彩的傳統方式，慢慢地滋長著。

對於失敗，希拉蕊並不陌生。一九九九年二月，當她坐在參議院，看著自己的丈夫柯林頓因在陸文斯基（Monica Lewinsky）性醜聞一案上涉嫌做偽證和妨礙司法，被參議員質詢，險遭彈劾，那是她人生最大的失敗。從那一刻起，希拉蕊開始醒悟，她的未來不能全部綁在柯林頓身上，她開始謀劃她的政治人生，決定競選紐約州參議員。

二〇〇〇年的參議員競選，希拉蕊一開始並不順利，她還帶著第一夫人時的緊張和焦慮。重商主義的紐約，一直是共和黨人的天下。面對紐約右翼媒體的攻擊，特別是梅鐸（Rupert Murdoch）旗下的《紐約郵報》對希拉蕊極盡嘲笑之能事，希拉蕊的處境很艱難。而她與紐約市市長朱利安尼（Rudy Giuliani）的關係更糟糕，朱利安尼用盡一切場合譏諷希拉蕊，將她與紐約左翼政治圈掛鉤並大肆攻擊。兩人至今仍老死不相往來，希拉蕊甚至從來不提朱利安尼的名字。

但在「大蘋果」之外的紐約上州，希拉蕊卻享有很高的人氣，尤其是在女性選民中間。人們會在競選集會外排隊幾個小時，只為了跟她合影留念，拿一個簽名。希拉蕊對選民有一種奇怪的親近感，她從來沒有為紐約州做過任何實際的貢獻，甚至在查帕克小鎮買房子，也是為了競選的方便，買一個當地的「戶口」而已。到最後，希拉蕊卻一舉拿下這個曾經屬於華盛頓政治世家羅伯特．甘迺迪（Robert Kennedy）的參議員席位。

希拉蕊在參議院的資歷和人脈尚不足以使她成為某個專業委員會的主席，或者將她的名字列入重要的代表團名單，但希拉蕊卻為紐約州的利益拼盡全力。九一一恐怖攻擊之後，南方幾個州的共和黨參議員試圖砍掉紐約的一部分經費預算，希拉蕊和另一位紐約州資深參議

員查克．舒默攔手，強力阻止，最終確保了紐約重建的聯邦預算經費沒有遭到任何削減。

雖然參議院固守成規的氛圍讓希拉蕊覺得有點沉悶，整天泡在預算平衡和公文提案中，也不適合希拉蕊的急性子，但七年多的時間，希拉蕊學會了如何利用她「前第一夫人」的人脈資源，去達到其他參議員無法企及的政治效果。她把參議院看作是一個平臺，能夠將社會各個領域和機構的資源在這裡整合形成一股力量，從而更有效地完成某個具體的目標。例如，在希拉蕊參議員的撮合下，由康奈爾大學出面，幫助紐約上州的農民將他們的農產品賣到紐約市區。此外，紐約電力管理局和布法羅市合作，共同改造尼亞加拉河岸景觀，這個專案也是由希拉蕊帶頭實施的。

八年時間裡，參議院給了希拉蕊走出柯林頓的總統光環和醜聞陰影的機會，希拉蕊在這裡完成了她的政治重生。二〇〇〇年，當希拉蕊成功進入參議院時，讓許多共和黨人跌破眼鏡，他們發誓一定要在六年之後，將她拉下馬。但二〇〇六年，希拉蕊在紐約州六十一個縣郡，一舉贏得了五十七個縣郡的選票，希拉蕊已經不是那隻剛飛進國會山莊的菜鳥了。

而在二〇〇八年的總統大選，希拉蕊再遭政治滑鐵盧。這場失敗的初選，雖然讓她獲得不少人氣，卻損失了在參議院的影響力。戴著「落水狗」的標籤，希拉蕊不再是那個能夠為紐約州呼風喚雨的大人物了。

回到參議院，幾個最重要的A級委員會，如外交關係委員會、軍事委員會等重要位置，早已是一個蘿蔔一個坑，沒有空缺。民主黨內高層幾乎一邊倒地支持歐巴馬，最具影響力的三駕馬車中，伊利諾伊州的參議員理查德．德賓（Richard Durbin）是歐巴馬競選班底的聯合主席，內華達州參議員哈利．瑞德和查克．舒默都是歐巴馬的幕後參謀。在初選中冷暖自知的希拉蕊，回到國會，感覺更加冰冷。

馬里蘭州的參議員芭芭拉．米庫斯基（Barbara Mikulski）擔任參議員長達二十二年，同為女人，芭芭拉是希拉蕊最誠懇的支持者，不僅在初選時為希拉蕊搖旗吶喊，在希拉蕊如同「落水狗」一般回到參議院後，芭芭拉也在幕後為希拉蕊爭取實權四處活動，希望民主黨高層能讓希拉蕊發揮更大的作用。

路易斯安那州參議員瑪莉．蘭德里歐（Mary Landrieu）同樣為希拉蕊回到參議院後的一文不值感到憤憤不平。有一次，她懇求民主黨領袖瑞德多多關照希拉蕊，瑞德半開玩笑地說，可以考慮讓希拉蕊擔任參議院小企業委員會的主席。

但即使這一並不認真的承諾，最終還是沒有實現，瑞德絕不肯為希拉蕊這樣的「落水狗」得罪民主黨其他勢力，因為他知道希拉蕊在華盛頓的能耐，她屬於那種「給點陽光就能燦爛」的狠角色，尤其是在醫療保險等民生領域，這是歐巴馬未來施政的重頭戲，當然不能讓希拉蕊搶了風頭。希拉蕊提出，能否讓她在參議院負責一個小型健保改革委員會，同樣也被冷冷地拒絕。最後，希拉蕊僅僅得到一個參議院關於保險行業問題的特別行動小組組長的

角色，而這個保險行業，正是當年柯林頓政府時期導致希拉蕊的醫療保險改革計畫胎死腹中的主要力量。

十一月四日，選舉日的那天，希拉蕊和柯林頓來到紐約查帕克的一所中學，投下他們自己的選票。晚上，票選結果逐漸揭曉，柯林頓一動也不動地坐在電視機前，仔細對比出口民調的結果和各州選票數據，雖然不可能有妻子的名字，但他的興奮卻是一名政客的本能反應。

希拉蕊在一旁竭力做出一副對選舉結果並不在意的樣子，她想找點事情來做，以分散自己的注意力，但家裡除了閃動的電視螢幕，實在沒有其他可以讓她分心的事情。

歐巴馬以壓倒性的多數贏得了這場大選，當晚，希拉蕊給歐巴馬打了一個電話，祝賀他當選總統。現在該是為這場競選之旅畫上句號的時候了。希拉蕊突然感到很放鬆，一切都已經結束，洗洗睡吧。

第二章 國務卿

對歐巴馬說「不」

查帕克大宅位於哈德遜河谷的一個綠意蔥蔥的自然保護區內，距離曼哈頓約四十分鐘的車程，是柯林頓夫婦在一九九九年花了一百七十萬美元買下的，這幢兩層樓的荷蘭殖民風格建築，成為柯林頓卸任後的主要居所。

十一月，濃烈的河谷秋色已經被蕭瑟的枝椏取代，風也帶著一股寒意。一個午後，希拉蕊和柯林頓決定去附近的馬斯河谷散步。五天前，沒有二〇〇四年大選的膠著，歐巴馬閃電般地拿下總統寶座。

林間小道上，希拉蕊享受著喧囂後的寧靜，她仍在咀嚼歐巴馬名字前的「總統」兩個字。距離是曾經這麼近，卻又那麼遠……

突然，柯林頓的手機響了，是「當選總統」歐巴馬打來的。柯林頓禮貌地說：「我們在外面散步，稍後回到家再打給你。」

希拉蕊覺得有點奇怪，剛剛當選總統，歐巴馬這個時候來電，有什麼企圖嗎？難道是想在國會尋求希拉蕊對他明年一系列法案的支持？或者是對某項重要政策制定，比如經濟振興

或健保改革，問問她們的思路？

還是柯林頓經驗老道，他說，就像當年他當選之後的第一個舉動，歐巴馬肯定是想就組閣人選徵求柯林頓夫婦的意見。

果不其然，在隨後打來的電話中，歐巴馬說他正在考慮上任之後組建的經濟領導班底，以應對美國正面臨的金融危機，就幾位意向中的組閣人選，歐巴馬詢問了柯林頓的意見。最後，歐巴馬說，他希望能夠儘快與希拉蕊見面聊聊。

他們之間還有什麼可以聊呢？希拉蕊在大選中已經為歐巴馬傾盡全力，動用自己所有的政治資源和影響力為歐巴馬助威，現在歐巴馬安然過橋，她作為渡橋也完成了自己的使命。希拉蕊準備安心地在參議院尋找新的機會，「我喜歡做自己的老闆，制定自己的工作日程和方式。」希拉蕊在她的回憶錄裡說。

希拉蕊決定打電話給華盛頓的朋友，可能是在紐約州待的時間太長，華盛頓的風向標她有點看不明白。希拉蕊的發言人菲利普．萊因斯（Philippe Reines）在華盛頓的耳目眾多，消息靈通，希拉蕊第一個致電給他。萊因斯告訴希拉蕊，這兩天，華盛頓的圈子裡到處在傳言歐巴馬過渡政府會給希拉蕊安排一個內閣的位子，從國防部長到郵政署署長，什麼可能性都有，但根據萊因斯的判斷，「他準備讓你擔任國務卿。」萊因斯非常肯定地說。

「太荒謬了！」希拉蕊差一點叫起來，「一百萬個不可能！」

在華盛頓，秘密就像一張薄薄的窗紙，謠言與真相，有時候真的傻傻分不清楚。消息很快傳開來。美國廣播公司（ABC）在《本周》節目中曝出，歐巴馬可能正在考慮任命希拉蕊為國務卿。

二〇〇五年，美國著名傳記作家多麗絲・古德溫（Doris K. Goodwin）曾寫過一本暢銷傳記《對手團隊：政治天才林肯》，歐巴馬對這本書推崇備至，曾在競選中多次提及，並有意效仿林肯的做法，吸收自己在大選中的競爭對手入閣。「林肯總統在組閣問題上的抉擇是明智和正確的，我從中受益匪淺。」歐巴馬說，他形容自己即將面臨的挑戰會「巨大且複雜」，因此必須挑選最有效的團隊來解決挑戰，不排除邀請前競爭對手入閣。

古德溫在書中記述，亞伯拉罕・林肯（Abraham Lincoln）總統在一八六〇年大選時曾在初選中打敗紐約州參議員威廉・西華德（William Seward），獲得共和黨總統候選人的黨內提名。當選總統後，林肯不計前嫌，任命西華德擔任國務卿。顯然，這個故事給予歐巴馬在組閣人選上很大的啟發，而他的政治對手希拉蕊是一個完美的國務卿人選。

一百五十年後，雖然不敢相信，但這種歷史的對比對希拉蕊還是非常受用，甚至有些受寵若驚。西華德是美國歷史上最具影響力的國務卿之一，一生致力於廢奴運動和向太平洋擴張美國版圖。共和黨提名失敗之後，西華德盡心幫助林肯贏得大選，並為他起草了就職宣言的開頭和結尾部分，西華德對美國最大的貢獻是以七百二十萬美元從俄羅斯手中買下了阿拉

斯加，奠定了美利堅太平洋帝國的基礎。希拉蕊能否像西華德一樣，在國務卿的位子上為美國歷史留下一些傳奇？希拉蕊對自己並沒有十分的把握。

其實，早在十月底，歐巴馬就和他的助理討論過讓希拉蕊出任國務卿的可能性。首席政治顧問大衛．阿克塞爾羅德（David Axelrod）的第一反應是：「這怎麼可能？你才剛跟她打過一場激烈的選戰。」

歐巴馬說：「在沒有成為我的競選對手之前，她是我的朋友。她很聰明、頑強，在世界享有聲譽。我敢肯定，她會成為我的團隊中一員忠誠的幹將。」歐巴馬非常清楚，如果把希拉蕊拉進內閣，沒有太多政治資本的歐巴馬將掌握美國政治生態圈中最具潛力的一股力量。

僅僅半年前，歐巴馬還在嘲笑希拉蕊的外交資歷，諷刺她在第一夫人期間積累的國際人脈資源。歐巴馬說：「所謂國際視野，不是說我拜訪了多少世界領導人，或者在大使館同多少外國人喝過茶。」他也曾譏諷希拉蕊的政治影響力僅限於主張保守經濟政策的右翼「茶黨」人士。

大選結束後的第三天，歐巴馬在芝加哥召集過渡班底和智囊團開會討論內閣人選。金融危機是歐巴馬政府面臨的第一個難題，因此，財政部長提摩西．蓋特納（Timothy Geithner）也是第一個被確認的人選，其次，就是提名希拉蕊出任國務卿。

十一月十三日，希拉蕊抵達芝加哥，她的車隊悄悄駛入歐巴馬過渡班底所在的一座聯邦政府大樓，整個行程高度保密。

在一個簡單的會議室，歐巴馬和希拉蕊避開所有的助理，單獨會面。歐巴馬沒有拐彎抹角，直奔主題，他希望希拉蕊能夠擔任國務卿一職。

希拉蕊非常客氣地感謝歐巴馬的提名，但她說：「我還是想留在參議院做點事情，你有一大堆國務卿人選可以挑選，比如老牌外交家理查德・霍爾布魯克（Richard Holbrooke）、資深的亞洲問題專家喬治・米切爾（George J. Mitchell），或者退役將軍吉姆・瓊斯（Jim Jones），」希拉蕊列舉了幾個名字。「我可以在參議院幫助你，因為解決經濟危機將是你在參議院面臨的首要任務。」希拉蕊說。

但歐巴馬仍堅持自己的眼光，他說，解決金融危機將耗費他大部分精力，無暇顧及本土之外的事情，他需要像希拉蕊這樣的外交明星幫他打理全球事務。

臨走之前，希拉蕊表示，她會再考慮看看。

在芝加哥飛往紐約的客機上，希拉蕊並未過多地考慮歐巴馬的建議，她還沒有心理準備接受國務卿的提名。得失平衡之間考量，美國國務卿這個位子，對她並沒有太多的吸引力。黨內提名失敗後，回到參議院的希拉蕊好不容易站穩腳跟，為什麼又要混到歐巴馬的圈子裡，再遭冷眼；上了國務院這條「賊船」，丈夫柯林頓的許多國際「業務」，比如，海外演講或公司機構兼職，都會因「關聯交易」被迫中止，以免被無孔不入的媒體和國會抓住把柄。

此外，國務卿雖然風光，但說白了，也只是國家公務員，區區十八萬美元的年薪，希拉蕊要到猴年馬月才能還清她欠下的六百三十萬美元競選債務，更何況，根據美國法律規定，希拉蕊一旦出任國務卿後，將不能直接募款，除非歐巴馬答應繼續替她還債。

當然，姜太公釣魚，時間就是機會成本，看見魚餌，就一口咬上去，希拉蕊也顯得太沉不住氣了。在華盛頓，政壇如同菜場，待價而沽和坐地還錢，都是必須的。

而希拉蕊是一條大魚，她在等待歐巴馬放出長線。

柯林頓的犧牲

國務卿雖然不是一份炙手可熱的工作，拿著不到二十萬美元的薪水，每年有三分之二的時間像個空中飛人一樣，在世界各地奔波，但在美國行政機構的職務序列裡，它是排名第四的重要崗位。希拉蕊可以近距離地觀察這座龐大而精巧的政治機器是如何運轉的，密集的媒體曝光率可以有效地聚集人氣，維持她的政治基礎。

當然，作為國務卿的希拉蕊，或許能夠實現當年柯林頓在總統任期內未能完成的外交奇跡，比如，促進以巴和談，重啟朝鮮半島六方會談，或者在伊朗核武器問題施加更大的壓力，以促使伊核談判出現轉機。

幾天來，希拉蕊一直在和她的政治顧問與密友討論國務卿的任命，得到的意見截然相反。歐布萊特（Madeleine Albright）接到希拉蕊的電話時，她正在開車，堵在華盛頓的M大街上。這位柯林頓政府時期的資深前國務卿，如今在喬治敦大學擔任外交學院教授。歐布萊特是希拉蕊的多年好友，兩人都畢業於麻州的韋爾斯利大學，她在外交圈內享有崇高的聲譽，希拉蕊是否接受國務卿的任命，七十一歲的歐布萊特自然具有發言權。

歐布萊特把車停在喬治敦大學路邊，這顯然不是一兩句話能夠解決的問題。電話裡，她仔細向希拉蕊分析了國務院的工作性質，以及她要面臨哪些困難，「這份工作絕對很棒，你肯定非常喜歡，而且會做得相當出色，你能從中找到成就感。」歐布萊特說。

希拉蕊的政治顧問馬克·佩恩則對希拉蕊的未來看得更遠，他深知國務卿這把交椅，對希拉蕊今後可能的總統競選會帶來怎樣的政治裨益。顯然，她將成為總統候選人中難得一見的外交政策專家，她將再度向民主黨證明，她不是一個自由散漫的超黨派人士，而是一個能夠在關鍵時刻為了黨內團結摒棄前嫌的人。她將再一次走出柯林頓的陰影，打造出屬於自己的政治資產，同時，她也能取悅民主黨的核心草根選民，因為他們樂意看到希拉蕊和歐巴馬團結一致，並肩作戰。

但希拉蕊的團隊中仍有許多人對選戰中希歐惡鬥的場景耿耿於懷，兩派人馬勢如水火，他們很難接受與昔日對罵的競爭對手出入同一座辦公大樓。

歐巴馬已經打過兩次電話了，希拉蕊決定再等一等，她並不急於表態，任由媒體的揣測和謠言再飛一會兒，彷彿她的身價能夠與謠言並漲。

十一月十九日，希拉蕊幾經斟酌，似乎拿定主意，準備拒絕歐巴馬的好意。她打電話給歐巴馬，但歐巴馬的助理說，「總統」正在洗澡，不方便接電話。

晚上，電話終於打通。「我很難抉擇，」希拉蕊說。

「我知道這不容易，但我真的想讓你來接手這個位子。」歐巴馬仍不放棄。

「不行。」希拉蕊再次對歐巴馬說不。

初嘗到總統滋味的歐巴馬，還不太習慣於屢次被人拒絕。他沒有再說下去，只是讓希拉蕊再考慮考慮，「先睡一覺，明天再答覆我吧。」歐巴馬說。聽得出來，他不會再勸希拉蕊接受提名。

第二天早上八點，希拉蕊的新聞助理的辦公桌上，開了兩臺電腦，一臺顯示的是Word文檔，上面是一份早已擬好的《希拉蕊謝絕國務卿提名建議》的媒體聲明稿，另一臺是Outlook通訊錄。只要一通電話，助理就準備將這份聲明發給各大新聞媒體。

「今天早晨，我與總統歐巴馬通電話，表達我對他考慮讓我出任國務卿一職深深的感謝，」聲明草稿中說，「最終，考慮到為歐巴馬總統，為我的選民，為我們國家效力的最佳方式，我作出了這項決定，我已經告訴歐巴馬總統，我將留在參議院。我相信，在那裡我能夠立刻發揮作用，應對我們即將面臨前所未有的國內外挑戰。」

但電話鈴遲遲沒有響起，情況可能有變。

十一點，希拉蕊的助理終於來電：新聞稿作廢。希拉蕊上午已經致電歐巴馬總統，正式接受國務卿的提名。

沒有人知道從掛斷歐巴馬的電話到十一點之間，究竟是發生了什麼，促使希拉蕊改變了想法。一些政治陰謀論者猜測，歐巴馬可能在深夜的那一通電話裡對希拉蕊作出承諾，如果她願意出任國務卿，歐巴馬將支持她參加二〇一六年的總統大選。

一些學者對此並不認同，維吉尼亞大學的教授賴瑞·薩巴托（Larry Sabato）從事選舉政治學研究長達三十年，在華盛頓政壇人脈廣泛。他說：「我從來沒有聽說，或者看到任何書面資料，表明歐巴馬對她可能競選總統承諾予以支持。在我看來，留在參議院，對她來說，更具政治優勢。她在中部幾個主要的票倉州擁有獨立的選民基礎，一方面可以在參議院積累政治資本，另一方面夯實她的選民基礎，從而搶得先機，或者二〇一二年再度出馬，又或者，如果她願意，二〇一六年完全按照她自己的意願投入競選。但她卻偏偏放棄了自己的獨立性，將自己與歐巴馬的政治命運綁在一起，毫不考慮後果。而她在二〇〇八年的初選中剛才說過，歐巴馬不可能成為一位成功的總統。」因此薩巴托很難理解希拉蕊的真實動機到底是什麼。

在很多人看來，從希拉蕊宣佈參加民主黨總統候選人提名初選的開始，她的參議員身

份就已經結束了，如今回到參議院只是她無奈的隱忍。在經歷了民主黨初選的政治低潮和尷尬失敗之後，就算在歐巴馬內閣裡做一塊橡皮圖章，也比以「落水狗」的姿態待在國會參議院，僅擁有百分之一的發言權要好得多。

更何況，國務卿能夠給希拉蕊提供下一次總統競選難得的資歷——外交政策，能夠讓希拉蕊有機會接觸到世界上最重要的外國領導人，能夠以技術官僚的姿態超越黨派政治，在民主、共和兩黨間遊刃有餘，形成跨黨派的政治影響力。同時，國務卿的崗位還能夠讓希拉蕊持續被媒體關注，不至於被政治圈徹底遺忘。

在希拉蕊態度一百八十度轉變的背後，也有丈夫柯林頓的影子。希拉蕊一度想過在二〇一二年挑戰歐巴馬的連任，被柯林頓堅決擋回去，「二〇一二年跟歐巴馬對抗？你肯定是瘋了，每個人都看好歐巴馬，你什麼都算不上，還是乖乖地接受他的國務卿提名吧，這是你的最佳選擇。」柯林頓說。

歐巴馬的競爭對手麥肯也認為，希拉蕊接受國務卿的提名是一個明智的選擇，「這大幅提升了她的政治地位。」麥肯說，如果說之前她只是二〇一六年總統大選的可能人選，那麼，出任國務卿之後，希拉蕊儼然成為二〇一六年具有壓倒性優勢的候選人。

希拉蕊並非無條件的接受歐巴馬的提名，她的團隊一直在與歐巴馬過渡班底接觸，就希拉蕊出任國務卿的條件討價還價，在一些政治安排的細節上反覆研商，尤其是涉及柯林頓的慈善活動和政治演講，與希拉蕊的國務卿身份可能存在的利益衝突和關聯性問題。

在歐巴馬一方，談判由約翰．波德斯塔（John Podesta）負責，他提出，柯林頓所有的演講稿都必須事先交給歐巴馬班底審閱通過，並且不得向任何與美國政府有直接利益關係的機構發表演講。

十二月十六日，雙方還簽署了一份諒解備忘錄，柯林頓同意向歐巴馬公開柯林頓基金會的捐款人名單。這份長達二十萬五千人的名單是柯林頓最大的政治資產，總捐款金額高達四億九千兩百萬美元，其數據之龐大，甚至超過了Excel軟體能處理的表單容量。名單中從沙烏地阿拉伯王子、印度富豪，到美國伊斯蘭協會，以及以色列最大的跨國製藥公司——梯瓦製藥，各個階層都有。柯林頓一直拒絕與歐巴馬共享這些政治金主，但為了希拉蕊的白宮之路，柯林頓豁出去了。備忘錄稱，「柯林頓基金會將繼續在世界範圍內展開慈善活動，但必須確保基金會的活動，無論基於怎樣的慈善理由，都不能與希拉蕊作為參議員或國務卿發生利益衝突」。

柯林頓還承諾，在希拉蕊擔任國務卿期間，他將每年公佈一次柯林頓基金會的捐款人名單。基金會旗下的另一個慈善組織「柯林頓全球倡議」，所有會議都將在美國境內舉行，並且不再接受外國組織和個人的會費捐款。

對於這份備忘錄，歐巴馬團隊如獲至寶。表面上看來，柯林頓為了讓希拉蕊進入國務院，付出了很大的代價，但對於老謀深算的柯林頓來說，這筆政治投資絕對划算，他的眼光

不在未來的四年，而是八年之後的總統大選。

希拉蕊團隊從歐巴馬那裡得到的讓步和承諾有兩條，一是歐巴馬必須每週和希拉蕊在白宮至少見面一次，她要確保自己始終處於權力運作的中心，不被歐巴馬邊緣化甚至冷藏起來；二來，希拉蕊有權挑選她在國務院的核心班底成員，自由組閣。

雙方打著自己的小算盤，皆大歡喜地走到了一起，這場政治聯姻的開局，似乎很幸福。十二月一日，當選總統歐巴馬在芝加哥宣佈，提名希拉蕊擔任美國第六十七任國務卿，「希拉蕊的提名是一個標誌，表明我對打造全新的美國外交形象的承諾是嚴肅認真的。」歐巴馬說。

自由組閣

在擁有七萬名員工、辦公地點分散在世界各個角落的美國國務院，組建一個希拉蕊信賴兼具高效執行力的班底，至關重要，尤其是當希拉蕊大部分時間都在天上飛來飛去的時候，她必須仰賴自己的親信留守後方，確保政令暢通，資訊及時掌握。

前國務卿歐布萊特就是因為書生氣息太濃，被層層的官僚作風耗盡了精力，未能在她本應擅長的外交領域發揮更大的效用。二〇〇五年出任的萊斯（Condoleezza Rice），原本應該將主要精力放在全球性的反恐問題上，但卻受困於國務院瑣碎繁縟的日常事務管理，左右鉗制。希拉蕊下定決心，絕不重蹈歐布萊特和萊斯的覆轍。

但歐巴馬究竟能給希拉蕊在國務院的人事任免權上多大的自由？十二月份的大部分時間，雪莉．米爾斯（Cheryl Mills）都在跟歐巴馬的外交政策顧問丹尼斯．麥克多諾（Denis McDonough）在人事問題上討價還價。兩人每週六碰頭一次，在華盛頓郊外的一個廉價速食店裡共進早餐，商討希拉蕊的內閣人選，經常鬧得不歡而散。

跟隨柯林頓夫婦多年的雪莉．米爾斯，是希拉蕊心目中最無可挑剔的國務院團隊核心成員。米爾斯是一位非洲裔黑人，出生於一個軍人世家，從小跟著父親在比利時和西德的軍事基地裡長大，耳濡目染，對忠誠和紀律有著絕對的信念。史丹佛大學法律系畢業後不到兩年，米爾斯毅然辭掉華盛頓一家知名法律事務所的高薪工作，來到小岩城，加入柯林頓競選團隊。當時，柯林頓與喬治．布希的選戰還未結束，但柯林頓在民意調查中佔據領先優勢。米爾斯決定賭一把，將她的職業生涯與柯林頓夫婦綁在一道。

作為一個女人，又是一名黑人，米爾斯在華盛頓政壇上靠自己的聰明和勤奮闖出了一片天地。希拉蕊認為，米爾斯有著作為副手最優秀的品質：忠誠，善良，團結，有社會正義感，拿希拉蕊的話說：「她說話語速很快，但腦子轉得更快，思路如刀鋒般敏銳，解決問題如快刀斬亂麻。」在華盛頓圈子裡，米爾斯被稱為「希拉蕊的守護天使」。

米爾斯對柯林頓夫婦的忠誠毋庸置疑，白宮一名助理說：「如果柯林頓在牆的那一邊需要什麼東西，米爾斯會想方設法地把東西遞過去，不管是翻牆，繞過去，還是在牆上打個洞。」

米爾斯這一次押對寶了，柯林頓當選總統後任命她為總統的助理研究員。四年後，米爾斯升任白宮副顧問，並很快在柯林頓彈劾案中嶄露頭角。

媒體至今仍記得一九九九年在國會聽證會上那場吸引全球目光的唇槍舌戰。面對多名資深參議員咄咄逼人的質詢和鉅細靡遺的問題，米爾斯以一位女人的視角冷靜地為柯林頓辯護，她那段「我不擔心」的聽證會陳詞成為律政片的經典橋段：

「我相信，陸文斯基對柯林頓總統沒有太大的吸引力，我不擔心公民權利，因為總統一直在捍衛民權，捍衛婦女權益，捍衛我們應該享受的一切權利，他在公民權利上的記錄是無可辯駁的。」三十三歲的米爾斯說，她成為美國國會歷史上第三位站在參議院發言的美國黑人，米爾斯巧妙地運用種族主義和民權兩大利器，讓參議院迫於民意，不得不放棄對柯林頓的彈劾。

米爾斯將柯林頓從政治懸崖的邊緣拉了回來，感激之下，柯林頓提出願意將米爾斯任命為白宮顧問，但米爾斯卻厭倦了華盛頓的政治生活，她想尋求平靜的生活。一九九九年，彈劾案結束之後，米爾斯提出辭呈，搬到了紐約，在脫口秀女王歐普拉（Oprah Winfrey）的氧氣傳媒公司擔任副總裁。兩年之後，米爾斯出任紐約大學副校長。

遠離政治喧囂八年，對柯林頓夫婦的忠誠讓米爾斯再度回到華盛頓，擔任希拉蕊競選團隊總顧問。由於初選不利，希拉蕊剛剛辭退她的競選總監，米爾斯接管之後，希拉蕊陣營混亂、群龍無首的局面大為改觀，她的強硬好鬥和不屈不撓讓歐巴馬陣營深感頭痛，被稱為「比特犬」。

律師出身的米爾斯，說話不喜歡拐彎抹角。希拉蕊從她身上彷彿看到了年輕時的自己，因為希拉蕊也做過律師，也曾以一名助理的身份經歷過當年眾議院彈劾尼克森（Richard Nixon）總統的情境。

《華盛頓郵報》評論說，「米爾斯以她從不低頭、絕不讓步的個性成為希拉蕊圈子的核心人物，她的身上集中體現了這個團隊的所有特質。」

希拉蕊決定在國務院盡一切可能幫助米爾斯樹立權威，她任命雪莉．米爾斯為她的幕僚長兼國務院顧問，負責國務院的日常管理和運作，她同時也是希拉蕊與白宮在一些敏感問題，如人事任免等進行溝通的聯絡官。希拉蕊將國務院一些軟性的外交事務，如食品安全、全球健康政策、同性戀權益等問題，交給米爾斯負責。

胡瑪．阿伯汀（Huma Abedin）被稱為希拉蕊的「貼身女僕」，性格溫和，形象甜美，她僅比雀兒喜大幾歲，希拉蕊待她就像自己的女兒一樣。胡瑪曾在柯林頓政府後期在白宮短暫工作過一段時間，此後就一直跟隨希拉蕊到參議院，擔任希拉蕊的私人助理。胡瑪負責協調希拉蕊的日程安排，小到口紅、洗手乳，大到手機、檔案，只要希拉蕊有需要，胡瑪就會隨時從包裡拿出來，她與希拉蕊的親密關係，甚至讓柯林頓都感到嫉妒。胡瑪被任命為辦公室

副主任，負責協調具體事務的執行。

當然，希拉蕊的圈子裡也不是所有人都喜歡胡瑪．阿伯汀，有些人認為胡瑪不太容易與同事相處，她似乎更喜歡與名流打交道，而對自己身邊的同事就比較疏遠冷淡。在國務院，胡瑪對外交事務的陌生和缺乏專業素養，更讓一些專家助理看不起。

三十二歲的傑克．蘇利文（Jake Sullivan），看起來像是那種常青藤名校畢業後在政府機關裡工作的人，思路清晰，判斷準確，他曾幫助希拉蕊在二〇〇七年和二〇〇八年的競選辯論中對決歐巴馬，他的才華甚至讓歐巴馬的團隊都刮目相看。希拉蕊敗選之後，歐巴馬立刻將傑克．蘇利文從希拉蕊陣營挖過來，為自己效力，負責準備歐巴馬與麥肯的總統辯論。在國務院，他的地位同阿伯汀一樣，是辦公室副主任，主要負責政策研究，並同媒體打交道，後來，希拉蕊專門成立國務院政策研究室，便由蘇利文負責，當一些外交問題過於專業，希拉蕊的新聞班底無法跟記者解釋時，就由蘇利文出馬，闡述希拉蕊的外交理念。

米爾斯、胡瑪和傑克，二女一男，形成希拉蕊在國務院的「三駕馬車」，這些職位，連同國務院內較低層級的兩百多個崗位，都不需要總統批准或參議院同意，直接由希拉蕊任命。

在正式去國務院上任之前，這個冬天，希拉蕊一直躲在紐約中央公園南面的一座高層公寓裡，手裡拿著一本長長的拍紙簿，一個個名字寫過來，劃過去，不時地召見面試一些可能的人選。透過公寓的玻璃窗，可以看見白雪點綴下的中央公園，溜冰場上偶爾傳來孩子們的歡笑聲。公寓的牆上掛著柯林頓全家的照片，希拉蕊悠閒自在地為客人泡綠茶。其實這個公寓並不是希拉蕊的，而屬於柯林頓的貼身跟班道格拉斯・班德（Douglas Band）。她之所以選擇這個地方，是因為隱秘性高，在策劃未來班底成員時，能避開媒體的耳目，最大限度地保護客人的隱私。

事關希拉蕊未來的權力運作和人際關係圈，她不得不格外謹慎，仔細斟酌每個人的長處和缺點，她不能再犯競選期間用人失敗的錯誤。往日希拉蕊團隊裡那些咄咄逼人、年輕氣盛的猛將，如馬克・佩恩、霍華德・沃爾夫森，她一個也不用。在一個七萬人組成的複雜政治圈裡，僅有忠誠和強勢是不夠的，面對瞬息萬變的國內外形勢，精準分析、及時做出理性的反應，才是關鍵。

雖然歐巴馬給了希拉蕊人事任免權，但在關鍵的副國務卿任命上，希拉蕊的「自由」碰到歐巴馬的天花板。

希拉蕊原本想提名資深外交官霍爾布魯克擔任副國務卿。霍爾布魯克被稱為美國的「外交老人」，曾受命參加中美建交秘密談判，並訪問中國一百多次。但霍爾布魯克的性格似乎跟其他外交官格格不入，他脾氣暴躁，渾身充滿火藥味，前國務卿亨利・基辛格（Henry Kissinger）曾評價霍爾布魯克，「如果他給你打電話，讓你做事，你必須說行，因為即便說不行，你最後也得說行。」

霍爾布魯克雖然脾氣大，但做事能力超強。一九九五年，作為柯林頓總統的前南問題特使，霍爾布魯克成功地將波黑衝突各方拉到談判桌前，一手促成旨在結束巴爾幹戰爭的代頓協議談判。有記者問柯林頓，霍爾布魯克是如何說服巴爾幹獨裁政治強人米洛舍維奇接受談判條件。柯林頓說：「因為他跟米洛舍維奇的性格差不多。」

霍爾布魯克與柯林頓夫婦是私交多年的老朋友。希拉蕊曾說：「他是我的老師，有一種將整個政府成員凝聚在一起的能力，總能緊盯一個目標。」在希拉蕊競選期間，霍爾布魯克力挺希拉蕊，他甚至對一些外交界人士發出威脅，如果他們膽敢簽名支持歐巴馬，可能會砸掉自己的飯碗，從而與歐巴馬團隊結下梁子。

霍爾布魯克一輩子的夢想就是當上國務卿，但他耿直爽快的脾氣得罪了歐巴馬陣營，連副國務卿的提名都無法通過白宮這一關，最終希拉蕊只能任命他為阿富汗和巴基斯坦問題特別代表。

但是，希拉蕊把霍爾布魯克放到美國外交最棘手的阿富汗和巴基斯坦，並未讓這位六十八歲的「外交老人」在他生命的最後幾年，重現他在巴爾幹和談上的輝煌。

作為阿富汗和巴基斯坦問題特別代表，霍爾布魯克與美軍在阿富汗戰場上的最高指揮官彼得雷烏斯公開唱反調，導致歐巴馬政府在阿富汗問題上陷入僵局。

根據歐巴馬政府在阿富汗的「新戰略」，五角大廈一方面在阿富汗增兵三萬，加深對塔利班武裝組織的打擊力度，另一方面則推行「地方防衛計畫」，為部族地區的民兵提供資助，企圖借助地方武裝部隊打擊塔利班勢力。美國希望通過對政府軍和員警進行培訓，加速地方重建，以儘快穩定阿富汗國內局勢，從而創造條件讓美軍逐步撤離阿富汗，這是歐巴馬在競選時承諾的目標。

但霍爾布魯克卻有自己的想法，他認為，卡爾扎伊對歐巴馬政府並非完全信任，一直在美軍長期駐留阿富汗的安全條約問題上杯葛。在二〇〇九年的阿富汗選舉中，霍爾布魯克與彼得雷烏斯唱反調，公開與卡爾扎伊的競爭對手舉行會談，參加反對派舉行的政治集會，提供競選建議，並與反對派高調合影。一時之間，外界紛紛傳言，美國可能拋棄卡爾扎伊政權，白宮在阿富汗問題上也因此一度陷入僵局。

卡爾扎伊很快意識到霍爾布魯克的企圖，惱羞成怒，他與阿富汗地方軍閥達成協議，爭取到他們的支持，最終贏得大選。霍爾布魯克的「未遂政變」不僅讓歐巴馬政府的阿富汗政策陷入矛盾和混亂，更進一步削弱了美國對局勢的影響力。

歐巴馬當然不會把國務院關鍵性的二把交椅讓給高調的霍爾布魯克，他必須在國務院的決策圈內安插一名自己的人，或者至少是一位黨派色彩不這麼明顯的人。吉姆．斯坦伯格（Jim Steinberg）是歐巴馬和希拉蕊都能接受的人選。吉姆是民主黨內少有的外交政策專家，為人正直勤懇，很少樹敵，是談判桌上公認的誠實中間人。

斯坦伯格曾擔任柯林頓政府的國家安全顧問副職，二〇〇八年大選期間又出任歐巴馬競選團隊的外交政策顧問，因而在希拉蕊和歐巴馬的圈子內都有廣泛的人緣和好評。哈奇遜（Hutchison）曾在一九九零年代的國家安全委員會裡擔任斯坦伯格的特別助理，他說：「斯坦伯格在國家安全問題上有一種敏銳的洞察力，能夠迅速抓住問題的核心，但同時又能考慮到解決問題所需要的政治資源，比如，媒體會有怎樣的反應，國會會不會陷入黨爭，政府是否會形成內鬥等等。」

歐巴馬競選成功之後，斯坦伯格隱退，出任德州大學公共政策學院院長。他最大的願望是擔任白宮國家安全顧問，但一直未能如願。在出任國務院副國務卿之後，斯坦伯格可以出席在白宮舉行的國家安全委員會會議，也算是「曲線救國」，了卻一部分心願。

希拉蕊雖然捨不得老將霍爾布魯克，但念及斯坦伯格也曾為柯林頓效力，他入選副國務卿後，國務院在國家安全委員會裡就有了兩個席位，也就作罷。

但是，為了牽制斯坦伯格，希拉蕊又出人意料地任命了另一位副國務卿傑克．魯（Jack Lew）。早在柯林頓政府後期，美國國會就已經批准國務院設立兩個副國務卿的職位，但小布希政府一直沒有利用這項編制，在萊斯執掌國務院期間，副國務卿一直都只開設一人。

作為分工，斯坦伯格負責外交政策，傑克．魯則負責國務院日常事務管理和預算執行。傑克畢業於哈佛，曾擔任柯林頓時期的白宮預算幕僚長，希拉蕊把他從花旗銀行的高層拉進國務院，主要任務是編制預算，向國會伸手要錢。一位朋友評價傑克．魯說：「他非常能幹，脾氣很平和。如果一堆人意見爭執不下，他的話往往具有一錘定音的效果。」

除了霍爾布魯克擔任阿富汗和巴基斯坦問題特別代表，在一些棘手的地區，希拉蕊也仰賴特別代表或特使等專業外交官幫她打理一切，例如前參議院多數黨領袖喬治．米切爾擔任中東問題特使，丹尼斯．羅斯（**Dennis Ross**）出任希拉蕊的伊朗問題高級顧問。

不過，在國務院的人事問題上，霍爾布魯克不是希拉蕊與歐巴馬陣營關係不睦的唯一原因，希拉蕊更生氣的是美國國際開發署署長的任命，希拉蕊最青睞的人選是保羅．法莫（**Paul Farmer**），他是一名人類學家和醫生，因在發展中國家為提高貧困地區的健康醫療水準而展開人道援助工作，積累了很高的國際聲譽，被稱為「治癒世界的人」。但保羅．法莫的提名卻遭到歐巴馬陣營的強烈反對，他們認為，法莫過去曾有過一些不良記錄，儘管都是一些雞毛蒜皮的小事，但可能會被媒體抓住把柄，「例如，有一次，法莫將超過一萬美元的現金帶入海地，雖然這筆錢是用於在海地展開『注射針頭回收計畫』，但這一數額的確超過了海關限額，是非法的。」歐巴馬團隊據此否決了對法莫的提名。

歐巴馬入主白宮後，對大選中的功臣和主要捐款人論功行賞，安排他們在政府和外交機構擔任一官半職，這是華盛頓公開的政治潛規則。據美國「公共廉正中心」二〇一一年發佈的報告指出，歐巴馬主要捐助人中，有近兩百人或者在政府中獲得讓人眼紅的職位，或者是

其公司得到了聯邦政府數百萬美元的合同。

希拉蕊也不例外，她希望在國務院為自己的一些朋友和捐款人安插部分非關鍵性崗位，但即使這些「潛規則」的任命，也被白宮卡得死死的。西德尼．布盧門撒爾（Sidney Blumenthal）是柯林頓家族多年的密友，曾擔任柯林頓的助理，同時也是一位外交問題專家，為《華盛頓郵報》和《紐約時報》撰寫了多篇專欄及分析文章。希拉蕊原本想給他在國務院安排一個顧問的角色，但遭到歐巴馬團隊的強烈反對。

不過，整體而言，在國務院的人員任命上，希拉蕊還是得到了她想要的一切。一般來說，新的國務卿上任，會任命六到十二名自己的親信擔任助理或執掌一些重要的職位，希拉蕊任命了近兩百名，其中大多數是她在華盛頓二十多年來結交的老朋友、最信賴的政治助理或大選的主要捐款人。這些人以希拉蕊為核心，組成一個龐大的關係網。在布希政府期間，副國務卿下屬有十幾個辦公室，但希拉蕊上臺後，將副國務卿對下屬辦公室的管理權限取消，這些辦公室的主任大多是希拉蕊親自任命的親信，他們直接對希拉蕊負責。一方面，這種垂直管理的層級結構解決了國務院長期存在的臃腫、複雜和辦事效率低下的弊病，另一方面，也確保希拉蕊對國務院的全盤掌控。

有人用洋蔥來形容希拉蕊的圈子，按照希拉蕊的信任程度，從朋友、家人、員工到週邊的顧問，一層一層不同的親疏關係，在國務院的重要性也不同。「許多人通過電子郵件與希拉蕊直接聯繫，資訊被高度保密，只傳給應該知道的人，大多數希拉蕊的顧問對她的戰略想法或活動都只知道一點點。」喬納森．艾倫（Jonathan Allen）在《HRC》一書中評價道。

「巧實力」

十二月初的一天下午，懷特海文街大宅內的壁爐透出陣陣暖意，希拉蕊斟滿一杯紅酒，遞給沙發上的一名將軍。兩人如同久未謀面的老友，相談甚歡。希拉蕊盛情邀請他第二天晚上，再來家裡坐坐。

第二天，將軍如約而至，同樣是在溫暖如春的壁爐前，同樣的紅酒繽紛，只不過，沙發上多了另一個男人——霍爾布魯克。

這位戎裝上將名叫大衛．彼得雷烏斯（David Petraeus），時任美軍中央司令部司令，統管伊拉克和阿富汗戰爭，因在伊拉克戰場上的出色表現，被美國國防部長蓋茨稱為「最出色的戰爭指揮官之一」。希拉蕊對彼得雷烏斯的評價是「思維清晰，具有競爭性，政治領悟力高」，更重要的是，彼得雷烏斯在伊拉克和阿富汗反恐戰場上的新思維與希拉蕊的外交理念不謀而合。

二〇〇七年一月，小布希總統提名彼得雷烏斯出任駐伊拉克美軍最高指揮官，參議院軍事委員會為此舉行了一場聽證會。當時還是參議員的希拉蕊也出席聽證會，她在發言中對彼得雷烏斯的儒將風範讚不絕口，尤其是他編寫的一本美軍反暴亂手冊。

作為研究越戰的專家，彼得雷烏斯曾潛心研究遊擊戰，他為堪薩斯州的萊文沃斯堡美國陸軍指揮學院編寫了一本反暴亂手冊，其中的一整套作戰原則，被稱為「彼得雷烏斯主義」。他主張從情報搜集、戰術策略、軍隊領導、後備物質，以及當地社會、文化軟實力等多方面入手，綜合運用「攻城」與「攻心」雙重手段，有效破解對付地方武裝遊擊隊的困境。

希拉蕊在聽證會上對彼得雷烏斯說：「軍事行動與內部的政治運作並行不悖，必須相結合，缺一不可，希望你能夠在伊拉克戰場上成功實踐你的作戰理論。」

彼得雷烏斯果然不負眾望，接掌美軍駐伊最高軍事權之後，他很快提出一套對伊拉克武裝暴亂分子進行「綜合打擊」的策略，其核心在於保護伊拉克平民設施不受破壞，避免在人口稠密地區發動軍事打擊，減少平民傷亡。通過與伊拉克民眾建立良好的「魚水情誼」，幫助當地老百姓恢復秩序和經濟發展，贏得伊拉克人民的「人心和思想」。彼得雷烏斯將其簡單概括為「清理、守護、重建」，即打擊遊擊武裝份子，保衛勝利成果，重建基礎設施和政府有效治理。

在希拉蕊任參議員的時候，她和彼得雷烏斯的關係不錯，因為彼得雷烏斯是希拉蕊在軍方的好友傑克．基恩（**Jack Keane**）將軍的門徒。二〇〇七年，彼得雷烏斯出任駐伊美軍最高指揮官後，來華盛頓的機會不多，兩人只是偶爾有所聯繫，關係逐漸淡化。

如今，希拉蕊即將接手國務卿一職，她決定打破五角大廈在外交事務上一家獨大的局面，重建國務院在國家安全決策的主導地位。彼得雷烏斯提出的將攻城與攻心相結合的反恐戰略，深得希拉蕊的認同，與這位上將的爐邊談話，更讓她堅定了自己的外交目標，她要把「巧實力」的理念滲透到美國外交政策的各層面，重建美國在全球關係中的領導地位。

歐巴馬就任美國總統後，美國國內政經學界掀起了一場有關美國國力是否正面臨衰退的討論。美國在伊拉克戰爭之後，軍費開支超過兩萬億美元，阿富汗戰場更是一個燒錢的無底洞，華爾街的次貸金融危機正在向房地產、實體經濟蔓延，美國的債務規模達到歷史性的十七萬億美元，社保制度千瘡百孔，三分之一的人沒有醫療保險。

《大國的興衰》的作者保羅．甘迺迪（Paul Kennedy）在《華爾街日報》撰文，將美國實力衰退歸咎於三大因素：不斷攀高的債務、大衰退引發的經濟衝擊，以及伊拉克阿富汗戰爭。「一個強壯的人，各方面都很平衡，肌肉發達，他能夠負重上山，堅持很長時間。但是，如果這個人的力量越來越弱（經濟問題），而肩上的負重卻絲毫沒有減輕，甚至還有所增加（布希的向伊拉克增兵），地面也越來越難走（新的大國力量出現、國際恐怖主義威脅、陷入內亂的國家），那麼，再強大的登山隊員也會慢下來，步履蹣跚，而那些輕巧、沒有太多負累的登山者就會趕上來，與你並肩，或者超過你，成為領導者。」保羅．甘迺迪用了一個通俗的情境比喻美國巨人的衰落。

美國國家情報委員會發表一份《全球趨勢二〇二五：變化中的世界》的報告，對美國全球影響力的衰退作出了悲觀的預測，報告指稱，隨著全球競爭的加劇、資源的減少和地區局

勢不穩，美國在世界的大國地位將面臨嚴峻的挑戰。報告預計，未來十幾年，美國的經濟和軍事力量將相對下降，二戰結束之後美國一手主導建立起來的國際秩序將發生劇烈變化，以中國為代表的新興經濟體國家，以俄羅斯和伊朗為代表的石油資源大國，以及以基地組織為代表的非國家因素，將對未來的國際格局產生重要的影響，「這是財富和經濟權力從西方轉向東方的過渡階段。」

哈佛大學政治學博士、CNN專欄主持人法伊德．扎卡裡亞（**Fareed Zakaria**）二〇〇九年曾出版一本影響深遠的著作《後美國時代》，他認為美國正在走向沒落衰退之路。

扎卡裡亞說，九一一之後，美國無論是在教育、勞動力的競爭力，還是在新能源利用和網路基礎設施建設等方面，都開始落後於其他國家，在經濟上缺乏維持長期增長的動力。他認為，美國正走向「後美國時代」，美國在「全球餡餅」中分得的額度正在逐步減少，而其他一些國家正在迎頭趕上。「從經濟上，其他國家的後來居上會形成一個雙贏的局面，擴大了生產、消費、投資、儲蓄和貸款的活躍度，但是，這種對比與變化，在為全球經濟帶來穩定增長的同時，也給世界政治格局的穩定帶來新的問題。」扎卡裡亞問：「隨著中國在亞洲的影響不斷擴大，誰的影響力在削弱？當然是這一地區的傳統大國——美國。不可能在同一地區同時存在兩個具有主導力量的國家。」

歐巴馬非常欣賞扎卡裡亞的這本書。二〇〇八年競選中，他屢屢引證扎卡裡亞的觀點，強調小布希政府在海外發動的反恐戰爭耗費幾萬億美元，不但收效甚微，反而將美國從冷戰結束後的唯一超級大國帶入了經濟衰退和國力羸弱的局面。歐巴馬認為，美國國內經濟面臨的嚴重問題已經使它無法在全球維持主導地位，他必須將美國的資源和重心轉移到國內經濟發展和社會重建，而在國際格局中選擇扮演一個較為溫和的角色。

二〇一〇年八月，歐巴馬在全國電視上正式宣佈美國在伊拉克的軍事行動結束，「此時此刻，當我們結束伊拉克戰爭之後，我們將以同樣的激情應對國內問題的挑戰。」歐巴馬決意要收縮美國在海外的戰線，將主要精力用於應對國內經濟危機，提高勞動競爭力，改革健保體系。

對此，希拉蕊雖然表示認同，但她認為，美國仍然肩負著國際大國的道義和使命。就在歐巴馬結束發言後，希拉蕊在外交關係委員會發表了一場重要的演講，提出「新美國時代」的構想。她認為，全球經濟問題和地區挑戰要求美國必須擔負起領導責任，也只有美國有能力成為世界員警，「世界各國領導人和人民期待著美國不僅僅只是接觸，更重要的是引領他們。我們必須明確一點：美國能夠、也必須領導這一新的世紀。」希拉蕊也強調：「這個時代，保持我們的全球領導力至關重要，但是，我們必須以新的方式引領世界」。

這是希拉蕊在國務院第一次明確提出具有她個人風格的目標，為此，希拉蕊不僅親自起草演講稿，對其中的想法字斟句酌，反覆推敲，「新美國時代」的說法也是她自己敲定的。

這個野心勃勃的字眼讓人們想起一九四一年《時代週刊》創始人亨利．盧斯（Henry Luce）提出的「美國世紀」的說法。

重塑美國在全球的領導地位，副國務卿斯坦伯格對希拉蕊的目標做了很好的詮釋：「美國究竟應該如何在全球發揮它的力量，美國在世界其他國家眼裡究竟應該扮演怎樣的角色？希拉蕊強烈地感到，美國需要重塑它在國外的形象。希拉蕊意識到，由於她的個人經歷，她比別人更適合向外國政府傳遞這個資訊：一個不同以往的美國，一個在保護自身利益的同時也會考慮其他國家立場的美國。」

而這一切，需要美國在傳統的軍事和政治手段之外，更加注重與其他國家接觸交往，從高層的領導人互訪，到民間的互動往來，利用貿易、投資、慈善、夥伴國和軍事同盟等多種手段，還有「巧實力」這張牌，擴大美國的影響力。

「巧實力」（smart power）一詞最早是由美國學者蘇珊尼．諾瑟（Suzanne Nossel）二〇〇四年在《外交》雜誌上提出的，強調綜合運用硬實力和軟實力來實現美國外交目標。二〇〇七年，美國前副國務卿阿米蒂奇（Richard Lee Armitage）和哈佛大學著名政治學教授約瑟夫．奈爾（Joseph Nye）發表題為《巧實力戰略》的研究報告，提出運用「巧實力」進行對外戰略轉型，幫助美國擺脫當前困境，重振全球領導地位。

奈爾指出，硬實力是指利用軍事手段和經濟制裁達到目的，軟實力則是通過政治或經濟援助等軟性手段，誘使外國政府發生漸變。而巧實力「既不硬，也不軟，兼具其中」。

希拉蕊的「巧實力」，就是要通過靈巧運用美國支配的所有政策工具，包括外交、經濟、軍事、政治、法律和文化等各種手段，恢復美國的全球領導力。未來的美國，既要團結朋友，也要接觸對手；既要鞏固原有聯盟，也要展開新的合作。簡單地講，「巧」就是要將過分依賴武力等「硬實力」轉變為「軟硬兼施」。

希拉蕊在《艱難抉擇》中闡述這一概念時說：「在國務院傳統的外交範圍之外，我們要擴大在技術、能源、經濟、公共及私營部門合作等新的領域，充分利用巧實力。這是對傳統外交手段和重心的一種補充，而非替代。我們要動用一切資源，以應對國家安全面臨的最危險、最艱難的挑戰。」

希拉蕊以伊朗為例，進一步闡明她的觀點。她認為，美國利用金融手段和約束私有企業，多管齊下，實施對伊制裁，切斷伊朗與全球的經濟聯繫。通過能源外交，削弱國際市場對伊朗石油的依賴度，同時通過增加石油產量穩定市場。通過社群媒體等新興網路工具，滲透伊朗社會民意，吸引年輕人。向伊朗境內的異見人士提供美國開發的高科技網關產品，以繞過伊朗政府的監控和管制。這就是成功運用「巧實力」的典範。

從接受歐巴馬總統的提名，到國會聽證會召開，短短一個多月的時間，希拉蕊馬不停蹄地為她未來的國務卿任職招兵買馬，集思廣益——在國務院正常的職務之外，希拉蕊通過任命特

使、特別代表和高級顧問等手段形成自己的權力圈，將國務院最大限度地掌控在手裡；從基辛格、貝克、鮑威爾到萊斯，希拉蕊走馬燈似的拜會了所有仍健在的前國務卿，把參議院外交關係委員會的議員逐一走訪一遍，虛心求教，為聽證會爭取人緣；在廣泛聽取各方專家與智囊的建議後，希拉蕊以「巧實力」為突破口，逐漸形成了自己的外交新思路。

距離參議院聽證會不到一個星期的時間，在國會大廈的林登．詹森大廳，參議員每週一次的餐會正在舉行，參議員利用這個社交時間溝通資訊，交流情報，順便咬咬耳朵，傳一些小道消息和政治笑話。不過，今天的氣氛有些特別，希拉蕊與她的參議員同事們握手擁抱，微笑著拍照留念，「別以為我走了，我其實就在隔壁的霧谷而已。」希拉蕊笑著提醒大家。八年的參議院生涯，讓這場小型的告別午餐會上有些傷感，參議院多數黨領袖瑞德一直在參議院卡住希拉蕊的鋒芒，不讓她上位，但他在發言中卻似乎動了真情：「分別是一場甜蜜的傷感，你給我留下了那麼多美好的記憶，」瑞德的聲音微微有些顫抖，「我感覺自己要哭了。」

希拉蕊的感動顯然不是為了瑞德的「傷感」，她的人生即將跨入另一個四年，「這不是再見，」希拉蕊說，「這只是揮一揮手而已，在我們的心裡，會永遠記住對方。」

二〇〇九年一月十三日的這場聽證會，持續了六個多小時，從北極開發到能源供應，美國外交政策涉及的每一個話題都被翻出來，梳理了一遍。希拉蕊的表現，雖然不夠驚豔，但也足夠專業和誠懇。

「我和總統先生都認為，外交政策應該建立在原則性和實用主義的基礎之上，而非僵硬的意識形態，」希拉蕊說，「我認為，世界一直在期待著美國人的領導，我們必須利用所謂的『巧實力』，利用我們掌握的所有工具，包括外交、經濟、軍事、政治、法律和文化等多種手段，選擇適當的工具，或者多種手段並舉。外交部門將是美國外交政策的實踐巧實力的主要前沿部隊。」

八天之後，參議院表決，以九十四票對兩票的壓倒性多數，通過了希拉蕊國務卿的任命。讓人意外的是，原本投票支持彈劾柯林頓總統的參議員，這次卻在希拉蕊的國務卿任命都投了贊成票。在國會山莊，政治上的裂痕很難伴隨著時間而慢慢癒合，希拉蕊開創了一個先例，難怪麥肯感慨說，在希拉蕊的任命問題上，這個國家找回了久違的團結。兩張反對票來自兩名共和黨參議員，路易斯安那州的大衛．維特（David Vitter）和南卡羅來納州的吉姆．德米特（Jim DeMint），兩人都是二〇〇五年宣誓就任參議員，與希拉蕊在參議院短暫的時間裡沒有任何接觸。

第三章 霧谷

明星紅毯

波多馬克河從華盛頓市區的西南角緩緩流過，曲折蜿蜒，北岸形成一片沼澤濕地，氤氳籠罩，迷霧升騰，當地人稱之為「霧谷」（Foggy Bottom）。

從一九四零年代開始，大規模的都更計劃將這裡的宿舍、廠區、煙囪和老式排屋拆掉，取而代之的是聯邦政府大樓、甘迺迪演藝中心和水門大廈周圍的豪華住宅區。一九七四年，美國國務院選址這裡，建起了杜魯門大樓。

雖然沒有工廠污染，這裡的霧霾少了許多，但因為外交官每天要面對各種雲遮霧罩的複雜資訊，人們還是習慣地用「霧谷」來稱呼國務院。

同首都華盛頓眾多的聯邦建築一樣，杜魯門大樓毫無生機地矗立在二十三街旁，龐大的體積佔據了一整個街區。它的臃腫體態是國務院機構龐雜、人員眾多的真實寫照。

這裡有一萬四千多名職業外交官，多數畢業於常春藤名校，或者華盛頓地區的喬治・華盛頓大學，他們西裝革履，彬彬有禮，大部分時間在國外工作，任期不受總統遞嬗影響，也沒有黨派之爭；其次是一萬一千多名聯邦公務員，負責日常外交事務的具體運作；最後，國務院還有更為龐大的海外當地雇員，員工總數在四萬到五萬之間，遍佈世界各地兩百七十多個大使館和領事館。

霧谷建築的一切幾乎都是白色的，白色的砂岩牆面，白色的走廊，白色的日光燈，加上簡單裝飾的地板，BBC駐華盛頓記者金．伽塔絲（Kim Ghattas）形容國務院就像是一座精神病院。二〇〇九年一月二十二日，希拉蕊的走馬上任，見證了這座「精神病院」集體臆症發作的狂熱。

「這簡直就像是一場搖滾音樂會。」一名職員嘴裡嘟囔著，四處尋覓空位，但大廳裡已經插不下腳，他跑到樓上的夾層平臺，從那裡可以俯視大廳的場景，但連平臺邊上都站滿了人，有人從金屬欄杆上探身張望。為防止意外發生，保全人員只得臨時封閉夾層區域，禁止人潮湧入。大批無法進入現場的外交官和職員，只能通過國務院的閉路監視系統收看即時畫面。

希拉蕊並不是國務院歷史上唯一的政治明星。美國歷史上前十五位總統中，有六位都曾做過國務卿。在國會歷史上，南北戰爭前被譽為「最偉大的調解員」亨利．克萊（Henry Clay）和強烈支持奴隸制的「鑄鐵人」卡爾霍恩（John C. Calhoun）也都出任過國務卿。但杜魯門大樓已經很久沒有迎來像希拉蕊這樣高識別度的國務卿，雖然迎接她的人並不清楚這位前第一夫人和參議員能夠為國務院帶來怎樣的清新空氣，但有一點可以肯定，國務院在媒體上的曝光率將因這個女人而大大提升。

希拉蕊走出她的防彈凱迪拉克，腳下的紅毯一直鋪向國務院的大堂，掌聲一浪高過一

浪，許多人尖叫著：「希拉蕊，我們愛你！」

三名特工用身體在人群中擠出一條通道，在電視攝影機和無數手機鏡頭的注視下，希拉蕊停下來，同那些握上手就不肯放的人交談幾句，她微笑著揮手致意，走上講臺。

「我真心相信，美國將邁入一個新時代。」希拉蕊說。

在她對面的玻璃牆上，豎立著一排排所有與美國建立外交關係的國家國旗，未來四年，她將出訪其中約一半的國家，總數達一百一十二個。

而在大堂裡人群背後的大理石牆面上，鐫刻著兩百多名在海外罹難的美國外交人員的姓名，死亡原因各不相同，戰爭、自然災難、恐怖攻擊、瘟疫、甚至沉船事故。

希拉蕊的辦公室位於杜魯門大樓的七樓，升任國務卿，第一個好處是不用擠大堂電梯，希拉蕊乘坐鑲嵌著木飾護牆板的私人電梯，直達七樓，走進鋪著地毯的「紅木廳」。走廊裡，掛著歷任國務卿的畫像，所有的會議室和辦公室前都有特工守衛，還要定期對房間設施和牆壁進行竊聽儀器掃描，以防止洩密，所有工作人員禁止從外界帶入任何電子儀器，包括手機。希拉蕊覺得自己就像在一個巨大的保險箱裡上班。

希拉蕊走進七樓的每個房間，同大家打招呼握手。最後，她來到自己的私人辦公室，房間並不是很大，牆壁上鑲嵌著櫻桃木護牆板，這是前國務卿舒爾茨（George Pratt Shultz）親自挑選的木質風格。屋內有一個小火爐，冬日陽光灑進來，透著暖意。按照希拉蕊的要求，房間內加了一張沙發，可以讓她偶爾躺在沙發上小睡片刻。隔壁房間裡，還有一個小廚房，和裝有淋浴的衛生間。辦公桌上放著三部電話機，其中一部熱線電話直通白宮、五角大廈和中情局。

希拉蕊把舒爾茨送的一隻泰迪小熊放在辦公桌上，那是她在走訪前國務卿時收到的最好禮物。只要捏一捏小熊的手，他就會快樂地唱起爵士歌手巴比．麥克菲林（Bobby McFerrin）的那首無伴奏解憂名曲《別擔心，快樂點》。起初泰迪熊擺在桌子上，希拉蕊只是覺得很好玩，但在未來的日子裡，她捏熊掌的次數似乎越來越多了。

希拉蕊打開抽屜，一只信封擺在那裡，上面署名「康多莉扎．萊斯」，這是前任國務卿留給她的歡迎信，前一天差點被清潔工當作垃圾扔掉。

「國務卿是美國各大政府部門中最棒的一份工作，」萊斯寫道，「我相信我把這份工作留給了最合適的你，在你的身上，具有勝任這份工作最重要的氣質——你深深地愛著這個國家。」

希拉蕊笑了，笑容如窗外陽光般燦爛。

外交新思路

在小布希手下做了八年的國家安全事務助理和國務卿，五十五歲的萊斯似乎急於扔掉這個燙手山芋，回到她熟悉的史丹佛大學，再執教鞭。

在跟希拉蕊事先進行工作交接的時候，萊斯只提了一個要求：別開除她的專車司機。希拉蕊答應了，讓萊斯的司機繼續為自己開車。

萊斯邀請希拉蕊去她在水門大廈的私宅裡，共進晚餐。自尼克森水門事件之後，這棟位於波多馬克河邊的豪華公寓辦公樓似乎就擺脫不了某種政治陰謀論的味道。但那天的晚宴，卻是溫馨平和的，完全是兩個女人之間的家常閒話。

之後，在國務院八樓的餐廳裡，萊斯再度邀請希拉蕊，舉行了一場正式的告別晚宴，陪同的有兩人的高級顧問和助理，萊斯對希拉蕊未來即將面臨的挑戰，簡單地交代了幾句。

十五歲就考上大學、精通四國語言的萊斯，情商不亞於智商。在席間，她的分寸拿捏十分妥當，既講究交班程序，又非常識時務地照顧希拉蕊的面子。對於國務卿在歐巴馬政府中扮演的角色和美國外交政策的轉型，希拉蕊已經想了很多。

首先，希拉蕊必須重塑美國的大國形象。後布希時期的美國外交，千瘡百孔。九一一之後，小布希打了一場伊拉克戰爭，雖然戰事只持續了幾個月，但「清理」戰場卻花了整整六年時間，恐怖主義在全球開花，基地組織死而不僵。在阿拉伯世界，美國作為「世界員警」的聲譽一落千丈。希拉蕊能否像歐巴馬期待的那樣，利用她在「第一夫人」時期積累的外交人脈，打造一個全新的美國外交形象？

其次，希拉蕊必須重新奪回國務院在美國政府幾大決策機構的發言權，擴大外交決策的影響力。

在美國國家安全的框架下，伴隨著美國在中東的反恐戰爭不斷升級，總統國家安全顧問和五角大廈幾乎壟斷了美國外交政策的核心任務，尤其是在伊拉克和阿富汗戰爭上，國務院的外交官沒有任何決策能力。前國務卿克林・鮑威爾（Colin Powell）和國防部長拉姆斯菲爾德（Donald Rumsfeld）的死掐已是公開的秘密，一個走廊裡碰面都不會打招呼，後來的國務卿萊斯和拉姆斯菲爾德的關係同樣不睦。對外關係上，外交與武力的角力，落敗的永遠是國務院。

希拉蕊認為，美國外交政策必須打破以單純武力主導的做法，她提出三個「D」，即國防（Defence）、外交（Diplomacy）和發展（Development），靠這三條腿同時走路。

第三，希拉蕊必須重塑國務院和美國對外發展援助機構的形象。長期被邊緣化的國務院，面臨士氣低落、執行力下降，進一步被邊緣化的惡性循環。在國務院，龐大的官僚機構和層級系統幾乎壓得人喘不過氣來。希拉蕊決策團隊被分散在八個樓面、八十四個門廳、四千七百九十五個辦公室裡，一份檔案的傳遞，要乘幾部電梯，上上下下幾十回合，才能最終簽署。前國務卿鮑威爾二〇〇五年一月就已經離任，但他當初訂閱的《紐約郵報》，四年後，還在每天繼續往國務院的辦公室送。

希拉蕊必須對國務院的官僚文化和文牘主義的辦事效率實施改革，重振部門形象。

最後，至關重要的，也是最不容易說出口的，是希拉蕊必須利用國務卿的四年任期，為她未

來入主白宮鋪路。國務卿的履歷將成為希拉蕊最大的政治資源，成為美國外交史上被評論和研究的樣本，但顯然，希拉蕊並不甘心把這一資源帶進墳墓。二〇〇八年的競選失敗並沒有影響希拉蕊的人氣和民意基礎，尤其是在與歐巴馬攜手後，她的民意支持率穩步上升。二〇〇八年二月初選最激烈的時候，希拉蕊的民意支持率為48%，隨著戰事的發展，逐步上升到54%，到希拉蕊出任國務卿之後，達到了她民意的最頂峰65%。但是，民意就像流水，潮起潮落是家常便飯，一個蹩腳的國務院，一場失敗的美國外交，將徹底斷送希拉蕊的政治前途。

希拉蕊在《艱難抉擇》中寫道，從美國第一任國務卿湯瑪斯・傑佛遜（Thomas Jefferson）開始，美國外交政策就在不斷變化的國際局勢中尋找自己微妙的平衡。

一九四〇年代末，二戰結束，冷戰開始，杜魯門政府企圖建立國際新秩序，拿前國務卿迪恩・艾奇遜（Dean Acheson）的話來說，其難度「僅次於創世紀的第一章」，舊帝國瓦解，歐洲一片廢墟，社會主義國家陣營擴大，第三世界的民族自決運動蓬勃發展，時任國務卿馬歇爾（George Marshall）推出龐大的歐洲復興計畫，以軍事、經濟、外交和道義上的多重援助，重建歐洲，從而維護美國的安全利益和經濟繁榮。

希拉蕊說，經過了六十年，在二十一世紀第一個十年中，美國再度面臨一個急劇變化的時代。我們有了無人偵察機、社群媒體和網路戰爭，技術和全球化將世界更為緊密地聯繫在一起，相互依存度更高。以中國、印度、巴西、土耳其和南非為代表的新興國家，在全球事務中的發言權和影響力與日俱增，同時，非政府性的力量，如公民社會運動、跨國企業和恐怖主義網路，或善，或惡，都更加強烈地改變著國際事務的力量對比。

「儘管有人期待著所謂的『歐巴馬政策』出現，期待著用一套宏觀理論為新時期的外交政策提供簡單而有效的路線圖，就像冷戰中的『遏止理論』一樣，但我們面臨的問題，已不是一個簡單有效的理論能夠解決的。我們必須更新我們的思想，才能應對周邊環境的變化。

「外交政策專家經常把二戰結束後建立起來的一套體制、同盟和規範統稱為『架構』，我們仍需要一個建立在規則基礎上的國際秩序，來定義國與國之間的交往，但這個規則應該是可變的、更具包容性的。

「長期以來，我們依賴的外交工具，要麼是以武力為基礎的『硬實力』，要麼是建立在外交、經濟、人道救援和文化交流等基礎上的『軟實力』，我要打破這個過時的觀念，開闊思路，更宏觀地思考如何利用美國外交政策的所有方面。

「除了傳統的締約談判和外交會議之外，我們還有其他任務，譬如，發揮社群媒體中『大V』的作用，幫助制定能源管道的走向，限制碳排放，鼓勵邊緣化團體參與政治，堅守人權的普世價值，維護經濟領域的共同規則等等。這些任務將是確保我們國力發展的關鍵。」

希拉蕊的外交宣言仍帶有強烈的理想主義色彩，美國外交未來的骨感，她還沒有任何體會。

至少，在這個冬日，杜魯門大樓七樓溫暖如春的小辦公室裡，希拉蕊上班第一天，她充滿信心。

保持距離

國務院大堂的那場明星紅毯秀，讓希拉蕊幾乎忘了她剛剛從一場選戰中鎩羽而歸，忘了她在出任六萬多人的執行長之前，僅有的現代管理經驗是率領著一個戰術混亂、資歷膚淺、運轉不順的競選團隊。

到二〇〇九年一月二十二日為止，希拉蕊在華盛頓政壇能夠讓人有所印象的兩大政績，一是在柯林頓政府早期，希拉蕊負責的全民健保計畫，二是二〇〇八年的民主黨總統候選人提名競選。但是說實話，即使是希拉蕊最死忠的追隨者，也不得不承認，這兩項政績很難彪炳希拉蕊的政治青史。

柯林頓的一位老友說，希拉蕊在國務院面臨的挑戰是多方面的，「首先，歐巴馬和他的團隊並不想放手讓希拉蕊制定政策和戰略。其次，希拉蕊本質上屬於一個抓小放大的人，她只是希望列車準點到站，沒有耐心成為外交政策大師。」

一上任，希拉蕊很快就發現，自己高估了歐巴馬任由她在霧谷自由決策的尺度。

上班第一天，在國務院八樓的富蘭克林廳，歐巴馬和副總統拜登一道前來，參加另一場宣誓就職儀式，霍爾布魯克出任阿富汗和巴基斯坦問題特別代表，喬治・米切爾出任中東問題特使。歐巴馬對希拉蕊的走馬上任表示祝賀，「非常高興來到這裡，對國務院的菁英們，對你們表示敬意。」完全是程序性的表態，不帶任何感情色彩。剛剛經歷了樓下大堂那場熱身賽，歐巴馬的這種姿態，在希拉蕊看來，幾乎就是冷淡。女人的細膩讓她敏感地覺察到，歐巴馬正在微調他們之間的距離。

一方面是個性使然，歐巴馬本人並不是那種跟誰都能打成一片的人，甚至對於他身邊最信賴的助理，歐巴馬的態度也從來不會非常熱絡。

另一方面，大選留下的陰影仍時刻縈繞著歐巴馬和希拉蕊。希拉蕊身邊的助理背地裡將歐巴馬的親信稱為「樞機主教」（Cardinals），因為他們所有的決策都要參與，恨不得把權力之手伸到國務院來；而歐巴馬的助理則習慣性地把希拉蕊周圍的人稱為「希拉蕊窩」（Hillaryland），這是他們在大選時就已經叫慣的蔑稱。

歐巴馬和希拉蕊從來不是朋友，至少不屬於一般人理解的朋友範疇。競選期間，歐巴馬陣營對希拉蕊惡毒咒語似乎仍在耳邊迴響：「在變革的時代，希拉蕊完全不可信任，驅使她的不是信念，而是政治野心。」

公共場合下，兩人有時候不得不用幽默來化解昔日的宿願。二〇〇九年四月，在一次領

導人高峰會上，巴西總統席爾瓦說：「我從來沒有想到歐巴馬會當選美國總統。」「我也沒有想到。」希拉蕊戲謔地回答。

幾個星期後，在白宮一年一度的記者協會招待晚宴上，歐巴馬談到他與希拉蕊的「友好關係」，他講了一個搞笑的段子：「她剛剛從墨西哥訪問回來，一把拉住我，把我抱在懷裡，給了我一個深情的吻——然後叫我趕緊趴下。」——墨西哥剛剛暴發禽流感。

在初選結束後的希歐合作，完全是職業化的，用客氣掩飾疏離。歐巴馬的一名國家安全事務助理說：「在國務院的第一年，他們的關係並不緊密。」

歐巴馬和希拉蕊之間，需要依靠副總統拜登作為傳聲筒。拜登有一次在接受《時代週刊》採訪時透露，希拉蕊經常會問拜登：「您覺得，我把這個方案提交給總統怎麼樣？」拜登會說：「噢，好的，我會交給他的。」

歐巴馬也會問拜登：「她知道我認為她的工作非常出色嗎？」

「好的，我會轉告她的。」拜登回答。

柯林頓夫婦在白宮生活了八年，甚至哪個房間有怎樣的味道，希拉蕊都如數家珍。如今，作為國務卿，每週一次的國家安全委員會例會，以及大大小小的碰頭會，可以讓她頻繁「回家」。歐巴馬甚至同意，和希拉蕊每週吃一次午餐。

希拉蕊是一名實用主義者，在接手國務卿這個位子之前，她對歐巴馬提出唯一一個具體要求，就是要與總統經常「一對一見面」。在希拉蕊看來，只要她能每個禮拜有一天出現在白宮辦公室，在白宮記者的鏡頭下，與歐巴馬交談，而歐巴馬表現出非常尊重和認真傾聽的樣子，就足夠了。這種形式上的存在感對希拉蕊來說非常重要，在決定二〇一六年是否競選白宮主人之前，她需要這種儀式的鋪陳。

為了兌現當初邀請希拉蕊入閣的承諾，歐巴馬團隊特意安排每週四下午在白宮橢圓形辦公室召開四十五分鐘的例行會議，由雙方助理和顧問陪同，共同商議本周的重大事項，希拉蕊照例坐在那張黃色的沙發上。歐巴馬一般會在會議結束後，單獨把希拉蕊留下來，再聊上幾分鐘。

二〇一〇年二月，希拉蕊出訪中東，不料由於她的波音七五七專機發生機械故障，不得不迫降沙烏地阿拉伯的吉達機場，希拉蕊心急如焚，她急著要趕回華盛頓，參加隔天下午在白宮的週四例會。希拉蕊打電話給自己的好朋友，美軍中央司令部司令彼得雷烏斯上將，他的軍機剛剛從利雅德機場起飛，上將緊急掉頭直奔吉達機場，將希拉蕊接上飛機，一同返回美國。

希拉蕊後來回憶說，彼得雷烏斯還讓出飛機尾艙自己的專用休息室，讓精疲力盡的希拉蕊好好地睡了一覺，他自己則同士兵一道坐在經濟艙。在德國一個軍用機場短暫停留時，彼得雷烏斯還悄悄地溜出去，直奔基地的健身房，鍛鍊了一個小時。

這場風波也讓希拉蕊的隨從人員和記者第一次意識到，白宮總統辦公室的這場四十五分鐘例會，在希拉蕊看來，有著極其重要的價值，它意味著希拉蕊是歐巴馬團隊核心決策圈的

一員，儘管她從來沒有真正參與到決策過程。

國務院歷史上所有偉大的國務卿，偉大的原因各不相同，但有一點卻是共同的，他們都與總統保持著密切關係。迪安・艾奇遜幾乎就是杜魯門總統的化身。亨利・基辛格有一次在與希拉蕊共同接受《新聞週刊》採訪時，得意洋洋地說，他和尼克森總統如果都在華盛頓，兩人就會天天見面。

希拉蕊後來在接受《紐約時報》採訪時酸溜溜地回應說：「當我需要和總統見面的時候，我自然會去找他，需要和他說話的時候，自然會去找他談話。」

希拉蕊和歐巴馬的關係基本限定在工作性質。在他總統任期的前三年，歐巴馬從來沒有請柯林頓夫婦回到白宮共進晚餐，更不可能邀請他們在白宮的小電影廳搞一場家庭式的電影聚會，喜歡高爾夫球的歐巴馬，卻幾乎沒有同柯林頓一起打過高球。

關於歐巴馬和希拉蕊的私人關係，華盛頓圈子裡流行著許多笑話。其中一個是說，當歐巴馬聽說雀兒喜訂婚的消息，他問希拉蕊：「怎麼樣？要不要把婚禮放在白宮舉行？」希拉蕊婉謝了歐巴馬的好意，「您太體貼了，但這樣不太合適。」希拉蕊對歐巴馬也有溫情的時候。二〇一〇年一月，希拉蕊前往檀香山訪問，順道去拜訪歐巴馬最深愛的母親斯坦利・鄧納姆（Stanley Dunham）。希拉蕊發表演講時，隔著一片花田，就是歐巴馬母親的墓地。

歐巴馬決意請希拉蕊出任國務卿，不是出於個人友誼的考慮，他深知希拉蕊的國際聲望和她與各國領導人的私人關係，將極大地彌補自己的國際問題上的短處，確保自己能夠全力以赴處理國內的經濟危機，而把希拉蕊「發配」到國外，讓她變成「空中飛人」，也能防止希拉蕊繼續以參議員的身份在國會阻礙自己的政策，他將把希拉蕊的影響力圈養在杜魯門大樓裡，不給她任何在二〇一二年競選連任時再一次挑戰自己的機會。

一名前外交官說：「歐巴馬將希拉蕊拉入內閣，把她罩在一個巨大的泡泡裡，然後就撒手不管，完全無視希拉蕊的存在。歐巴馬這一招的確非常聰明，讓希拉蕊無法對自己形成挑戰，除非她離開歐巴馬政府，同時，也不給她任何辭職的藉口。所以，希拉蕊實際上被困住了。」

此外，把競選對手希拉蕊、共和黨的羅伯特・蓋茨（Robert M. Gates）等圈外人攬入自己的麾下，顯示出超越黨派和政治對手的高姿態，更有助於歐巴馬進一步拉攏共和黨和民主黨內的鷹派力量。

歐巴馬把希拉蕊當作外交「花瓶」，一是因為他認為希拉蕊在外交領域的經驗，多半來自於過去第一夫人的經歷，正如他在競選時嘲笑希拉蕊「不過是和外國政要喝喝茶、聊聊天」的水準，希拉蕊永遠也不可能成為像基辛格那樣開創性的外交家。在這個問題上，歐巴馬並沒有看走眼。當然，希拉蕊也不客氣地回敬稱，歐巴馬的國際經驗就是他十歲時還生活在印尼。

希拉蕊的一名副手私下裡也承認說：「在外交政策上，她確實有點經驗不足，儘管她認識許多大人物。這是一個需要不斷學習的過程。希拉蕊感興趣的主要是國內問題，如健康醫

療、婦女兒童保護、退伍老兵等。像土耳其與亞美尼亞的關係正常化問題，這完全不是她的興趣所在。」

而另一方面，即使希拉蕊有興趣，白宮也未必肯放手讓希拉蕊出馬解決問題。在涉及國家安全等重大議題上，歐巴馬已經在白宮和國務院之間築起了一道高牆，希拉蕊的決策意見，他可以選擇性傾聽，一個耳朵進，一個耳朵出。

白宮內閣會議是歐巴馬政府主要的決策機構，但這個最高級別的例會不過是一個橡皮圖章，九十分鐘的會議議程中，各部門按照事先準備好的發言稿，彙報工作，發言的內容事先列印分發給與會部長，並限定發言時間。「會上沒有太多的討論和意見交鋒，就像是一個窗口展示，向公眾表明總統正在諮詢內閣部長們的意見。」一名歐巴馬政府的前內閣成員說。真正的決策討論都在幕後進行，並且主要局限在歐巴馬最信任的幾名助理。

霍普金斯大學國際問題研究院院長、著名的中東問題專家瓦利·納什（Vali Nasr）在他的《美國外交政策的倒退》中說，希拉蕊的主要障礙來自歐巴馬身邊的人，在外交政策的制定上，歐巴馬最終還是選擇接受自己圈子裡的人的意見。「希拉蕊完全可以提前辭職，離開歐巴馬內閣，就像雷根（Ronald W. Reagan）政府時期的國務卿亞歷山大·黑格（Alexander Haig）一樣。但是，這樣就會在民主黨內撕開一道長長的傷口，威脅到歐巴馬二〇一二年的總統連任。希拉蕊最大的功勞在於她寬容地接受了這一切。」

納什曾擔任阿富汗和巴基斯坦總統特別代表的顧問，他對白宮的外交決策過程有著近身觀察的經驗和獨到見解。納什透露，歐巴馬在外交政策上主要依賴幾名他的死黨，包括：

首席政治顧問大衛・阿克塞爾羅德，每週四在白宮戰情室主持反恐會議，確定歐巴馬準備打擊的恐怖分子名單，這個會議也因此被戲稱為「恐怖星期四」；

白宮高級顧問瓦萊麗・賈勒特（Valerie Jarrett），歐巴馬夫婦多年的好友兼貼身祕書；

湯姆・多尼隆（Tom Donilon），國家安全委員會顧問，曾在國資的房地產抵押巨頭「房利美」擔任執行董事；

丹尼斯・麥克多諾，白宮辦公廳主任，曾長期擔任參議員助理，非常低調，與歐巴馬私交不錯；

蘇珊・萊斯（Susan Rice），美國常駐聯合國大使，一直垂涎希拉蕊的國務卿位子。

約翰・布倫南（John Brennan），總統國家安全顧問，後被歐巴馬任命為中情局局長，歐巴馬將戰時外交政策的兩大支柱——無人偵察機和反恐，全部交給布倫南掌管。希拉蕊出訪中東，布倫南總是緊隨其後，以至於許多中東國家領導人越過希拉蕊，直接找布倫南談。

此外，歐巴馬的決策圈還包括一批名不見經傳的白宮低級別官員，他們每天提交的備忘錄和要點筆記對白宮外交政策的影響力要遠遠超過國務院或者國防部遞交的正式報告。

「歐巴馬的圈子核心，主要由大選時的功臣和舊部組成，這些人在大選期間與希拉蕊形

同水火，即使希拉蕊入主國務院之後，多次顯示出對歐巴馬的忠心，表明她已經成為歐巴馬團隊的一員，但歐巴馬的圈子仍對希拉蕊極不信任。他們擔心希拉蕊的名氣和高漲的民意支持率會蓋過歐巴馬的風頭。」納什說。

雖然希拉蕊對於管理一個有著七萬名雇員、分公司遍佈全球的超級「跨國企業」沒有太多的經驗，但歐巴馬的履歷並不比希拉蕊強多少。在入主白宮之前，歐巴馬管理的最大規模的政府部門也不過是他的參議員辦公室，手下有三、四十人，一年預算不超過三百萬美元，在國會山莊和他代表的伊利諾伊州分別有兩間辦公室。

但權力是華盛頓政治生態的基礎。歐巴馬雖然在邀請希拉蕊出仕時，曾信誓旦旦地表示，他的工作重心是解決美國的國內問題，主攻經濟和失業率，但並不等於他會將外交政策的主導權交給希拉蕊，雖然歐巴馬對國外事務不感興趣，但他周圍卻聚集著一幫「胸懷大志、濟世天下」的軍師，他們絕不肯將外交大權交給一個女人打理，更何況，這個女人一年前還在跟他們隔街對罵。

任何一屆政府外交政策的形成，都是在總統的個人喜好天平上，由不同利益部門角力平衡的結果。長期以來，總統的國家安全顧問與國務院屬於兩個平行系統，水火不容。在華盛頓有句玩笑話，國家安全顧問和國務卿歷史上唯一一次的和平共處是在基辛格時期，因為他一人身兼兩職。

國家安全顧問一職的設立最早出現在羅斯福（Franklin Roosevelt）總統時期，主要是為了克服在外交及安全問題上的決策混亂。近半個世紀以來，這一職位在總統決策圈裡扮演越來越重要的角色。

白宮的國家安全委員會主要負責協調各方，包括國務院、司法部、國土安全部、中情局及其他相關部門在內的資訊，匯總分析並提出建議，必要時，甚至可以主導白宮的緊急戰情室，為總統處置突發外交事件並直接決策。隨著美國在國際反恐戰爭中的攤子越鋪越大，國家安全委員會的人數也日益龐大，目前約有三百多名工作人員，主要負責人為總統的國家安全顧問，同時設有多個副職。

而希拉蕊國務院團隊和歐巴馬國家安全顧問之間的暗鬥，才剛剛開始。表面上看，希拉蕊和副國務卿吉姆．斯坦伯格每週照常去白宮出席國家安全委員會的例會，儘管斯坦伯格也是歐巴馬插進國務院的一個楔子。希拉蕊心裡明白，擺在臺面上討論的東西，都是能夠上臺面的，但那些拿不到臺面上討論的東西，才是決定輸贏的關鍵。

Part 2

亞洲戰略

希拉蕊並不是美國向亞太地區「再平衡」戰略的設計者，她只是碰巧成為第一個全面貫徹歐巴馬外交戰略轉移意圖的國務卿。不巧的是，她碰到了中國這個正在崛起的亞洲大國，如何遏止和圍堵中國的成長，希拉蕊在南海地區導演了一場場外交大戲。

「未來十年，我們必須巧妙地全面考慮我們在外交領域投入的時間和資源，從而能夠站在最佳的制高點，維持我們的領導地位，確保我們的國家利益，推動我們的價值觀。未來十年，美國外交政策最重要的任務是在亞太地區切實加強我們的存在，擴大在外交、經濟、戰略及其他方面的投入。亞太地區將成為全球政治的關鍵驅動力。」

——二〇一一年十一月，

希拉蕊在《外交政策》雜誌上發表《美國的太平洋世紀》

【第四章】起飛

波音七五七

二月中旬的一個星期天，華盛頓郊外的安德魯斯空軍基地，戒備森嚴的崗亭外，兩名士兵突然肅立，面無表情地看著一支黑色車隊魚貫而入，穿過跑道，徑直朝機庫駛去。

希拉蕊第一次站在她的波音七五七專機前。藍白相間的機身上，寫著「美利堅合眾國」。希拉蕊對於自己的專機，並不陌生。她曾跟隨丈夫柯林頓，坐著「空軍一號」，滿世界兜圈，也曾以參議院代表團的身份，坐著小飛機，出訪伊拉克、巴基斯坦等地。相比當年「巨無霸」的波音七四七，如今的這架波音七五七客機，雖然個頭小了不只是一點點，服役年限也超過了十一年，但依然有它應有的舒適感和霸氣。未來四年，希拉蕊將在這座空中城堡裡度過兩千多小時，飛行距離超過一百六十萬公里。

進入波音七五七，左邊的飛機前艙是美國空軍的通訊室，佈滿電腦和通訊設備，確保希拉蕊在空中能夠與白宮保持二十四小時不間斷聯絡。前方駕駛艙裡，飛行員正在做最後的起飛前檢查。向右拐，穿過一條狹窄的通道，希拉蕊進入她的私人辦公艙，裡面有一張桌子，一個能拉出來睡覺的沙發床，以及洗手間和壁櫥，可惜沒有淋浴設備。桌子上擺放著兩部保密和非保密的電話機，牆上有一臺液晶電視，供遠程視訊會議使用。機艙後半段，被分為三個部分，分別供希拉蕊的助理、維安人員和媒體記者使用。

助理的隔間內擺放著兩張桌子，四把皮椅面對面，如同火車包廂。技術人員正在搭建希拉蕊的移動辦公系統，將系統與國務院控制中心連接，以便隨時隨地都能夠接收國務院的密電和行程安排。希拉蕊的幾名高級助理正忙著接上筆記本電腦，或打電話，或抓緊時間睡覺。桌子上擺滿一疊厚厚的資料和仍在修改的演講稿，還有幾本《人物》和《每週美國》雜誌。

客艙中段是類似客機經濟艙的佈局，有二十五個座位，國務院、白宮和五角大廈相關部門的專家、翻譯和保鏢坐在這裡。

隨行記者坐在機艙的尾部，大約有十五個位子。沒有登機牌，他們的座位是靠抽籤決定的，運氣好點，有一個能舒展小腿的位子；運氣不好，抽到十三號，一路上就會成為大家取笑的對象。國務卿的專機已經很久沒有這麼熱鬧了，在布希政府的最後兩年，美國最重要的幾大主流新聞機構都懶得派記者跟隨萊斯出訪，被邊緣化的國務院不再是出新聞的主要陣地，但希拉蕊的首訪，吸引了NBC、CBS、ABC和CNN等老牌坊，紛紛回歸國務院條線，波音七五七尾艙的抽籤，再度變得緊張激烈。

不管結果怎樣，能夠擠上國務卿專機已經是最高禮遇了，歐巴馬的「空軍一號」最多只能帶二、三名隨行記者，其餘媒體記者只能跟隨另一架波音七四七抵達。因此，對長期跑

國務院線的記者，倒調時差，或者座椅靠背硬一點都不算什麼，更何況，跟著領導不用過安檢，直接走外交綠色通道，行李無需檢查托運，直接送達飯店房間，記者在飛機上的用餐規格也跟希拉蕊一樣，空姐並沒有給國務卿特別待遇。

機艙尾部，空乘人員正在給希拉蕊等人準備飲料和午餐。航空餐雖然不夠奢華，但比一般的經濟艙還是可口許多，有許多蔬菜和水果，希拉蕊喜歡吃紅辣椒，有時候喝一杯威士卡或紅酒。「千萬別給我上甜點！」希拉蕊會對空姐大叫，沒多久，她就混到機組人員艙裡，手裡拿著一塊甜得發膩的巧克力蛋糕。

偶爾在一些國家短暫停留，機組人員會下飛機，採購一些當地特產，如墨西哥的瓦哈卡乳酪，愛爾蘭的煙熏魚和柬埔寨的熱帶水果，讓希拉蕊和隨行人員打打牙祭。希拉蕊倒是很懷念「空軍一號」上的土耳其玉米餅沙拉。

在飛機的行李艙裡，除了十幾個黑色箱子裝滿維安設備，還有一只神秘的金屬箱，裡面裝著送給各國領導人的禮物，雖然官方從未透露禮物的價值或內容，但通常會有一些小禮物，如袖扣、鎮紙、鑰匙串之類的東西，送給出訪國的一般性接待人員。當然，也少不了希拉蕊親筆簽名的自傳《生活史》。

在總統的「空軍一號」和「海軍一號」直升機之外，美國政府有四架波音七五七專機，供副總統、第一夫人和國務卿調用。希拉蕊的這架專機用了十幾年，有點老掉牙，故障不斷，灰藍色的座椅像是穿越回了九〇年代，機艙內壁顏色黯淡，頭頂的電視螢幕伴隨著飛機的晃動發出吱吱呀呀的聲音。

希拉蕊在白宮做第一夫人的時候，保鏢給她的代號是「常青樹」，希拉蕊喜歡這個略帶恭維的外號，即使做了國務卿，身邊人也時常叫她「常青樹」，而希拉蕊的專機代號是「氣泡」。未來四年，「常青樹」和四十多位高級顧問、助理、保鏢、空軍機械師和記者，就要被裹在「氣泡」裡，穿梭一百二十多個國家，繞著地球飛行一百六十多萬公里，可惜沒辦法積累航空里程。

希拉蕊告訴隨行人員，只要能夠保持良好的精神狀態，調好時差，他們想在專機上幹什麼都行，睡覺、喝酒、打牌、閒聊，或者穿著睡衣走來走去，都不要緊。飛機上經常舉辦生日會，以調節氣氛，希拉蕊對別人的生日似乎特別敏感，她幾乎記得身邊每個助理的生日，因此，蛋糕和蠟燭是飛機上必不可少的。希拉蕊不是很喜歡看電影，只是對梅莉·史翠普（Mary Streep）的片子情有獨鍾，《遠離非洲》看了好幾遍。

她最喜歡講的笑話，一是那些平日裡不苟言笑的外交官對著電視上肥皂劇淚流滿面，另一個故事主人公是她的好友霍爾布魯克。霍爾布魯克當了四十多年的職業外交官，是希拉蕊在華盛頓最敬重的官員之一，最後也是倒斃在希拉蕊的國務院辦公室裡。希拉蕊說，霍爾布魯克坐她的專機，經常是要把每個位子都坐一遍，直到找到自己感覺最舒服的椅子才肯甘

休。如果有人已經坐在位子上，老霍會不厭其煩地請求別人跟他換座位。希拉蕊最開心的是看到霍爾布魯克上了飛機，就躲到廁所裡換衣服，走出廁所時，下身穿一條肥大的黃色睡褲，在機艙裡晃蕩，像一直超大型的復活節兔子，在單色調的機艙裡，閃瞎雙眼。

而希拉蕊最尷尬的一次出行，是和莎曼珊・鮑威爾（Samantha Power）前往日內瓦出席聯合國人權會議，兩個女人在二〇〇八年大選時曾結下梁子。當時，莎曼珊大罵希拉蕊是一頭「野獸」，最後在壓力之下不得不退出歐巴馬競選團隊，但隨後卻被歐巴馬任命為國家安全委員會的高級主管，兩人經常在白宮戰情室裡碰面，互相看不順眼。而現在，莎曼珊和她心目中的「野獸」卻不得不擠在狹小的機艙裡，遠在機尾的記者都能聞到其中的尷尬。

同她的前任萊斯不同，希拉蕊並不時常待在自己的私人客艙裡，她喜歡機頭機尾到處走走，同記者聊聊天，問問工作人員的情況。一名毫不起眼的女工作人員被問得有點不知所措，「她為什麼要問我的名字？」除了名字，希拉蕊連她的家鄉在哪兒，結婚沒有，未來的職業規劃是什麼，都要問一遍。更可怕的是，時隔很久，希拉蕊居然還記得她的名字。

有時候，服務員送來飲料，希拉蕊順手拿起一杯，隨便找個椅子就坐下來，此後，她一直喜歡坐在那個最普通的經濟艙位子上，那把椅子也就被稱為「希拉蕊的專座」，一般情況下，機上人員不會輕易跟國務卿爭搶。

希拉蕊的波音七五七專機加滿一次油，最多只能飛行九個小時，中途要在多個基地加油休整，因此讓這趟亞洲之旅變得更加漫長。習慣於在路上奔波的希拉蕊，對破碎的睡眠時間早已習以為常，無論是在飛機上，汽車裡，或是開會之前的飯店小憩，都能讓她迅速恢復精力。當小睡利器也不管用的時候，希拉蕊就拼命喝咖啡或茶，否則就只能在會場用手指甲掐手掌心來保持清醒了。

但在上任後的第一趟遠門，希拉蕊卻怎麼也睡不著了。她在自己的座艙裡，捧著一本厚重的檔案夾，逐句閱讀。這本「大書」是此次亞洲之行的國家情況匯總，包括背景介紹、分析和出訪細節安排等。以往萊斯在的時候，這種枯燥乏味的資料簡報總是被扔在一邊，乏人問津，因為她自己就是外交政策設計師，對出訪國的政策分析早已爛熟於心。但希拉蕊卻不希望她的外交首秀出現任何紕漏，因此出發前就開始惡補背景資料。

太平洋世紀

為了這場東亞外交首秀，希拉蕊從入主國務院的第一天就開始準備了。

希拉蕊的第一次出訪，有很多選擇。按照慣例，她可以去歐洲，以修復小布希時代遺留下來的跨大西洋分歧，也可以去阿富汗，美軍正在那裡同基地組織參與作戰，或者像鮑威爾那樣，第一站選擇南方近鄰墨西哥，去解決日趨嚴重的美墨邊境非法移民問題。

但二十一世紀是亞洲的世紀，美國戰略重心從歐洲逐漸向太平洋轉移，是一個不可逆轉的趨勢。全球最大的經濟體排名前五位的國家，有三個位於亞洲地區：中國、日本和印度。伴隨著地區大國在政治、文化和軍事上的力量對比發生變化，亞洲，特別是東亞和南海地區，面臨著地緣政治重組的政治緊張關係，歐巴馬政府認為，美國必須維持在全球的核心領導力，首先就是要在太平洋地區爭奪確保他的霸主地位。希拉蕊就任國務卿之後的一系列動作表明，美國在亞洲地區的「戰略再平衡」將是一個持久的計畫。經濟和外交上，歐巴馬在二〇〇九年新加坡高調宣佈加入「跨太平洋戰略經濟夥伴關係協定（TPP）」，這個美國主導下的多邊貿易機制將對全球貿易體系及區域經濟一體化產生重大深遠的影響，但美國卻將中國排除在外。軍事上，歐巴馬在二〇一一年澳洲議會演講時宣佈，「美國是太平洋強國，我們會一直待在這裡。」他表示，美國在全球其他地方的駐軍將削減規模，但在太平洋地區將維持並增加軍事存在，美國將在澳洲建立一個軍事基地。

為了歐巴馬的戰略轉型，希拉蕊決定打破慣例，將國務卿首次出訪的目的地定格在東亞，首站是日本，隨後訪問印尼、南韓，最後一站是中國。

二〇一一年十一月，希拉蕊在《外交政策》雜誌上發表名為《美國的太平洋世紀》一文，試圖為美國亞太戰略轉型完成理論上的最終塑形。「未來十年，我們必須巧妙地全面考慮我們在外交領域投入的時間和資源，從而能夠站在最佳的制高點，維持我們的領導地位，確保我們的國家利益，推動我們的價值觀。未來十年，美國外交政策最重要的任務是在亞太地區切實加強我們的存在，擴大在外交、經濟、戰略及其他方面的投入。亞太地區將成為全球政治的關鍵驅動力。」希拉蕊在文章中表示。

希拉蕊說：「利用亞洲的增長和活力是美國經濟和戰略利益的核心，也是歐巴馬總統確定的一項首要任務。亞洲開放的市場為美國進行投資、貿易及獲取尖端技術提供了前所未有的機遇。我國國內的經濟復甦將取決於出口，以及美國公司開拓亞洲廣闊和不斷增長的群體消費能力。戰略上，無論是通過捍衛中國南海的航行自由，應對北韓的核武擴散，還是確保這一地區主要國家軍事活動的透明度，保障整個亞太地區的和平與安全，對全球的發展至關重要。」

希拉蕊在這篇文章中使用了一個「亞太軸心」的說法，引起輿論的關注。歐巴馬政府一些專家認為，這個說法過於極端，他們更傾向於溫和一點的說法，例如「向亞洲地區的再平衡」。美國在全球其他地區的盟國，如歐盟等國也認為，「軸心」的說法是否意味著美國拋棄歐洲，將戰略重點徹底轉向亞太。

希拉蕊借用一個軍事術語「前沿部署」，進一步闡明美國戰略重心從大西洋向亞太區域轉移的具體部署。首先，是將所有的外交資源，包括高級官員、專家學者、跨部門的團隊和其他資源派駐到亞太地區的每一個國家，每一個角落。其次，美國的亞太戰略必須根據亞洲地區的現況和迅速的發展變化及時調整。

希拉蕊提出六個關鍵性的行動方針：加強雙邊安全聯盟；深化與新興大國，尤其是中國的工作關係；積極參與區域性多邊機構；擴大貿易和投資；建立更加廣泛的軍事存在；促進民主和人權。

希拉蕊在她的回憶錄裡說，歐巴馬出生在夏威夷，在印尼度過了他的童年，從某種程度上講，與亞洲有著天然的親近感，因此對於美國外交政策的亞太戰略轉型容易產生強烈認同。在他的主導下，由國家安全委員會顧問吉姆·瓊斯、湯姆·多尼隆，以及亞洲問題專家傑夫·貝德負責，美國國務院重新梳理定義美國的亞太戰略。

希拉蕊說，美國在亞太地區有三個選擇，首先是擴大與中國的合作關係，如果美中關係處理好，美國在亞洲其他地區的政策推行就會非常容易；

其次，美國必須加強與亞洲地區盟國的關係，主要是日本、南韓、泰國、菲律賓和澳洲，通過這些合作締約國制衡中國在亞太地區日益增長的影響力。

第三個選擇，希拉蕊認為，必須提升亞太地區一系列區域性多邊組織的地位，加強成員國之間的合作，主要包括東協（ASEAN）和亞太經合會（APEC）。「一個組織良好的多邊性國際組織對於這一地區的合作發展、共同面對挑戰和解決分歧，具有極其重要的價值。如果亞洲的多邊機構能夠得到扶植並加以現代化改造，就能在知識產權、核武擴散和航海自由權等所有問題上加強地區規範，在應對氣候變化和打擊海盜等問題上共同行動。」希拉蕊說。

希拉蕊親自實踐，上班第一天，就把自己「部署到了最前沿」，她親自打電話給自己還算熟絡的幾位亞洲國家領導人和外交官，如澳洲外交長史蒂芬·史密斯（Stephen Smith），因為澳洲總理陸克文是一個中國通，澳洲同中國在原物料、礦產資源等領域的合作也日益緊密，希拉蕊和史密斯就美國在亞太地區扮演的新角色交換了意見。

二月初，希拉蕊邀請一批美國國內智庫知名的學者和亞洲問題專家在國務院吃飯，在八樓的湯瑪斯·傑佛遜招待大廳，希拉蕊同專家們共同商討美國的亞太戰略，如何與中國打交道成為席間的熱門話題。美國一方面想在人權和氣候變化等問題上保持對中國的高壓，但又不想過分激怒中國，因為美國需要在北韓和伊朗核問題上取得中國的合作。曾在新加坡、印尼和中國擔任大使的芮效儉（Stapleton Roy）對希拉蕊表示，不要忽略東南亞國家。過去幾十年裡，美國一直將重心集中在東北亞，但芮效儉認為，隨著印尼、馬來西亞和越南在經濟和戰略地位上的提升，美國需要與東協國家合作，擴大美國在東南亞地區的存在。希拉蕊對這一觀點非常欣賞，這與國安會成員吉姆·瓊斯、亞太事務助理國務卿坎貝爾（Kurt Campbell）等人的觀點不謀而合。

一周以後，在紐約的智庫機構亞洲協會，希拉蕊發表了其亞太戰略的首次重要演講。會場上，希拉蕊從著名的中國問題專家夏偉（Orville Schell）那裡學到了《孫子兵法》裡的一個詞，「同舟共濟」，「在全球金融危機的風口浪尖，美國和中國的經濟命運緊緊地聯繫在

一起，這個詞非常確切，」希拉蕊說。一個月後，這個成語成為希拉蕊訪問中國時屢屢掛在嘴邊的熱詞，而在與中國總理溫家寶的會談中，溫總理又回贈給希拉蕊《文心雕龍》裡的一句成語：「並駕齊驅」。

建立在相互尊重和共同利益需求基礎上的中美大國關係，在希拉蕊國務卿上任伊始，呈現出良好互動的趨勢，只不過，好景並不長。

亞洲旋風

經歷了二十二小時的長途飛行，晚上十一點，希拉蕊的波音七五七降落在東京羽田機場，除了日本外務省官員按照慣例到機場迎接，日方還安排了一名特奧會運動員和一名女性太空人在機場，歡迎希拉蕊一行。

希拉蕊在東京一幢有著六零年代風格的大倉酒店裡睡了五個小時，就被一場小小的地震驚醒，地震是日本人的家常便飯，早已見怪不怪，希拉蕊的感覺似乎是睡在一張帶振動功能的按摩床上。

當天的行程安排得滿滿的，也不允許希拉蕊賴床。她要去東京市區的明治神社參觀，與日本外務大臣中曾根弘文共進午餐，與遭北韓綁架的日本人家屬會面，在市政廳與東京大學的學生討論，接受美國和日本媒體的採訪，與首相麻生太郎會談，深夜還有一場與日本反對黨的會談。

對於這種時間精確到分鐘的日程安排，希拉蕊還能接受，因為至少有兩場會談，是與老朋友見面，這是她作為前第一夫人的工作優勢。

一位是外務大臣中曾根弘文，十八年前，中曾根曾以日本國會議員的身份接待過阿肯色州州長比爾·柯林頓，當時希拉蕊也在場。

還有一位是日本明仁天皇和皇后美智子。一九九四年，柯林頓和希拉蕊曾經在白宮接待過到訪的天皇夫婦，為天皇舉行的國宴是柯林頓上任後第一次在白宮舉行的國宴。七十四歲的美智子穿著一件乳白色的連衣裙，走出來歡迎希拉蕊，兩人熱情擁抱，隨後將希拉蕊引入宮苑內院，天皇走出來，與她們一起喝茶聊天。

但是，希拉蕊的這趟日本之行，來得並不是時候。麻生首相的民意支持率一直在下跌，僅有11％，很有可能在即將到來的九月大選中敗北。儘管希拉蕊在與麻生的會談中，盛情邀請他訪美，成為歐巴馬入主白宮後接待的第一位外國領導人，但同時，希拉蕊又打破慣例，當晚同在野黨日本民主黨的黨魁小澤一郎見面。這種明顯地腳踏兩隻船讓麻生政府非常不滿，而希拉蕊與小澤的會面也無功而返。在美國駐日本沖繩的普天間海軍陸戰隊航空基地搬遷一事上，美日之間摩擦不斷。

普天間基地位於日本沖繩縣宜野灣市，面積約四點八平方公里，占該市面積的25%。早在二戰期間，美軍就佔領了這裡。一九四五年，美軍在此建簡易機場，提供B-29轟炸機起飛攻擊日本本土，後成為駐日美軍最大的直升機機場，擁有七十多架直升機、十二架空中加油機和三千六百多人的美軍部隊。

一九九五年，駐沖繩美軍士兵性侵少女事件在沖繩引發了大規模的反對美軍基地運動，日本全國各地也舉行各種規模的抗議集會。為平息這一浪潮，美日兩國政府進行了多次協商。一九九六年十二月，美日兩國舉行「美日安全保障委員會」會議，通過了關於沖繩美軍基地問題的最終報告和普天間基地問題的附加檔，雙方同意設立「日美普天間機場轉移實施委員會」，在建立充分的替代設施並投入使用後歸還普天間機場。日本政府提出在沖繩縣名護市建設美軍海上航空基地，但遭該市大多數人反對，替代機場一直沒有動工修建。此後十年間，兩國就普天間機場遷址問題一直爭執不休。

美軍基地的集中分佈使沖繩地區的土地和資源得不到充分開發利用，經濟發展遲滯，成為日本最窮的縣之一。由於美軍大兵的存在，當地社會犯罪事件居高不下，幾十年來與美軍有關的刑事案件達數千起，其中包括強姦猥褻當地女性、酗酒傷人等。基地周圍民用設施密集，美軍頻繁的軍事行動給島上居民的生活帶來嚴重干擾和噪音危害，當地民眾強烈要求將普天間基地搬遷至縣外。

民主黨黨魁小澤一郎認為，普天間基地應該搬遷到日本群島最南端一個小島上的廢棄機場，民主黨在競選綱領中就表明，要對美日地位協定提出修改，駐日美軍整編和基地形態應當修正。因此，小澤對於希拉蕊的會談並不感興趣，小澤辦公室一再表示無法安排同希拉蕊的會面，小澤也對會談要求敷衍支吾，以表達對美國的不滿。

當晚深夜，小澤與希拉蕊最終還是見了一面，然而兩人並沒有達成任何共識，會談結束後，小澤走出來，發表了一份簡短的聲明，稱「兩國應該處在平等的地位上，不能有一國屈從於另一國。」

但是，日本是美國重返亞洲主要依賴的力量，並且也是唯一有能力維護美國在東亞地區利益的國家，而美國是日本在東海海域遏止中國崛起的最重要靠山，普天間基地的戰略地位使它成為美日共同攜手對抗中國的橋頭堡，因此，雖然美日之間在基地搬遷問題上存在爭議，但在制衡中國的「大局」面前，希拉蕊和小澤還是達成某種默契。

在二〇〇九年八月舉行的選舉中，小澤率領的民主黨果然大勝自民黨，但上任後的小澤政府並未在普天間基地搬遷一事上採取強硬手段，立場開始搖擺不定。

國務卿出行，似乎並不考慮燃油成本，放著近在咫尺的第三站南韓不去，波音七五七直接南下，奔往印尼雅加達。這是歐巴馬的第二故鄉，他曾在這裡度過四年的童年時光。

印尼是全球第四人口大國、東南亞最大經濟體、二十國集團成員國，也是東協創始國。

印尼還是全球穆斯林人口最多的國家，兩億四千萬人口中90%是穆斯林，被視為「伊斯蘭世界民主的典範」、連接伊斯蘭教與基督教的「橋樑」。但在小布希時期，印尼很少能夠進入美國的戰略視野，美國直到二〇〇五年才解除對印尼的武器禁售，布希政府一直批評印尼在打擊國內恐怖主義方面不夠賣力，使印尼成為伊斯蘭極端主義在東南亞的溫床。但蘇西洛上臺後，由於在打擊極端組織「伊斯蘭團」態度堅決，並且是印尼歷史上第一個由選民直接投票選出的總統，印美關係迅速改善，布希總統也在二〇〇六年首次訪問印尼。

隨著美國戰略重心向太平洋東移，無論是經濟規模、人口潛力還是地緣政治，印尼都是美國在東南亞及亞太再平衡戰略中不可忽視的民主國家伙伴。歐巴馬當選總統之後，在印尼更是獲得了一片叫好聲，美國和印尼突然多了一層「親戚」關係，這也使得希拉蕊對印尼的訪問格外親切。希拉蕊並未指望此次的印尼之行能夠獲得實質性的結果，但它體現了希拉蕊就任國務卿之後的新美國外交思路，擴大與東南亞地區多邊機構的合作。

希拉蕊在日本訪問時，一位記者提問，布希政府時期，美國國務卿萊斯曾兩次缺席東協地區論壇，東南亞國家普遍感到失望，希拉蕊是否將繼續輕視東協？

希拉蕊回答說，東協是美國在這一地區重要的戰略組成部分，她將盡可能參加東協地區所有的國際性會議。

雅加達是東協的總部，東協秘書處就設在這裡，希拉蕊認為，中國正在通過貿易、安全和環境等方面的合作，擴大在東南亞地區的影響，美國在這一地區的戰略轉型，東協是一個絕佳的切入點。

抵達雅加達的第二天，希拉蕊前往東協秘書處參觀，她是第一位到訪東協秘書處的美國國務卿。東協秘書長蘇林．比素萬（Surin Pitsuwan）非常興奮，捧著三十二朵黃玫瑰紮成的巨大花束，站在門口迎接希拉蕊，他稱，「三十二」這一數字代表美國同東協三十二年的合作，黃色則代表著希望和新的開始，「您的到訪，表明美國的確是準備結束它在這一地區的外交缺位了，」比素萬說。

東協一直希望與美國簽署《東南亞友好合作條約》，這一條約誕生於一九七六年東協首腦會議，主要內容是各國承諾相互尊重主權、不干涉內政等。除了東協十個成員國外，中國、俄羅斯、日本、南韓等國也是該條約簽署國。美國在此之前一直沒有簽署，因為擔心捆住自己的手腳，一旦簽署就無法對這一地區的「非民主國家」，如緬甸、柬埔寨等國保持政治施壓和經濟制裁。但如果美國要參加東亞高峰會，成為東亞國家俱樂部的成員，簽訂《東南亞友好合作條約》是必經之路。

為了顯示美國重回亞洲，希拉蕊表示，美國將加入《東南亞友好合作條約》，並在四個月後的東協地區論壇會議上，正式簽署這一協議，成為第十六個區域外的成員國。

結束了對東協秘書處的訪問，希拉蕊再次搭乘專機，北上飛行六個多小時，再折向西，

前往南韓的首爾。

應對如此繁複的外交行程，對希拉蕊身邊的「三駕馬車」來說，簡直就是令人抓狂的節奏。這是希拉蕊第一次在世界舞臺上以國務卿的身份亮相，雖然她不是一位病態的完美主義者，但亞太之行是歐巴馬政府外交戰略轉型的重要首演，所有的壓力都集中在希拉蕊的助理和外交顧問身上。

為了這趟訪問，傑克·蘇利文已經在國務院連續加班一個多月。每天從早上八點工作到深夜，他仔細審閱每一份呈遞給希拉蕊的文件、政策談話要點和備忘錄，然後將所有這些檔都塞進一本巨大的檔夾裡，他們的行話稱之為「大書」，其中包括各種情況匯總，有關出訪重要事務的資料，還有撰稿人起草的所有演講稿和公開談話的重點大綱。

這是希拉蕊的要求，她不喜歡大綱式的簡報，也不願坐在那裡聽專家顧問的宏觀分析，她希望自己掌握所有的出訪細節和分析背景資料，這是她當年做律師養成的習慣，能夠從浩瀚的資料中迅速找到並濃縮自己需要的資訊。

胡瑪·阿伯汀負責希拉蕊外交出訪的行程安排，從時間、行程安排、酒店、維安、會談地點和現場控制等等，鉅細靡遺，必須通盤考慮，安排妥當。即便如此，遲到仍成為希拉蕊外交的慣例。

在首爾的梨花女子大學禮堂，兩千多名聽眾在基督教聖歌《奇異恩典》中等待著希拉蕊的出現。這座建於一八八六年的南韓著名學府是南韓女性教育的典範，創辦人是美國循道衛理會的女傳教士瑪麗・斯克蘭頓（Mary Scranton），這所女校也是希拉蕊曾經就讀的衛斯理女子學院的姊妹學校。

離預定的演講時間已經過去了一個小時，希拉蕊仍在後臺休息室與梨花女子大學的校長和部分校友見面，不緊不慢地傾聽著他們的說話。她很專注，不時點點頭，似乎不用翻譯也能聽懂韓國人說話的意思，她不願打斷別人的談話，也不希望暗示校長演講的時間就要到了，與公開的演講相比，希拉蕊認為這種面對面的接觸溝通在她的外交理念中同樣重要。

當希拉蕊最終出現在講臺上的時候，會場裡掌聲雷動，似乎沒有人因為希拉蕊的姍姍來遲而動怒，她們把這場演講看作是一次追星演唱會，大牌明星的遲到對追星族來說，早已習以為常。

在希拉蕊眼裡，在梨花女大的演講與師生見面，其意義不亞於同南韓總統的會談。在一九九八年達沃斯世界經濟論壇上，希拉蕊曾提出，一個健康的社會應該有三條腿走路：負責任的政府，開放的經濟和充滿活力的公民社會。而她認為，第三條往往容易被人忽視。「但在網路時代，特別是由於社群媒體的作用，公民和社會組織獲取資訊的能力大大增強，從而擁有更大的發言權。」因此，加強與公民社會的接觸，促進民間往來和相互理解，成為希拉蕊「巧實力」外交的重要組成部分。

每到一地，希拉蕊都向身邊的助理或當地領事館提出，她的行程安排不應該僅僅局限於外交部、皇宮、總統府或者大使館，而是要真正走出去，深入民間，與當地社會民眾溝通，尤其是要加強與社會運動家、記者、學生、學術界名人、商業領袖、勞工組織和宗教領導人的交流，「公民社會是推動社會變革，促使建立一個負責任政府的重要力量。」希拉蕊說。

在梨花大學的演講之後是互動問答環節，助理曾私下問過希拉蕊，這個環節的自由度有多大，希拉蕊的回答是「要多大就有多大」。希拉蕊拿著麥克風，在臺上走來走去，隨意點名舉手提問的觀眾，同時確保左右兩邊的聽眾都有機會提問。

「你們那邊有麥克風嗎？來，把我的麥克風送過去。好的，呵呵，這麼多人提問啊，真的好多人。」希拉蕊笑著說，像是一位綜藝節目的主持人。

「世界上有許多國家領導人歧視女性，跟他們打交道困難嗎？」在一個女校，提出這樣的問題毫不奇怪。

「許多人在和我打交道的時候，恐怕沒有意識到我是個女人，」希拉蕊回答說，「我不會讓他們無視我作為一個女人的存在。」

「為什麼你覺得比爾・柯林頓是你一生中的男人？」有人問。

「我的運氣很好，我的丈夫同時也是我最好的朋友。我們在一起已經很久了，應該比你們中很多人的年齡都還要長。我們有很多話可以說，永遠不會感到沉悶。我們都很努力地投入到自己的工作，經常在一起商量交流這些事情。能夠在成年之後經歷一段這麼有意義的愛情，我感到非常幸運。」希拉蕊說。

「能談談你的女兒雀兒喜嗎？」

「顯然這不是一兩句話能夠說完的話題。她非常了不起，我很為她驕傲，」希拉蕊回答。

「你如何定義愛情？」

「我今天覺得我不像是國務卿，倒像是一位知心姐姐專欄作家，」希拉蕊笑著說，「詩人用無數的作品來讚美愛情。包括心理學家在內，幾乎所有的作家都寫過愛情。我想，即使你能夠描述愛情，你也未必能夠全面地經歷所有的愛情，因為這是一個非常個人化的關係。」

一旁的助理不斷向希拉蕊示意，您又超時了。很難想像一位政治公眾人物會在這樣風花雪月的話題上耗費如此多的唇舌，但希拉蕊似乎很享受這一刻，她說：「這些女孩子能夠以這種個人的方式與我溝通，他們非常自信、自在地與我談論這些話題，好像我是他們的朋友或導師，而不是一位來自遙遠國度的政府官員。我想對得起她們的崇拜，我也希望這種面對面的交流，能夠打破文化上的隔閡，讓她們對美國有一種嶄新的認識。」

北韓人質事件

希拉蕊到訪南韓之際，正值南北韓關係空前緊張的時期。北韓領導人金正日自二〇〇八年罹患中風之後，加緊了接班人的培養和政權移交的準備工作。二〇一〇年，北韓宣佈金正日的三子金正恩分別就任北韓勞動黨中央委員會委員和勞動黨中央軍委副委員長，在軍事委員會的排名僅次於金正日，從而正式確認金正恩為北韓政權的接班人。

為了儘快幫助金正恩樹立在黨內的威信和國際影響力，北韓對韓美外交上的態度日趨強硬。

二〇〇八年二月，李明博上任南韓總統後，一方面積極修復和改善韓美關係，在北韓核武問題、人權問題和地區安全等問題上與美國配合默契，另一方面則對北韓採取強硬政策。北韓針鋒相對，在希拉蕊出訪南韓之前，北韓宣佈將對南韓進入「全面對抗」狀態。

在前國務卿萊斯任期的後兩年，布希政府在處理韓美關係時相對比較溫和，由助理國務卿克里斯多夫·希爾（Christopher Hill）負責與北韓就關閉寧邊核反應爐舉行過多次會談，雖然沒有太多的進展，但北韓與美國接觸頻繁。歐巴馬在競選期間，曾批評布希政府對北韓政策的僵化，聲稱應無條件地與北韓領導人展開直接對話，並表示要推進採取早日互建外交代表機構的措施，讓外界對歐巴馬新政府上任後的美韓關係緩和寄予厚望。

但是歐巴馬上任之後，並沒有急於兌現他的承諾，而是反覆就美韓關係進行政策審議，並最終確定了對韓關係的三點戰略原則：一是通過經濟制裁和切斷北韓獲取核技術的管道，限制北韓在核武器研發能力上的提高。二是靜觀其變，期望第三代領導人金正恩接掌政權之後，在核武器發展和對外關係上出現新的變化，歐巴馬政府稱這一策略為「戰略性耐心」。第三，拒絕承認北韓核武國地位，避免刺激南韓和日本恐慌性地競相發展自己的核武器。

希拉蕊在她的首次亞洲之行時，便在首爾表示，只要北韓徹底地放棄核武器計畫，並允許核查，歐巴馬政府願意實現與北韓關係正常化，並簽署永久性的和平協議，以代替一九五三年簽署的《朝鮮停戰協定》，同時為北韓提供能源、經濟以及急需的人道主義援助。

但是，希拉蕊在釋放善意的同時，也強調除非看到北韓在核武計劃問題上做出實質性的緩和舉動，否則美國不會改變對北韓的強硬態度，同時也流露出通過強化與日韓同盟以應對北韓的基本思路。希拉蕊心裡明白，北韓領導人在外交上一向不按常理出牌，她不知道北韓的底線在哪裡，這將是一場在她這個任期內看不到結果的「賭局」，「就像對另一個擁有核武研發計畫的國家伊朗一樣，我們主動提出接觸，希望能夠成功，同時也希望其他國家能夠參與，共同向北韓施加壓力。」希拉蕊顯然是指中國。

但是，就在希拉蕊結束東亞之行後不久，一系列戲劇性的衝突事件讓朝鮮半島局勢迅速升溫，同時也讓歐巴馬政府通過「接觸」影響北韓外交走向的企圖徹底失敗。

就在希拉蕊訪問首爾後一個月，幾名美國電視攝像記者在中韓邊境的圖們江邊拍攝一部專題片，講述北韓婦女被跨境拐賣、淪為性奴的故事。這家名為Current TV的美國電視新聞網由前副總統高爾參與投資，並在二〇一三年賣給了半島電視臺。三月十七日，在當地一名嚮導的帶領下，幾名攝影組成員在冰封的圖們江面上拍攝，不知不覺走到江心另一側的北韓境內，被巡邏的北韓士兵逮捕，製作人和導遊落荒而逃，兩名女記者被抓，隨後被判處十二年監禁。

兩個月後，又一起事件使朝鮮半島局勢迅速升級。北韓宣佈成功進行了一次地下核子試驗，並威脅將撕毀一九五三年的《朝鮮停戰協定》。歐巴馬政府決定尋求聯合國對北韓實施制裁。希拉蕊致電給中國外交部長楊潔篪說：「我知道貴國政府很為難，但如果我們共同行動，我們就有機會讓北韓明白，他們必須為繼續核武試驗和發展導彈計畫付出代價。」

二〇〇九年六月十二日，聯合國安理會十五個成員國一致通過針對北韓第二次核武試驗的一八七四號制裁決議案，允許在公海上對疑似搭載禁運武器進出北韓的貨船進行搜查，並且禁止可能被用於發展大規模殺傷的武器、導彈專案等一切金融交易。這一次，中國罕見地投了贊成票。

一方面是北韓進行第二次核武試驗、發射導彈、記者人質事件，並聲稱永久退出六方會談，廢除《朝鮮停戰協定》，另一方面，是美國強化對北韓的金融貿易制裁，並推動聯合國通過對北韓的譴責和制裁決議。在希拉蕊就任國務卿的半年多時間裡，朝鮮半島形勢急轉直下，六方會談遭遇巨大挫折，韓美關係也因此被帶入歷史的谷底。

而對希拉蕊來說，她面臨一個更加棘手的任務，那就是如何營救被北韓扣押的兩名美國女記者。通過非官方的管道，北韓領導人金正日放話，如果美國派出高級別的官員訪問北韓，北韓可以考慮釋放這兩名人質。希拉蕊與歐巴馬以及國家安全委員會成員商議，到底該派哪位官員出訪北韓才合適。有專家提出，可以讓高爾本人親自跑一趟，因為兩名記者好歹也算是他的公司員工；也可以派前總統吉米．卡特（James Earl Carter），他一直在全球各地從事人道主義工作，享有極高的國際聲譽；或者前國務卿歐布萊特，她在一九九零年代與北韓打交道時，累積了豐富的經驗和人脈關係。

但北韓實際上已經內定了他們認可的高級官員：前總統比爾．柯林頓。北韓官方媒體對希拉蕊並沒有好感，稱她為「滑稽女士」，但對希拉蕊的丈夫卻印象不錯，因為金日成一九九四年去世的時候，柯林頓曾發了一封慰問信。在金正日看來，由柯林頓親自擔綱，發起這場人質營救行動，也可以鬧大這起事件，形成國際影響力。

柯林頓欣然同意，他對這種具有人道主義和政治價值的國際行動一向抱著極大的熱忱，但白宮部分官員對此有不同意見，一方面是因為他們對柯林頓夫婦在二〇〇八年大選中的敵意未消，另一方面，他們認為，派出高規格的美國代表團出訪北韓是對其「流氓行徑」的縱容。

希拉蕊認為，北韓在這一事件中的政治目的已經達到，金正日只是需要一個臺階把兩名

人質交還給美國。如果人質問題不解決，美國與北韓在核武問題上就不可能繼續進一步的接觸。七月下旬的一次工作午餐上，希拉蕊直接向歐巴馬闡述了自己的觀點，歐巴馬同意派柯林頓出馬。

儘管這是一場「私人」行動，但在柯林頓一行出發前，國務院還是做了大量的準備工作，包括對柯林頓進行出訪培訓，比如，在與金正日拍照時，不要微笑或著皺眉頭，以免被媒體誇大解讀。

八月初，柯林頓前往北韓展開營救行動，在二十多個小時的訪問和與金正日的會談中，柯林頓不辱使命，成功地將兩名女記者帶回美國，並首次實現了歐巴馬上任後美韓雙方的首次高層接觸。北韓官方媒體發表了此次的會談照片，柯林頓果然一臉嚴肅，不帶任何笑容。柯林頓開玩笑說，這一趟北韓之行像是在為007電影試鏡。

柯林頓單刀赴會，美國和北韓在「人質外交」通過對話解決問題，一度讓人看到關係「破冰」的希望。此後，雙方通過紐約管道等途徑頻繁展開互動，最終促成美國北韓問題特使博斯沃斯在二〇〇九年十二月的平壤之行。

但北韓局勢巨大的不確定再一次爆發。

二〇一〇年三月二十六日晚間，南韓海軍警戒艦「天安號」在朝鮮半島西部海域白翎島和大青島之間巡邏時，突然發生爆炸而沉沒。艦上一百零四名官兵只有五十八人生還。經過兩個月的國際調查，南韓認為天安號沉沒事件的原因是「北韓小型潛水艇實施的魚雷攻擊」。南韓總統李明博對國民發表講話，要求北韓就「天安號事件」公開道歉，禁止北韓船隻進入南韓領海，中斷南北韓貿易、合作與交流，並在與有關國家協商後，將此次事件提交聯合國安理會。

七月九日，安理會以協商方式，一致通過了有關「天安號事件」的主席聲明，譴責導致天安號沉沒的攻擊。雖然主席聲明不是由安理會決議，既沒有約束力，也沒有如美國所願，指明北韓就是天安號事件的策劃者，但朝鮮半島六方會談的前景是越發黯淡。

就在天安號事件引發一連串外交危機的時候，希拉蕊正在南美洲和歐洲進行訪問，這趟外交飛行，她已經繞著地球轉了三萬多公里，在巴基斯坦和阿富汗短暫停留訪問之後，希拉蕊決定繞道首爾，向南韓表示支援。

儘管朝鮮半島氣氛緊張，但在飛往首爾的國務卿專機上卻很輕鬆，記者們正在聊天，希拉蕊的女兒雀兒喜和辦公室主任胡瑪·阿伯汀都將在這一年的夏天結婚，胡瑪談起了她挑選婚紗和安排賓客名單的趣事。

七月二十一日早上七點多，飛機降落在首爾機場，連續多日的長途飛行，隨行人員都已疲憊不堪，但希拉蕊卻顯得很有精神，她換了一件紅色外套和藍色褲裝，戴著太陽眼鏡。南韓駐美大使在機場迎接希拉蕊。

酒店稍事休息，希拉蕊一行人驅車趕往三八線附近的北韓非軍事區。美國國防部長蓋

茨也加入希拉蕊的出訪團隊，他們分別代表了美國在朝鮮半島「軟」和「硬」兩種實力的存在。蓋茨和希拉蕊很少一起出訪，更沒有一起出現在朝鮮半島非軍事區，這是歐巴馬政府一個極具象徵意義的安排，體現出對朝政策外交接觸和軍事高壓並舉的態度。

三十八度線距離首爾僅五十多公里，南韓方面原本安排希拉蕊等人乘坐直升機，直飛非軍事區，可以節省很多時間，但希拉蕊不喜歡噪音大、飛行時勁風撲面的直升機。大使館只好為代表團租用了幾輛大巴，擋風玻璃上貼著綠色的「外國遊客」字樣，儘管有警車開道，但希拉蕊的車隊很快就被首爾上班高峰的擁擠車流沖散。

板門店原本只是一個小山村，為便於當時中國軍隊代表尋找，在會議場所附近臨時用木板搭成一個小酒館兼雜貨鋪，掛了一塊牌子，用漢字寫著「板門店」，自此，該地得名為板門店。

這裡是一九五三年七月二十七日簽定停戰協定、結束北韓戰爭的地方，因此又叫停戰村。五十多年來，這塊橫跨軍事分界線的環形地帶被設置為共同警備區，成為韓朝保持接觸的唯一窗口。

儘管道路兩旁綠意蔥蔥，植被茂密，但整個地區顯得冷清而荒涼，路旁不時閃過標有地雷區的警示牌。

其它車輛在山腳下等待，希拉蕊和蓋茨的專車直接開上山丘，駛往歐勒德觀察站，那是位於軍事分界線南方的一個小型前哨站，建有可以俯瞰北方的瞭望塔。希拉蕊撐著一把黑色雨傘，拾級而上，她站在瞭望塔的平臺上，觀察站的四周圍著一圈設有偽裝網的矮牆。蓋茨緊隨其後，兩人分別與駐守觀察站的哨兵握手。陣雨稍歇，希拉蕊和蓋茨站在沙包掩體後，舉起望遠鏡，朝北方望去。希拉蕊的脖子上戴著紅色珊瑚項鏈，蓋茨系著紅色領帶，相映成趣，身後飄揚著聯合國的藍色地球旗、美國的星條旗和南韓的太極旗。

在山丘下的停戰村，七排藍色的簡易木板平房正好被三八線平分，共同警備區的南韓士兵在平房的南邊站崗，他們戴著頭盔和墨鏡，全副武裝，向北而立。兩名士兵站在平房後面，身子僅露出一半，另一半身體被藍色平房擋住，據說是為了避免發生衝突時，讓北方士兵難以瞄準射擊，但這種跆拳道式的標準站姿，向北方示威鬥氣的意義大於實戰。在軍事分界線北側，北韓士兵則在稍遠的「板門店」入口處，面朝南站崗。

希拉蕊、蓋茨在美軍官員的陪同下，魚貫進入藍色平房。這是當年停戰談判的現場，鋪著綠色桌布的長條型談判桌，一半在北韓境內，一半在南韓境內。希拉蕊向北韓一側走去，她的腳跨過了三八線，只有在這間屋子裡，這種越境才是合法的。

窗外，一名身材高大的北韓士兵透過玻璃窗向屋內張望，似乎非常好奇什麼樣的代表團能被這樣高規格的保鏢和記者群簇擁。蓋茨臉上帶著惡作劇般的微笑，希拉蕊正在專心地聽取美軍官員介紹板門店的情況，兩人似乎都沒有意識到背後窗外的一雙眼睛正虎視眈眈地看

著這一切。《紐約時報》的攝影記者拍下了這一經典時刻，並登在了第二天的報紙頭版。

這是蓋茨第三次走進這間談判小屋。他第一次來的時候還是在九〇年代，當時的蓋茨是中情局局長，「看著這些年來南韓經濟的突飛猛進，而這裡卻沒有什麼變化，實在令人感慨。」蓋茨說。

希拉蕊則是第一次進入板門店，她指著分隔南北的三八線，「一條細線，兩個世界。」

回到首爾，希拉蕊、蓋茨和南韓外交通商部長官柳明桓、國防部長官金泰榮舉行了兩國歷史上首次「二加二」會談。希拉蕊在會談後宣佈，美國將單方面對北韓實施進一步的經濟制裁，重點打擊北韓製造假幣、洗錢等與核武計劃相關的「非法籌資活動」。她稱，美國將凍結一些支持北韓非法活動的企業和個人的資產，並禁止銀行與北韓進行非法的金融業務。此外，美國還將阻止北韓外交官「濫用豁免權」從事非法活動。希拉蕊說，這些制裁措施是針對北韓政府的「製造不穩定、非法和具挑釁意味」的政策。

希拉蕊說，除非北韓放棄發展核子武器，否則，歐巴馬政府將不會與北韓進行任何談判，美國將擴大實施對北韓領導人以及他們的財產更嚴厲的制裁。「這些制裁措施不是針對北韓人民，他們在北韓政府錯誤的領導和邪惡的發展目標下，已經經歷了太多的苦難，」希拉蕊在新聞發佈會上說，「我們的目標直指這個政府制定的旨在破壞地區穩定、非法的和攻擊性的政策。」

四天後，美國與南韓在日本海海域舉行了自一九七六年以來最大規模的軍事演習，一共投入了二十艘艦船、兩百架飛機和八千名陸海空三軍人員，朝鮮半島再度狼煙四起，劍拔弩張。

在歐巴馬政府認定，無論是通過與北韓直接對話還是召開六方會談，都不能真正解決問題的情況下，美國採取了以靜制動的「戰略性忍耐」，希拉蕊在首爾對恢復美朝談判提出了明確的條件和要求，在這些條件和要求得到滿足前，美國寧願選擇等待和觀望，也不急於重啟六方會談。

希拉蕊在等待什麼呢？

一是等待北韓政權更迭。由於金正日的健康狀況日益惡化，平壤政權正面臨接班人權力移交的不穩定因素，在柯林頓閃電訪問平壤，營救兩名美國女記者的時候，美國還暗中安排一名醫學專家作為柯林頓的同行隨從，以便近距離觀察金正日的健康狀況。

二是等待北韓經濟的崩潰。二〇一〇年，北韓貨幣改革失敗所引發的經濟危機進一步惡化，經濟瀕臨崩潰，北韓境內出現多起饑民哄搶糧食事件。為了解決貨幣改革後的流通貨幣不足問題，北韓開始加緊印刷鈔票，反而導致通貨膨脹加劇，物價飛漲，就連在平壤最高級的高麗飯店，泡菜都供應缺乏。

在歐巴馬政府的「戰略性忍耐」原則下，希拉蕊在她的國務卿任內，對北韓外交沒有任何突破性進展，她等待的北韓變數和外交契機，直到二〇一三年卸任國務卿後，始終都沒有出現。

第五章 試水中國

同舟共濟

在霧霾這個詞尚未被正式納為氣象用語的二〇〇九年，很難用一個確切的表述來形容北京的冬天，尤其是在入夜之後那種沉甸甸的迷幻感。當希拉蕊的波音七五七專機在二月二十日晚間降落在首都機場時，冰雪紛飛，儀仗隊和歡迎儀式被迫取消。身穿黑色大衣，圍著紅色圍巾的希拉蕊，走下舷梯，快速的鑽進停機坪上的黑色轎車，揚長而去。

回憶錄中，希拉蕊想起她四年前第一次來中國的情形，希拉蕊說「那是她人生最難忘的經歷之一」。但對於許多中國人來說，這位「第一夫人」的首次亮相，卻有點口不擇言，不知所云。

當時，希拉蕊以美國代表團名譽團長的身份，在北京出席聯合國第四屆婦女大會。在二十分鐘的演講中，希拉蕊提出一個奇怪的論調：「婦女權就是人權，人權就是婦女權。」中國官方對此反應冷淡，中國外交部發言人則拐彎抹角地批評希拉蕊，「某些國家的某些人提出了毫無根據的評論和批評，這些人應該多關注他們的國內問題。」中國媒體大多隻字不提希拉蕊的訪問和發言，只有《人民日報》輕描淡寫地提了一句：「來自美國的希拉蕊女士發表言論。」

希拉蕊在婦女大會上不著邊際的發言，顯示出她對中國的認識主要來自在白宮或國務院提供給她的「大書」檔案夾，對中國實際的人權狀況和婦女生活現狀缺乏瞭解。在中美關係因美方對中國「人權問題」橫加指責而不斷陷入低谷的時期，希拉蕊也只能加入美國政界主流輿論的對中國人權大合唱。

一九九八年三月，希拉蕊以第一夫人的身份，隨丈夫柯林頓正式訪華，隨行的還有希拉蕊的女兒和母親。那一年，柯林頓總統率領著一千兩百人的龐大代表團，浩浩蕩蕩地來到中國。

在江澤民主席舉行的歡迎宴會上，希拉蕊身穿明黃色的套裝，走進人民大會堂。當中國演員用嗩吶演奏美國鄉村音樂《雀兒喜的早晨》時，濃郁的美國南部鄉情與中國樂器古典韻味的結合，讓希拉蕊對這首熟悉的鄉村民謠別有一番感受，而且希拉蕊的女兒也叫「雀兒喜」，所以私底下她把這首曲子暱稱為「女兒曲」。希拉蕊對中國的周到與事先功課做得如此深入，大為感動。

那一年，日益強大而自信的中國人，破天荒地全程轉播了江澤民主席和柯林頓會談後聯合舉行的新聞發佈會，雙方在西藏和人權問題上坦率交鋒，現場實況傳回美國後，引起輿論強烈震撼，第三天，中國媒體再一次現場直播了柯林頓在北大的演講。

這次大規模的出訪，讓希拉蕊認識到，隨著中國改革開放和不斷加速的現代化進程，中

國能夠成為全球最重要的建設性力量，成為美國重要的合作夥伴。「但這不是一件容易的事情，美國在同這個日益強大的國家打交道時，必須保持警惕，見機行事。」希拉蕊在《艱難抉擇》中說。

十一年後，希拉蕊以國務卿的身份再次回到中國，她將重新定義中國在美國全球版圖中的地位和扮演的角色，將中美關係放在更加宏觀的亞洲戰略框架中考慮，在地區多邊機構中保持與中國的接觸，進而管控爭議，避免危機，與中國建立更為持久的關係。

希拉蕊在《艱難抉擇》中說：「這是一項非常困難的平衡藝術。我們需要制定一個精確的戰略，一方面鼓勵中國以一個負責任的國際社會成員形象參與國際事務，同時又要堅決捍衛我們的價值和利益。國際社會需要一個負責任的中國，能夠在遏止氣候變化、防止朝鮮半島衝突，以及應對其他地區和全球性挑戰中發揮領導作用。把北京視為新冷戰時期的怪獸而妖魔化中國，並不符合我們的利益。相反的，我們需要找到一種方式管控競爭，促進合作。」

不料，在首爾飛往北京的波音七五七飛機上，這種轉變卻因希拉蕊特有的不經意發言突然暴發，引發美國媒體軒然大波。

在國務卿專機上，希拉蕊對隨行記者團表示，人權問題當然是會談內容的一部分，但並非焦點所在，全球經濟問題才是重點。

此前，在離開首爾前的記者招待會上，當記者問到她是否會在與中國領導人的會談中再提人權與西藏問題時，希拉蕊回答說：「（美國）歷屆政府和中國政府曾在這一問題上反覆溝通，我們必須繼續施壓。但這些問題不應該成為我們在全球性經濟危機、氣候變化危機和安全問題上交流的障礙。」

希拉蕊的非正式表態被美國媒體廣泛解讀為歐巴馬政府在人權問題上對中國態度軟化，國會議員立即跳出來，批評希拉蕊討好北京，人權組織更是借此大做文章，指責歐巴馬的人權政策。

白宮極為惱怒，希拉蕊的團隊也有點錯愕。他們的國務卿在角色轉換過程中出現了一點問題，至少在講話時還是那副競選時的模樣，直率，不拐彎抹角，有話就說。但作為國務卿，希拉蕊的講話將不再代表她的個人意見，她的每一個用詞、表述，甚至語氣都會在媒體放大鏡下，反覆咀嚼、揣摩。

對此，遠在千里之外的希拉蕊倒是表現的很淡然，美國國家安全委員會亞洲事務高級顧問傑夫·貝德悄悄地遞給希拉蕊一張黃色便利貼，上面潦草地寫下美國在人權問題上的表態要點。

事後回憶時，希拉蕊說：「我並不清楚當我向中國官員再次提出這些（人權）問題時，他們會作何反應。我只是想指出，基於中美關係的廣度和複雜性，我們在人權問題上的深刻分歧不應該成為在其他領域保持接觸的障礙。我們可以為異見人士撐腰，但同時，我們也要尋求在經濟、氣候變化和核武擴散等問題上的合作。這是自尼克森政府以來，我們的一貫立場。」

希拉蕊重新檢視自己的表達方式，她說：「當然，我也從中獲得了一個寶貴的教訓，如今，我是美國最高級別的外交官，每一句話都必須經過全面的審視，否則，一些明擺著的大實話，也會被媒體搶過去，如獲至寶。」

當希拉蕊的車隊在禮賓車隊的護送下，沿長安街向釣魚臺國賓館駛去，窗外頻頻閃過的摩天大樓，望著被奧林匹克鳥巢建築點亮的夜空，「擁堵的汽車取代了滿大街的飛鴿自行車，彷彿在看一場快進的電影。」

在開往市區的路上，駐華大使館按照慣例給隨行記者每人發了一套標準的媒體資訊包，裡面有北京市地圖、大使館資訊，還有一本巴掌大的小冊子，封面上用黑色字體印著「30」，3和0之間印著中美兩國的國旗，這一年，正好是中美建交三十周年。小冊子裡印有中國文化小知識，一些常用的中文辭彙、旅遊資訊，以及對中國經濟和法律的介紹。小冊子裡還印有希拉蕊以及隨行官員的簡歷，對希拉蕊的介紹是「暢銷書作者，現居紐約」。對中國領導人的介紹更有意思，小冊子說，六十七歲的中國國家主席胡錦濤本不想從政，他的志向是成為水利工程師。胡主席曾經是大學舞蹈隊的成員，有時候會在聚會的時候跳單人舞，他的網球也打得不錯。

希拉蕊作為國務卿試水中國的首次訪問，大部分時間是在熟悉人頭。按照禮儀，先從低級別的官員會談開始，再一路上升到國家主席的會見。希拉蕊與中國外交部部長楊潔篪的會談在釣魚臺國賓館舉行。一九七一年，基辛格秘密前往北京，與中國展開接觸的時候，也曾下榻在此。

會議室裡放著兩張長桌，中間擺放著三盆杜鵑花，左邊的桌子上放著一面小小的中國國旗，標示著楊外交長的座位，希拉蕊坐在右邊長桌旁，桌子上同樣擺放著一面美國小國旗。外交會談通常是雙方坐在同一張長桌的兩邊，中美外交部長的會談隔了兩張長條桌，還要用杜鵑花遮擋視野，引起外媒的興趣。BBC記者金．伽塔絲說：「中國似乎不僅想強調自己日益增長、可與美國比肩的重要性，還想展示兩國之間的鴻溝。」

按照慣例，會談的內容早已被安排好，從議題到表述，按照流程一路走下去，不會有太大的驚喜，雙方外交班底之前都已經有過充分的溝通和共識。從經濟合作、氣候變化，到北韓等周邊安全問題，一個個的議題談下來，雙方各自表述觀點，闡明立場。楊潔篪外交長特意用英語發言，以省略翻譯時間，從而能夠討論更多的內容。中國重申了「一個中國」的原則，希拉蕊則向中方保證，美方將遵守三十年來的對臺政策，不支持臺灣「獨立」。

作為中國前駐美大使，楊潔篪和希拉蕊並不陌生，兩人在之前的會議和電話裡多次溝通，希拉蕊形容楊潔篪始終帶有一種「外交官的嚴謹風度」，有一次，楊潔篪告訴希拉蕊，他是上海人，小時候坐在教室裡上課，冬天因為沒有暖氣，凍得發抖，連筆都拿不住。「從冰冷的教室一路走來，直到外交部長的位子，這是他對中國進步感到無比自豪的源泉。他是

一位不折不扣的愛國主義者，有時候，我們之間的交鋒非常激烈，尤其是面對南海、北韓以及與日本的（釣魚島）領土糾紛的時候。」希拉蕊在她的回憶錄裡說。

相比而言，希拉蕊與國務委員戴秉國的會談顯得就比較輕鬆隨意。六十八歲的戴秉國邀請希拉蕊共進午餐，他笑著對希拉蕊說：「你看起來比你在電視上看到的更年輕，更漂亮。」希拉蕊一時竟不知如何作答，「嗯，我想我們會相處得非常愉快。」

稍後，兩人聊起了各自的子女，戴秉國還拿出孫子的照片給希拉蕊看。希拉蕊回憶說，「戴秉國個子不高，人很精幹，儘管年事已高，但由於經常鍛鍊、散步，看起來非常精神和健康。他也建議我多走走路。他自在地跟我談論歷史、哲學，以及當前事務。亨利・基辛格曾向我高度評價他與戴秉國的關係，稱戴秉國是他所遇到的中國官員中，最有意思、思路最開放的人之一。」

希拉蕊再次拿出她剛剛學會的一個中文詞：「同舟共濟」，認為中美兩個大國之間，老牌強國和新興大國之間，對於一些歷史性的問題，應該有新的思路。中美雖然在歷史上衝突不斷，但現在應該設定一條新的路線，將競爭限制在雙方都可以接受的範圍內，同時盡可能地推動合作。戴秉國欣然表示同意。

當晚，楊潔篪外交長在釣魚臺國賓館舉行盛大的晚宴，歡迎希拉蕊的到來。十名美國官員和十中國官員各自佔據兩張圓桌，泰汁浸蝦球和紫菜魚包兩道開胃菜在乾冰的包裹中上桌，碟子升起道道迷霧。

中國之行是希拉蕊第一次驗證其所謂「巧實力」的外交機會。在正式的官方會談之外，希拉蕊不失時機地提出要通過網路和民間外交的手段，推出中美關係多層次廣泛接觸。希拉蕊接受了《中國日報》的網路採訪，約有一千萬中國網友觀看了網路直播。在美國大使館，希拉蕊會見了部分主張女性權利的中國社會運動家。即將離開北京前，希拉蕊在北京海澱教堂出席了禮拜。

中國政府以開放的姿態對希拉蕊的這些「額外」要求予以滿足，對於這位國務卿新官上任燒出來的「巧實力」之火，對於希拉蕊宣導的對華外交全方位、包容性接觸的理念，以及口無遮攔的「人權爭議靠邊說」，中國人也在冷靜地觀察，這位「來自美國的希拉蕊女士」，她的底線到底在哪裡？

世博會

希拉蕊很快就找到了另一個對中國展示「巧實力」外交的機會。

在上海黃浦江畔，二〇一〇年世博會的工地上熱火朝天，各大主題館和國家館都在緊鑼密鼓地準備，唯獨中國館旁邊一塊六千多平方米的空地，依然在靜悄悄地等待它的主人，坊間傳言，「那是留給美國國家館的。」

在這樣一個展示國家崛起形象的世界級盛會上，中國對於美國國家館的期待是不言而喻的，之前曾通過多個外交管道向美方發出邀約，一個月前美國前總統吉米·卡特訪華，中國已經提出美國參與世博會的問題，此次希拉蕊來訪，世博會更成為中美會談的重要議題。

中國外交部長楊潔篪向希拉蕊表示，兩百多個國家和地區都將以各種形式參與世博會，在與中國有外交關係的國家中，到目前為止，只有兩個國家沒有確認參加世博會，一個是庇里牛斯山裡的安道爾公國，另一個就是太平洋彼岸的美國。在中國人看來，這一方面是美國對中國的不尊重，另一方面也是美國國力衰弱的具體表現。

希拉蕊回答說，對於上海世博會美國館的進展並不十分瞭解，因為沒有助理向她彙報過，但她承諾，美國一定會在世博會上亮相。

回到國內，希拉蕊才發現，美國館的建設一波三折，遠比她想像的複雜許多。

從一九九一年開始，美國國會就禁止美國政府用納稅人的錢參加世博會等一系列展會。一九九一年之後的歷屆世博會，美國館的出臺都是跌跌撞撞，慘澹經營，甚至多次跳票，根本沒有出席。一九九九年，連負責展會外交的美國資訊局都被正式合併入國務院。

一九九二年的西班牙塞維利亞世博會，主題是紀念哥倫布首航美洲五百周年。按道理，這是美國國家起源的重要事件，但由於國會始終不肯支付兩千四百萬美元的建館費用，導致最初的設計方案流產。囊中羞澀的美國國務院，只好從歐洲貿易博覽會的美國展館處卸下一塊屋頂，結合其他材料，勉強搭了一個展館。出人意料的是，這個展館卻吸引了大量觀眾，極大地滿足了群眾審醜的精神文化需求。

二〇〇五年日本愛知世博會，美國國務院考慮到日美戰略關係，幾經努力，最終勉強招標確定了一家公司來運作此事。由於豐田汽車是此次世博會最大的贊助商之一，最後豐田公司承擔了大部分美國館的建設費用。為了回報捐款企業，美國館內建了一個豪華的觀禮包廂，可以讓企業答謝自己的客戶。最後在展會現場，許多觀眾紛紛參觀這個豪華包廂，而對美國的展覽主題不聞不問。

而二〇〇〇年德國漢諾威世博會和二〇〇八年的西班牙薩拉戈薩世博會，美國均因為資金問題放棄。

二〇一〇年的上海世博會，美國實際上從二〇〇六年十一月就開始招標美國館的設計建造，同時，這家公司還要負責籌資。最終，前華納兄弟高級主管尼克·文斯魯（Nick Winslow）和華盛頓的一名律師艾倫·伊利索菲（Ellen Eliasoph）以一個名為「上海世博2010」的公司中標。

但二〇〇八年的華爾街金融危機，許多美國贊助公司壓縮廣告開支，美國館的資金募集一直進展緩慢，只有3M一家公司答應資助三百萬美元，這與最初九千萬美元左右的募款目標相距甚遠。二〇〇八年秋天，「上海世博2010公司」宣佈暫停美國的上海世博專案。

而二〇〇八年即將卸任的布希總統也對此興趣缺缺，布希政府聲稱要嚴格遵守國會法律，並無意向國會遞交提案。美國國內的批評人士表示，九千萬美元的預算資金完全可以在上海的同樣地段建造一座二十多層的豪華辦公大樓，而僅僅在世博興建一個供展示的臨時性建築，這筆錢並沒有太大的價值。

但中國第一次舉辦世博會，美國的缺席將成為最大的遺憾，因此「上海世博2010公司」一直沒有放棄建造美國館的努力。起初，中國提出，可以向美國提供無息貸款，先把場館造起來，美國可以用後來募集的資金進行償還。但在美國各方壓力下，該公司最終還是放棄了中國提出的資金援助。

希拉蕊重新發現了世博會的機會，無論是對於提出亞太戰略轉移的歐巴馬政府，還是主打巧實力外交的希拉蕊，這是一筆風險極小、政治收益巨大的買賣。首先，希拉蕊成功地推動了布希政府期間停滯不前的世博會爛攤子，向中國表明新一屆的歐巴馬政府在對待中美關係上的誠意，其次，希拉蕊可以利用為世博會募款的機會，顯示她在非傳統外交領域的巨大影響力，加強和擴大她在美國商界的頂級人物之間的人脈關係網，進而為二〇一六年的總統競選夯實政治獻金基礎。

回國後不久，希拉蕊開始積極為上海世博會美國館募款的行動。

但是，由於美國嚴格的募款法律，希拉蕊的募資並不能隨心所欲，並且由於她的公職人員身份，為世博會公開募款也違反美國國會的相關法令。希拉蕊廣泛諮詢了國務院法律專家的意見，她必須繞過各種法律障礙和「地雷」，所有的捐款必須來自私人捐助，希拉蕊不能直接向公司遊說捐款，更要避免一對一的募款行為。

希拉蕊在法律專家的建議下，開始動用她的私人關係，組成了募款班底。這其中有兩位最重要的人物——伊莉莎白．巴格利（Elizabeth Bagley）和喬斯．維拉里爾（Jose H. Villarreal；中文名字：費樂友）。巴格利是柯林頓政府時期的美國駐葡萄牙大使，同時也是柯林頓基金會的主要捐款人，後來被希拉蕊任命為全球夥伴關係特別代表。維拉裡爾是一名來自德州聖安東尼奧的律師，曾經相繼擔任柯林頓夫婦兩人的政治顧問，在二〇〇〇年為高爾競選以及參議員約翰．凱瑞成功舉行過募款活動，他也曾擔任沃爾瑪董事會成員。

二〇〇九年三月，希拉蕊訪華後一個月，她開始寫信給上海的美國商會，希望他們從愛國的角度出發，考慮到自己在中國的商業利益，積極參與美國館的募款。

希拉蕊的募款軍團巴格利和維拉裡爾馬不停蹄地拜訪各大公司的執行長，特別是那些與中國有生意往來的跨國企業，直截了當地擺明，他們是拿著希拉蕊的「尚方寶劍」來的，世博會美國館對希拉蕊至關重要，對中國的改革開放形象也是強有力的推動。言下之意是「自己看著辦吧！」，但其實希拉蕊的名義真不是他們拉出來的「虎皮」，希拉蕊的確寫了一封親筆簽名的募款信。

有意思的是，原本許多有捐款意向的美國銀行，最終無法捐款，因為他們剛剛接受了美國政府的救援資金，而一旦捐款，則會違反政府不能用納稅人的錢建世博館的法律規定。

此後，希拉蕊和多家著名跨國企業的執行長見面，百事可樂的印度籍執行長英德拉·諾伊（Indra Nooyi）當場慷慨出資五百萬美元，其它公司和機構也紛紛跟進，如雪芙蘭、通用汽車、微軟、英特爾、NBA、輝瑞製藥等，共計六十多家美國企業出資，其它一些企業和個人，如彭博社、花旗銀行、寶潔公司，也通過向柯林頓基金會捐款的方式，資助世博會美國館。

二〇〇九年十一月，希拉蕊訪問上海，仍念念不忘為美國館拉票。在參觀波音公司位於上海浦東機場的新機庫落成儀式後，希拉蕊堅持要去世博園區的美國館工地看一看，面對現場多家美國公司的中華地區負責人，希拉蕊說：「我知道你們之中有人還在考慮為美國館捐款的事情，或者正在與館方談判捐款事宜。現在可以拿出實際行動了。」作為此次活動的主辦單位，波音公司當場決定，將他們的捐款從一百萬美元增加到兩百萬美元。

最終，希拉蕊領導的募款行動在短短九個月的時間裡募集了五千四百萬美元，離美國館調整後的預算——六千萬美元僅有咫尺之遙，美國館終於在距離世博會開幕前的最後兩個月完工。

一位觀察家後來指出，希拉蕊領銜的這場募款大會戰，其實是非常危險地遊走在法律邊緣，但希拉蕊卻義無反顧，「在募款這個難題裡，她陷得很深，做得非常漂亮。」

二〇一〇年四月二十九日，距離世博會開幕僅剩兩天，希拉蕊來到上海，準備出席世博會的開幕儀式，並與中國國家主席胡錦濤、總理溫家寶和國務委員戴秉國一起參觀了美國館。

美國館由兩座巨大的卵形鋼結構建築組成，中間由玻璃通道連接，設計師的理念宛如一隻張開翅膀歡迎八方賓客的雄鷹。與世博園區其他彈眼落睛的藝術相比，美國館更像是一個平淡無奇的巨型不銹鋼碉堡，並沒有太多的美學價值，但外牆上碩大無比的「USA」字樣卻對中國觀眾有著強烈吸引力，美國館成為世博會人氣最高的展館之一，接待人數超過七百萬人次，僅次於中國館。

希拉蕊走出車門，頭上罩著一把紅、白、藍三色傘，上面印著「上海世博會」的字樣。儘管下著綿綿細雨，但美國館外仍有上千人排隊。按照希拉蕊的要求，美國館沒有清場，繼續對遊客開放，這也是希拉蕊民間外交的理念之一，她想以一名普通參觀者的視角，實地感受洶湧的人潮。

當被問起對美國館的第一印象時，希拉蕊長舒了一口氣，一副釋然的樣子：「不錯。你們能想像我們缺席這次世博會嗎？」

走進美國館，一個機庫般的巨大空間裡，白色的牆壁上閃爍著贊助商的標誌，聯邦快遞、美國航空、通用汽車和百事可樂。在鮮紅色的地毯上，幾百名中國遊客開心地笑著，到處拍照留念。兩名身穿牛仔褲的美國青年正拿著擴音器，現場解說。這是美國館最大的亮

點，主辦方從美國各大高校招募了七十名學生組成「學生大使團」，他們能說一口流利的中文，在美國館內外奔忙，甚至在場外玩起了雜耍，以緩解遊客排隊兩三個小時的煩悶情緒。

「你好！」場館內的大螢幕上，洛杉磯湖人隊的科比用蹩腳的中文問候遊客，美國最著名的花樣滑冰選手關穎珊在冰上拖著輕盈的步伐，說著廣東話「儂老結棍額」，一名美國女生甚至用上海話來表示「你好厲害。」公園裡的孩子、店主、華爾街證交所的交易員、消防員，不同膚色、不同職業，都在用同一種語言向中國人民問好，傳遞友誼。

在花旗集團贊助的一個展廳裡，巨大的希拉蕊頭像出現在投影螢幕上。「你好！我是希拉蕊·柯林頓。」畫面中希拉蕊說道，人群中爆發出熱烈的掌聲。相比國務卿，中國人更熟悉她的第一夫人角色，尤其是在柯林頓與陸文斯基的性醜聞曝光時，人們總是對醜聞中的另一名被傷害的女性抱以極大的同情，而現在的希拉蕊，在螢幕上顯得自信、堅強和友好，她代表的是美國人的價值感，但在世博會上，這是一種文化對文化的善意和充滿好奇的觀望。

「當您在美國館參觀的時候，您能隨時感受到美國的價值：多元、創新和樂觀。」希拉蕊在宣傳短片中說。

在回憶錄裡，希拉蕊說：「美國館不僅展示了美國的產品，更體現了美國人最珍視的國家價值觀：堅韌、創新和多樣性。最讓我感動的是看到那麼多的美國學生充當志願者，他們有著不同的經歷和背景，代表著美國人民的各個面相，許多志願者都會說中文。中國觀眾看到美國人這麼熱情地說著中文都很好奇，紛紛圍過來聊天、詢問、交換看法。」

希拉蕊說：「這從另一方面證明，在中美關係中，人民交流比外交會談或精心安排的領導高峰會更有效。」

展廳裡，贊助企業的短片仍在繼續，這一次，短片講述的是兒童的創造力，但講故事的人卻是雪芙蘭、通用汽車、百事可樂和強生公司的代表。短片結尾，歐巴馬總統出現在大螢幕，向中國觀眾表示問候。遊客紛紛拿起手機、相機自拍，試圖捕捉到史上最厲害的「人肉背景」。

在民眾熟悉的威而剛生產商——輝瑞製藥贊助的一個展廳裡，播放一部環保短片，多少給觀眾一些高科技的驚喜。短片講述的是一名小女孩如何將一個垃圾場成功打造為花園，社區裡每個人都伸出援手，為人類共同生存的美好家園奉獻自己的力量。典型的美國人敘事手法與個人化視角，講故事而不是喊口號，親切而不說教。短片中間，配合情節，觀眾的座椅會晃動，椅子下會噴出帶有香氛的水霧。對於大多數中國人來說，這種感官上的驚喜讓他們在戶外排幾個小時的長隊也是值得了。

但在西方媒體專業的挑剔眼光看來，美國館實在有點粗製濫造。BBC駐華盛頓記者伽塔絲說：「這些主題宏大空洞、故事情節單純、動不動就出現美國國旗迎風飄揚的幼稚短片，簡直不值一提。私人企業的置入性廣告使所有片子的格調粗俗不雅。這些短片製作粗糙，不談歷史、不談民主、不談憲法、不談美國歷史傳統、不談美國的科技創新，甚至不談美國的

旅遊勝地。不見喬治・華盛頓，也找不到拉什莫爾山。除了不停浮現的企業標誌和膚淺的娛樂效果，這些片子可以說毫無內容。」

《華盛頓郵報》則評價說：「美國館看起來就像是美國一個中等城市的會議中心，而非國家形象的展示廳，與沙烏地阿拉伯館全球最大IMAX巨幕電影相比，與德國館內巨大的魔力球創意相比，美國館一個個黑漆漆的房間，不停地播放投影，簡直遜爆了。」不過，《華盛頓郵報》也承認，美國國家館在世博會上的成功亮相，是希拉蕊上國務卿第一年最偉大的成就之一。

第六章 圍堵南海

送給越南的大禮

距離一九七五年四月，西貢美國大使館那場歷史上最大規模的直升機撤離行動三十五年後，希拉蕊以國務卿的身份再度重返越南。在歐巴馬政府外交重心向亞太地區「再平衡」的戰略背景，以及越南對中國的崛起心存憂慮的陰影下，美越兩個宿敵的接近，在南海地區圍堵中國的意味明顯。

二〇一〇年七月二十二日，希拉蕊的專機抵達河內，在連續一周出訪阿富汗、巴基斯坦、南韓之後，希拉蕊終於抵達了此番外交之旅的最後一站——越南，出席美越關係正常化十五周年的紀念活動。希拉蕊依然清晰地記得十五年前比爾・柯林頓在白宮東廳宣佈美越正式建立外交關係時的情形，當時，希拉蕊和參議員凱瑞、麥肯，以及一批越戰老兵站在柯林頓身後，見證了這一歷史性的時刻。從那時起，美越兩國開始「癒合舊的傷口，解決戰犯問題，增強貿易往來，建立戰略合作關係，那一天，一個新時代的開始了。」希拉蕊在她的回憶錄裡說。

二〇〇〇年，美越簽署雙邊貿易協定，同一年，在希拉蕊的陪同下，柯林頓成為第一位訪問河內的美國總統，兩國關係日漸回暖。二〇一〇年，美越雙邊貿易額達到一百八十三億美元。

在希拉蕊看來，越南是美國在南中國海制衡中國的「戰略著力點」，利用越南介入南海問題，參與東亞合作，可以在中國周邊製造事端，分散和影響中國的注意力，以達到惡化中國發展的國際環境、遏止中國崛起的目的。

一方面，美越在軍事上加強合作。二〇一〇年美國航空母艦「喬治．華盛頓號」首次訪問河內，並在第二年，當中國第一艘航母首次下水試航之際，再度訪問越南，向中國炫耀武力的用意明顯。二〇一〇年夏天，美國和越南首次舉行聯合軍事演習，並簽署了越戰後首份軍事合作協議。同時，美方也在考慮採取措施，以部分取消已對越南實施長達三十年的殺傷性武器銷售禁令，幫助越南加強海上安全。

另一方面，美越高層構建了外交、防務副部長級對話機制，雙方高層定期進行會談。二〇〇九年十二月，越南國防部長馮光青對華盛頓進行了一次短暫的訪問。根據美越此前達成的協議，每三年舉行一次高級別的國防部長會談，輪流在河內和華盛頓舉行。馮光青此次訪美，就是美越一系列國防會談的一部分。

馮光青對華盛頓的訪問幾乎沒有引起媒體的注意。聖誕將至，國會已經開始準備休假，歐巴馬將要去哥本哈根參加聯合國氣候大會。美越之間的軍事會談似乎也沒有達成任何具體成果，但馮光青主動提出，要求美方介入南海爭端，明確表態支持越方，雖然這一要求遭到五角大廈拒絕，但希拉蕊顯然從中嗅到了機會。

希拉蕊試圖拉近美國與東協的關係，越南便是一個方便的跳板。自二〇〇九年宣佈「重返東南亞」以來，美國相繼發起湄公河下游合作計畫，舉行美國東協高峰會，躋身東亞，加強介入東亞合作的力度。與此同時，越南在東協內部的影響力和地位迅速提升，東協一體化呈現出印尼與越南「雙核」推動之勢。因此，美國試圖強化與越南和印尼的雙邊關係，密切與東協合作，搶佔東亞合作先機。

此外，希拉蕊還想把越南拉進美國主導下的《跨太平洋夥伴關係協議》（**TPP**）談判中，這是歐巴馬政府重構亞太貿易版圖的重要一環。

TPP談判最初由智利、新加坡、紐西蘭、汶萊四個環太平洋國家於二〇〇五年六月發起，由於發起國經濟總量較小，最初並沒有在亞太地區引起太多關注。直到美國二〇〇九年底高調宣佈加入談判，**TPP**才成為新熱點。相較於常見的自貿協定和經合協定，**TPP**最大特點是百分之百廢除關稅，且原則上不承認例外。

歐巴馬政府高調加速**TPP**談判的進程，更大的戰略考量是按照美國的標準和規則構建新的自貿區模式，重構亞太貿易版圖，掌握國際貿易和亞太地區主導權。美國一直宣稱**TPP**為「立足於下一代和二十一世紀」的貿易體制，標準更高，範圍更廣。**TPP**談判中涵蓋諸多更有利於美國的貿易標準，這將確保美國在新的自貿區構建中居於主導地位。白宮負責國際經濟事務的副國家安全事務助理邁克．弗羅曼（Michael Froman）認為，**TPP**能使美國深入世界

上經濟增長最快的亞太地區，並在改變該地區規則方面擔任領導角色。

包括越南在內，加入TPP談判的國家已經達到十二個，占全球經濟總量近四成，預計到二〇二五年將使美國的出口增加一千兩百三十五億美元。對於出口導向的越南，加入TPP協議框架，能夠吸引更多的美國投資，擴大對美出口，以緩解宏觀經濟形勢惡化的困境。

越南對希拉蕊國務卿的到訪充滿期待。在當地的美國商會舉辦的午宴上，希拉蕊說：「對我個人和我的丈夫而言，這次周年紀念活動具有深刻的意義。」她回憶起二〇〇〇年和女兒雀兒喜陪同柯林頓訪問越南的情形。「老實說，我們當時不確定究竟會發生什麼事情。」希拉蕊說：「但我們對所受到的熱情接待留下了深刻的印象。」在與越南外交長範家謙會談時，範家謙送希拉蕊一塊白色桌布，作為送給即將在七月三十一日結婚的雀兒喜的禮物。他還送給希拉蕊一幅綴有寶石的肖像畫，內容是她和女兒戴著越南圓錐形帽子開心地笑著。這幅畫是依照二〇〇〇年柯林頓一家訪問越南時拍下的一張照片複製的。

投之以桃，報之以李，出訪河內的第二天，在一個原本波瀾不驚的區域性會議上，希拉蕊立刻回送給越南人一份意想不到的大禮。

二〇一〇年七月二十二日，東協地區論壇外交部長會議在越南河內國家會議中心召開。這種論壇性質的外交長磋商並沒有太多的亮點，從會議議程設置上來看，大會也就是對地區間貿易、氣候變化、人口販賣、核武擴散、北韓和緬甸等問題進行協商。如同大多數外交論壇一樣，沉悶而缺乏實際成果。唯一能讓人打起精神來的是在會議結束後的即興表演，根據慣例，各國外交長都要唱首歌或跳支舞，以便從會議的昏睡狀態中振奮精神。

二十三日，議程進入第二天，越南提出要在這個會議上討論南海問題，遭到中國代表反對。當晚，希拉蕊在下榻酒店召集負責亞太事務的助理國務卿坎貝爾和國務院亞太問題小組成員緊急開會，希拉蕊聞到了這場會議的火藥味，她決定第二天在會場上點一把火。希拉蕊和她的參謀躲在房間裡，花了幾個小時，仔細斟酌美國政府在南海問題上的表態。希拉蕊同東協部分國家外交長商量，如何在最後一天的磋商中讓他們先拋出南海問題，美國最後附議，一唱一和，把南海問題炒熱。

二十四日，會議的第三天，越南代表首先站起來向中國發難，指責中國將南海列入國家的「核心利益」是在激化局勢。隨後，其他一些國家的外交長紛紛附和，表達對南海問題的關切，要求通過多邊合作的方式解決南海爭端。

前面的配角開場戲唱完，輪到女主角登場。

希拉蕊說，美國一般不會就某個特定立場選邊站，但我們深切關注中國與東協在「南沙群島和西沙群島的爭議」。我們支持根據國際法，在不使用或威脅使用武力的前提下，通過多邊談判解決南海問題。希拉蕊說，各國必須確保南海水域的貿易航路自由通行，妥善建立行事規則，以防止發生衝突。由於南海水域的自由通行事關美國的「國家利益」，美國將參

與這一進程，並願意充當多邊談判的中間人，做好服務。希拉蕊特別強調「國家利益」幾個字，顯然是在針對中國之前提出的南海問題是中國的「核心利益」一說。

這是美國政府首次公開明確表示介入南海爭端，並把本屬於雙邊範疇的南海問題推向國際化，使「南海問題」成為中美關係大局中的一個新的摩擦點。

中國外交長楊潔篪坐在台下，聽著希拉蕊的發言，面色鐵青，儘管中方對美國在會場內外搞的一些小動作事先已有所預判，但對於希拉蕊如此赤裸裸地公然宣稱要介入南海爭端，還是讓他感到吃驚。

楊潔篪要求會議茶歇一個小時。之後，他返回會場，準備發言。楊潔篪直視台下的希拉蕊，一口氣提出七個問題，並自問自答，有力地駁斥了希拉蕊和作為這次論壇主席國的越南等國，企圖推動南海問題國際化的圖謀。

楊潔篪義正辭嚴地說，南海爭議的最佳解決途徑是爭端當事國之間的直接雙邊談判。目前當事國討論這個問題的磋商管道已經存在，而且是暢通的。《南海各方行為宣言》（DOC）的精神就是要保持克制，不將南海問題國際化、多邊化。

希拉蕊在會議結束後的新聞發佈會上繼續鼓吹南海主權爭議多邊解決方案，「美國一如區內其他國家，認為在南海區域的航行自由、亞洲公海對各國開放及對國際法的尊重，符合美國的國家利益，」她說，「美國支持推行合作性的外交進程，以便各聲索國在不受外力脅迫的情況下，共同解決各項領土領海爭端。我們鼓勵各方儘早達成全面的行為準則。美國願意協助推行符合《中國－東協二〇〇二年聯合聲明》準則的倡議和相關的信心建構措施。」

助理國務卿坎貝爾在事後的一次公開發言中，解讀希拉蕊的東協會議發言，他說，希拉蕊的發言只是美國政府「深度介入」亞太事務一系列動作的第一步，「亞洲各國越來越認識到，未來十五、三十，乃至四十年間，美國將在亞太地區扮演重要的主導性角色」。坎貝爾說，有人說美國正在衰落，接受這一觀點的人顯然是短視的，之前，冷戰和越戰結束後，也有人預測美國會走向衰落，但事實證明，他們過去的預測是錯誤的，未來也將證明他們的錯誤。坎貝爾威脅道，「如果你低估了美國的實力，你就危險了。」

坎貝爾的話音剛落，美國在亞太地區的介入佈局很快進入第二步。

二〇一一年十一月，國務院負責東亞事務的所有外交人員幾乎都在忙碌著。坎貝爾和米切爾正在與緬甸的反對派和部分親美的國會議員密談。希拉蕊陪同歐巴馬在夏威夷出席APEC高峰會，隨後趕往澳洲訪問。希拉蕊在馬尼拉的美軍巡洋艦「菲茨傑拉德號」上出席美菲共同防禦協定簽署十六周年的紀念活動。

經過幾年的外交佈局調整和緊鑼密鼓的準備，美國亞太戰略的轉型終於呱呱落地，現在，它需要一個指標性的場合粉墨登場。

十一月十七日，歐巴馬在結束夏威夷的APEC高峰會和對澳洲的訪問之後，抵達印尼的

巴厘島，準備出席十九日舉行的第六屆東亞高峰會。這是美國總統第一次出席東亞高峰會，並作為聯席主席連續第三次主持美國暨東協領導人會議。

東亞高峰會成立於二〇〇五年，但美國最初對這個高峰會並不怎麼重視，認為它的定位不清晰，與亞太地區現有的APEC會議和東協地區論壇既不能形成互補，也無法展開競爭，未來很有可能像其他東亞區域論壇一樣，淪為空談，僅具象徵意義而談不出實際效果。但在美國外交中心從中東地區向亞太全面轉移的關鍵時期，歐巴馬需要利用所有外交資源確定美國的存在，連這個昔日不入眼的高峰會，歐巴馬也不會錯過。

二〇〇九年七月二十二日，希拉蕊在泰國普吉島代表美國政府與東協國家外交長簽署美國加入《東南亞友好合作條約》的文件，從而正式拉開美國重返東南亞地區的序幕。二〇一〇年七月，在美國的暗中策動下，越南在東協地區論壇外交長會議上突然向中國發難，企圖將南海問題國際化。

第六屆東亞高峰會，希拉蕊更是把歐巴馬推到臺前，直接指揮這場圍堵中國的大合唱。

十八日下午，歐巴馬與參加東亞高峰會的十七國領導人和外交長舉行閉門磋商，記者和攝影師清場後，所有的助理和顧問都已回避，新加坡、菲律賓、越南、馬來西亞等在南海問題上的直接利益「相關者」相繼發言，與美國之前的立場一唱一和，要求保障南海的航行自由和水域開放，在國際法的框架下通過和平手段和合作方式解決爭端，避免武力或威脅使用武力，支持建立管控規則。兩個小時的輪流發言結束，所有領導人的目光都集中在歐巴馬和中國總理溫家寶身上。

歐巴馬拿起話筒，「儘管我們不是南中國海爭議的聲索國，我們也不願在爭議中選邊站，但是，作為太平洋地區力量的一員，作為一個海洋大國、貿易大國和亞太地區安全的保障，我們一貫認為在海事安全上利益攸關，尤其是在解決南海問題上。」

溫家寶總理則禮貌而堅定地重申了中國的立場，東亞高峰會不是討論這一問題的合適場合。他指出，中國在南海問題上的立場是一貫的、明確的。南海爭議應由直接有關的主權國家通過友好協商和談判予以解決。他還特別強調，東亞和東南亞經濟的發展，側面印證了南海的航行自由和安全沒有因為南海爭議受到任何影響。

希拉蕊在《艱難抉擇》中毫不掩飾她對導演南海爭端這場大戲的得意，「當我返回華盛頓的時候，我對我們在亞洲地區的戰略和地位更加充滿信心。當我們在二〇〇九年開始向亞太地區戰略轉移的時候，這一地區的許多國家對我們的決心和實力還充滿懷疑。中國有些人企圖利用這些疑惑。我們的軸心轉移戰略就是為了消除這些懷疑。」

但是，希拉蕊的得意，除了暴露美國是炒熱南海問題的最大推手之外，也顯示出她對中國外交的誤解和偏見。當美國在伊拉克和阿富汗戰場上忙得焦頭爛額沒有精力顧及東亞的時候，中國與東協國家的關係獲得突飛猛進的發展，二〇〇二年在南海問題上達成《南海各方

行為宣言》，南海基本處於和平穩定的局勢中。希拉蕊二〇一〇年在南海問題上的表態實際上標誌著美方高調介入和直接插手南海問題的開始，標誌著美國把南海問題作為抓手，挑撥中國與東協國家關係，抹黑中國外交形象，靠混淆南海問題來為美國的「亞太再平衡」戰略服務，最終是要維持美國在亞太地區事務中的主導地位。

這是一個需要精心設計的「中立」姿態，一方面，希拉蕊要向中國施加壓力、推動海上領土爭端保持在「外交手段解決」的限度之內，另一方面又要尋求與中國的積極互動，在包括北韓和伊朗核問題、敘利亞危機等議題上保持合作的軌道，希拉蕊不可能在南海問題上走得太遠，激怒中國。這也是為什麼希拉蕊始終強調，美國在南海主權爭議問題上不持立場、不選邊站的原因。

拜訪緬甸

希拉蕊在外交策略上的強硬態度雖然突然，但並非毫無跡象。在外交理念上，美國究竟應該在全球事務中扮演怎樣的角色，她與歐巴馬之間一直意見分歧。在希拉蕊入主國務院一年之後，這些原本細微的差異越來越明顯。

歐巴馬在他競選以及總統任期的早期，其外交政策的核心是「接觸」，即通過對話、面對面的會談和交流與其他國家保持關係穩定。保羅．甘迺迪在《大國的興衰》中認為，從歷史上看，十八世紀的西班牙，十九世紀的荷蘭，二十世紀的英法，都面臨著大國衰亡的一個共同規律，那就是，羸弱的經濟實力無力支撐軍事的對外擴張。歐巴馬對此非常認同，他認為，美國的當務之急是解決國內的經濟危機，而在國際上應扮演一個更加溫和的角色。

希拉蕊在她就任國務卿後發表的第一次重要講話中，也強調外交策略中的「原則性接觸」，但一年之後，希拉蕊談的更多的是接觸外交的局限性，她強調，其他國家「不僅僅是為了與美國接觸，而是需要美國引領」。雖然希拉蕊和歐巴馬一樣重視中國、印度、俄羅斯等新興經濟體的崛起，但希拉蕊的外交重心是「我們的同盟國，以及與我們有著共同價值基礎和利益的國家」。

循著「民主自由」的路線，希拉蕊的目光轉向另一個被美國冷落近二十年的國家，她看中了一個女人，一個能承擔她的民主原則的象徵性人物——翁山蘇姬。

一九八八年緬甸軍方接管政權後，美緬外交關係急轉直下。一九九〇年，緬甸反對派領導人翁山蘇姬贏得大選卻不被當局認可後，緬美外交關係降到代辦級，雙方不再互派大使。

近二十年來，以美國為主導的西方國家對緬甸一直實施制裁，但希拉蕊認為，實施多年的經濟制裁和政治孤立並沒有對這個國家的民主進程起到太大的作用，應該在揮舞制裁巨棒的同時，再加一點軟性利誘。從二〇〇九年開始，希拉蕊就公開表示，如果緬甸實行政治改革和經濟開放政策，美國將逐步取消對緬甸制裁，重啟兩國之間的經濟交流。

緬甸對於美國外交的重要性體現在兩個方面，一是人權，長期被軟禁在家長達十五年的諾貝爾和平獎得獎者翁山蘇姬，在二〇一〇年十一月十三日緬甸大選後獲釋，與緬甸修好，是對美國宣導的人權價值最有力的支持；二是地緣政治的平衡，主要目的是為了制衡和影響長期與緬甸保持密切關係的中國。

希拉蕊在與緬甸接觸前，諮詢了許多熟悉東南亞情況的參議員和外交專家，其中包括參議院外交關係委員會東亞和太平洋地區分會主席吉姆．韋伯（Jim Webb）。吉姆曾在美國海軍陸戰隊中著名的「三角洲特種部隊」服役，獲得戰功勳章無數。此後曾先後擔任助理國防部長和海軍部部長。他的博士論文與歐巴馬政府不謀而合，叫做《論美國的太平洋戰略》，只不過提前了三十多年。

吉姆認為，西方國家對緬甸的制裁造成的後果只是老百姓的民不聊生，對動搖緬甸軍政府的統治並沒有太大的實際效果，反而有可能加劇軍方走向極端統治。他認為，伴隨著緬甸由上而下的改革開放動向，美國應該及時調整戰略，與緬甸當局接觸。

吉姆同時向希拉蕊表示，美國長期將緬甸拒之門外，反而給中國留下戰略空間，能夠在經濟和政治上擴大對緬甸的影響。近年來，中國企業在緬甸投資水電站、礦山和能源專案，並正在計畫修建一條重要的能源管道。美國政府應該迅速改變對緬甸的政策導向，遏止中國在南亞次大陸的影響擴大。

二〇〇九年二月，希拉蕊上任後首次展開亞洲之行時，如何改變美國對緬政策成為出訪的一個附加課題，她私下裡諮詢過一些南亞國家領導人。印尼總統蘇西洛告訴希拉蕊，他與緬甸軍政府官員多次會談，他認為緬甸的改變是實實在在的，並且緬甸軍方也有意與美國展開對話。美國在緬甸的大使館雖然降格為代辦級，基本人員撤出，但仍保留少量的溝通管道，只是如何啟動這項接觸談判進程，希拉蕊沒有頭緒。

三月，希拉蕊派出國務院負責東南亞事務的資深外交官斯蒂芬·布萊克（**Stephen Blake**）前往緬甸，緬甸軍政府破天荒地讓緬甸外交長出面，與布萊克會面。作為回報，布萊克同意從仰光趕到緬甸二〇〇五年確定的新首都內比都。

內比都位於仰光以北約四百公里的熱帶叢林中，布萊克是第一個進入內比都的美國官員。但緬甸政府並沒有允許布萊克會談翁山蘇姬，他也沒有見到軍政府最高領導人丹瑞，空手而歸。

上帝關掉了一扇窗，但歷史往往會在一些發生機率甚微的小事中打開另一個機會的窗口。

在密蘇里州有一名五十三歲的越戰老兵，名叫約翰·耶特（**John Yettaw**），他對翁山蘇姬癡迷多年，不惜冒著生命危險，前往仰光「追星」。二〇〇八年十一月，一天晚上，耶特躲過層層設防的安全部隊和巡邏艇，偷偷地泅過茵雅湖，溜進翁山蘇姬被囚禁的家裡。翁山蘇姬的保姆看到一個外國人溜進來，驚得目瞪口呆。不經允許，擅自接見外人，將使翁山蘇

姬的處境更加危險，幾經勸說，耶特同意放棄與偶像見面，悄悄地溜走。

據耶特的前妻稱，他可能患有創傷後壓力症候群。過了半年，神經錯亂的耶特再次回到仰光，二〇一〇年五月五日，他故技重施，再次遊過茵雅湖，闖入翁山蘇姬的家裡。這一次，耶特說什麼也不走了，他說自己累死了，遊不回去。翁山讓他睡在地板上，然後向當局報告。凌晨五點半，當耶特試圖遊回去的時候，被軍方抓獲。

耶特則被送進勞教營，刑期七年。而翁山蘇姬和身邊工作人員被判在原本三年監禁的基礎上，延長十八個月的軟禁期，這樣，翁山將無法參加二〇一〇年的大選。

緬甸擬議中的民主進程由於一名美國老兵的莽撞和翁山的獲刑再度陷入僵局。希拉蕊捶胸頓足，連忙打對話給參議員吉姆．韋伯尋求對策。

吉姆答應親自前往仰光，與緬甸政府談判營救耶特。八月，吉姆．韋伯前往內比都與丹瑞見面。吉姆提出三點請求，一是出於人道主義考量釋放耶特；二是與翁山蘇姬見面；三是希望能夠結束翁山的軟禁，允許她參與即將舉行的大選。

丹瑞聽得非常認真，最終他答應了吉姆的兩項要求，允許他與翁山見面，並把耶特帶上美國空軍的一架運輸機。

在九月的聯合國大會上，希拉蕊在談到對緬政策時說，美國希望看到緬甸軍政府確實展開民主改革，立即無條件地釋放包括翁山蘇姬在內的政治犯，與反對派和少數族裔展開對話，但希拉蕊承認「要麼接觸，要麼制裁」的政策選擇是錯誤的，美國將利用胡蘿蔔和巨棒雙管齊下的政策，直接與緬甸高層接觸。

但此後，緬甸的民主進程並沒有按照美國人設想的軌跡前進，它跳躍式的發展讓希拉蕊徹底沒了方向，眩暈卻又大喜過望。十一月的議會選舉毫無懸念，軍方控制的聯邦鞏固與發展黨以壓倒性的票數獲得勝利，反對派、國際人權組織和美國紛紛跳出來指責選舉舞弊。翁山蘇姬依然被軟禁家中，只能通過收聽BBC和美國之音獲悉外界當地消息。但是，就在希拉蕊對緬接觸陷入失敗和挫折感的時候，一些細微的跡象讓觀察家注意到緬甸與美國關係改善的跡象。

九月早些時候，美國向緬甸總統登盛發放了入境許可，使登盛成為十四年來第一位參加在紐約召開的聯合國大會的緬甸軍政府高官。

十一月三日，希拉蕊派助理國務卿庫爾特．坎貝爾前往緬甸訪問，與登盛會談，並前往仰光會見仍在軟禁之中的翁山蘇姬，這是美國高官十四年來首次訪問緬甸。雖然緬甸的官方報紙在報導這一消息時將翁山蘇姬的頭像剪掉，但緬甸國家電視四日卻非常罕見地高畫質播出坎貝爾與登盛會談的新聞，而且還播放了坎貝爾與翁山蘇姬會面前握手的畫面。此次會面地點位於仰光豪華的茵雅湖飯店，並非翁山蘇姬的湖畔居所。這也是翁山蘇姬自二〇〇三年遭新一輪軟禁後，首次在居所以外的地點亮相。

二〇一〇年底，大選結束後不到一周，緬甸軍政府突然解除了對翁山蘇姬的軟禁，宣佈

軍方領導人丹瑞退休，由登盛出任總統，組成文官政府。此後，緬甸政府大赦多名政治犯，建立國家人權委員會，頒佈賦予勞工組建工會和罷工等權利的勞動法，放鬆出版審查，解除部分網路管制。

由翁山蘇姬領導的全國民主聯盟被緬甸當局允許註冊為合法政黨，並參加了後來的議會補選。東協也同意緬甸主辦二〇一四年東協高峰會，緬甸開始融入國際社會。

緬甸民主化過程讓歐巴馬政府措手不及，儘管帶著嚴重的困惑和不確定感，但希拉蕊不會讓其他國家在這一進程中搶得先機，在美國駐緬甸大使館尚未恢復之際，她緊急任命美國資深的亞洲事務官員德瑞克．米切爾（Derek Mitchell）擔任美國駐緬甸特別代表，這一職位的設立原本是由已故的國會議員湯姆．蘭托斯（Thomas Lantos）在二〇〇七年提出的，二〇〇八年經小布希簽署後成為法令，但美國卻從來沒有向緬甸派出任何一位特別代表。希拉蕊要求坎貝爾和國務院的亞洲小組立刻制定對緬關係的戰略發展計畫。

在緬甸政府一系列眼花繚亂的政治動作背後，有美國人的影子，但主要還是緬甸執政當局從現實政治出發，自上而下的民主開放改革。希拉蕊在她原本認為最沒有希望的國家看到「民主」澆灌的花朵，她決定出訪緬甸，趁熱打鐵，夯實美國在此進程的利益。

在緬甸民主化的果實尚未摘到的時候，另一起事件讓希拉蕊提前看到了借緬甸遏止中國的希望。

密松水電站位於伊洛瓦底江上游，根據中緬兩國政府簽署的《關於合作開發緬甸水電資源的框架協議》，伊江上游將建設七座流域梯級電站，總裝機容量二千萬千瓦，其中密松水電站裝機容量六百萬千瓦，專案總投資三十六億美元，二〇〇九年十二月率先動工，計畫二〇一七年首臺機組發電。

專案動工後，到二〇一一年，主要投資方中國電力投資集團已經投入三十多億元人民幣，並將價值七億元的大型工程設備運抵現場，前期施工人員也已經到場，開始建設跨江大橋和公路。

但是，作為伊洛瓦底江上最大規模的水電專案，密松水電站在緬甸國內民意以及當地的克欽族中間，反對的聲音一直很強烈，有人懷疑工程將對當地的環境和生態系統造成巨大的影響，90%的電力將銷往雲南也激起部分緬甸民族主義者的反感，認為中國是在掠奪緬甸的資源，此外，稻米主產區的部分農田被淹，移民安置問題也容易引起當地人的矛盾。

二〇一一年八月，解除軟禁後一直保持政治低調的翁山蘇姬，突然發表一封公開信，批評密松水電站的建設，引發緬甸政府對這一專案的意見分歧。緬甸資訊部長召開新聞發佈會，控訴密松電站的環境危害和社會影響。但其他一些政府官員仍堅持讓專案繼續進行。

九月三十日，緬甸總統登盛致函緬甸下議院，以「緬甸政府是民選政府，必須尊重人民意願」為由，宣佈在其任期內暫時擱置密松水電專案。

緬方的突然變卦，讓中國政府措手不及，外交部發言人在回答記者提問時，不得不表態說要回去「查核」事實。此後，中國一直沒有放棄重啟水電站的努力，通過投資方與緬方溝通，試圖說服緬甸政府和民意。

圍繞著密松水電站的爭議，美國一方面通過媒體輿論在環境、安全、經濟利益等方面質疑該專案的合理性，為緬甸國內反對的聲音提供「科學論證」。另一方面，據《衛報》披露一份由美國駐緬臨時代辦簽署的電報，美國駐緬甸大使館也曾通過「小額資金」支持反對修建密松電站的民間組織。

希拉蕊在她的回憶錄裡也對民間非政府組織（NGO）在這場風波中扮演的角色大加讚賞，認為這體現了緬甸日益壯大的公民社會在政治決策中的作用。「對於日常生活的關切，一旦民眾從政府那裡拿到發言權，它將在公民基本權利上激起更高的期望，這就是我一直宣導的『人權就是人生存的現實』」，希拉蕊得意地說。

二〇一一年十月中旬，緬甸再次釋放了約兩百名政治犯，同意工會組織合法化，開始與國際貨幣基金組織討論經濟改革。華盛頓緊張地注視著緬甸的民主化進程，試圖推波助瀾，並從中撈取政治好處。希拉蕊派出國務院高級人權官員邁克．波斯納（Michael Posner）陪同德瑞克．米切爾訪問緬甸，試探緬甸新政府的意圖。兩人同緬甸議員會談，呼籲進一步政治改革，允許自由集會和開放黨禁。

十一月，在峇里島的東亞高峰會上，歐巴馬宣佈將派希拉蕊前往緬甸訪問，以考察緬甸的民主改革前景，加強美緬兩國關係，這將是近半個世紀以來美國國務卿首次訪問緬甸。

從雅加達飛往華盛頓的途中，希拉蕊的專機停在東京中途加油。停機坪上，美國駐日使館的兩名外交官冒雨等著希拉蕊，他們交給她厚厚一大疊緬甸的資料，還有一部法國著名導演盧貝松（Luc Besson）執導的電影《翁山蘇姬》（Lady）。在飛越太平洋的專機上，所有人都在看這部由楊紫瓊主演的影片。

對於這個隔絕了近二十年的神秘國度，希拉蕊和她的助理們有太多的困惑和不解，回到華盛頓，希拉蕊要求資料員送來各種書籍和電影，足足花了一周的時間瞭解緬甸的國家和歷史。

國務院的亞洲問題專家在寫給希拉蕊的訪緬備忘錄中提醒她，不要穿白色、粉紅色和黑色衣服，因為在當地，這是送殯時穿的顏色，也不要穿深褐色或大紅衣服，因為這是緬甸人在表達抗議時穿的衣服。如此明確的著裝要求，希拉蕊倒是第一次聽說，她站在衣櫥前，左挑右選，有點犯難。希拉蕊剛剛買了一件白色的亞洲風外套，她覺得與緬甸的民族風格非常搭配，但白色代表喪葬？希拉蕊實在捨不得丟，先放在箱子裡再說，或許緬甸人對顏色沒有那麼敏感。

十一月三十日下午，希拉蕊的專機抵達緬甸首都內比都機場，由於內比都的機場跑道狹窄，又沒有燈光，希拉蕊的專機必須趕在天色黯淡之前在機場著陸，專機不能在緬甸過夜，要飛到鄰國泰國，由空軍特勤隊的安全人員負責看護。希拉蕊穿著深紫色的外套和黑色褲子

走下舷梯，緬甸外交部派出歡迎人員在機場迎接，看到他們穿著緬甸傳統的「羅衣裙」和白襯衫，希拉蕊鬆了一口氣，看來白色並非喪葬的禁忌色調，她想起了那件新買的白色外套。

在機場的一頭，距離希拉蕊專機不到二十米的地方，立著一塊紅色的告示牌，上面用白色大字寫著歡迎剛剛來訪的白俄羅斯總理。希拉蕊連一塊紅色歡迎標語的待遇都沒有。

從機場到市區的高速路上，沒有一輛車。馬路上行人稀少，偶爾可以看見馱著乾草的牛車經過。自從二〇〇五年緬甸軍政府一夜之間突然宣佈遷都內比都以來，這裡一直就像是一座鬼城，到處是空蕩蕩的政府機關辦公樓和黑燈瞎火的公寓、爛尾樓。車隊進入冷清的市區，希拉蕊一行和隨同記者被安排住進了友誼賓館，賓館由幾幢度假小別墅組成，希拉蕊等人是酒店裡唯一的一批住客。

內比都市內的馬路非常寬敞，足足有二十個車道，加上車少人稀，恍惚之間有科幻末日大片的感覺。這個橫空出世的新首都完全按照現代城市規劃，規劃面積比原首都仰光大九倍，設置了酒店區、餐館街、政府大樓區和政府員工住宅區，建築風格融合了緬甸傳統的民族式樣和前蘇聯建築的厚重權威感。

在英國殖民時代，緬甸首都設在曼德勒，緬甸一九四八年獨立後，將首都遷至仰光。一九六二年通過軍事政變上臺後的緬甸軍政府，在長期的國際社會孤立下，一直擔心美國會隨時對仰光發動進攻。於是在極度保密的情況下，軍政府選擇遷往仰光以北三百九十公里的一個熱帶叢林中，開始建設新首都內比都。除了一個距離內比都不到兩個公里外的木材中轉市鎮以外，全國沒有人知道新首都的建設進度，因為這個小鎮的咖啡館裡突然多了許多中國工程師光顧。

二〇〇五年十一月四日，按照占星家選擇的正式遷都的黃道吉日，緬甸軍政府突然宣佈遷都，兩天之後，所有的政府部門開始集體搬遷至內比都。

在巨大的總統府官邸，登盛總統站在一個足球場大小的會客廳，等待希拉蕊一行的到來，頭頂是體量龐大的水晶吊燈，希拉蕊穿著綠色長褲套裝，戴著一條綠色項鏈，面無表情地走進官邸，在緬甸政治改革和對美政策面臨太多不確定因素面前，希拉蕊不想表現得過分熱情。

登盛說：「閣下的來訪是一個里程碑式的事件。」他身材瘦小，頭頂上頭髮稀疏，戴著一副眼鏡，穿著藍色絲綢羅衣，稍顯駝背，在這個巨大的場景下，顯得非常羸弱和低調。登盛二〇一一年辭去軍職，以平民身份競選總統，這是緬甸軍政府對外傳遞的改革信號之一，儘管軍方仍掌控著緬甸的軍政大權。

兩人在記者的鏡頭前握手，然後在金色的寶座形椅子上坐下來，背後是金色鏈子裝飾的紅色和金色屏風。椅子之間分隔得很開，聲音如果小一點就根本聽不到對方說話，因此，在兩人和翻譯座位前各擺了一支麥克風。

登盛首先講了四十五分鐘的話，闡述他對改革緬甸的認真態度，以及軍政府已經採取的措施。希拉蕊則向登盛表明美方希望繼續保持與緬甸的對話並逐步使兩國關係正常化的先決

條件，例如繼續釋放政治犯，允許翁山蘇姬參選國會等等。作為回報，美國將向緬甸派駐大使，也將同意暫停制裁，未來還會允許美國公司到緬甸投資，促進兩國貿易發展。希拉蕊還向登盛呈遞了一封歐巴馬的親筆信，信中對美國的上述立場作了進一步的闡述。

登盛小心翼翼地揣摩著回應希拉蕊的措辭，但希拉蕊仍然能夠感受到他的表述之間蘊含著一絲幽默感和政治雄心。「我們國家夾在兩個大國之間。」登盛暗指中國和印度，緬甸不會因為與美國修復關係而惡化同中國的傳統友誼。

會談結束後，登盛和妻子欽欽溫在午餐時間招待希拉蕊一行。欽欽溫和希拉蕊的年紀相仿，兩人交談甚歡。這位緬甸第一夫人牽著希拉蕊的手，談起自己的家庭，以及如何改善緬甸兒童的生活，似乎很激動。她告訴希拉蕊，登盛過去幾週一直在思考整個會談的細節，希望能給希拉蕊留下好印象，因此常常失眠。

午宴結束後，希拉蕊在總統官邸與緬甸聯邦議會人民院議長瑞曼舉行會談。這個會見廳同樣很開闊，牆上掛著一幅緬甸叢林風光油畫，幾乎鋪滿整個牆壁。「我們一直在研究貴國，試圖學習你們的國會是如何運作的。」瑞曼說。

「你讀過什麼書或者諮詢一些專家嗎？」希拉蕊問。

「哦，沒有。」瑞曼回答，「我們是通過看美劇《白宮風雲》。」

從內比都到仰光，希拉蕊的專機只用了四十分鐘。這個四百萬人口的城市，儘管建築陳舊，管理混亂，但仍有著殖民時代的那份優雅。仰光大金塔佔據了這座城市全部的視覺中心，這是世界上最古老的佛塔之一，有兩千五百多年的歷史，塔身上的金箔和金佛在夕陽的映照下，熠熠發光。

按照當地的傳統，希拉蕊脫下鞋襪，赤腳走進大金塔，她的腳趾甲上塗著深紅色的指甲油，被記者形容為「性感的紅色警報」。保鑣一臉不情願地脫下鞋襪，因為一旦發生緊急情況，赤腳的永遠追不上穿鞋的。看著他們光著腳在寺廟裡躡手躡腳地走來走去，不時通過對講機輕聲說話，場景難免有一絲滑稽。大金塔寺沒有因為希拉蕊的到訪而對旅客關閉，偶爾有人鼓掌高呼「希拉蕊，我們愛你。」在僧侶和隨從的陪同下，希拉蕊在一尊佛像面前點燃香燭，焚香膜拜。站在一個四十噸重的大鐘前，高僧遞給希拉蕊一根鍍金的木杵，敲三下。按照當地的傳統，希拉蕊將十一杯水潑灑在一尊漢白玉佛前，「我能許十一個願嗎？」希拉蕊問，緬甸古老的文化傳統讓她覺得很新奇，但更重要的是，她想利用這些虔誠的姿態表明——美國有興趣與緬甸人民保持接觸。

翁山蘇姬

美國駐仰光代辦處是一幢英式殖民風格的建築，有著優雅的門廊和天井，屋內鋪著柚木地板。十二月一日晚上七點，一輛老舊的白色汽車停在代辦處門口。車門打開，一位身材纖弱的白衣女子走下車，匆匆地踏進代辦處。這是一場期待已久的會面。

希拉蕊穿上了她新買的那件白色套衫，迎接翁山蘇姬的到來。兩人不期而遇地「撞衫」，都是亞洲風格的白色外套，都將頭髮挽成髻，扎在腦後，翁山蘇姬的馬尾辮上還綁著幾朵小花。「她很瘦弱，但內心卻無比堅強。她有一種內在的尊嚴，在長期被禁錮的軀體裡，隱藏著活躍縝密的思想。」希拉蕊說著她對翁山蘇姬的第一印象。

翁山蘇姬和希拉蕊在門廳握手，顯得略有點緊張，之前她們從未見面，只是在電話裡聊過一次。希拉蕊一改平日略顯張揚的高調熱情，微笑著與翁山低聲細語，面對鏡頭讓記者拍照。翁山蘇姬告訴希拉蕊，她還保留著一九九五年北京聯合國婦女大會的一張海報。當時還是美國常駐聯合國代表的歐布萊特、希拉蕊以及其他與會婦女界領袖在這張海報上集體簽名，後來，歐布萊特在一次突擊訪問緬甸時，將海報送給了翁山蘇姬。

在德瑞克．米切爾和坎貝爾的陪同下，希拉蕊與翁山在天井裡喝茶，天南海北地聊天，希拉蕊談起那部在飛機上看過的電影《翁山蘇姬》，翁山也讀過希拉蕊和丈夫柯林頓的自傳。在希拉蕊緊張的出訪行程安排中，這樣的寬鬆和愜意非常難得。天氣涼爽，希拉蕊特意安排工作人員將房間裡擺好的餐具拿出來，就在天井的玻璃桌上就餐，助理退出門外，只留下兩個女人共進晚餐。

這頓晚飯，兩人吃了兩個多小時。翁山蘇姬說，她的政黨全國民主聯盟已經在二〇一一年十一月被允許註冊為合法政黨，將參加二〇一二年大選。翁山本人也計畫參加議會選舉。希拉蕊則談到她對登盛總統及其他緬甸政府官員的印象。

翁山蘇姬向希拉蕊仔細詢問如何成為一名候選人，她說，對於緬甸正在進行的民主改革，美國究竟能提供什麼好處？

希拉蕊承諾，從全面恢復外交關係，到解除制裁，促進投資，美國將全力支持緬甸的政治民主化進程，但前提是緬甸軍政府必須拿出實際行動，繼續釋放政治犯，舉行合法有效的大選，保護少數族裔，保障人權，切斷與北韓的軍事聯繫，結束持續多年的部族衝突。希拉蕊表示，緬甸政府每前進一步，美國都會給予「獎勵」。

晚飯結束後，希拉蕊送給翁山一堆英文書，其中包括一本羅斯福總統的夫人埃莉諾·羅斯福（Eleanor Roosevelt）撰寫並親筆簽名的珍藏版著作，希拉蕊還給翁山的寵物狗帶了一根磨牙棒和碗，準備明天送去。翁山蘇姬回贈給希拉蕊一條她自己設計的銀質項鏈，帶有緬甸傳統銀飾風格。

第二天早上，翁山蘇姬邀請希拉蕊去她自己的家中參觀並舉行正式會談。這是一幢殖民風格的大宅，位於仰光的一個湖邊。翁山從小就生活在這裡，也一直被軟禁在這。翁山站在正門的門廊上迎接希拉蕊。希拉蕊穿了一件淺藍色的長褲套裝，脖子上戴著翁山蘇姬昨天晚上送給她的那條銀質項鏈。

翁山向希拉蕊介紹自己政黨裡的幾位元老級人物和親屬，大家圍坐在一張圓桌，討論緬甸正在發生的政治變革。翁山有一種自然的親和力，儘管在緬甸國內乃至世界上都享有極高的知名度，對於圓桌上的幾位長者，翁山蘇姬依然非常尊重。

翁山蘇姬和登盛總統已經建立了較為友好的關係，甚至還被邀請去登盛家裡吃晚飯，翁山說，她相信登盛推動改革的決心和真誠。她告訴希拉蕊，她一直在讀一些政治人物的傳記，尤其是從軍人轉變為政治家的著名人物，比如艾森豪總統的書。

會談結束後，翁山蘇姬和希拉蕊在花園裡散步，寵物狗在身邊跳來跳去，宅地四周的一圈鐵絲網仍提示著這裡曾是翁山的囚籠。兩人手拉手地站在門廊下，讓記者拍照。希拉蕊對翁山說：「你是緬甸人民的希望，你一直捍衛這個國家的利益，捍衛著你的人民應該享有的權利和自由。」希拉蕊承諾，在緬甸為了更加美好的明天跨出歷史性一步的關鍵時期，美國將作為緬甸的朋友，全力給予支持和幫助。希拉蕊的承諾充滿著對緬甸改革的樂觀，也有一絲不放心。

不管怎樣，緬甸的政治改革和民主化進程仍在按照緬甸人民自己的意願穩步進行，登盛政府繼續釋放了部分政治犯，其中包括二〇〇七年抗議活動中被關押的僧侶，緬甸政府通過了新的人權法案，允許組織政黨和個人出版報紙，與少數民族衝突各邦簽訂停火協議，切斷與北韓的軍事聯繫。

作為回報，美國放鬆了對緬甸的部分制裁。二〇一一年十一月，美國和緬甸宣佈互派大使，米切爾由特別代表升任二十多年來首任駐緬大使。

二〇一二年四月，全國民主聯盟黨參與議會補選，角逐競選四十四個議席，最終獲得了四十三席，其中包括聯邦議會人民院三十七席、民族院四席共計四十一席，以及地方議會兩席。翁山蘇姬的政黨因此成為緬甸聯邦議會中的第二大政黨和最大的反對黨，翁山蘇姬也於四月二十三日首次入職聯邦議會，就任緬甸國會議員。

此後，希拉蕊和翁山仍保持密切聯繫，兩人多次通電話，通報緬甸的政治改革進程。二〇一二年九月，翁山蘇姬訪問美國，希拉蕊邀請她來家中做客，兩人像老朋友一樣親切。

但翁山蘇姬似乎有點憂心忡忡，她把希拉蕊拉到一邊，要求私下裡聊聊。翁山談到緬甸的政治進程仍顯緩慢，仍有部分政治犯在押，少數民族衝突時有發生，外國投資湧入緬甸為一些政府官員尋租腐敗提供了機會。翁山在議會裡試圖團結各派力量。聯邦議會人民院議長瑞曼的政治地位上升，翁山與他已經建立了良好的工作關係，在一些重要問題上，兩人經常保持溝通，但緬甸政局仍然非常複雜和微妙，因為在二〇一五年的大選中，登盛、瑞曼和翁山蘇姬都是強有力

的競爭對手，幕後的政治運作和幫派鬥爭正在加劇，一些強硬派仍希望改革開倒車。

在華盛頓政治圈內打滾多年的希拉蕊，對緬甸政局的暗潮湧動並不感到稀奇，她認為這是「民主世界」不可避免的一部分，她勸慰翁山蘇姬，鼓勵她利用自己的影響力和人格魅力，團結多數黨派和各方政治力量，持續推動政治改革進程。希拉蕊還向翁山面授機宜。美國國會將在第二天舉行一場隆重的授勳儀式，向翁山蘇姬頒發一枚金質勳章，以表彰她長期以來為人權事業和民主改革所做的努力，「明天，當你接受金質勳章的時候，你應該對登盛總統說幾句好話。」希拉蕊悄悄地對翁山說。

第二天下午，在國會大廈的圓形大廳，面對國會領導人和五百多名來賓，翁山蘇姬在授勳儀式上致辭，「今天，我站在這裡強烈地感受到，在我們國家為了和平、繁榮和法律保護下的基本人權而持續努力的進程中，作為朋友，你們將會同我們站在一起。」翁山蘇姬說，「如果沒有登盛總統一手發起的改革措施，這一切都不可能發生。」台下的希拉蕊得意地笑了。

幾天後的聯大會議上，希拉蕊與登盛舉行了會談，她轉達了翁山蘇姬對緬甸改革進程的擔憂，登盛非常認真地傾聽著，希拉蕊能夠明顯地感到，同上次在內比都會談時相比，登盛的政治決斷力和自信心都有明顯的增加。他在聯大發言中，第一次公開對翁山蘇姬在緬甸政治改革中扮演的積極作用予以高度評價，並承諾繼續推進民主。

希拉蕊把緬甸的民主改革看作是美國「巧實力」外交的成功典範。詹姆斯．法倫（James

Fallows）在《大西洋月刊》上撰文認為，「就向尼克森當年主動接觸中國一樣，在巧妙地融合硬實力和軟實力，通過威逼和利誘，不斷鞭策但耐心等待，加上故意但卻非常有效的誤導，緬甸是一個值得研究的外交樣本。」耶魯大學教授沃特・米德（Walter Russell Mead）也認為希拉蕊的對緬外交「取得了決定性的勝利」。

希拉蕊決定親自陪同歐巴馬總統，「檢閱」她在緬甸民主外交上所取得的成果。二〇一二年十一月，希拉蕊陪同歐巴馬，對泰國、緬甸和柬埔寨三國進行了訪問，這是歐巴馬連任總統之後的首次出訪，也是希拉蕊在卸任國務卿之前最後一次與歐巴馬的共同出訪。歐巴馬在緬甸僅停留短短的六個小時，他會見登盛總統和翁山蘇姬，並在仰光大學發表演講。

從仰光國際機場開往市區的路上，希拉蕊和坎貝爾坐在歐巴馬加長的凱迪拉克防彈汽車裡，這輛車被歐巴馬的保鏢霸氣地稱為「野獸」。歐巴馬透過「野獸」的車窗，饒有興致地看著仰光的風景，當大金塔的尖頂躍入視野時，坎貝爾告訴他，那是緬甸文化的象徵，希拉蕊去年還進去朝拜過，以示對緬甸人民和歷史的尊重。歐巴馬問，「為什麼不安排我去？」

事實上，歐巴馬的仰光之行，原本的確打算安排去大金塔參觀，但遭到總統特勤處的強烈反對，他們認為人潮擁擠，香客眾多，無法制訂維安細則，粗暴地關閉整個大金塔寺又不現實。希拉蕊建議，讓歐巴馬在結束與登盛總統的會談之後，「不經意地」下車去大金塔看看，神不知鬼不覺地看兩眼就走。

歐巴馬果然在路過大金塔的時候，「突然」提出要下車進去看一看，結果在幾名僧侶和遊客詫異的眼神下，歐巴馬完成了他的心願，搞了一次小小的民間外交。

在翁山蘇姬的家門口，希拉蕊依在歐巴馬的「野獸」旁，看著歐巴馬走上前去，與翁山握手，他微微地欠身表示問候。兩人轉過身來，示意希拉蕊一起上來拍照，然後朝翁山蘇姬的大宅走去。

在會談結束後的新聞發佈會上，歐巴馬特意向希拉蕊表示感謝，「我很難表達我的感激之情，不僅僅是因為你出色的工作，更因為你和翁山蘇姬發出的信號，向世界人民表明擁抱和推廣民主價值和人權的重要性。」歐巴馬說。

緬甸的民主改革是希拉蕊送給歐巴馬的一份大禮，也是希拉蕊在她四年的國務卿任內為數不多的政績之一，當希拉蕊因為班加西事件而焦頭爛額的時候，美緬關係的改善成為希拉蕊巧實力外交的唯一成功案例，「它表明，通過國際社會的共同努力和保持持續的政治壓力，即使不使用武力，也能夠促使一個政府發生改變，」希拉蕊的一名助理說，「這為全世界其他地區樹立了榜樣。」

希拉蕊的支持者甚至認為，如果她在二〇一六年當選總統，可以將這一民主演變的模式推廣到全世界。但批評者指出，緬甸只是希拉蕊作為國務卿的一個成功案例，「能夠為她的任期加分，但還不足以成就她的經典。」福斯新聞臺的政治評論員認為。

Part 3 鐵腕柔情

希拉蕊試圖在傳統的外交領域之外，通過民間對話和全方位的公共外交，打造一個柔情主義的美國外交形象，而她在反恐和軍事干預手段上的強硬立場，又帶有強烈的鷹派色彩。阿富汗反恐戰爭，阿拉伯之春，擊斃賓·拉登，班加西領事館遇襲，中東和談擱淺，希拉蕊試圖以「巧實力」應對新世紀外交的複雜和多變，但在美國國力衰落和新興經濟體崛起的大背景下，她的國務卿生涯註定是毀譽參半。

「中東地區的基石正在向沙裡一點一點的陷落，在許多地方，以各種方式陷落。那些仍在死守他們國家現狀的人，可能會再撐一段時間，但絕對不會撐得很久。極端勢力，恐怖組織，以及其他力量已經對這一地區的絕望和貧困虎視已久，他們在尋找死忠分子，在拼命擴大影響。這是考驗我們領導力的關鍵時刻……美國將對那些勇於變革的國家提供支持。」

——二〇一一年一月，

希拉蕊在卡達杜哈「未來論壇」上的發言

第七章 阿拉伯之春

突尼西亞的骨牌效應

二〇一〇年十一月二十八日，維基解密公佈了美國駐外領事館發回國務院的二十五萬份外交秘密電文，引發國際媒體的揭秘狂歡。但在各大主流媒體持續數周的報導中，有一個駐外使館發回的密電，幾乎沒有引起任何人的注意。面對大量的秘密資訊，《明鏡週刊》和《衛報》等掌握維基解密第一手資料的歐洲媒體，沒有時間和精力去挖掘這個國家的瑣事。但偏偏就是這個國家的「蝴蝶」，搧動了一下翅膀便引發一場多米諾骨牌的北非革命。

二〇一〇年十二月初，黎巴嫩貝魯特一家名為《新聞報》（al-Akhbar）的報紙開始連續報導中東地區八個阿拉伯國家美國大使館的洩密電文，其中包括北非的突尼西亞。美國駐突尼西亞大使在發回國務院的電文中說，突尼西亞總統本·阿里和他的政府已經「失去民心」，本·阿里家族及親信在突尼西亞的統治就像是「半個黑手黨」。在大使館遞交國務院的報告中，有一份的標題為《突尼西亞的腐敗：你的就是我的》。

二〇〇八年，突尼西亞大使館在密報中說：「據信，突尼西亞一半的企業公司都通過聯姻和本·阿里總統連結，婚姻成為他們主要的關係樞紐。」二〇〇九年夏天，美駐突尼西亞大使羅伯特．戈戴克（Robert Godec）向國務院彙報，突尼西亞「內部腐敗非常嚴重，連普通的突尼西亞老百姓都看得很清楚，民怨正在上升。突尼西亞人極其不喜歡甚至痛恨第一夫人萊拉和她的家族……同時，民眾對突尼西亞的高失業率和地區間的不平等也非常不滿。因此，本．阿里政權的穩定性正在動搖。」

本．阿里家族的腐化和墮落已經到了匪夷所思的地步。據一封使館電文中描述，有一次，本．阿里的女婿邀請使館人員去他家裡吃晚飯，這位女婿是突尼西亞最有錢有勢的人物之一，家裡的寵物是一隻老虎。本．阿里女兒吃的優酪乳和霜淇淋是從法國旅遊勝地聖特羅佩用私人專機空運過來的。

突尼西亞實行網路管制，貝魯特《新聞報》網站的維基解密報導出來後沒幾天，這個網站就被突尼西亞官方關閉。英國《衛報》注意到《新聞報》網站被關閉的消息，並借此將本．阿里在美國大使館電文中的腐敗內幕披露出來，引發突尼西亞人的強烈反應。

十二月十七日，一名街頭賣水果蔬菜的二十六歲大學生穆罕默德．布瓦吉吉被員警沒收了貨物。布瓦吉吉自大學畢業後一直找不到工作，只能在街頭靠賣水果蔬菜為生，家裡還有母親和六個兄弟，他沒有營業執照，一名女警察沒收了他的蔬菜和手推車，還當街辱罵。兩天之後，布瓦吉吉實在咽不下這口氣，在他賣菜的街頭自焚抗議，送至醫院後因燒傷面積過大，最終死亡。

這一事件引發當地民眾連續十多天走上街頭，抗議當局執法不公，官員腐敗，示威浪潮逐漸

蔓延突尼西亞其他城市。突尼西亞自一九五六年脫離法國殖民地獨立以來，由於經濟低迷和官員貪腐，突尼西亞許多大學畢業生找不到工作，對社會不公和貧富差距不滿，布瓦吉吉自焚事件猶如一根導火線，積累多年的民怨沸騰，矛頭直指統治突尼西亞長達二十三年的本·阿里和他的家族勢力。在社群媒體上，年輕人將自焚現場照片和布瓦吉吉的家世全部「人肉搜索」出來，引發更大範圍的同情和憤怒，也有人將維基解密剛剛發佈的美國使館對當局腐敗的秘密報告搬上網路。在首都突尼斯市，抗議人群和員警發生衝突，民眾點燃警車，向政府大樓投擲汽油彈。半島電視臺開始每天連續報導突尼西亞學生的騷亂，引發國際社會關注。

突尼西亞的局勢風起雲湧，讓華盛頓大呼看不懂。歐巴馬政府上任後，一直在策劃如何促進中東地區的政治改革。二〇〇九年，歐巴馬簽署一份名為《總統研究指南十一號》的文件，要求美國所有外交政策相關機構，包括國務院、國防部、中情局、國安局等，抓緊研究如何推進中東國家的顏色革命，促進這一地區仍實行專制體制的阿拉伯國家進行政治改革。檔案中提到，中東正處在歷史的轉折時期，「證據表明，越來越多的公民對當局的統治感到不滿。」這份檔案公布時，歐巴馬政府關注的焦點是埃及的穆巴拉克總統，長達三十年的高壓統治，讓埃及國內的政治矛盾日益尖銳。美國意識到，為了經濟利益和地緣政治的需要，繼續充當穆巴拉克政府的保護傘已越來越不現實，民意已經到了隨時都可能爆發的臨界點，美國必須利用這個時機，加緊顏色革命的準備，確保後穆巴拉克時代的美國長期利益不受影響。

二〇一一年一月，希拉蕊準備前往卡達的杜哈，出席「中東國家領導人未來論壇」，按照慣例，她將在論壇發表五分鐘的簡短演說，但希拉蕊卻隱隱覺得，這可能是她國務卿生涯最重要的演說之一。

希拉蕊把兩位撰稿人丹・什未林（Dan Schwerin）和梅根・羅尼（Megan Rooney），叫到自己的辦公室。希拉蕊的私人辦公室面積不大，放了一張辦公桌，一個短沙發和幾把椅子，旁邊相連的是希拉蕊的幕僚長雪莉・米爾斯的辦公室，另一邊則是較為寬敞的接待室。

希拉蕊告訴什未林和羅尼，雖然只有短短的五分鐘，但她要充分利用每一秒，來傳遞一個重要的資訊。「我們多次訪問中東，但每一次，我們都是老調重彈，從來沒有突破，這次發言，我不想再重複那些老掉牙的說法。」希拉蕊說，「他們正坐在炸藥桶上，卻沒人願意討論這個事實。我們要找些新鮮有趣的東西來喚醒他們。」

希拉蕊的這趟中東之行從阿聯酋首都阿布達比開始，到葉門、安曼，最後是卡達的杜哈論壇。

葉門是希拉蕊少數幾個尚未踏足的中東國家，自從一九九〇年十一月國務卿貝克（James Baker）之後，希拉蕊是第一位到訪葉門的美國國務卿。蓄著黑色小鬍子的沙雷對美國的渴望溢於言表，在一間裝修風格像一九八〇年代的接見大廳裡，希拉蕊坐在一張褪色的椅子上，上面墊著粉色和土黃色的坐墊，隔著茶几，希拉蕊與沙雷第一次見面。

一九七八年，在二十多年的內戰之後，沙雷成為北葉門的總統，並在一九九〇年成功地實現了南北葉門的統一。在一個部族勢力主導的葉門政治社會裡，沙雷用高超的政治手腕處理部族之間的矛盾，以高壓手段鎮壓反對派，用經濟恩惠手段拉攏自己的勢力，並在境內扶持伊斯蘭極端武裝分子，在內戰爆發時，利用這些極端武裝份子打擊南葉門的世俗部落。

沙雷告訴希拉蕊，統治葉門就像是在毒蛇頭上跳舞，他正是因為掌握了這一技巧，才能在這個石油貧瘠的國家統治三十年。

希拉蕊一點都不喜歡沙雷，他的政治史和治理手腕，他的傲慢舉止和言行，無一不流露出中東國家獨裁者的典型氣質。但美國與沙雷的關係是它與整個中東地區獨裁政權關係的縮影。

美國人對葉門唯一的利益訴求是反恐，在二〇〇〇年美國驅逐艦「科爾號」在葉門港口被炸之後，沙雷政權成為美國打擊基地組織不可或缺的重要夥伴，每年提供葉門三億美元的反恐援助。但沙雷並不滿足，時常威脅美國說如果不拿出更多的援助，葉門將淪為類似索馬利亞那樣的失敗國家。希拉蕊在席間告訴沙雷，除了與美國加強反恐合作之外，在國內政治上，他應該加強與反對派的溝通，尊重人權，實行經濟改革，妥善使用財政收入。沙雷對希拉蕊的話並不十分感興趣，他忙著給希拉蕊炫耀一把精緻的來福槍，那是美軍中央司令部施瓦茨科普夫將軍（Herbert Schwarzkopf）送給他的古董。

午宴結束後，希拉蕊站在官邸大門外的樓梯上，她摘下自己的珍珠項鏈，換上了沙雷送的阿拉伯傳統風格的項鏈，這是在公開行程中，希拉蕊唯一願意對這位獨裁者所做的友好表示。

下午，坐在重型裝甲車上，沙雷執意要帶希拉蕊去參觀沙那城的老城區，寬大的裝甲車身在小巷裡穿行了一個多小時，有時候幾乎貼著牆壁一點一點的挪。那些散發著濃郁香氣的阿拉伯香料和咖啡，從頭到腳包裹著黑布長衫只露出眼睛的女人，腰間別著阿拉伯匕首的男人，笑著對車隊大喊「阿蘭，阿蘭」，意思是「歡迎」，這一幕幕構成一幅怪異而典型的中東世俗社會畫面。

幾天後，希拉蕊站在杜哈的論壇上，首次就歐巴馬政府的政策轉向進行了闡釋，她說，「中東地區部分國家在治理方面取得很大的進展，但在其他一些國家，民眾對社會腐敗和政治改革的停滯不前愈發不滿。」

「中東地區的基石正在向沙裡一點一點的陷落，在許多地方，以各種方式陷落……那些仍在死守他們國家現狀的人，可能會再撐一段時間，但絕對不會撐得很久……極端勢力、恐怖組織，以及其他力量已經對這一地區的絕望和貧困虎視已久，他們在尋找死忠分子，在拼命擴大影響。這是考驗我們領導力的關鍵時刻。」希拉蕊說，美國將對那些勇於變革的國家提供支持。

阿拉伯國家領導人並不習慣於在公開場合裡聽到這麼直接的批評，對於希拉蕊坦白的表述，他們一時還沒適應過來，希拉蕊決定把話挑明，她說，中東國家領導人必須聽聽人民的呼聲，將公民社會視為夥伴，而不是威脅。要為平民創造上升機會，打擊社會腐敗。「要領

執照，就要疏通很多關係，要開公司，又要打點很多人，維持公司運營，出口商品，都需要關係。等把全部人都疏通打點好，利潤也就所剩無幾了，公司也開不下去了。」希拉蕊說：「美國不同意很多國家的政策，也經常公開反對他們的政策，但我們也無能為力。」

「為了維護全世界的和平、安全與繁榮，一直以來美國都承受著不成比例的沉重責任。我希望明確告訴很多國家，他們應該負一些什麼責任。」希拉蕊補充道。

這並不是美國第一次在公開場合裡呼籲中東國家加快政治民主化改革進程。二〇〇五年，前國務卿萊斯在埃及發言指出，半個多世紀以來，美國為了中東地區的穩定而犧牲了「民主」訴求，結果一無所獲。美國政府將不會繼續採取這種民主綏靖政策。二〇〇九年，歐巴馬在開羅發言時，也同樣談到中東民主化的問題。美國必須更加堅定地在中東地區推進改革，找到突破口，加強與當地民眾的聯繫，促進公民社會和非政府組織的發展，支持政府內部的改革派。

但此後，歐巴馬政府並沒有公布任何具體的政策，有石油經濟做堅強後盾，阿拉伯國家對於國內的政治危機感並不強烈，美國人也不急著推進，對美國的中東利益而言，保持一個腐敗政權的穩定，遠比推動不能當飯吃的動盪民主更重要。

五分鐘的發表結束後，希拉蕊提前離開高峰會現場，乘車趕往美國駐卡達大使館慰問使館工作人員。她沒有聽到埃及外交長蓋特的發言，從某種意義上算是對希拉蕊的呼應和回覆，「不論是歷史還是當代組織情勢都證明，任何改革都是進化式，漸進而緩慢的，而這種漸進性是改革成功和可持續的前提，同時也是在改革的同時，維護社會穩定和團結的必要條件。」蓋特外交長說。

希拉蕊的言論中並沒有提到突尼西亞，但突尼西亞民眾卻注意到希拉蕊的發言，把它視作是對街頭抗議群眾的支持，「美國已經拋棄本·阿里」的說法不脛而走。

兩天後，大批民眾走上街頭與員警對峙，當晚，本·阿里總統帶著家人偷偷逃往沙烏地阿拉伯，突尼西亞議長代行總統職權，並決定六十天內舉行大選。

本·阿里是阿拉伯國家近現代政治史上第一位被街頭抗議民眾趕下臺的領導人，在這場顏色革命中，有著「中東CNN」之稱的半島電視臺、網際網路和以臉書、推特為代表的社群網站都扮演了重要角色，顯示了現代政治中資訊傳播的巨大影響力。隨後，這場北非顏色風暴開始一路向西，刮到阿爾及利亞、茅利塔尼亞，向東波及埃及、約旦、葉門、巴林、安曼、敘利亞，最後將利比亞的格達費翻天覆地。

「阿拉伯之春」在二〇一一年已經不是一個新鮮的辭彙，中東地區的每一場政治動盪都會被冠以「春天」的名義。二〇〇五年的伊拉克和黎巴嫩大選時，專欄作家查爾斯·克勞薩摩（Charles Krauthammer）就曾樂觀地寫道：「我們正在迎來一個阿拉伯之春——民主在伊拉克、黎巴嫩、埃及、巴勒斯坦率先綻放，之後會席捲整個中東地區。」

六年後，這場多米諾牌局倒下了第一塊骨牌。

埃及強人的終結

二〇一一年二月一日，在白宮的戰情室，歐巴馬和他的國安會成員突然停下手邊的工作，大家都不說話，把目光移向牆角的電視機。

八十二歲的埃及總統穆巴拉克出現在電視螢幕上，準備發表言論。跟全世界所有關注埃及局勢的人一樣，白宮這滿滿一屋子人，誰也不知道穆巴拉克的下一步棋到底會怎麼走？

一月二十五日，從突尼西亞開始的阿拉伯之春，延燒至開羅街頭，並迅速演變為全國性的騷亂。北部重要港口城市，如亞歷山大和蘇伊士，均出現新一輪的抗議示威活動，並且更加暴力血腥。防暴員警試圖用催淚彈驅散人群，甚至開槍。在開羅，員警與示威群眾在多個地方發生衝突，導致數十人死亡，近千人受傷。示威者放火焚燒警察局，砸毀警車，位於解放廣場，由穆巴拉克領導的民族民主黨總部大樓也冒起滾滾濃煙。

保持埃及政局穩定，對美國尤其重要。蘇伊士運河是歐洲海上貿易商路的重要軸心，穆巴拉克政權與美國關係密切，與以色列也和平相處了三十年，不到最後絕望的時刻，歐巴馬不願輕易拋棄這個中東夥伴，美國每年埃及提供的經濟和軍事援助高達十五億美元。

埃及一直是中東地區穩定的重要力量，穆巴拉克溫和的外交政策使他成為阿拉伯國家和以色列實現政治對話和外交談判的最佳中間人。穆巴拉克是美國對伊朗核武問題為數不多的公開支持者，也為以色列和巴勒斯坦激進組織——哈馬斯之間展開談判立下汗馬功勞。在美國的要求下，埃及政府一直對哈馬斯通過以埃邊境的地道走私武器嚴查死守，配合美國對巴勒斯坦的武器禁運。

一個星期以來，歐巴馬的國家安全委員會一直在討論埃及局勢和穆巴拉克的命運，希拉蕊、副總統拜登和國防部長蓋茨都認為，美國應該給予穆巴拉克更多的轉圜餘地。

二十八日晚，開羅市區出現大規模的暴動，公車起火，無數的店鋪被焚毀。暴亂分子甚至攻擊埃及最主要的幾所監獄，釋放了兩萬多名囚犯。在北部的西奈市，當地的貝都因人炸開警察局的大門，將武器彈藥搶劫一空。一些阿拉伯媒體報導稱，埃及軍隊鎮壓示威群眾所使用的大批武器彈藥是美國製造的，這一點讓白宮有點擔心引火焚身。

但穆巴拉克仍緊緊地拉住權力的稻草，不肯鬆手。

二十八日晚間，穆巴拉克終於公開露面，第一次向全國發表言論。穆巴拉克表示，將繼續他的總統任期到九月份結束，並不會再謀求下一屆總統連任。穆巴拉克同時宣佈免去內閣所有成員職務，並任命他一手提拔的情報部門主管蘇萊曼為副總統。

在白宮，歐巴馬看著電視螢幕上如困獸猶鬥的穆巴拉克，他知道，穆巴拉克的時代已經結束，歐巴馬必須明確表態，讓他儘快退出政壇。總統顧問兼外交事務撰稿人班・羅德（Ben Rhodes）負責起草歐巴馬當晚的聲明，他的初稿完全體現了歐巴馬的觀點：穆巴拉克必須下臺。

「他需要別人推一把，才能下臺。」戰情室裡一名官員評論道。圍繞著美國究竟該如何表態的問題，歐巴馬和國安會成員爭執了半個多小時。

希拉蕊並不希望把話說得太絕，事態還在發展之中，她不希望中東地區的其他領導人認為美國在關鍵時刻會非常輕易地拋棄多年的盟友，況且穆巴拉克下臺，誰來接替他，沒人說得清楚。希拉蕊拿起筆，在羅德的草稿上直接修改。拜登和蓋茨也用筆在他們的草稿上劃來改去。他們幾位都傾向於模糊表態。

但是，歐巴馬堅持認為，現在的局勢不是說美國人希望穆巴拉克留下，他就一定能留下。穆巴拉克氣數已盡，「這傢伙已經失去對國家的控制。他想繼續留在位子上是不可能的。我們只是想讓他更快地認清現實，」歐巴馬說。

措辭幾經修改，最後基本上是按照歐巴馬的意思：「今晚，我向穆巴拉克先生明確表示：我認為，必須切實的、有效的、有序地開始權力交接，以和平的手段，立刻進行。」

一月三十日，希拉蕊一天之內接受了五家美國電視臺的新聞訪談節目的邀請，在全國廣播公司的《與記者見面》節目中，希拉蕊試圖為穆巴拉克尋求一個體面的臺階。「要想實現政局的長期穩定，就必須對埃及人民的合法要求作出回應，這也是我們希望看到的，」希拉蕊說，穆巴拉克必須舉行全國性的對話，各方應確保埃及「向民主政權和平、有序地過渡」。希拉蕊特意強調「有序」而不是「立刻」，讓白宮部分成員不滿，特別是歐巴馬的年輕助理。

作為世界頭號大國，平日裡以捍衛「民主價值」為己任的美國，在埃及民眾的街頭政治中，面對被民眾拋棄的老朋友，卻連如何表態都要斟酌再三。當「阿拉伯之春」從突尼西亞一路席捲而來，希拉蕊主導下的外交機器反應遲鈍，應對不及，在民主價值和美國的國家利益之間，白宮顯然更傾向於後者。為此，它可以容忍一個政權的腐敗和貪婪，為了避免更極端、更反美的政權上臺，它寧願維繫自己能夠掌控的老朋友，儘管這個政權已經徹底失去民意基礎。

而希拉蕊對於穆巴拉克的留戀，除了美國國家利益的考量，還有個人因素。柯林頓一家與穆巴拉克之間的友誼要追溯到一九九三年四月，柯林頓在白宮歡迎到訪的穆巴拉克總統和夫人蘇珊娜，「我非常真誠地把穆巴拉克夫婦當作我們家的老朋友，」希拉蕊曾表示。此後，兩家一直保持著聯繫。二〇〇九年五月，穆巴拉克十二歲的孫子突然暴病身亡，希拉蕊親自打電話安慰蘇珊娜，蘇珊娜向希拉蕊哭訴說，小孫子是穆巴拉克最好的朋友。

希拉蕊在回憶錄中為自己當時的決策猶疑辯護：「歷史上每一次從專制向民主的過渡，總是充滿各種挑戰，很容易誤入歧途……解放廣場的抗議民眾群龍無首，沒有形成完整有序的反對派組織，基本上是在社群媒體和道聽途說的刺激下，自發行動。多年的一黨專政，讓埃及的抗議示威者對公開舉行選舉或建立可靠的民主制度沒有任何準備。相反的，穆斯林兄弟會是一個有著八十八年歷史的伊斯蘭教團體，一旦穆巴拉克政權垮臺，他們很快將填補權力真空。儘管穆斯林兄弟會近年來放棄了激進立場，表現溫和，對恐怖主義也表示譴責，但

他們上臺後，究竟會如何執政，誰也說不清楚。」

希拉蕊建議，派一名代表前往開羅與穆巴拉克私下裡見面會商，歐巴馬同意了。希拉蕊找到一名退休的外交官小法蘭克·威斯納（Frank G. Wisner），他在一九八六年至一九九二年間曾擔任美國駐埃及大使，與穆巴拉克私交不錯。威斯納緊急前往開羅，傳遞了希拉蕊的建議，讓他果斷決定「讓渡權力」。

但這場外交秘密行動沒有任何成果。穆巴拉克像一位固執的法老，已是黔驢技窮，卻不願讓步，街頭抗議仍在繼續。

《紐約時報》說，在穆巴拉克與示威群眾對峙的關鍵時刻，美國的立場模糊和左右搖擺讓世界看不懂，有時甚至尷尬兩難。一名美國官員說，「當你被局勢的突然變化打得措手不及的時候，就會出現這樣的政策搖擺。過去兩年來，在中東和平上，在如何遏止伊朗等問題上，我們制定了無數的戰略和對策，但對於埃及局勢一夜之間從穩定滑向騷亂，我們沒有考慮過任何應對措施。」

一位不願透露姓名的希拉蕊助理告訴《每日新聞》，希拉蕊對歐巴馬的猶豫不決實在難以忍受，她稱歐巴馬為「一個沒有決斷力的總統」，「作為一個總統，他連今天到底是禮拜二還是禮拜三都決定不了。」在處理格達費的問題上，歐巴馬和他的白宮助理更是「一群外行人」。

二月一日，儘管網際網路和手機簡訊服務依然中斷，通往開羅的鐵路和公路交通被切斷，但還是有近五十萬人湧向開羅市中心，解放廣場及其附近街道被擠得水泄不通。最後的決戰時刻，白宮戰情室，國家安全委員會、歐巴馬內閣，以及所有的外交政策相關部門負責人均在場，屏息等待事態的發展。

穆巴拉克第三次在電視上發表言論，重申不會再競選總統，但仍堅持不肯下臺，「我是一名軍人，軍人的本性是不會放棄自己的責任。」穆巴拉克說。

但明眼人都能看出，這不過是穆巴拉克的緩兵之計。從現在到九月份的大選，穆巴拉克有充分的「過渡」時間，將權力一步步移交給副總統兼親信——蘇萊曼，他完全有能力操控這場選舉，將自己圈子裡的人，甚至是他的兒子賈瑪爾推向權力舞臺。穆巴拉克在講話中指責外部勢力干涉埃及內政，在街頭抗議中煽風點火。

這是一個決定性的時刻，之前的「過渡」兩個字還有點模糊，白宮需要明確表態，是否要讓穆巴拉克辭職。戰情室內各方再度陷入爭吵。

「這樣無濟於事。」歐巴馬一臉疲倦地說，他決定直接給穆巴拉克打電話。由於事先沒有安排，助理趕緊把談話要點寫在一張紙頭上，擺在電話機前。歐巴馬在電話裡說：「美國政府認為，你應該辭職。」「你們美國人不了解埃及文化。」穆巴拉克回答。他必須保留權力以領導「過渡時期」，過幾天，街頭抗議自然會偃旗息鼓。

談話越來越陷入僵局，歐巴馬說：「恕我直言，我們的分析不同，我們並不認為抗議活

動會減弱。」

穆巴拉克則堅持認為，根據埃及憲法，他不可能辭職。

「總統先生，我對比我年齡大的人總是很尊重，」歐巴馬說，「你已經執政很長時間了。歷史上的有些時候，不一定過去是這樣，未來的發展也一定會是這樣的。」歐巴馬告訴穆巴拉克，他將在電視上發表一份宣言，公開美國的立場。

華盛頓時間晚上六點，開羅時間凌晨，歐巴馬走到白宮的攝影機前，宣佈他已經致電給穆巴拉克，「必須現在就開始」有序地將權力移交給一個更具代表性的政府。

開羅解放廣場的局勢再度激化。一群親穆巴拉克的暴徒騎著馬衝進示威人群，用皮鞭對示威者大打出手，造成三人死亡，一千五百多人受傷。原本對穆巴拉克的言論信以為真的群眾再度被激怒，他們湧到解放廣場，高喊穆巴拉克立即下臺，穆巴拉克漸進式地讓渡權力的夢想破滅。

希拉蕊打電話給幾天前剛剛被任命為副總統的蘇萊曼，明確表示，美國不能容忍局勢繼續惡化下去。希拉蕊說，如果你當上過渡總統，必須切實推行權力交接，決不能做些表面的改革卻又打算賴在臺上十年不走，埃及必須馬上推行真正的改革。

而在歐巴馬政府內部，圍繞著穆巴拉克是否應該立刻下臺，以及後穆巴拉克時代的埃及政權如何設計，白宮仍然意見分歧。

邁克爾・哈斯汀（Michael Hastings）在《滾石》雜誌上撰文認為：「從阿拉伯之春一開始，歐巴馬政府就在糾結——美國是否應該對席捲北非的民主浪潮作出回應。從突尼西亞、埃及到葉門、巴林，從利比亞、摩洛哥，最後到敘利亞，直到石油富國的專制政權一個個已經倒下去，歐巴馬才開始慢慢地與這些美國的舊盟友拉開距離。在埃及，副總統拜登竭力削弱民主抗議活動的意義，稱他並不認為穆巴拉克是一名獨裁者。在美國第五艦隊駐紮的巴林，當巴林王室鎮壓街頭抗議活動時，美國故意裝作沒看見。歐巴馬在開羅所謂『新開端』的言論，不過是美國人在中東一貫政策的老調重彈。」

二月十日，穆巴拉克向軍方保證，他將發表演說，宣佈辭職。中情局局長帕內塔（**Leon Panetta**）在第一時間得知這項消息，便在上午的國會聽證會上宣佈：「穆巴拉克今晚非常有可能下臺。」

希拉蕊在國務院大樓的辦公室裡，她一般很少在辦公室裡看電視，為了看穆巴拉克的謝幕演講，她特意打開辦公桌右邊牆壁上的隔板，露出隱藏在牆內的電視。歐巴馬正在「空軍一號」從密西根州返回華盛頓的途中，他也坐在電視機前。

穆巴拉克的演講持續了七分鐘，這可能是希拉蕊和歐巴馬人生中最漫長的七分鐘。整個過程，這位老人就像是在喃喃自語，沒有人能夠確切知道他想要表達什麼，他提到「要根據憲法將全部權力轉交給副總統」，也沒忘記向歐巴馬喊話：「不論對方是誰，不論在何種

情況下，我現在和將來都不會忍受外國的發號施令，這是一種恥辱。」穆巴拉克並沒有提到「辭職」兩個字。

當晚，白宮發表歐巴馬總統的書面聲明：「埃及人民被告知，權力交接將會發生。但現在還不清楚埃及政府的權力過渡是否馬上進行，是否切實有效，是否足以滿足人民的訴求……因此，美國促請埃及政府迅速解釋，即將推動何種轉變。」

歐巴馬根本等不及埃及政府的解釋，國防部長蓋茨立刻致電埃及國防部長坦塔維，告訴他情勢顯示非常危急，穆巴拉克必須馬上下臺，讓軍隊接管維持秩序。管理權力過渡的進程，美國將隨時提供指導，協助埃及軍方完成這一歷史使命，建立埃及的民主政體。

二月十一日，華盛頓時間上午十一點，開羅時間晚上六點，七十五歲的蘇萊曼穿著藍色西裝，打著領帶，站在總統官邸的大廳裡，面對攝影機鏡頭和閃光燈，目光呆滯，他只說了一句：「總統已經辭職，三軍最高委員會將接管權力。願真主保佑每個人。」

三十五秒的言論，宣告了穆巴拉克時代的終結。他沒有出現在電視上，而是悄悄地收拾行裝，前往紅海附近的行宮，他沒有像本·阿里一樣逃離，像軍人一樣履行了自己諾言。為此，他付出了沉重的代價，未來兩年，他的日子就在家中軟禁、出庭受審和醫院搶救的迴圈中度過。

而希拉蕊和她背後的美國，也在這場「公民運動」的風暴中信譽掃地。歐巴馬政府屢屢在穆巴拉克下臺問題上出爾反爾，採取牆頭草主義，在民主價值觀的幌子之下，對獨裁暴政搞雙重標準，讓埃及人徹底失望。

二〇一二年七月，當希拉蕊重返開羅，她看到了一個「嶄新」的埃及。無數的開羅民眾聚集在希拉蕊下榻的酒店前，圍得水泄不通。希拉蕊的車隊試圖從酒店後門進入車庫，被民眾堵截，敲砸車窗。埃及員警站在一旁，根本沒有要阻止的意思，只能靠希拉蕊的貼身保鏢奮力推開人群，殺出一條通道。希拉蕊的總統套房位於酒店的十幾層，即使這樣，她仍能聽到下面廣場上傳來的反美口號。安全人員和希拉蕊助理不得不堅守一個晚上不敢睡覺，深怕憤怒的埃及民眾衝進來。

第二天，希拉蕊不顧安全人員的反對，執意按照出訪計畫，前往局勢更加動盪的亞歷山大港，參加美國領事館新裝修之後的開館儀式。

希拉蕊一行不得不再次穿過堅守了一整夜的抗議民眾，她的新聞秘書托利婭．努蘭（Toria Nuland）被番茄砸中，「血」流滿面。一名男人脫下鞋子，朝希拉蕊的車窗猛砸。

後穆巴拉克時代的埃及現實，再一次證明，無論是羅馬城，還是民主，都不是一天能夠建成的。在三十多年的強人政治之後，埃及政局突然墜入權力的真空，沒有一個力量足以支撐這個有著幾千年文明的古老國家。伊斯蘭教派和世俗黨派之間、各黨派與軍方之間、民眾與黨派之間、民眾和軍方之間，在政治重建中缺乏信任，齟齬不斷，導致埃及向民主政體過渡的進程舉步艱難。

二〇一二年六月，穆斯林兄弟會旗下的自由與正義黨主席穆爾西以微弱多數擊敗對手兼前總理沙菲克，成為埃及第五位總統，也是埃及共和國歷史上首位非軍人總統。但埃及的民主之路卻更加坎坷，穆兄會統治下的伊斯蘭原教旨勢力回潮，穆爾西總統不斷打壓政治對手，與司法機構屢屢發生衝突，經濟復甦手段乏力。

二〇一三年七月，埃及再度爆發抗議穆爾西政權的大規模示威遊行，軍方不得不再次介入，由國防部長坦塔維的繼任者塞西接管政權，穆爾西下臺，穆兄會大多數成員被指控煽動暴力而被捕。

二〇一四年五月底，脫下戎裝的塞西以97%的得票率戰勝對手左翼政治家哈姆丁・薩巴希，贏得總統選舉。這場歷史的輪迴僅用了兩年多的時間，埃及重新回歸強人政治時代。

利比亞禁飛區

當阿拉伯之春的野火燒到利比亞，白宮和國務院一掃在穆巴拉克政府問題上的搖擺和猶疑，希拉蕊和所有的西方國家幾乎立刻下定決心，要利用這一歷史性的機會，拔掉美國在北非的眼中釘——格達費。

格達費在一九六九年通過軍事政變上臺後，統治利比亞四十二多年，形成一個集部落勢力、偽社會主義、威權體制和個人崇拜混雜的特殊政體，格達費也以他怪異、難以捉摸和殘暴的個性成為美國在北非地區的頭號敵人。一九八一年，《新聞週刊》將他列為「全世界最危險的人物」，雷根總統稱他為「中東地區的狂人」。一九八六年，格達費策劃在柏林發動針對美國人的恐怖攻擊，美國隨後對利比亞實施空襲，炸死了格達費的兒子，美利兩國從此舊怨加新仇，成為不共戴天的死敵。

一九八八年，利比亞特務在泛美航空一〇三航班上放置炸彈，在蘇格蘭洛克比上空爆炸，導致兩百七十人喪生，其中主要是英國人，格達費政權也因此被英國政府列入黑名單。

格達費近幾年來試圖修復與西方國家的關係，公開宣稱放棄核武計劃。銷毀所有大規模殺傷性武器，承諾賠償洛克比空難的受害者家屬，並積極打擊基地組織。但這並不足以消除美國對格達費的積怨和不信任。

二〇一一年二月十五日，入夜，的黎波里傳來零星的槍聲。在突尼西亞總統本．阿里和埃及總統穆巴拉克相繼被趕下臺之後，利比亞靜待著點燃火藥桶的那一點火星。下午，在北部港口城市班加西，當地一名著名的律師和人權運動家塔比爾被員警逮捕，在網路和社群媒體上，這一事件引發利比亞網友的熱議和憤怒。連續七天，包括首都的黎波里在內的利比亞各大城市，示威活動愈演愈烈，格達費革命衛隊用催淚彈和重型武器驅散人群，導致多人死亡，示威被鎮壓下去。但在東部地區，格達費的權力基礎卻在迅速瓦解，一些城市先後落入反對派武裝部隊之手。格達費改變策略，收縮防線，將精銳部隊撤回的黎波里。

二月底，聯合國安理會通過決議，要求利比亞立即結束暴力鎮壓活動，並一致同意對利比亞實行武器禁運，凍結格達費家族和部分政府高官的海外資產，將格達費和利比亞軍情局長以危害人類罪上訴海牙國際法庭。

而在的黎波里，美國駐利比亞大使館一片狼藉，使館人員正準備撤離。一九七九年，麥加大清真寺事件發生後，利比亞暴徒開始攻擊的黎波里美國大使館，國務院被迫關閉使館。二〇〇八年，美國將利比亞從支持恐怖主義國家的黑名單上劃掉，重開的黎波里大使館。但是，不同於其他地區的美國使館，這裡沒有美軍海軍陸戰隊士兵守衛，格達費堅決拒絕美軍士兵進入利比亞。

受工作場地的限制，美國大使館的工作人員散落在的黎波里市區各個地方辦公，格達費已經切斷利比亞的手機網路，網際網路時斷時續，不能打手機，也無法發電子郵件，工作人員只能通過大使館內連接國務院大樓六樓和電話轉接中心的一條電話線保持與國內的聯絡。

格達費和示威者的血腥戰鬥仍在升級，華盛頓對於推翻格達費政權的提議反應冷淡。白宮仍未公開呼籲格達費下臺，也沒有宣佈全面撤僑，只是例行公事地讚揚利比亞示威民眾的抗議行動，但撤離行動卻在悄然進行。二月二十一日，國務院下令駐的黎波里的使館人員家屬先撤離利比亞。此後，美國又租用了一艘停泊在的黎波里港口的商船，將四百名美國公民撤出。

法國總統薩科齊是西方國家中第一個跳出來準備對格達費政權採取強硬手段的人，他呼籲聯合國在首都的黎波里以及利比亞東部地區設立禁飛區，以阻止利比亞空軍對示威者和反對派實施空襲，延緩格達費部隊向東部運送武器和補給。

而在白宮，歐巴馬政府內部卻出現分化，這一次，是以性別為界。

國務院政策研究室主任安瑪莉・斯勞特（Anne-Marie Slaughter）曾對歐巴馬的外交團隊做過一番分析，她發現，在許多外交戰略上，歐巴馬內閣男女的差別明顯，女性一般在人權、外交援助和社會發展等「軟性」問題上拿主意，而在動武問題上，一般是男性閣僚唱主角。不過，這個模式顯然玩笑的性質多過理性分析。在是否對利比亞展開軍事問題上，白宮再度出現性別差異，但卻在軟硬的角色定位上出現逆轉。

主張軍事干預的清一色都是女性：希拉蕊、國家安全委員會雙邊事務和人權高級主管莎曼珊・鮑威爾、駐聯合國大使蘇珊・萊斯、國安會負責全球發展的高級主管蓋兒・史密斯（Gayle Smith）。《紐約時報》專欄女女作家將這四名女將稱為「亞馬遜女戰士」，或「鷹派四少婦」。

但反對動武的陣容似乎更為強大，包括拜登、蓋茨和白宮幕僚長比爾・戴利（Bill Daley）和參謀長聯席會議主席馬丁・鄧普西（Martin E. Dempsey），他們認為，利比亞並非美國的國家利益關鍵，格達費擁有龐大的地面部隊和較為精良的蘇製裝備，軍事干預的風險太大。

二月二十四日，歐巴馬首次發表關於利比亞局勢的公開聲明，他表示，殘酷的鎮壓和民

眾的苦難讓美國無法容忍，美國正在尋求一切可能的方式應對。歐巴馬說，他將派希拉蕊出席日內瓦的聯合國人權委員會特別會議。

二月底，希拉蕊抵達日內瓦，在聯合國人權會議上試探各國對軍事干預利比亞的立場。俄羅斯外交長拉夫羅夫態度最為強硬，堅決不同意設立禁飛區，法國和英國則強調禁飛區對於保護平民不受格達費地面和空中力量威脅的重要性。其他阿拉伯國家則沒有明確表態，阿盟暫停了利比亞的會員資格。

希拉蕊則表態說，格達費政權「失去統治的合法性」，「利比亞人民已經作出了選擇：現在應該是格達費下臺的時候了，不能再有暴力事件發生，不能再拖延下去。」她沒有強調軍事打擊和禁飛區，設立禁飛區可能會進一步刺激格達費，也無法對格達費強大的地面部隊形成有效的制約，希拉蕊有點猶豫，她認為，如果要干預，就要干預得徹底，要能夠產生實際的打擊效果，不能只是擺擺架勢，光打雷不下雨，就像當年干預巴爾幹衝突一樣。

共和黨和右翼媒體急了，《華爾街日報》諷刺說，這是「第一次由全球委員會決定的戰爭」，共和黨國家安全問題專家凱瑞．沙克（Kerry Shark）稱：「退後一步，讓其他國家衝在前頭，這不是美國外交政策的勇敢或大膽之舉。」

三月十二日，在開羅出席阿盟特別會議的二十一國阿拉伯外交長在經歷了五個多小時的辯論後，以絕對多數投票贊成聯合國在利比亞設立禁飛區，只有敘利亞和伊拉克投了棄權票。這在相擁取暖的阿拉伯聯盟國家裡，還是頭一遭。格達費一直是阿拉伯國家領導人之間的異類，他打扮誇張，說話雲遮霧罩，不知所云，舉止怪異，個性張揚，在阿拉伯世界裡幾乎沒有朋友，甚至想在二〇〇三年陰謀暗殺沙烏地阿拉伯國王阿卜杜拉。在最後的關鍵時刻，格達費一生追求的泛阿拉伯主義外交徹底失敗。

在白宮，歐巴馬政府迅速制定了對利比亞實施空襲的戰略，由法國和英國打前鋒，率先發動空襲，美國配合，幾天後，美國再加入英法及北約盟國的軍事打擊行動。這是歐巴馬迫於美國國力的現況和石油陰謀論的壓力，而做出的最現實的打擊方案。

一方面，美國正在伊拉克和阿富汗同時進行兩場反恐戰爭，歐巴馬已經沒有能力在北非戰爭開闢第三條戰線，更不想在阿拉伯聯盟尚未對利比亞清理門戶的時候就越俎代庖，冒然扮演「出頭鳥」的角色。希拉蕊也認為，美國在入侵伊拉克的時候，幾乎所有的國際輿論都認為美國是衝著伊拉克的石油利益而去的，這一次，在利比亞，白宮不想再給輿論落下口實。

另一方面，讓法國和英國打頭陣，可以儘量減少美國在利比亞軍事行動的開銷。美國四月份正式介入對利作戰後，每天的軍事開銷約為一百萬到三百萬美元，相比同一時期阿富汗戰場的三億美元，歐巴馬的確做到了「以小搏大」。歐巴馬解釋說：「維持美國的領導地位，並不是單打獨鬥，將所有的責任都扛在自己肩上。真正的領導是創造條件，建立同盟，讓其他國家一起參與，與盟國夥伴共同行動，讓他們也分擔一部分責任和成本。」

但要說服美國的盟國出兵出錢，並不是一件容易的事情，尤其是在維基解密餘波未了的尷尬處境下。歐巴馬本人正計畫訪問巴西，無暇抽身，只能把這個棘手的任務扔給希拉蕊，讓她前往巴黎，利用八國高峰會的機會同英國首相卡麥隆和法國總理薩科齊面對面溝通。「不好意思，希拉蕊，還得麻煩你再次穿越大西洋。」望著希拉蕊惺忪的睡眼，歐巴馬帶著歉意說。

在安德魯斯基地，希拉蕊的專機剛加滿油就啟程飛往巴黎。不到三天的時間，她的波音七五七專機已經在大西洋上來回了兩趟，累積里程超過了三萬兩千公里。

三月十六日，希拉蕊抵達巴黎，入住威斯汀酒店頂樓的總統套房。要說服薩科齊和卡麥隆，對希拉蕊而言，並不是一件很困難的事情。薩科齊是第一個跳出來嚷著要打格達費的人，當然，他也很欣賞希拉蕊，就像大多數法國男人都很會欣賞女人一樣。

一年前，他們在愛麗舍宮會談時，希拉蕊剛剛走上正門的臺階，右腳的黑色高跟鞋在臺階上扭了一下，差點滑倒在地，薩科齊及時抓住希拉蕊的手，紳士般地扶她起來。希拉蕊後來向記者要來這一場景的照片，簽名送給薩科齊以示感謝，照片上寫道：「我或許不是灰姑娘，但您永遠是我的白馬王子。」

在與薩科齊的會談中，希拉蕊詳細解釋了禁飛區的價值，以及可能存在的缺陷和危險，禁飛區仍不足以改變反對派與格達費正規軍的力量懸殊對比，平民可能在轟炸中受到波及誤傷，更重要的是，在設立禁飛區之前，必須徹底摧毀格達費的防空力量。法國有信心嗎？

薩科齊似乎沒有很專心在聽希拉蕊嘮叨那些軍事術語，他把這次會面當作又一個恭維希拉蕊的外交機會，「希拉蕊，我總是很喜歡和你在一起。你很頑強、聰明，你是個好人。」薩科齊非常紳士地說。

接下來的見面有點棘手，儘管阿盟會議已經同意在利比亞設立禁飛區，但希拉蕊還是想通過私下的會談搞清楚阿拉伯人的真正意圖是什麼，她並不滿足於設立打擊效果並不明顯的禁飛區，但在祭出比禁飛區更進一步的軍事打擊手段之前，希拉蕊必須試探阿盟能夠容忍的底線在哪裡。同時，她還必須說服阿拉伯國家參與在利比亞上空的禁飛任務，只要有一名阿拉伯國家飛行員參戰，這就不是一場阿拉伯世界與美國、北約的戰爭。

希拉蕊樂觀地認為，對格達費政權的打擊將是一次美國嘗試應對國際危機新思路的絕佳時機，即通過多邊主義推進民主，建立廣泛的政治同盟和夥伴關係，讓其他國家扮演主要角色，承擔大部分費用。

回到威斯汀酒店，希拉蕊看到工作人員已經將沙發和靠椅重新擺放成相對正式的會談場景，透過轉角的玻璃窗，可以看見遠處燈火輝煌的艾菲爾鐵塔，以及協和廣場上有著三千年歷史的埃及方尖碑。

希拉蕊與阿聯酋外交長兼海灣合作組織秘書長阿卜杜拉·本·扎耶德坐在沙發上，有點不耐煩地聽著他講述二千名沙烏地阿拉伯和阿聯酋士兵如何出兵巴林，干預巴林什葉派民眾

騷亂的事情。「出兵不是一件好事情。」希拉蕊非常乾脆地打斷扎耶德的談話，她開始詢問海灣國家和阿拉伯聯盟提議在利比亞設立禁飛區到底有什麼具體打算。扎耶德也在試探希拉蕊的底線，海灣合作組織代表中東最富裕的幾大石油國，要錢有錢，要戰機有戰機，但要出錢出力，他們必須確認美國想廢黜格達費的決心到底有多大。

希拉蕊毫不掩飾她對禁飛區的不滿足，必須採取「一切必要的手段」對格達費的地面武裝實施打擊，直到反對派能夠取得軍事優勢為止。

扎耶德拿到了希拉蕊的底牌，滿意地離開房間。但希拉蕊還在等一個男人，這個男人同樣來自中東。晚上十點，馬哈茂德．吉卜利勒偷偷溜進希拉蕊的房間。

為了這場會談，希拉蕊的助理幾經周折，像當年偷運南方黑奴北上一樣，為了躲過格達費可能暗設的耳目和特務，在極度隱密的情況下，將這位「利比亞全國過渡委員會」領導人從卡達總部用秘密提供的私人飛機運送到巴黎。

吉卜利勒曾在匹茲堡大學獲得政治學博士學位，這位在班加西土生土長的反對派當年的博士論文就是探討美國和利比亞的關係。論文裡，他回顧了從一九六九年格達費上臺到一九八二年利比亞煽動反美，直至利美兩國徹底交惡的歷史，梳理了兩國之間複雜的關係。

吉卜利勒個子矮小，頭髮稀疏，戴著一副眼鏡，西裝革履，完全沒有反對派領導人的江湖霸氣。他用口音極重的英語向希拉蕊解釋說，如果反對派得不到軍事援助，格達費的軍隊無疑將攻陷班加西。格達費已經透過電視發出威脅，「我們今晚就將殺過來，毫不留情，我們要挨家挨戶地搜查叛國者，抓住班加西那些『耗子』。」

希拉蕊暗自評估著眼前這個男人的分量，如果美國決定介入，她正在「面試」的這位博士和他領導的反對派，能否成為格達費的替代人選？希拉蕊並沒有十分的把握，但軍事干預迫在眉睫，薩科齊鐵了心要身先士卒發動一場戰爭；卡麥隆支持儘快行動，準備在聯合國提出設立禁飛區的議案；阿拉伯外交長承諾將派出戰機參與攻擊行動。萬事俱備，吉卜利勒和他領導的利比亞反對派是她唯一能夠借到的「東風」。

當晚，希拉蕊透過視訊與正在白宮戰情室的歐巴馬和國家安全委員會成員通報她在巴黎取得的進展。國防部長蓋茨依然對禁飛區持保留意見，他警告歐巴馬，即使聯合國通過禁飛區決議，也無法阻止格達費的坦克部隊在東部發動地面攻勢。

駐聯合國大使蘇珊．萊斯在紐約也參與視訊討論，她正在起草聯合國設立禁飛區的決議草案。萊斯說，她將擬定一份更加強硬的決議草案，擴大軍事干預的力度。萊斯玩了一個外交語言遊戲，在決議草案裡，她加入了關鍵性的一句：「採取一切必要措施」。這也就意味著由聯合國授權北約盟國能夠從空中和海上對格達費實行全面封鎖，意味著美國和北約能夠採取一切軍事手段，對格達費的地面武裝實施空中攻擊。

歐巴馬點點頭，同意了萊斯的策略。他的底線是絕不出動美軍地面部隊，除此之外，他

可以採取任何有效的軍事手段。

希拉蕊此次從巴黎到開羅，再到突尼西亞，中途特意繞開了內戰狀態的利比亞領空，每個人都已經筋疲力盡，在狹小的機艙內，時間和空間都已經變得混亂和扭曲。

在開羅短暫停留訪問時，希拉蕊還抽空接受了Nessma電視臺的專訪，「我們當然希望看到一個民主的利比亞，但除非安理會進一步授權，否則反對派的處境會更加艱難。」在希拉蕊四處吹風的同時，蘇珊．萊斯正在紐約艱難地遊說聯合國安理會其他十四個成員國。俄羅斯當然是最大的障礙，從一開始，他們就傾向對格達費政權採取更為溫和的手段，準備提出一項敦促利比亞各方停火的「鄉愿」決議案。

在電視臺採訪完畢，希拉蕊回到後臺的一個綠色房間，傑克．蘇利文手裡拿著一個電話，遞給希拉蕊，電話的另一端是俄羅斯外交長拉夫羅夫。在關於美俄《削減戰略武器條約》的談判中，希拉蕊和拉夫羅夫形成了一種超越工作關係的親密感，希拉蕊並不需要俄羅斯贊成對利動武，只要拉夫羅夫對法國提出的這份決議草案不投反對票即可。

希拉蕊請求拉夫羅夫投一張棄權票，「我們不想發動遺產戰爭，我們不會派出地面部隊，我們的目標只是保護平民免遭塗炭。禁飛區是必需的，但還不足夠。我們需要額外的手段。時間很緊迫。」希拉蕊說。

「我同意你的觀點，不需要再打一場戰爭，」拉夫羅夫說，「但這並不意味著你們不會陷入一場戰爭。我們不能投贊成票，但我們會棄權，決議應該可以通過。」俄國外交長給希拉蕊吃了一個定心丸。

時隔兩年，在敘利亞問題上，拉夫羅夫又舊事重提，稱當初在對利比亞設立禁飛區的問題上，被希拉蕊一個電話誤導，她故意曲解了「採取一切必要手段」的意思。這是後話。

回到開羅。希拉蕊又給葡萄牙外交長打了一通電話，拿到一張贊成票，希拉蕊放心了，即便沒有安理會常任一票否決，美國也必須獲得十五個成員國的多數票，才能確保決議草案通過，非洲十個非常任理事國也必須儘量爭取。歐巴馬在華盛頓給南非總統祖馬打電話，拿到一張「通行證」。蘇珊．萊斯和英法則在聯合國總部四處遊說。

希拉蕊終於可以回華盛頓交差了。

華盛頓時間三月十七日上午，波音七五七正在穿越大西洋上空，希拉蕊穿了一件紅色羊毛衫從她的專用客艙裡走出來，機艙裡，希拉蕊的助理和二十多名記者都忙著傳閱一份剛剛從國務院發來的電子郵件：在紐約聯合國總部，安理會以十票贊成、五票棄權的表決結果通過決議，決定在利比亞設立禁飛區，並要求有關國家採取一切必要措施，保護利比亞平民和平民居住區免受武裝襲擊的威脅。

俄羅斯和中國投了棄權票，這是意料中的結果。巴西和印度的棄權讓希拉蕊有些失望，這兩個新興經濟體國家對美國的世界員警角色仍持有戒心，最令人驚訝的是德國的棄權票。

以後再找梅克爾算賬。希拉蕊在「一切必要措施」幾個字上重重地劃了一條線。這個意味深長的外交語彙可以演繹出許多版本，而歐巴馬的版本就是：美國將參與對利比亞的軍事行動，以確保聯合國決議的執行，但是以有限的方式。設立禁飛區關鍵性的第一步是摧毀格達費的防空系統，美國的戰斧式巡弋飛彈和精確打擊無疑將扮演重要的角色，之後，北約盟軍的戰機將發揮主導作用，美國不會向利比亞派出地面部隊，這是歐巴馬的底線。

三月十九日，法國多架疾風戰鬥機從東部一個軍事基地起飛，前往利比亞上空執行禁飛巡邏任務。當晚，部署在地中海的美軍導彈驅逐艦和潛艇向利比亞發射了一百一十多枚戰斧式巡弋飛彈，打擊二十多處軍事基地，目標主要為地對空導彈陣地、預警系統和重點通訊節點，同時還包括包圍班加西的裝甲車輛。

這是北約盟國第一次在沒有美國的主導下，自己領頭主打這場禁飛區戰爭，很快就暴露出指揮混亂和溝通不良等問題。幾經協調，北約最終建立統一的指揮中心，名為「聯合保護者行動」。絕大多數的轟炸任務由英法戰機完成。美國退居幕後，提供關鍵性的情報和偵察任務，利用無人偵察機為盟軍空襲導航，為北約戰機實施空中加油。

北約盟軍的空襲阻滯了格達費地面機械化部隊對班加西等東部城市的圍堵，但並沒有使反對派武裝部隊與政府軍之間的力量對比發生轉折性的變化。格達費手中依然有兩張王牌，一是他最精銳的革命護衛隊對他非常忠誠，在格達費的家鄉蘇爾特等地，格達費仍具有超高人氣和穩固的統治基礎；其二是國內最具影響力的幾大部族長老也站在格達費這邊，格達費甚至在的黎波里組織了一場二千多名部落首領大會，呼籲維護國家統一。

戰事進入痛苦而慘烈的拉鋸戰，在港口城市米蘇拉塔，戰鬥尤為激烈，格達費軍隊用迫擊炮、坦克和狙擊手，與叛軍展開巷戰，幾經爭奪，在北約的空中支援下，反對派武裝部隊直到五月中旬才拿下這座第三大城市。

雖然並沒有在利比亞戰場上兵敗如山倒，但格達費心裡已經明白，抽絲般的失敗滋味並不好受。繼法國之後，反對派成立的「全國過渡委員會」相繼得到義大利、加拿大、德國等國的承認。七月，由二十多個國家和國際性組織代表參加的利比亞聯絡小組與全國過渡委員會達成協議，承認該委員會為利比亞唯一合法政府。美國同時將格達費政權在美國被凍結的幾十億美元海外資產移交給全國過渡委員會。

八月，反對派武裝部隊從三個方向攻入的黎波里，北約飛機轟炸了格達費居住的阿齊齊亞軍營。全國過渡委員會宣佈，將從班加西遷往的黎波里，然後任命一個過渡政府。

二〇一一年十月二十日，格達費躲在家鄉蘇爾特郊外的一個下水道裡被捕獲，一段手機影片記錄了格達費被憤怒的利比亞人拖出來暴打、侮辱的過程，有人朝格達費的頭上開了一槍，這位統治利比亞四十二年的大獨裁者在被送往醫院的過程中傷重而亡，而他留給世間的最後一句話是：「別打我。」

利比亞戰爭和格達費的斃命代表著希拉蕊執政國務院的歷史高潮，它開創了全新的外交思路，以多邊主義的方式處理國際問題，這是美國自二戰結束後，第一次表現得這麼「謙讓」。

冷戰期間，美國是所謂「自由民主世界」的老大哥，前蘇聯垮臺後，美國成為碩果僅存的超級大國，它總是先制定目標，然後再去找盟國配合實現目標。但這一次，卻是英法等北約盟國先提出對格達費政權進行軍事打擊，然後要求美國加入。歐巴馬也樂於充當配角，畢竟利比亞不是美國在中東的核心利益所在，為了人道主義而開闢第三個戰場，美國納稅人不會答應。在其他國家普遍懷疑美國顛覆格達費政權的真實意圖又是石油的時候，歐巴馬對外低調地躲著聚光燈，寧願讓薩科齊搶盡風頭。當北約戰機第一次出現在利比亞上空時，記者追問希拉蕊能否證實這項消息，希拉蕊只是淡淡地說：「不是我們領導的。」

但在國內，讓美國人平靜地接受超級大國國力衰退，並不是一件容易的事情，共和黨批評歐巴馬在「阿拉伯之春」的表現過於軟弱，沒有堅定地站在「民主普世價值」這邊。《紐約客》曾發表一篇文章援引歐巴馬政府一位官員的話：「美國是在幕後領導。」歐巴馬對這一表述非常不滿，認為不夠準確。歐巴馬負責外交政策方面的撰稿人班．羅德說，「歐巴馬政府主導制定了安理會對利比亞「採取一切必要手段」的決議，阻止格達費軍隊向班加西形成合圍之勢，消滅地面防空系統，也主要是靠美國的巡弋飛彈，此後，我們才把主導權交給北約和阿拉伯聯盟。」

第八章 賓・拉登

帕內塔的秘密

中情局局長帕內塔是一位很善於保守秘密的人，但有個秘密，他實在忍不住要告訴希拉蕊。二〇一一年三月初，在白宮戰情室會議結束後，帕內塔把希拉蕊悄悄地拉到一邊，「有些很重要的事情，我想一個人跟你單獨談談，不帶隨從，不記筆記。」

「好啊，那我什麼時候到你在蘭利的辦公室？」希拉蕊好奇的問。

「不用，我直接到你的辦公室。」帕內塔顯得更加神秘。

希拉蕊才剛去過位於蘭利的中情局總部。對於這片隱匿在維吉尼亞州密林中的神秘建築，希拉蕊並不陌生。一九九三年希拉蕊代表丈夫柯林頓，第一次以第一夫人的身份來到蘭利，參加中情局兩名特務的追悼儀式。他們是在中情局附近的一條馬路上，被一名巴基斯坦裔的美國人開槍打死。後來殺手逃回巴基斯坦，被中情局逮捕引渡回國，被判死刑。

一個月前，希拉蕊在帕內塔的七樓辦公室，聽取中情局反恐中心的專家介紹基地組織的最新進展。帕內塔希望國務院能夠在阿富汗、巴基斯坦以及其他熱點地區就反恐情報搜集工作與中情局展開合作，帕內塔特別提到網路資訊戰和無線廣播。

這與希拉蕊的想法不謀而合。就像霍爾布魯克曾經說的，在對外鼓動宣傳和掌握資訊主動權等方面，擁有世界上最先進資訊技術的美國，有時候，還不如躲在岩洞裡的基地組織。希拉蕊決意要改變這個局面，中情局主動提出合作，希拉蕊正求之不得，她立刻指派國務院的反恐顧問，在幾個月的時間裡與中情局擬定一個詳細的四點戰略。

首先，加強網路空間的宣傳，針對基地組織利用網站和論壇等手段擴大影響，招募追隨者和洗腦宣傳，國務院成立一個新的機構，名為「戰略反恐通訊中心」，彙集跨部門的專家學者，擴大國務院駐外機構針對極端思想宣傳進行批駁，對美國的反恐政策進行解釋，說白了，就是招募一批專業的網軍，與恐怖極端分子在網上叫罵對戰。為此，國務院原本規模很小的「數位化外宣小組」，迅速擴充力量，招募了一大批懂烏爾都語、阿拉伯語、索馬利語及其他少數語言的專家。

其次，由國務院牽線，聯合西方盟國和合作夥伴，在全球範圍內針對極端勢力展開外交戰，組織一個「全球反恐論壇」，集合包括穆斯林國家在內的世界主要力量，共同商討應對恐怖威脅，例如，加強跨國邊境合作，合作應對人質綁架事件等等。

第三，國務院目前與全球六十多個國家的七千多名政府官員在反恐問題上經常進行溝通協調，今後將進一步擴展對話網路，在葉門、巴基斯坦等前線國家擴大與地方政府官員的反恐合作。

第四，在恐怖組織集中招募的熱點地區，與當地非政府機構、民間社團等公民社會加強溝通，建立具有針對性的合作專案和夥伴計畫，通過經濟援助和社會發展，擺脫貧困，爭取人心，削弱極端組織在當地的社會影響力。

當希拉蕊的反恐顧問班傑明（Daniel Benjamin）將此計畫呈給白宮時，得到的反應卻不一。有人認為，希拉蕊是在搶歐巴馬的風頭，在反恐問題上，尤其是通訊聯絡、協調各部門並展開跨部門合作等方面，這本來應該是白宮要扮演的角色，國務院不能越俎代庖。希拉蕊一怒之下，決定親自將方案拿給歐巴馬。一次白宮例會上，希拉蕊用PPT詳細解釋了四點計畫方案，以及所需的資源和許可權。

帕內塔第一個跳出來表示支持，蓋茨和國土安全部部長珍妮特．納波利塔諾（Janet Napolitano）也認可這一方案，歐巴馬有點失望：「我已經跟周圍的人講了無數遍，讓他們拿出像這樣的方案，等了一年多也沒看到。這正是我們需要的東西。」

希拉蕊得意之際，非常感謝帕內塔的合作和支持，兩人的關係更加親密，親密到他居然要告訴希拉蕊一個必將震驚世界的秘密。而這個秘密，希拉蕊連她身邊的丈夫柯林頓都不敢透露。

希拉蕊和帕內塔以及他的妻子席爾維亞認識多年。帕內塔曾擔任白宮預算管理幕僚長，負責起草柯林頓政府的預算草案。此後，又出任柯林頓首任白宮幕僚長，作為柯林頓的大內

總管，當時帕內塔一直想把希拉蕊排除在內閣的決議之外，拒絕讓她垂簾聽政。

但帕內塔和希拉蕊的關係並未因此交惡，反而成為政治上的摯友。在白宮的戰情室，希拉蕊和帕內塔出雙入對，讓不知情的人看得有點雞皮疙瘩，渾身不自在。

不過，這種親密在希拉蕊國務卿任期的後兩年，漸漸變得有些劍拔弩張，兩人經常在國家安全委員會的討論時爭得面紅耳赤。第一次公開衝突發生在二〇一一年夏天，美國駐巴基斯坦大使卡麥隆．穆特（Cameron Munter）要求國防部在動用無人偵察機在巴國境內實施空中攻擊時，必須事先通知穆特爾。帕內塔對此很不以為然，但希拉蕊卻認為穆特爾的要求非常合理，「不，希拉蕊，這一次，是你錯得離譜！」在白宮戰情室，帕內塔對著希拉蕊大叫。在歐巴馬第一個任期快要結束的時候，兩人在戰情室的吵架更是家常便飯，就像一對老夫妻隔著飯桌鬥氣一樣。

二〇一二年十一月，美國一架無人偵察機在海灣上空遭伊朗戰機攔截並攻擊。在一次國家安全會議上，歐巴馬不在場，帕內塔要求其他國家安全部門聯合向伊朗發表一份措施嚴厲的聲明，稱美國不會容忍這類攻擊事件的發生。

希拉蕊幾天前才跟帕內塔在一次視訊會議上隔著螢幕吵過一架，怒氣衝天，她當場反駁帕內塔：「很荒謬，我們為什麼要發表聲明？完全沒有必要啊。」

兩人唇槍舌戰，爭執了很長時間，戰情室裡一度氣氛緊張。最後，還是希拉蕊先退一步，緩和氣氛，她說：「哇，老帕，能再一次當著你的面吵架，感覺好多了，」希拉蕊笑著說，「上一次你是在電視裡，隔著螢幕跟你吵架一點都不好玩。」

戰情室裡，眾人撫掌大笑。帕內塔也禁不住笑起來。

回到國務院八樓的麥迪遜餐廳。帕內塔和希拉蕊正坐在椅子上，摸著扶手上的鷹頭雕刻，那種親近感讓帕內塔覺得很舒服。餐廳裡沒有其他人，談話高度保密，唯一的第三者是牆角上放著的一尊前國務卿丹尼爾．韋伯斯特（Daniel Webster）的大理石頭像。

帕內塔告訴希拉蕊，美國情報人員可能已經獲悉賓．拉登的下落，將目標鎖定在巴基斯坦西北部一個名叫阿伯塔巴德的小鎮，歐巴馬總統去年八月就接獲密報，目前只有極少數情報官員和軍方高層知道這個消息。

阿伯塔巴德位於巴基斯坦首都伊斯蘭堡西北方約一百二十公里，四面環山，風景秀美，這裡的居民生活較為富裕，還有一個高爾夫球場。賓．拉登的藏身之處正位於一座五米高牆圍繞的院內，占地約零點四畝。院內的主樓有三層高，同樣以三米高的圍牆與其他建築隔開，必須經過兩道安全門，才能進入主樓。院內有一個坑洞，用於焚燒垃圾，避免被外界拾荒者撿走，洩露主人的身份。這棟建築建於二〇〇五年，應該是專門為賓．拉登潛伏所建，據信，賓．拉登和他的妻子、兒子、保鏢及信使等十幾個人生活在這裡。

儘管中情局對落網的恐怖分子和俘虜使用酷刑手段獲取情報的辦法在美國國內引起很大的

爭議，但賓·拉登的情報源頭最初仍是從審訊室裡得來的，中情局在對涉嫌九一一恐怖攻擊的基地分子審訊時獲悉，賓·拉登為了躲避追殺，不斷變換通訊方式，放棄一切可能被追蹤的電子設備，退回到最原始的雞毛信方式，利用死忠分子充當信使，人工傳遞賓·拉登的親筆手諭。

中情局在審訊中，特別注意到一名信使，他沒有名字，只有代號，在審訊九一一攻擊主犯之一的哈立德·謝克·穆罕默德時，當問起這名信使，哈立德裝作不知，口風很緊，中情局意識到，這名信使可能是一條大魚。二〇〇五年，基地組織高官阿利比落網，一問到這名信使的情況時，他也立刻裝聾作啞，一問三不知。但中情局還是根據各種蛛絲馬跡，拼湊出這名信使的基本情報。接下來的任務就是如何找到他，中情局找到了信使的家人和聯繫人，在國家安全局的幫助下，對這些線索點實施電子監聽。幾年下來，一無所獲。但去年夏天，他們的等待終於有了結果，國安局截獲到他們與信使的談話。

中情局在巴基斯坦的白沙瓦發現信使的蹤跡，立刻進行跟蹤，最後來到阿伯塔巴德的這幢深宅大院。美國國家地理情報署特別調用一顆間諜衛星，在四萬公里的太空對住所實施密切監控。儘管大宅內非常平靜，毫無異樣，但情報人員越來越相信——賓·拉登藏身於此。

一名美國情報部門高級官員說：「儘管大院內的情況看得不是很清楚，但我們大致摸清楚裡面有多少男女和小孩。根據推算可以判斷，其中有一家人，與我們所知的賓·拉登的家庭成員數量大致相符。」

二〇一〇年八月，中情局將初步情況向歐巴馬總統彙報。二〇一一年二月，帕內塔認為，線索已經足夠充分，開始擬定攻擊計畫。帕內塔將聯合特別行動指揮官邁克雷文（William H. McRaven）准將召集到中情局總部。聯合特別行動指揮部是在一九八〇年伊朗人質解救事件失敗後所建立的，目的是為了整合美國最精銳的特種部隊，在非戰爭狀態下從事敵後攻擊、解救人質等特殊任務。

在國務院的麥迪遜餐廳，帕內塔向希拉蕊全盤托出中情局所掌握的賓・拉登絕密情報。帕內塔認為希拉蕊是一位能夠在關鍵時刻果斷決定的女強人，在經歷了長達半年的情報人員跟監和衛星監視，白宮、五角大廈和中情局仍然沒有十分的把握確定賓・拉登是否在那座房子裡，因而猶疑不決。

但帕內塔本人堅信，這一次，機會終於敲門了，他需要希拉蕊這個堅強的後盾在白宮戰情室支持他採取果斷行動，逮捕賓・拉登。一名高級情報官員稱：「事態的發展越來越清楚地表明，我們必須把情報告訴其他部門，任何行動都必須經過國家安全委員會的同意，由於是在巴基斯坦，必須讓希拉蕊參與進來。另外，帕內塔可能也認為，希拉蕊對於如何圍捕賓・拉登可以提供絕佳的參考意見。」希拉蕊和帕內塔都認為，歐巴馬太過謹慎，太猶豫不決了，總想著規避風險。而希拉蕊做事「非常果斷，行動堅決」。

戰情室內搖擺不定

事不宜遲，帕內塔決定要立刻採取行動，他向希拉蕊全盤托出追捕賓・拉登的實情，兩人聯手，準備在白宮國家安全會議上共同施壓，要求立刻動手。

懷著這麼大的秘密，希拉蕊的行動變得有些異常，連她最貼身的助理都不知道，但他們能感覺出來，希拉蕊心裡有事，她經常出門開會，但會議通知卻不在安排好的行程裡。有時候，她會突然消失幾個小時，沒有人知道她去哪裡了，回來後也不解釋她的去向，或與誰會面。有時，希拉蕊會突然出現在白宮，連她的助理都搞不清楚她是怎麼跑到白宮的。

希拉蕊的行程由她最信任的助理羅娜・瓦摩羅（Lona Valmoro）負責安排，白宮秘密指示，發給希拉蕊其他助理有關希拉蕊的私人行程，上面統一標注籠統的「會議」。

這太奇怪了，一定有什麼事情要發生。希拉蕊的圈子裡，大家都在猜測，到底是什麼事情這麼神秘？

從二〇一一年三月中旬到四月底，歐巴馬主持召開了五次國家安全委員會會議，討論賓・拉登的藏身之處以及消滅賓・拉登的手段。歐巴馬有四個選擇：一、繼續利用地面特務監守和衛星監控，等待賓・拉登自己現身；二、用**B-2**隱形轟炸機從幾十公里外的安全距離，使用鐳射制導導彈實施精確打擊；三、派遣代號「六號」的海豹突擊隊，實施突襲強攻；四、與巴基斯坦分享情報，共同合作，圍捕賓・拉登，但這一方案剛擺上桌，就被歐巴馬否決。

白宮戰情室，軍方、外交、情報和反恐部門的高級官員對方案討論了十幾次。希拉蕊的助理國務卿比爾・伯恩斯（Bill Burns）是國務院唯一獲准參與戰情室討論的人，他和希拉蕊將負責圍捕賓・拉登之後與巴基斯坦方面的談判交涉，尤其是萬一行動失敗，他們倆將負責在外交上確保美國全身而退。即使行動成功，國務院也要為巴基斯坦以及其他國家恐怖分子的報復做好準備，必須事先為危險地區的美國大使館做好安全備案。

中情局有許多辦法可以確認屋子裡的人是否就是賓・拉登，包括技術手段和特務滲透，中情局甚至策劃了一個方案，派一名巴基斯坦醫生以給孩子接種疫苗的名義進入大宅，趁機抽取賓・拉登孩子的血樣，然後與中情局掌握的賓・拉登家族其他成員DNA進行比對，就能大致判斷此人是否就是賓・拉登。但這個方案需要一到二年的精心準備才能實施。歐巴馬不想再繼續拖下去了。

另外還有兩個問題，如果情報官員並沒有百分之百的把握確認賓・拉登就在那棟房子裡，歐巴馬能否下令實施攻擊？如果確定攻擊，到底是採用轟炸還是突襲的辦法？或是讓不太保險的無人偵察機嚴格鎖定賓・拉登，進行點對點清除？

在戰情室的討論中，希拉蕊儘量不把話說得太絕對，但有一層意思她表達得很清楚：她贊成發動攻擊，無論是出動戰機、無人機或海豹突擊隊。

一名情報官員透露：「希拉蕊只看現實情況，她認為，早行動比晚行動好，這是自托拉博拉山口讓賓・拉登逃脫之後，我們擒獲賓・拉登的最佳時機，我們不能讓其他國家摻和進來，連巴基斯坦也不行。我們也不要擔心其他國家會有什麼反應。我們必須完成這件事。最初的討論大家傾向於空襲，希拉蕊也比較認同這種作法。」

但在一個多月的討論中，一些官員提出不同意見，或者說猶疑，主要是不確定賓・拉登是否真的藏身在那幢大宅裡。一次會議上，歐巴馬的顧問提出，是不是可以與巴基斯坦合作，共同執行圍捕行動。但考慮到這樣做很容易讓行動計畫洩露，或者巴基斯坦方面可能提前警告賓・拉登，這個主意很快被拋在一邊。

討論中也有人提出，美國在一個主權國家的領土上實行單方面的軍事行動，會不會傷了巴基斯坦的顏面。希拉蕊反問：「那我們的自尊呢？」

還有一個問題就是如何處置賓・拉登的屍體。如果把屍體留在現場，將很難向公眾證明賓・拉登的確已經被打死。雖然突擊隊員可以拍下賓・拉登的臉，但在PS技術已經是網友基本功的現代，這顯然不足以堵住陰謀論者的嘴。如果突擊隊將賓・拉登的屍體運走，能夠放在什麼地方呢？不管賓・拉登葬在什麼地方，他的墓地都會成為伊斯蘭極端分子的聖地，無論葬在哪個國家，都會成為這個國家的包袱。因此，大家基本認可，將賓・拉登的屍體進行海葬，儘管這並不符合伊斯蘭傳統教義，但卻是風險最小的一種選擇。白宮決定，一旦行動結束，將先徵求賓．拉登的出生地沙烏地阿拉伯的意見，確定沙烏地阿拉伯或賓．拉登的家人對海葬沒有異議後，再實行海葬。

根據最初制定的方案，攻擊準備在週六進行，因為根據天象，那一天正好是月黑之夜，便於借助夜幕掩護行動。但這一天恰好又是白宮一年一度的記者聯誼會，各大媒體常駐華盛頓的菁英記者、政府要員和好萊塢明星都將應邀出席盛宴。按照慣例，總統在晚宴上的幽默脫口秀將成為第二天各大媒體調侃的重要話題。如果美國主要的情報局官員都不在現場，是不是太明顯了？或者，如果這些情報局官員都在晚宴現場，而行動失敗，他們豈不是更難交代？

希拉蕊反覆評估各種討論的方案和意見，她平靜地表達了自己的觀點：「白宮記者晚宴算個屁！」

希拉蕊很少說髒話，但她感覺時間越來越緊迫，一個多月來的反覆討論，讓原本小範圍的知情圈越擴越大，至少有一百個人已經獲悉中情局的情報，這也就意味著，情報曝光的風險越來越大。一旦洩露，賓．拉登將再次從美國的指縫中溜走，就像美軍在阿富汗山洞裡與他擦肩而過一樣。

歐巴馬也同意希拉蕊的看法，晚一天行動，危險就大一分。如果真要在白宮記者晚宴上同時展開獵殺行動，他大不了說自己肚子痛，臨時提前退場。不過後來氣象專家分析，週六當地可能有霧，襲擊日子正式確定為五月一日星期天。

討論中，利用無人偵察機或精準的導彈空襲的方案逐漸被放棄，雖然這項方案美方可能遭受的人員損失最小，但需要動用太多的武力，難以協調，且在人口稠密的居住區動用導彈，會導致大量平民傷亡，在一片廢墟中找到能夠確認賓・拉登的證據也不容易。大家傾向於派特種部隊發動突襲。希拉蕊認為兩種方案都可以，即便使用空襲手段，轟炸結束後，到牆上去刮一點DNA樣本，也能確認炸死的是不是賓・拉登，希拉蕊說。

副總統拜登和國防部長蓋茨都不認同這兩種方案，拜登說，根本就不確定賓・拉登是否在那個屋子裡。蓋茨則認為情報並沒有實質性的內容，冒然發起突襲並不是一個明智的選擇。

一九八〇年，為營救被伊朗扣押的美國人質，卡特總統授權發起「鷹爪行動」，但由於通訊不暢、準備不足和設備故障，美軍直升機與一家運輸機空中相撞，行動最終徹底失敗，導致八名美軍特種兵喪生沙漠，卡特總統也因此在競選連任時慘遭失敗。

一九九三年柯林頓政府時期，美軍在索馬利亞發動「摩加迪沙計畫」，逮捕當地最大軍閥的財務總管歐馬・沙朗和對外發言人蒙哈米・哈山・艾瓦。但由於準備不充分和情報錯誤，行動陷入混亂，兩架黑鷹直升機被擊落，十八名美軍士兵戰死。美軍特種部隊歷史上最慘痛的兩次行動，都證明派遣突擊隊潛入行動風險極大。更甚者，蓋茨擔心，萬一行動失敗，將直接影響美軍在阿富汗的戰爭行動。

這已經是希拉蕊第二次與蓋茨在重大戰略問題上意見分歧，第一次是在對格達費政權實施擴大化的軍事打擊。

而希拉蕊的鷹派作風與鴿派的拜登更形成鮮明的對比。拜登和希拉蕊的私交不錯，但作為副總統，拜登插手了許多國務卿的事務，尤其是在伊拉克問題上，希拉蕊基本上插不上話。二〇〇九年底，拜登和希拉蕊在阿富汗和巴基斯坦政策上的爭執一度威脅到他們之間的友誼。拜登主張減少在阿富汗的地面作戰人員，多依靠無人偵察機實施空襲，希拉蕊則希望對激進武裝分子展開全面徹底的外科手術式攻擊。歐巴馬傾向於希拉蕊的意見，派駐阿富汗的美軍士兵超過十萬人。二〇一三年當歐巴馬準備撤軍時，希拉蕊站在五角大廈一邊，堅決反對，和拜登再次產生矛盾。為了兩人的長期友誼不至於惡化，拜登和希拉蕊約定經常一起吃早飯和工作午餐，席間雙方親昵地稱呼對方為「親愛的」。

在打擊阿富汗塔利班武裝組織、設立利比亞禁飛區和圍捕賓・拉登問題，希拉蕊連續三次與歐巴馬站在同一陣線上，這在白宮決策中對歐巴馬的支持力道是相當大的，尤其是當副總統和國防部長都持反對意見的時候，希拉蕊的力挺和自信促使歐巴馬下定決心——拿下賓・拉登。

希拉蕊問邁克雷文對突襲行動的危險性如何評估？邁克雷文非常有信心地說，特別行動小組之前在阿富汗和伊拉克已經進行過多次類似的軍事行動，有時一個晚上會有兩到三次突擊行動。最困難的一步是從阿富汗的營地如何飛越阿巴邊境而不被巴基斯坦的防空雷達發現，從而引發邊防部隊的反擊。美國海軍海豹突擊隊員和陸軍一六〇特別行動航空兵團的直

升機駕駛員，已經為這項行動多次演練，他們在美國兩處秘密地點，按賓．拉登藏身住宅的原樣一比一複製作戰實景樓房，從出發到突襲，全面演練過兩次，還有一隻比利時瑪連來犬參與特種部隊的演練。

最後的決策日到了。四月二十八日，國家安全委員會在白宮戰情室召開全體會議，所有主管僅限本人參加，不允許帶助理。輪到希拉蕊發言，她拿出律師的本色，分析得非常專業，從國務院的角度列舉了行動的有利條件和可能存在的風險，例如，對美巴關係的損害，行動失敗的可能性等等。希拉蕊認為，根據她的個人經驗，美巴關係是建立在利益需求的基礎之上，而非相互信任，因此，即使關係暫時有所損害，但從長遠看，只要存在利益需求，美巴關係就不會有太大的波動。在座的每個人都聽出她的意思，不管政治風險有多大，希拉蕊堅決支持歐巴馬立刻採取行動。

「情報的可信度有多少？」歐巴馬問。

「50％到80％。」情報官員回答。

「萬一失敗，會有怎樣的後果？」歐巴馬再問。

「可能會陷入人質危機和外交糾紛。」國務院官員說。

討論持續了一個多小時，打，或者不打，都該由歐巴馬自己做決定，這是一個彪炳史冊或遺臭多年的時刻，歐巴馬需要好好考慮，他宣佈會議解散。

第二天一大早，歐巴馬急著趕往阿拉巴馬州視察遭龍捲風襲擊的災區，路過白宮外交接待室，歐巴馬走進來，召集白宮四大參謀，開了一個五分鐘的短會，宣佈了他的決定，派遣海豹突擊隊發動地面突襲。

行動必須在晚上進行，夜色是長途奔襲最好的保護傘。四架直升機和八十名特種兵必須在巴基斯坦軍方作出反應之前，撤離現場，因此他們只有半個小時的時間。對於賓．拉登，歐巴馬的命令是：死活都行。

但政治分析師認為，事實上，白宮從一開始在制定行動計畫時，就沒有考慮要活捉賓．拉登。歐巴馬和他的助理對於海葬賓．拉登事先做了詳盡而具體的計畫。一個活著的賓．拉登將成為巨大的政治包袱。幾十名關塔那摩的基地組織戰俘已經讓歐巴馬焦頭爛額了，何況賓．拉登的能量級別已經不是美國本土或本土以外任何一座監獄能夠掌握住的。

狙擊賓．拉登

代號「海神之矛」的圍捕行動正式開始。

星期六晚上，歐巴馬的助理聚集在橢圓形辦公室裡，準備對當晚歐巴馬在記者聯誼會上的搞笑段子進行最後的修改。歐巴馬與正在阿富汗負責賓．拉登圍捕行動的特別行動指揮官邁克雷文通話，歐巴馬最後說了一句「祝你好運。」便掛斷了電話。

歐巴馬拿起笑話稿，有一個笑話他要修改一下，「賓・拉登已經出局，我們就不用再拿他開刀了。」歐巴馬劃掉演講稿的幾行字，加了一句：「上帝保佑我們的戰士。」

當晚，歐巴馬在白宮記者聯誼會談笑風生，妙語連珠。連平日裡嗅覺靈敏的華盛頓記者，都沒有察覺到白宮的異樣，更別說「上帝保佑我們的戰士」這句話的突兀。

希拉蕊對白宮記者晚宴一向不感興趣，她去參加雀兒喜朋友的婚禮，新郎是一位研究中國軍事的戰略分析師，能說著一口流利的中文。站在屋頂花園，希拉蕊感到陣陣涼意，明天將是艱難的一天。客人開始圍上來，拉著希拉蕊聊天，一位客人突然問道：「你覺得我們能抓到賓・拉登嗎？」

地球的另一端，八十名美軍特種兵已在阿富汗境內整裝待發，希拉蕊非常驚訝在晚宴上聽到這個問題，她笑著說：「我不知道，真的沒辦法知道，但我可以告訴你，我們一直在努力。」

五月一日，星期天中午十二點半，白宮關閉了西翼辦公區，禁止遊客進入。歐巴馬、希拉蕊、蓋茨，以及國家安全委員會的成員聚集在白宮戰情室的一間狹小會議室裡。

戰情室最早是由甘迺迪總統在一九六一年將白宮地下室改建而成，目的是為了解決古巴導彈危機時，所暴露出來的即時資訊和指揮不暢的問題。戰情室面積有五百多平方公尺，被一張長型會議桌佔據，牆上掛著六面大螢幕，牆內佈滿各種監控設備和通訊系統，加上位於地下，空間顯得擁擠壓抑，基辛格稱之為「極不舒服，毫無美感，空間壓抑」。二〇〇七年，小布希將戰情室重新裝修，但由於反恐局勢的緊張，除了國安會成員之外，還要容納國土安全部的官員，讓戰情室顯得更加擁擠。

工作人員從附近一家速食店買來便當和小菜，房間彌漫著令人窒息的飯菜味，除了美國特種作戰司令部准將馬歇爾．韋伯（Marshall B. Webb）一身戎裝，其他人都穿得很隨意。

華盛頓時間下午兩點三十分，兩架黑鷹直升機從阿富汗東部賈拉拉巴德基地起飛，超低空穿越開伯爾山口，殺向阿伯塔巴德。後面跟著三架支奴幹運輸直升機作為後援。

戰情室的大螢幕上，衛星即時傳送的畫面時斷時續。阿富汗當地時間十一點多，一架黑鷹直升機在大宅上空低空盤旋，突擊隊員正準備通過快速繩降，落在屋頂上。就在這時，「黑鷹」突然失去升力，駕駛員隨機應變，準備迫降，尾翼螺旋槳打在圍牆上，黑鷹墜落地面，發出巨大聲響。事後，軍方總算弄清楚事故原因。原來在演練的時候，特種部隊搭建的實景模擬住宅，圍牆使用的是鐵絲網，而在賓．拉登的藏身處，圍牆卻是石砌的，實心的石牆改變了螺旋槳空氣流動狀態，導致「黑鷹」按照設定方位懸停時，失去動力。

而另一架直升機原來也準備在大宅屋頂繩降突擊隊員，但當天卻徑直越過屋頂，最後降落在宅院之外的平地上。

幸好，黑鷹直升機是低空墜落，衝擊力不大，突擊隊員從機艙內衝出來，毫髮無傷，直奔賓．拉登所在的主樓。

轟的一聲巨響，突擊隊員在房間一側的牆壁上炸開一個大洞，槍聲大作。一組特種兵突襲院內的另一間小屋，其餘人衝進主樓，逐層搜索，直到最後一個房間，找到目標，雙方再度交火。

「情況到底怎麼樣？」歐巴馬坐在電視機前，死死地盯著螢幕。希拉蕊捂著嘴，分分秒秒過去，時間彷彿靜止。

白宮官方攝影師彼得·蘇薩（Pete Souza）拍下戰情室這一歷史性的瞬間。在狹窄的會議室裡，擠滿了十幾個人，桌子上擺滿筆記本電腦。正對大螢幕即時畫面的是美國特種作戰司令部准將馬歇爾·韋伯，歐巴馬坐在拜登的後面，擠在桌子的一角，後面站著美國參謀長聯席會議主席邁克·穆倫（Michael Mullen）和國家安全顧問湯姆·多尼隆。希拉蕊與國防部長蓋茨坐在對面，膝蓋上放著筆記本和厚厚的檔案夾。希拉蕊用一隻手捂著嘴，似乎緊張地透不過氣來。

事後，有記者問希拉蕊，她捂住嘴的那一刻，是不是正好是其中一架直升機墜毀的驚險瞬間？希拉蕊說：「我不知道那一瞬間我們在看什麼。拍照的時候，我大概是花粉過敏症要發作，想打噴嚏而已，沒什麼特別的含義。」

還有一種可能，只是想避免口臭。希拉蕊說：「房間實在太小。我只能坐在那裡，屏住呼吸。」

與好萊塢電影裡描述的場景不同，歐巴馬等人在白宮戰情室裡無法看到大宅內交火的場景，特戰隊員沒有配戴攝影機，不能即時傳回現場畫面。

希拉蕊偷偷地看了歐巴馬一眼，他很鎮定地看著液晶大屏。大概過了十五分鐘，突然，揚聲器裡傳來一句吵雜刺耳的暗語，「發現傑羅尼莫。」——海豹突擊隊找到了賓．拉登。

賓．拉登和妻子躲在三樓最裡面的一個房間。突擊隊員衝進房間，賓．拉登身上沒有攜帶武器。海豹突擊隊前成員羅布．奧尼爾（Rob O'Neill）二〇一四年十一月六日打破禁令，自曝身份，他回憶當時的情形說，三名突擊隊員衝進賓．拉登的臥室，奧尼爾看到賓．拉登從床上起身，他手邊還有一把槍，奧尼爾朝賓．拉登頭部連開三槍，賓．拉登當場斃命。其餘兩名隊員則將房間裡另外兩名女性控制住，搜查她們身上是否攜帶炸彈背心，他們看到賓．拉登倒在地上，又朝他胸口補了兩槍。

不過，海豹突擊隊負責人很快對奧尼爾的說法予以闢謠，稱他自我吹噓，誇大事實。突擊隊在排除危險後對房間展開全面清查，發現兩把槍放在門框附近一處高架上，而且與床還有一段距離。因此奧尼爾不可能第一時間看到賓．拉登「手邊有槍」。

其次，突擊隊行動前有過規定，不到萬不得已，隊員不要朝賓．拉登的面部開槍，以確保能拍到面部清晰畫面，供中情局事後作面部識別和身份確認。按照奧尼爾的說法，他針對賓．拉登前額連開三槍，並不符合事實。這是後話。

回到現場。特種部隊準備將五具屍體抬上直升機，戰情室裡傳來此次獵殺行動總指揮邁

克雷文的聲音：「傑羅尼莫：E-KIA」，意思是，當場斃命。

「我們勝利了。」歐巴馬說。

海豹突擊隊仍在清理現場。他們將房間裡搜出來的電腦和可能有情報價值的檔案放在一個大箱子裡，搬上支援直升機。突擊隊員將大宅內的其他老弱婦孺和賓・拉登的家屬撤離到旁邊一個安全的地方，並將墜毀的直升機炸毀，以防止敏感的軍事機密和飛機部件被巴方查獲。直升機起飛，迅速撤離，八十名美軍士兵無一傷亡。戰情室裡，一片寬慰的唏噓聲。歐巴馬緊繃的面孔總算鬆弛下來。

賓・拉登的屍首被運往停泊在阿拉伯海的航空母艦「卡爾文森號」上，清洗之後裹在一條白色床單裡，扔進大海。美國不願給這個恐怖主義的幽靈有任何借屍還魂的可能，徹底斷掉賓・拉登追隨者頂禮膜拜的機會。

行動結束後，在向全國發表公開講話宣佈消息之前，歐巴馬輪流給仍在世的四位美國前總統通報勝利的喜訊。他打給正在查帕克家中的柯林頓，「希拉蕊可能已經告訴過你……」歐巴馬開口第一句就把柯林頓搞糊塗了。

「什麼？我不明白你在說什麼？」柯林頓不明所以地問，他完全被希拉蕊蒙在鼓裡。

後來，比爾・柯林頓對希拉蕊開玩笑說：「誰也沒想到，你居然也有秘密！」

第九章 巴基斯坦

民間外交

美國和巴基斯坦不是敵人，但也絕對稱不上是朋友。

一九四七年印巴分治，巴基斯坦宣告獨立，美國是第一批給予正式承認的國家之一，並向巴基斯坦提供大批經濟援助。一九六五年印巴戰爭之後，美國切斷了對巴基斯坦的經濟和軍事援助，直到一九七五年才恢復。但到了一九七九年，由於美國擔心巴基斯坦可能研發核武器而再次中斷援助。

一九七九年，蘇聯入侵阿富汗之後，巴基斯坦成為美國遏止蘇聯南下擴張的前線，美國開始恢復與巴基斯坦領導人的關係，並在一定程度上默許了巴基斯坦的核子武器開發計畫。兩國的情報機關合作，為阿富汗境內的反蘇聯遊擊隊提供資金和武器，巴基斯坦成為阿富汗聖戰組織的反蘇復國的大本營，同時，也成為伊斯蘭教激進思想和恐怖主義的溫床。美國在近十年的時間裡為巴基斯坦提供了五百六十億美元的經濟、軍事和食品援助，最終，阿富汗聖戰主義遊擊隊打敗蘇軍，迫使蘇聯撤出阿富汗。

阿富汗戰爭結束後，巴基斯坦在抑制蘇聯擴張的戰略地位消失，美國出於對巴基斯坦秘密

發展核子武器的不滿，再度削減對巴援助。九一一之後，美國以經濟和軍事援助為誘餌，要求巴基斯坦在打擊恐怖主義、切斷對阿富汗塔利班武裝份子支持等方面與美國合作。穆沙拉夫總統一再表示支持美國的反恐行動，但《紐約時報》稱：「多年來，巴基斯坦軍隊和文職領導人都扮演著雙重角色：一方面，向美國保證積極打擊伊斯蘭極端勢力，有時，他們也付諸了行動；但另一方面，又縱容和幫助這些極端分子。從一九八〇年代對抗蘇聯的軍隊，一九九〇年代的塔利班，到今天的巴國境內的極端勢力，巴基斯坦領導一直表裡不一：表面是敵人，背後是朋友。顯然，這種遊戲令巴基斯坦政府獲利匪淺：數百億美元的援助金繁榮了經濟、增強了軍力，巴基斯坦政府還通過伊斯蘭極端分子代理人，將手伸到了阿富汗和印度境內。」

在追蹤賓．拉登的這幾年，巴基斯坦是美國無法回避的一道門檻。從二〇〇八年秋天接受國務卿的工作開始，希拉蕊就開始籌畫著如何與巴基斯坦展開合作，逮捕美國頭號通緝犯。希拉蕊任命她最信任的資深外交家霍爾布魯克為駐阿富汗和巴基斯坦特別代表，就表明，希拉蕊非常清楚在緝凶過程中，與巴基斯坦政府斡旋的難度和重要性。

基地組織在巴基斯坦隱密多年，賓．拉登與當地伊斯蘭極端勢力有著千絲萬縷的聯繫，甚至在民眾中也有一部分同情者和仰慕者。賓．拉登在阿伯塔巴德隱匿藏身五年的豪宅，就是由當地一名神秘的富豪資助的。基地組織的幾名重要聯繫人也住在阿伯塔巴德。

為了促使巴基斯坦在打擊恐怖主義和塔利班武裝組織時能與美方合作，或者至少不要給美國人添麻煩，在傳統的軍事經濟援助之外，希拉蕊決定展開柔性外交，一方面滿足巴基斯坦領導人的虛榮和自大，尤其是和印度較勁的時候，讓他們認為美國在印巴之間是不偏不倚的。其次，就是希拉蕊上任後極力推行的民間外交，她希望能夠走出美國大使館和裝甲車隊，與巴基斯坦民間組織、婦女團體多交流，多溝通。

這在巴基斯坦，原本是不可想像的事情。

自一九七九年麥加大清真寺遇襲事件之後，美國成為伊斯蘭世界的眾矢之的，巴基斯坦各地掀起反美浪潮，美國大使館、外交人員和美國學校頻頻被憤怒的巴基斯坦民眾包圍攻擊。伊斯蘭堡的美國大使館被放火焚燒，導致三人死亡，四百多名美國人被迫撤離巴基斯坦。

三十年後，美國人似乎還沉浸在被襲的陰影中。在伊斯蘭堡的美國大使館，層層設防，戒備森嚴，每個轉彎角都有檢查站，使館則蜷縮在一小塊地皮，被圍牆隔開，所有的使館工作人員都住在美國自建的宿舍裡。美國歷史上，從來沒有一位國務卿敢走到大街上，與巴基斯坦民眾展開公共外交，他們一般都忙於會見軍方的將領，一手給軍援，一手談反恐，前國務卿萊斯甚至只在巴基斯坦待了一個晚上，就急忙飛走了。

二〇〇九年十月，在巴基斯坦反美情緒高漲的困難時刻，希拉蕊第一次以國務卿的身份訪問巴基斯坦。她戴了一條頭巾，以示對當地傳統民俗的尊重，但這依然改變不了巴基斯坦人對美國的仇視。九一一之後，巴基斯坦政局經歷了太多的動盪、仇殺和陰謀論，政治混亂，經濟低迷。

二〇〇七年，前總理貝．布托遇刺身亡，因貪腐罪入獄八年的丈夫扎爾達裡利用民眾的哀悼和同情選票，在大選中獲勝，出任總統，穆沙拉夫下臺。對外，塔利班勢力在巴基斯坦西北邊界不斷滲透壯大，政府與塔利班的停火協議剛簽署就破裂，軍方的清剿行動導致數萬人流離失所。所有的一切，在巴基斯坦民眾，都與美國的暗中干預脫不了干係，在媒體陰謀論的渲染下，這種仇美情緒在希拉蕊出訪前達到了高潮，民意調查中，僅有10%的人對美國有好感。

出訪前，希拉蕊告訴她的助理，將訪問的重點放在民間接觸，希拉蕊要和巴基斯坦民眾在市政廳直接對話、與媒體舉行圓桌會議，舉行廣泛的公共外交活動。

「你會成為一個沙袋被人狂揍。」希拉蕊助理警告說。

「那我就把沙袋揍回去。」希拉蕊笑著回答。

希拉蕊在她的回憶錄裡說，「這些年來，我經歷了無數次公眾輿論對我充滿敵意的情況，我很清楚，這些敵意不可能通過一兩次愉快的談話就消失。人民和政府之間總是存在各式各樣的分歧，這並不奇怪。而與民眾直接接觸，聽取他們的意見，在互相尊重的基礎上交換看法，這才是關鍵。在無遠弗屆的世界，我們與普通民眾打交道的能力，和我們與他國政府交涉的能力一樣，都應該是國家安全戰略的一部分。」

就在希拉蕊的專機抵達伊斯蘭堡幾個小時前，距離巴基斯坦首都兩個小時車程的白沙瓦，一個繁華市集剛剛發生汽車炸彈襲擊事件，造成至少一百零五人死亡，其中六十多人為婦女和兒童，另有兩百多人受傷。強烈的爆炸幾乎將整個市場夷為平地，十五家商鋪被毀，大量房屋倒塌燃燒，滾滾濃煙冒出。慘烈的畫面在電視臺反覆播放，為希拉蕊的出訪蒙上了一層陰影，也讓安全形勢驟然緊張。巴基斯坦電視臺將爆炸場面與希拉蕊到訪的鏡頭輪番切換，意圖暗示其中的關聯。爆炸事件據信是由塔利班在巴國境內的武裝分子所為，目的是報復軍方近日在巴基斯坦和阿富汗接壤處對塔利班組織發動的大規模軍事攻擊。但在巴基斯坦的民眾看來，這場軍事行動本身就是巴基斯坦在替美國打的一場代理人戰爭，而且付出了慘重的代價，他們把怨氣釋放在來訪的希拉蕊身上。

在與巴基斯坦外交長庫雷希會談結束後的新聞發佈會上，希拉蕊強烈譴責白沙瓦的恐怖攻擊事件，「我想讓你們知道，巴基斯坦不是一個人在戰鬥。」希拉蕊同時宣佈，美國將向巴方提供新的援助專案，以解決能源短缺問題。

當天晚上，希拉蕊與巴基斯坦記者舉行圓桌會議，這是她此次行程最重要的一幕，她希望通過媒體，向巴基斯坦人民傳遞美國在反恐問題上的立場，消除誤解，緩和敵對情緒。但是，這一場公共外交的激烈程度超過希拉蕊的想像，巴基斯坦記者的敵意、懷疑和不專業也讓在場的其他西方媒體感到吃驚。

就在希拉蕊出訪巴基斯坦的前幾周，美國國會通過了《凱瑞－盧格－伯曼法案》，批准為巴國提供新一輪為期五年、總額達七十五億美元的非軍事援助，旨在幫助巴基斯坦加速經

濟發展、促進民主建設和進一步打擊極端勢力。和以往援助主要集中在軍事領域不同，這七十五億美元援助主要投向民生工程建設和基礎設施的完善。但在巴基斯坦國內，特別是軍方對這項法案並不滿意，認為其中附帶一些涉嫌干涉國內部事務的條件，諸如要求巴國承諾持續打擊恐怖主義、加強反核擴散的行動以及軍方不得干預政治、美國每年審查巴國是否切實履行承諾並將根據審查結果決定是否停止援助等等。

希拉蕊就任國務卿後，在對巴援助上提出一些新的思路。當時，美國在巴基斯坦援建的專案超過二百多個，大多數規模較小，而且屬於定向援助。有些專案是由美國國際開發署（USAID）直接負責，這個獨立的聯邦機構同樣屬於希拉蕊管轄，但對巴援助的絕大部分專案是外包給其他以營利為目的的私人企業，或者非營利性的機構，如非政府組織（NGO）、宗教慈善團體和研究機構。私營承包商並不在乎這一專案是否能夠產生實際的效果，他們只要把專案做完，拿到工程款就可以了。因此，美國對巴援助專案之多，實施之混亂，連美國駐巴基斯坦大使館都搞不清楚到底錢都用在了什麼地方，許多巴基斯坦人也抱怨，他們根本沒有看到美國援助的成果。

希拉蕊決定重新整合對巴援助計畫，將所有援巴專案都歸併到美國國際開發署下統一管理。經過三年的重新梳理，二〇一二年四月，國際開發署宣佈，將美國在巴基斯坦的援助專案從二〇〇九年的一百四十項縮減到三十五項，援助的範圍集中在能源與經濟發展、社會穩定、健康和教育領域。

希拉蕊接受了四次巴基斯坦記者的集體參加座談，包括七名電視臺主持人、八名電臺記者和五家主流日報的記者，美國國會剛剛通過的援助法案成為記者圓桌會議上的眾矢之的。

參與這些圓桌會議的BBC記者金．伽塔絲回憶說，巴基斯坦記者與其說是在向希拉蕊提問，還不如是在發洩自己對美國的不滿和陰謀論的猜測。他們表示，美國國會通過的法案簡直就是在侮辱巴基斯坦，而且裡面有美國陰謀。為什麼援助不是無條件的？他們聲稱美國外交官違反當地法律，清晨三點帶著武器在街上逛。大使館裡一頂有海軍陸戰隊的秘密兵營。為什麼美國不肯幫助巴基斯坦收復喀什米爾？巴基斯坦國會一直投票譴責美國對巴境內目標發動無人機空襲，但美國仍執意空襲，顯然這是對巴國會的嚴重無視。

希拉蕊儘量保持耐心，她微笑著回答記者的提問，偶爾也會耐不住性子，直言不諱地說：「你們不一定要接受這筆援助。事實上，你們根本沒有義務接受我們的任何援助，沒有人說過巴基斯坦一定要接受美援，美國人才會幫助巴基斯坦重建能源工業，提高兒童就學率，改善嬰幼兒的醫療衛生條件。你們完全可以不接受援助。」

AAJ電視臺的記者塔拉特．侯賽因抱怨說，美國從來沒有認真地援助過巴基斯坦，他非常「專業」地列舉了一些具體數據，「你剛才談到美國對巴的軍事和民用援助，但美國在吉爾吉斯的一個基地，吉國就收了你們美國人七億美元。」美國在吉爾吉斯的確租有一座馬納斯空軍基地，作為運送軍事人員進入阿富汗的跳板。

「不對。」希拉蕊皺著眉頭，但她依然帶著微笑。

「是七個億！」侯賽因堅持自己的數據沒錯。

「不對，我們已經重新談判了租賃協議。對不起，你的數據錯了。」

「所以你們後來把價格壓低了？」

「不，不是這個意思。」

「吉爾吉斯的確收了美國七億美元。或者，你告訴我們一個準確的數據。」

「五千萬美元。」希拉蕊回答。

「但這只是一個基地啊！你知道美國在巴基斯坦佔用了多少空軍基地嗎？」侯賽因試圖轉換話題。

這樣的你來我往持續了十幾個回合，侯賽因開始抱怨在穆沙拉夫的統治下，美國的援助全部進了巴基斯坦軍方和美國承包商的口袋。

「好吧，請允許我打斷一下——」希拉蕊有點忍不住，「穆沙拉夫不是我們美國人選舉上臺的。」

「你們支持他。小布希還吹捧過他。」

「小布希已經不是美國總統了。」

「但他在總統任期內幹過這種事。」

「不是，穆沙拉夫都已經下臺了，我對布希下臺感到高興，顯然你對穆沙拉夫下臺也很高興。」

「可是，穆沙拉夫還在美國到處演講，大談什麼民主……」侯賽因還想繼續慷慨陳詞，希拉蕊再次打斷了他。

「我們可以無休止地爭論。談論往事當然很有意思，但過去的已經過去了。我們可以決定共同開創未來。我個人無法為美國過去在巴基斯坦所做的一切承擔責任，正如你個人無法為美國國內的一切承擔責任一樣。但我們可以一起努力開創新的局面。」

希拉蕊並不確認她的這番話能否說服在場的巴基斯坦記者，但在會談結束時，她能夠感受到對方的敵意和不信任稍稍減緩。

不過，希拉蕊直率的性格總有沉不住氣的時候，在拉合爾與學生對話時，她直言不諱地指責巴方容忍基地組織勢力在當地坐大，讓巴基斯坦成為賓．拉登和塔利班領導人的藏身天堂。「基地組織從二〇〇二年開始就在巴基斯坦扎根。很難相信，你們政府中會沒有人知道他們在哪兒，如果你們真心想抓住這些恐怖分子，會抓不到？」希拉蕊對巴基斯坦媒體記者表示，「或許事實的確如此，或許真的是很難抓到，但全世界都在關注著這名恐怖分子主謀的下落，我知道，他就藏在巴基斯坦。」

一時之間，會議現場一片沉默，從來沒有一位美國外交官這麼直白地指責巴基斯坦窩藏

賓．拉登。在白宮，記者問歐巴馬的新聞發言人羅伯特．吉布斯（Robert Gibbs）：「國務卿希拉蕊在巴基斯坦如此大膽地指責巴政府，稱他們不願在抓捕巴境內恐怖分子與美方合作，你認為她的指責合適嗎？」

「完全合適。」吉布斯回答得非常乾脆。

當晚，巴基斯坦各大電視臺反覆播放希拉蕊的這段講話。扎爾達裡總統在《華盛頓郵報》上撰文辯解稱，指責巴國政府充當賓．拉登的保護傘，對他來說簡直就是一種侮辱，因為他的妻子兼前總理貝．布托就是被賓．拉登的基地組織暗殺的。

但是，事實卻給了巴國政府一記響亮的耳光。在阿伯塔巴德賓．拉登的藏身地，距離其住所一公里的地方，就是巴基斯坦一所著名的軍校，當地還駐紮著一旅的部隊。

賓．拉登就在巴基斯坦軍方的眼皮底下，堂而皇之地生活在深宅大院裡長達五年而沒被巴方發現。白宮顧問布倫南表示，很難相信，如果賓．拉登在巴基斯坦沒有一個強大的地下支持者網路，他會選擇在此處藏身。民主黨參議員勞騰伯格（Frank Lautenberg）說：「美國每年為巴基斯坦提供數億美元的援助。我們有權知道，巴基斯坦在反恐問題上到底是否站在我們這一邊，否則，我們將一分錢也不給。」

歐巴馬從來不掩飾他對巴基斯坦的不信任，在一次私下談話時，歐巴馬說：「我們知道，當巴基斯坦人在跟我們說話時，他們都在撒謊。」在競選時歐巴馬曾表示，如果他當選總統，如果巴基斯坦拒絕合作或毫無作為，他將授權軍方對巴國境內的目標實施單方面攻擊。

希拉蕊當時批評歐巴馬說得太露骨了，「我們的戰略是基於能夠支持我們採取行動的情報，過分張揚地講出來，是一個錯誤。」

但希拉蕊同樣不相信巴基斯坦政府，在飛往伊斯蘭堡的專機上，一名隨行記者問希拉蕊，你是否相信巴基斯坦軍方和情報機構真的已經切斷了與恐怖分子的勾結和聯繫？「不，我不相信。」希拉蕊回答。

不過，希拉蕊並沒有在公開場合對巴基斯坦領導人施壓，她拒絕對歐巴馬兩年前的威脅發表評論，拒絕表態如果巴基斯坦政府不願在與美國合作打擊恐怖主義方面採取進一步的行動，美國是否會單方面行動。

賓·拉登是歐巴馬國家安全戰略的頭號敵人，但對於巴基斯坦，美國還有更加敏感的任務，美國需要巴基斯坦在打擊阿富汗塔利班武裝組織，消滅巴阿邊境的恐怖分子等方面提供幫助。美國特務需要在巴國境內自由活動，五角大廈需要與巴國軍方協調，共用情報，美國需要確保卡拉奇港和阿富汗的物資供給通道的安全。她不願意在這個關鍵時刻將雙方關係弄僵。

照片往事

當晚，巴基斯坦總統扎爾達裡在總統府設宴，招待希拉蕊一行人。國宴照例充斥著場面上的奢華、客套的致辭和言不由衷，以及政治上的潛臺詞，當然也少不了不對希拉蕊胃口的咖喱大餐。但一張十幾年前的舊照片，卻差點讓希拉蕊淚流滿面。

一九九五年，美國國務院派當時還是第一夫人的希拉蕊帶著女兒前往巴基斯坦和印度訪問，通過民間外交的方式，推進美國與南亞地區的戰略合作。

這趟巴基斯坦之行，與其說是訪問，不如說是一場遠離華盛頓政治漩渦的療傷假期。在行程開始前，希拉蕊的情緒非常低落，甚至不太願意與人交往。民主黨在一九九四年的國會中期選舉中遭遇歷史性的慘敗，不得不將佔據多年的國會參、眾兩院多數黨地位拱手讓給共和黨。這場政治「地震」的直接影響就是希拉蕊主導的醫療改革法案在國會擱淺。

這是希拉蕊個人政治生涯的最低點。當她在國內巡迴演講，為全民健保方案爭取民意時，遭到無數人的謾罵和攻擊。私下希拉蕊坦言，她對美國民意的這種仇恨感到非常吃驚。因此，巴基斯坦的這次訪問，對她來說，就像是一次休假，更何況，女兒雀兒喜正好放春假，帶她見識一下印度大陸的異國風情，何樂而不為呢？

在希拉蕊到訪巴基斯坦的前幾周，當地剛剛發生一起針對美國人的恐怖攻擊事件，美國駐卡拉奇領事館的兩名工作人員被恐怖分子殺害，其中一名主犯拉米茲・優素福曾在一九九三年一手製造了紐約世貿中心爆炸案。希拉蕊將訪問學校、清真寺和健康醫療中心，行程的民間交往色彩濃厚。國務院希望通過第一夫人與民眾的直接接觸，拉近巴基斯坦和美國的距離，但希拉蕊當時最期待的卻是與前總統貝・布托的會談。

貝・布托出生於巴基斯坦名聲最為顯赫的布托家族，她的父親阿里・布托一手創建了巴基斯坦人民黨，並在七〇年代成功當選，成為巴基斯坦首位民選總理。後來在一次軍事政變中被推翻，並被處以絞刑。貝・布托在家中被軟禁多年，恢復自由後，一九八八年率領人民黨贏得大選，成為巴基斯坦歷史上第一位女總理。兩年後被解職，再次當選後，又因貪腐罪被解職。幾經起伏，貝・布托只好流亡英國。

希拉蕊說，貝・布托是她人生當中唯一一位站在警戒線外像粉絲一樣圍觀的名人。那是在一九八七年夏天，希拉蕊帶著女兒雀兒喜在倫敦度假，在麗茲卡爾頓酒店門口，她看見一大堆人圍在那裡，湊近打聽，原來巴基斯坦總理貝・布托馬上要進酒店了。希拉蕊和女兒好奇地站在隔離欄杆後面，等著這位傳奇女性的出現。不一會兒，貝・布托的車隊抵達酒店門口，她走下車，穿著一件綠色的薄綢長裙，走進酒店大堂，顯得高貴、優雅和從容。

一九九五年，希拉蕊終於第一次與她曾經默默圍觀的女強人面對面，兩人一見如故，聊天中發現，她們在牛津和哈佛讀書時居然有許多同學是相互認識的，希拉蕊說：「貝・布托眼睛透

亮，時常微笑，有幽默感，智慧聰穎」。她告訴希拉蕊，在巴基斯坦這樣複雜和帶有強烈性別歧視的政治環境中，一名女性政治家必須面對許多困難，布托誓言要打破守舊的傳統和階層差異，讓普通女孩子也能接受教育。貝．布托流露出對伊斯蘭極端主義勢力在婦女和兒童教育領域不斷滲透的擔心，當有記者被問起過去二十五年來，她認為巴基斯坦最大的變化是什麼，貝．布托說：「過去，我能穿著牛仔褲，走在大街上，不需要戴頭巾。但現在，我不能了。」

「為什麼？」記者問。

「因為沙烏地阿拉伯人。」布托的回答簡單而突兀，但並非沒有道理，沙烏地阿拉伯國內的極端勢力當時憑藉雄厚資金，在世界各地的伊斯蘭學校裡推廣教義，嚴格遵守伊斯蘭教戒律。此外，巴基斯坦政治腐敗導致公立學校資源嚴重不足，也讓極端思潮趁虛而入，宗教學校大興。

在與希拉蕊的會談中，貝．布托頭上紮著漂亮的絲巾，穿了一件巴基斯坦傳統的民族服裝，一襲紗麗長裙，下身是褲子，既實用，又凸顯女性的柔美。希拉蕊和女兒非常喜歡紗麗，他們在巴基斯坦買了幾件，希拉蕊喜歡紅色紗麗，雀兒喜挑了一件綠色，兩人穿著紗麗出席在拉合爾舉行的官方晚宴，亮麗全場。

一九九九年，穆沙拉夫通過軍事政變上臺，貝．布托被迫流亡國外。她的丈夫扎爾達裡在國內聲名不佳，外號「10%先生」。因為他在擔任政府要職時，對所有經手的專案暗中收取10%的回饋，最終因貪腐和洗錢罪被捕入獄。但貝．布托深愛自己的丈夫，認為所有對他的指控都是莫須有的政治迫害，她屢次透過希拉蕊幫忙，要求美國政府向穆沙拉夫施壓，釋放扎爾達裡。二〇〇四年，扎爾達裡獲釋，繼續執掌巴基斯坦人民黨，在貝・布托遇刺身亡後，以壓倒性的多數贏得大選，成為巴基斯坦總統。

「巴基斯坦的軍方和文官之間很難溝通，更不認可對方的權力。自二〇〇八年穆沙拉夫軍政權倒臺以來，華盛頓一直在試圖平衡雙方的關係。文官和軍方總在相互猜忌，在無休止的政治鬥爭中試圖壓倒對方。」BBC記者金・伽塔絲說：「多年來，巴基斯坦走馬燈似的輪換了好幾個軍人政權，但由於文官長期被排擠在政治系統之外，政局總是無法穩定下來。而當勢單力薄、組織混亂的文官接掌最高權力之後，他們反過來將國家的一切問題都歸罪於軍隊干政，在軍隊仍有可能發動政變的恐怖中惶惶不可終日。在這個軍隊和情報機關稱王稱霸的國家，美國願意扶植扎爾達裡當總統的唯一原因就在於他的民選身份。」

在總統府的招待晚宴舉行之前，扎爾達裡送給希拉蕊一本相冊，裡面記錄著她一九九五年訪問巴基斯坦的情景，其中一張照片讓希拉蕊唏嘘不已。照片上，貝・布托穿著紅色套裝，戴著白色頭巾，拉著她的兩個兒子。布托旁邊站著當時只有十五歲的雀兒喜，她的臉上帶著興奮和新奇。希拉蕊站在雀兒喜身邊，那是她作為白宮第一夫人第一次離開柯林頓，單獨出國訪問。

但斯人已逝，世事難料。二〇〇七年，貝・布托結束了在海外交長達八年的流亡生涯，回到國內參加競選，在拉瓦爾品第的一個政治集會上，一名槍手對準她的頭部和胸部連開數槍，然後

引爆了綁在身上的人體炸彈。貝・布托遇難，再次續寫了這個政治望族的噩運。

因為宗教信仰的關係，巴基斯坦國宴上沒有酒精飲料，因而也沒有祝酒詞。扎爾達裡首先站起來發表演說。他談到全世界和他的國家都需要「療傷」，認為兩國攜手可以帶來改變。

希拉蕊的撰稿人事先為她準備好講稿，並與希拉蕊反覆核對幾個講話要點，突顯美國願意和巴基斯坦保持溝通並表達支持的資訊。但這張與貝・布托合影的舊照片顯然勾起了希拉蕊的傷感情緒，她拋開講稿，即興發表了一番話，「（那張照片）差點讓我掉下眼淚，因為我非常崇拜您的妻子，她獻出了她的生命……」希拉蕊的聲音有點哽咽，但她很快收拾好心情，繼續說道：「我們之所以投身政壇，服務公眾，是因為我們希望子女後代能夠充分展現上帝給予他們的天賦。我們帶來的資訊很簡單，美國已經準備好了，也願意與你們一起努力，並支持你們。」

晚宴結束後，希拉蕊回到大使官邸休息。一九九五年訪問巴基斯坦時，希拉蕊住在伊斯蘭堡的萬豪酒店，但十四年後的形勢已經沒有美國官員敢在使館區以外的地方過夜。希拉蕊住過的萬豪酒店二〇〇八年遭遇炸彈襲擊，造成五十六人死亡，超過兩百人受傷，至今仍在酒店週邊佈滿水泥混凝土障礙墩和鐵絲網。

第二天，希拉蕊前往旁遮普邦的拉合爾大學政府學院禮堂發表演講，並與學生對話。當希拉蕊的車隊進入這座一千一百萬人口的巨型城市，馬路上似乎空空蕩蕩，拉合爾警方出動數千名警力，在希拉蕊車隊沿線設防，每個十字路口的建築物空檔之間都有大幅黑色幔布遮擋，馬路兩旁幾個街區範圍內的居民似乎都已經被清場。馬路上懸掛著一些歡迎希拉蕊的標語，也有一些年輕人舉著標語牌，上面寫著：「希拉蕊滾回去！」，或者「無人機襲擊是恐怖行為。」

一九九五年，希拉蕊也曾來拉合爾訪問，走訪了附近的一個小村莊，並到村民家中參觀。而這一次，她要直接面對的是巴基斯坦的知識菁英，這些人受過良好教育，思想活躍，但同時又對美國充滿不信任和怨氣。爭取這批巴基斯坦未來中堅力量的理解和支持，對於維護脆弱的同盟關係至關重要。

演講結束，希拉蕊微笑著示意學生提問，她按照自己的習慣隨機挑選著提問者。各式各樣的問題撲面而來。為什麼美國總是支持印度而不是站在巴基斯坦這邊？美國要如何幫助巴基斯坦解決能源短缺和教育落後的問題？為什麼美國的援助要附帶這麼多的條件？為什麼巴基斯坦在美國的交換學生總被看作是恐怖分子？你們美國人讓我們失望了這麼多次，讓我們如何才能相信美國？

如同一場批鬥大會，每一次尖銳的提問，都在巴基斯坦學生中贏得雷鳴般的掌聲，學生們將他們的不滿、恐怖和失望，一股腦地拋給希拉蕊。希拉蕊的新聞秘書傑克．蘇利文坐在二樓，為希拉蕊暗暗叫苦。

一名女生站起來，她是拉合爾大學醫學院的學生，她同時參加了一個名為「和平種子」的非政府組織。希拉蕊非常熟悉這個非政府組織，它致力於促進不同國家的年輕人相互溝通

和跨文化交流。這名女生提出了一個尖銳的問題，美國的無人機在巴基斯坦造成大量平民傷亡，為什麼美國要動用無人機實施攻擊，而不是與巴軍方分享技術和情報，讓巴基斯坦人自己來處理恐怖分子？

這個問題戳到了希拉蕊的軟肋。美國軍方認為，動用無人偵察機對恐怖分子實施定點攻擊，是避免美軍作戰人員傷亡最有效、最經濟的手段，因此將無人機的獵殺行動列入最高機密。在沒有軍方授權的情況下，希拉蕊輕易不會就無人機攻擊發表觀點。更何況，在白宮內部，對無人機攻擊涉及的諸多法律、道德和戰術價值等問題也存在不同的看法。歐巴馬認為，無人機技術對美國國內法和國際法提出了新的課題，如何確認襲擊目標的合法性，減少對無辜平民的連帶傷亡？如何解決跨境攻擊的主權問題？在戰爭狀態下，很少會有人真正考慮這些灰色地帶，但如果站在巴基斯坦的角度上看，他們對於美國無人機濫殺無辜的憤怒完全可以理解。

希拉蕊只好用一套外交口吻回答說：「我不能說得太具體，我只能說，巴基斯坦軍方的軍事行動非常專業，也非常有效，我希望美國提供的支持，加上巴基斯坦士兵的勇敢能夠產生良好的效果。」

賈桂琳．甘迺迪當年訪問印度時，騎著大象的優雅風采征服了印度。希拉蕊的巴基斯坦之行，也打上了濃墨重彩的希拉蕊烙印。希拉蕊國務卿的巴基斯坦之行由霍爾布魯克和巴基斯坦專家瓦利．納什精心設計，在公務性的會談和官方會談之外，廣泛的民間接觸和對話體的公共外交，完全體現了希拉蕊「巧實力」風格，例如，希拉蕊前往當地一座被遜尼派極端分子炸毀的蘇菲派清真寺參觀，通過這一姿態向巴基斯坦國內多數溫和派發出強烈的信號，美國不支持極端宗教勢力。一名巴基斯坦學者沙拉．阿齊茲親眼目睹希拉蕊在清真寺祈禱，他說：「我們看到她在那裡禱告，生平第一次，我覺得美國人還是有人性的。」

希拉蕊願意和學生、記者、談話節目主持人和普什圖老人接觸，她儘量耐心地回答他們的問題，對他們的不滿和憤怒表示理解，她用微笑一點點化解巴基斯坦民意對美國人傲慢和頤指氣使的不滿，她試圖向巴民眾表明，美國不僅僅是為了打擊基地組織和塔利班武裝分子才與巴基斯坦合作，美國有意與巴國建立戰略合作夥伴關係。這與小布希總統時期的美巴關係形成鮮明的對比。巴基斯坦國會議員和政府發言人法拉納茲．伊斯巴哈尼說：「過去，美國人來了，跟幾位將軍會談後，就走了。而希拉蕊卻願意與所有人交往，不管對方是否對美國充滿敵意，這給我們留下了深刻的印象，而且因為她是希拉蕊．柯林頓，她與巴基斯坦的歷史有著某種親近感，這對我們來說，意義非常重大。」

北約補給線

美國和巴基斯坦之間仍然衝突不斷，在諸多問題上都存在分歧——巴國境內所謂武裝人員「避風港」問題，武裝人員越界發動襲擊問題，美國無人機在巴發動空襲問題，與塔利班

和解問題等等。雙方深層的矛盾，並沒有因希拉蕊在民間外交上釋放的善意和耐心而有所緩和，反而在一連串的意外事件中將美巴關係拖入泥淖。

二〇一〇年五月一日，一名為巴基斯坦塔利班組織賣命的美籍巴基斯坦人，試圖在紐約時代廣場引爆一顆汽車炸彈未遂。此後，美國加大了在巴基斯坦的反恐力量，向巴派遣特務，與巴基斯坦展開反恐合作，共用情報，出動無人偵察機對巴境內的鎖定目標實施定點打擊。帕內塔親自出動，飛往巴基斯坦與巴方情報機構會談，帕內塔警告說，如果類似時代廣場的恐怖攻擊事件再次發生，如果恐怖分子的源頭追查下來，與巴基斯坦有關，美國將採取必要措施。巴總統扎爾達裡則辯稱，時代廣場的恐怖分子是美國人，美國政府應該管好自己的公民。

美巴關係也因反恐問題像過山車一樣，時好時壞。二〇一一年一月底，一場堪比好萊塢諜戰片的故事在兩國之間上演。

一名手持美國外交護照的中情局「非在編」情報人員雷蒙．戴維斯（Raymond Davis）在巴基斯坦，看到兩名摩托車手向他的汽車開來，以為是殺手，開槍打死兩人。

巴基斯坦警方在他的車上發現一個相機，裡面存有大量巴方軍事設施的照片。對美國來說，這簡直就是一場外交噩夢，國務院外交人員居然是美國特務。歐巴馬立刻表示，根據國際法，外交人員享有刑事豁免權，巴方沒有權力起訴大衛斯。希拉蕊向扎爾達裡施壓，要求釋放大衛斯，但遭到拒絕。一怒之下，希拉蕊取消了美國、巴基斯坦和阿富汗的三方會談。

最後，這件間諜烏龍案以美國賠償遇害摩托車手家屬兩百三十萬美元，得以私了。

中情局從來不相信巴基斯坦情報部門能夠真心誠意地與美國合作，間諜事件之後，美國人索性繞開巴國情報機構，直接在巴境內展開地下情報工作。經過幾年努力，最終從一點一滴的蛛絲馬跡中，找到賓．拉登的住所，並完成了特種兵作戰史上最完美的一次突襲。

事實證明，在越境追殺賓．拉登的問題上，與巴基斯坦領導人達成和解並不是一件很困難的事情。希拉蕊打電話給扎爾達裡，他並沒有表現得非常憤怒和敵意，反而心平氣和地說：「人們以為我很懦弱，但我不是。我瞭解我的國家，我已盡了最大努力。我不否認世界頭號通緝犯就藏在巴基斯坦，而我們並不知情，這是我們每個人的失敗。」

希拉蕊說，她已經派出多名美國高官前往巴基斯坦，與巴國政府解釋溝通，如果時機成熟，希拉蕊也將親自前往巴基斯坦，與扎爾達裡會談。但巴基斯坦軍方、情報部門、輿論和民間的強烈反應卻出乎希拉蕊的預料。

賓．拉登和他的家人就在巴情報機構的眼皮底下生活了五年，而且還是住在一幢醒目的豪宅裡有滋有味地生活，並非像人們想像的像耗子躲貓一般四處逃竄，這無疑是巴基斯坦三軍情報局的恥辱，它很難洗脫人們對巴方包庇基地組織的懷疑。而美軍直升機能夠躲過層層設備的邊境雷達和防空系統，長驅直入距離首都僅一百多公里的地方，打了一場小規模的殲滅戰，然後全身而退，更讓巴基斯坦軍方顏面掃地，憤怒的國人稱這一天為「國恥日」。巴

基斯坦情報局長艾哈邁德・舒亞・帕夏向軍方提出辭呈，但沒有被接受。

在中情局特務披著外交官的外衣在巴國打死兩名平民之後，美巴關係再度因賓・拉登被殺而陷入低谷。巴國政府公開譴責美國對巴領土主權的踐踏，巴基斯坦陸軍參謀長卡亞尼警告說，如果再發生類似事件，軍方將中止與美國的反恐合作。巴基斯坦媒體同時將中情局駐伊斯蘭堡站的情報站長的名字曝光，顯然這項絕密來自巴國情報機構。

作為對美國的報復，巴基斯坦允許它的友好國家對海豹突擊隊遺落在現場的直升機殘骸進行技術鑒定。當局還逮捕了幾名與中情局合作的巴基斯坦人，其中一位就是原本計畫給賓・拉登孩子接種疫苗的醫生，另外幾位據稱曾經拍下進出賓・拉登住宅的汽車牌照，交給了中情局。

美方也對巴基斯坦實施了部分制裁，取消了數百萬美元的安全援助。

希拉蕊試圖重返巴基斯坦的時機，一直到她卸任都沒有等到，美巴脆弱的外交關係在金錢、利益和尊嚴、主權的糾結中滑向深淵。二〇一一年十一月，賓・拉登被殺後僅僅過了半年，美軍在阿富汗邊境打死二十四名巴基斯坦士兵，幾乎一夜之間將巴基斯坦推向美國的對立面。

和所有的友軍誤傷一樣，這場災難是由一系列的誤判引起的。巴基斯坦軍隊以為是塔利班武裝，而朝美軍和阿富汗士兵開槍，美軍則以為遭遇塔利班武裝，於是呼叫戰機實施空襲。

作為回應，巴方立刻升級了對美方的制裁。國防部宣佈，禁止美軍無人偵察機使用巴境內靠近阿富汗邊境的一個機場，同時，巴政府切斷了北約從南部陸路進入阿富汗的物資補給線，巴議會開始重新評估巴美關係。巴基斯坦政府要求歐巴馬政府公開道歉，但白宮認為二〇一二年大選臨近，向一個收留賓．拉登多年的國家公開道歉，將嚴重影響歐巴馬的外交聲譽，因此拒不道歉。但因北約物資補給的中斷對盟國造成的損失每月高達一億美元，僵局再持續下去，將影響美軍在阿富汗的戰局，因為九萬美軍和四萬其他北約軍隊及數百萬噸軍事裝備若要在二〇一四年年底前順利從阿富汗撤離，巴基斯坦陸路通道必不可少。

希拉蕊向歐巴馬建議，換一種方式處理美巴僵局，由她來出面向巴基斯坦方面私下表示歉意。二〇一二年五月，在芝加哥召開的北約高峰會上，希拉蕊懇請巴基斯坦總統扎爾達裡重新開放北約補給線。她同時派出國務院的談判老手副國務卿湯姆．奈茲（Tom Nides）與巴國財務部長私下裡接觸會談，美國公開場合必須逞強，但私下裡為了達到目的，希拉蕊不惜向巴方低頭示弱，承認錯誤。

巴基斯坦對這種幕後的外交安撫比較滿意，七月三日，希拉蕊打電話給巴基斯坦外交長希娜．哈爾，雙方討論了北約空襲巴軍隊哨所事件，確定這是一起因「錯誤」而導致的悲劇性事件。希拉蕊向巴方表示「最深切遺憾」，並向遇難士兵家屬致以「最真誠慰問」，同時承諾將與巴基斯坦和阿富汗密切合作，以防止類似事件再度發生。當晚，巴基斯坦決定重開北約補給線，結束了長達七個月的外交僵局。

第十章 班加西之戰

第十一個紀念日

二〇一二年九月十一日下午，希拉蕊回到國務院七樓的辦公室，這是一個紀念日，不僅僅是因為十一年前那個慘痛的日子。希拉蕊剛剛在國外跑了一個多星期，前往南太平洋的庫克群島參加太平洋島國論壇。這一趟遠門，使她在國務卿這個位子上的飛行里程第一次超過一百六十萬公里，僅次於她的前任萊斯。但萊斯比希拉蕊年輕七歲。

希拉蕊太拼了，每週工作八十小時，經常一天跨越幾個時區，時差都來不及調就直奔下一場會議。有時專機在午夜抵達，希拉蕊戴著墨鏡走下飛機，沒有化妝，顯得臉色蒼白，面容憔悴，頭髮沒有精心打理，黯淡而隨意地披著，長期的不規律生活，身材也開始發福了。希拉蕊的兩位貼身助理，幕僚長米爾斯和發言人萊因斯甚至懷疑，希拉蕊說不定哪一天會過勞而死，或者累癱在專機上。

希拉蕊在國務卿的任期已經過半，她急於想給自己在國務院留下一些政績，至少被人記住的東西，但是到現在，希拉蕊收穫不多。美國外交戰略向亞太轉型才剛剛起步，阻力不小，以巴和談毫無進展，伊朗核武談判停滯不前，北非「阿拉伯之春」是美國無心插柳的成果，但也陷入政治混亂和內戰邊緣。而在保護婦女權益和少數族裔的宗教信仰自由等社會議題上，是希拉蕊巧實力外交的重點領域，但也沒有太多的亮點。

上午，空氣清冽，陽光燦爛，清冽和燦爛得如同十一年前的那個上午，在五角大廈外的一個紀念儀式上，面對幾十名戴著墨鏡的國防部官兵，美國總統歐巴馬說，「基地組織的領導層已經被摧毀，賓・拉登對美國的危險已經成為過去，沒有任何事件能夠摧毀我們的信心，也沒有任何一種恐怖主義行動能夠改變我們賴以生存的價值基礎。」

這是一個紀念日，希拉蕊坐在國務卿的辦公室裡，沒有太多可以紀念的東西。但距離華盛頓八千三百公里外的一座城市正在發生的事情，卻讓她永生難忘。

下午四點，國務院行動指揮中心突然向幕僚長米爾斯發來紅色警報：美國駐利比亞班加西領事館被一群武裝分子圍攻。

兩個小時後，米爾斯的黑莓機上再度收到行動指揮中心發出的第二條訊息，她匆匆瞟了一眼，立刻衝進希拉蕊的辦公室。美國駐利比亞大使克里斯多夫・斯蒂文森（John Christopher Stevens）正躲在班加西領事館的避難安全屋裡。

二〇一一年三月十四日，希拉蕊在巴黎威斯汀大酒店與利比亞反對派領導人馬哈茂德・吉卜利勒密晤時，斯蒂文森也在場。作為一名職業外交官，斯蒂文森在中東和北非地區等地任職，包括耶路撒冷、大馬士革、利雅德和的黎波里，他能說一口流利的法語和阿拉伯語，是國務院資深

的中東問題專家。二〇〇九年，斯蒂文森第一次來到利比亞，在與格達費接觸之後，斯蒂文森在寫給國務院的情報中對格達費有著細緻的觀察，他說這位中東強人「在會談開始的時候，經常避免與別人目光接觸，交談過程中時常出現長時間的沉默，無話可說，場面尷尬」。

斯蒂文森對於中東情況瞭若指掌，他強調通過公共外交和民間機構，與北非國家保持接觸，斯蒂文森同時相信反對派領導人馬哈茂德·吉卜利勒的政治設想是後格達費時期的理想選擇。因此，當北約對格達費軍隊的空襲逐步扭轉利比亞戰局的時候，斯蒂文森成為希拉蕊在利比亞轉型時期依仗的核心人物。

二〇一一年四月五日，斯蒂文森搭乘一艘希臘貨船進入反對派控制的重鎮班加西，他的任務是「走出去，盡可能多地與全國過渡大會的領導人會面」。

斯蒂文森在班加西的臨時辦事處一直工作到二〇一一年十一月，之後便離開利比亞，二〇一二年五月再度返回的黎波里，接替格達費倒臺之後美國駐利比亞首任大使克雷茨（Gene Cret）。希拉蕊在國務院舉行的任職儀式上說：「斯蒂文森即使是在處理那裡最棘手的外交危機時，也能保持他極具加州人性格的冷靜。」

為了應對利比亞複雜的安全形勢，國務院在利比亞設立了三支「移動安全別動隊」，分別由六名國務院保安專家，與其他部門，如海軍陸戰隊和聯邦調查局等緊密配合，負責保護美國在利比亞派駐機構和人員的安全。此外，五角大廈還在利比亞派駐了十六人的「定點安全小組」。

但隨著利比亞過渡政府逐漸接管政權，美國政府計畫改變「雙管齊下」的保全配置，逐步撤出軍方和FBI的安全官員，由非常時期的非常措施，轉變為由國務院和利比亞當地安全部門共同配合，維護美國駐利機構的安全。

但由於首都的黎波里仍非常危險，政治過渡要等到二〇一二年六月大選結束之後才有可能得到改善，並且美國高官經常到訪的黎波里，需要特別的安全護衛，二〇一二年三月二十八日，克雷茨給國務院發電文，要求暫緩實施這一方案。克雷茨建議在首都仍保留一支「移動安全別動隊」，負責培訓利比亞安全部隊。等到當地武裝有足夠的安保力量和技能之後，再由國務院的安全官員替換逐步離任的「移動安全別動隊」成員。此外，克雷茨還要求在班加西保留五名臨時性的外交安全官，每四十五到六十天輪班一次。

在利比亞，針對美國的小規模襲擊事件仍時常發生。在克雷茨的電文發出後不久，班加西的一處美國設施遭到小型爆炸裝置的襲擊，還有人向美國的外交車隊投擲爆烈物。四月十九日，克雷茨收到國務院的回電，縮減安全人員的方案繼續執行，克雷茨的計畫被否決了，雖然失望，但也必須照辦，以前分幾處召開的會議，現在必須集中在同一個地點，以減少對保全人員的需求量。

五月，斯蒂文森前往的黎波里，接替離任的克雷茨，利比亞的緊張局勢進一步加劇。同克雷茨一樣，斯蒂文森要求提高對美國機構保安級別的要求再次被否決。上任不到一個月，

美國駐班加西機構的外牆被小型爆炸物炸出一個大洞。斯蒂文森給國務院發來一封電子郵件，要求兩支「移動安全別動隊」暫緩撤出利比亞，但他的這一要求被拒絕。

根據計畫，到八月中旬，美國在的黎波里的三十四名安全特務將縮減到七名，斯蒂文森再次寫信，利比亞國內的安全形勢還沒有達到撤人的標準，無論是維持美國外交機構的正常運轉，還是應對緊急突發事件，利比亞臨時政府都沒有能力提供支援，他要求在九月中旬之前，至少保留十三名高級安全特務。但這一要求被國務院負責管理事務的助理國務卿帕特·甘迺迪（Pat Kennedy）否決。

美國軍方和國務院派駐的保安官員主要集中在首都的黎波里，但實際上，在利比亞反對派的大本營班加西的局勢卻在急劇惡化。除了對美國的機構和人員實施攻擊，恐怖分子還向國際紅十字會大樓發射火箭彈，蘇丹和突尼西亞大使館被縱火。英國領事館車隊兩次遭到火箭彈和 **AK-46** 衝鋒槍襲擊，被迫關閉了駐班加西領事館。

在的黎波里的保安工作逐漸歸於常態化管理之後，國務院對班加西的美國領事館加強防護：圍牆加高、建築週邊設置了混凝土障礙、換上鋼制大門、領事館內的門也換成鋼門、增設保安亭、窗戶上安裝安全網、設置內部通訊系統。雖然國務院準備將這一處建築改造為永久性的駐班加西領事館，但目前它仍是一座臨時性建築，供美國大使來班加西工作和居住使用。

二〇一二年九月十日，斯蒂文森從的黎波里趕往班加西，準備參加中情局的幾個秘密情報會議，中情局的辦事處距離領事館大約一點六公里。斯蒂文森去班加西還有另外一個任務，是為希拉蕊年底對利比亞的訪問做準備。

憤怒的穆斯林

臨近「九一一」紀念日，班加西的局勢變得更加不安。伊斯蘭世界，一股憤怒的浪潮正在蔓延，捲入其中的包括一名好萊塢導演、一名加州牧師、一名仇視伊斯蘭教的埃及裔美國人、一名埃及電視節目主持人、幾個在中東地區具有廣泛影響力的伊斯蘭極端組織，以及或隱或現的基地組織。

而將這些看似毫不相干的拼圖串聯在一起的，是一部美國導演拍攝的影片《穆斯林的無知》。

這位導演名叫山姆．巴西萊（Sam Bacile），一位名不見經傳的以色列裔美國人，在好萊塢沒有人聽說過這個名字，甚至有人懷疑這個人是否真的存在。據說，巴西萊從一些猶太人那裡募集了五百萬美元的資金，耗時三個月，拍攝了這部長達兩個小時的電影。儘管導演認為「這是一部政治電影，而非宗教電影」，但實際上卻被認為充滿了「挑釁」。伊斯蘭教禁止偶像崇拜，不允許繪製任何生命體形象，先知穆罕默德以真人形象出現是伊斯蘭教的大忌。因此，之前的伊斯蘭教影片，如一九七七年拍攝的《上帝的使者》，沒有出現先知穆罕

默德的任何鏡頭，連講話都沒有，一律通過其他歷史人物，如穆罕默德的叔叔哈姆扎轉述。

但巴西萊就是要拍一部驚世駭俗的影片。影片一開始，一個戴面紗的女人問先知默罕默德：「把你的頭放在我兩腿之間，你仍然能在裡面看到魔鬼嗎？」如此惡毒地攻擊伊斯蘭教先知，除了激怒穆斯林，沒有任何藝術價值。整個劇本冗長乏味，表演生硬僵化，以真人形象示人的穆罕默德成為影片唯一的噱頭。二〇一二年初在好萊塢小範圍上映，根本沒有人注意到這部影片。

二〇一二年七月，巴西萊將《穆斯林的無知》剪成十四分鐘的片花，上傳到YouTube網站上，引起一名埃及裔美國人的關注。這人名叫莫里斯·薩迪克（Morris Sadek），強烈地仇視伊斯蘭教，經常在博客和論壇裡發表一些攻擊穆斯林教徒的極端言論。看到巴西萊的片花，薩迪克如獲至寶，九月初，他把片花重新剪輯後，上傳到一個阿拉伯語的部落格網站上，還通過電子郵件將貼文的鏈接廣為傳播。

一連串的多米諾骨牌，終於在加州牧師泰瑞·瓊斯（Terry Jones）的手上被推倒，激起伊斯蘭世界的強烈憤慨。這已經不是瓊斯第一次激怒穆斯林，此人曾經因為焚燒古蘭經並將影片放在網上，導致二〇一一年三月發生在阿富汗十二人死亡的的慘劇。而這次，泰瑞·瓊斯牧師不僅將影片上傳到自己的YouTube網頁上，更宣稱要將《穆斯林的無知》影片的節選片段在他的教堂裡播放。為了給自己辯護，他對《華爾街日報》表示：「這部電影是美國出品，但並不是為了攻擊穆斯林，而是為了揭示伊斯蘭教思想體系的毀滅性。」

瓊斯對阿拉伯世界和穆斯林文化的極度蔑視，激起埃及一位節目主持人的憤怒，九月八日，阿拉伯語衛星電視臺人民頻道（al-Nas）播放了部分片段，配以阿拉伯語字幕，該節目在YouTube上的點擊率超過三十萬次。一連串的火上澆油讓一部粗劣的好萊塢影片在中東和北非地區引發軒然大波。

在開羅，埃及議會第二大黨團、伊斯蘭教原教旨主義的薩拉菲派幾個月來一直在開羅的美國大使館門前組織示威活動，要求美國釋放一名盲人教長拉赫曼，此人因在九〇年代策劃一系列爆炸和恐怖攻擊事件而被捕，關押在北卡羅來納的一所監獄裡。不過，開羅使館門口的抗議活動規模並不大。

但在「九一一」這一天，一些極端武裝組織的頭目加入抗議人群，利用影片《穆斯林的無知》火上澆油，使事態迅速擴大化，其中包括穆罕默德．扎瓦赫裡，他是賓．拉登長期的副手以及基地組織目前的頭目艾曼．扎瓦赫裡的弟弟。

在兩人的煽動下，開羅大使館的抗議者爬上高牆，扯下了美國國旗並付之一炬，並升起了伊斯蘭聖戰組織的黑色旗幟，上面寫有阿拉伯文字。埃及員警由於寡不敵眾，不敢冒然採取任何行動，只能站在一邊看著事態擴大。

希拉蕊在國務院緊急開會，評估開羅大使館的暴力抗議事件，擔心穆斯林憤怒的浪潮將波及其他地區，尤其是利比亞東部靠近埃及的第二大城市班加西。

斯蒂文森將在班加西訪問五天，美國一直是班加西反政府武裝的幕後支持者，斯蒂文森在當地反格達費的民眾中也享有一定的聲望，個人安全應該沒有太大的問題。但考慮到恐怖分子可能會在九月十一日這一天搞點小動作，斯蒂文森決定這一天不外出，待在領事館開會辦公。

領事館由美國安全特務、地方武裝和利比亞臨時政府的員警共同負責守衛。早上七點，領事館工作人員發現，外面有人在對著領事館拍照，斯蒂文森給國務院發了一份工作紀要，對於美國支持馬哈茂德·吉卜利勒競選總理，班加西地方武裝組織非常不滿，揚言不再保護領事館。

下午，美國駐利比亞外交使館的二把手葛瑞格·希金斯（Gregory Hicks）從的黎波里發來一個短消息，問斯蒂文森有沒有聽說開羅的美國大使館遭到襲擊。

至少這一天，斯蒂文森待在班加西領事館裡太平無事。當晚他會見了土耳其的一名政府官員，會談結束後，將他送到大門口，時針指向班加西當地時間晚上七點四十分，華盛頓時間九月十一日的中午一點四十分。

晚上九點四十二分，一輛停泊在領館外執勤的利比亞警車離開。沒多久，槍聲響起，一名領事館安全人員通過閉路電視監控看到，幾十名武裝分子朝領事館圍攻過來，並很快衝進大門。他連忙按下警報按鈕，對著擴音器大叫：「攻擊！我們遭到攻擊！」當時，領事館內有七名美國人，包括五名外交安全保衛人員、大使斯蒂文森，以及一名資訊管理專家尚恩·史密斯（Sean Smith）。

夜色很黑，混亂之中，很難估計攻擊領事館當地武裝分子人數，少則二十多人，多則一百二十五人。史密斯正在網上通過即時通訊軟體同朋友聊天。「操！」他寫道：「槍聲！」武裝分子將領館外牆炸開一個大洞，爆炸聲連整個班加西都聽得到。

暴徒點燃汽油，開始在領事館內放火。領事館內的一名保全人員立刻聯繫了一公里外的中情局辦事處、的黎波里美國大使館，以及國務院的行動指揮中心。斯蒂文森的保鏢維克蘭德（Scott Wickland）讓大使和史密斯穿上防彈衣，三人退回到領事館C區的一個安全屋，這是一個經過特殊加固和具備額外防護措施的建築，有獨立的供水和食品儲備，能夠堅守幾天，斯蒂文森的臥室也在這片區域裡。

斯蒂文森開始打電話向的黎波里的希金斯求助，他撥了兩個號碼，都沒人接聽。希金斯正在家裡看電視，沒有聽到電話鈴響。一名特務衝進來，大叫：「大使遭襲了！」

希金斯一看手機，有兩通未接電話，一通是大使斯蒂文森打來的，另一通是大使的保鏢。後來有消息說，希金斯實際上是聽到了斯蒂文森的電話，但他故意沒有接聽。

不管真相如何，希金斯最終還是撥通了大使保鏢的電話，並與斯蒂文森通上話。

「葛瑞格，我們被攻擊了！」斯蒂文森在電話裡焦急地說。

隨後，電話突然斷了。

斯蒂文森、保鏢維克蘭德和史密斯三個人躲在在領事館的安全屋，他們可以清楚地聽

到院子內武裝分子已經衝進C區，暴徒似乎並沒有發現斯蒂文森等人，只是在院子裡亂竄，手裡拿著一桶桶柴油罐，開始四處縱火。這些一桶五加侖的柴油罐原本是供領事館的柴油發電機使用的。濃煙通過空調管道湧進安全屋，三人趴在地上，匍匐著爬到浴室。濃煙嗆得他們透不過氣來，維克蘭德打開浴室的窗戶，想呼吸一點新鮮空氣，但一股股濃煙從室外湧進來，反而讓他們透不過氣來，浴室裡漆黑一片，伸手不見五指，三人必須儘快離開，否則將悶死在這小小的浴室裡。

維克蘭德在前，朝緊急逃生窗爬去，一邊爬一邊敲著地面，讓後面跟著的斯蒂文森和史密斯不至於在黑暗中迷失方向。維克蘭德剛剛爬出窗口，一顆子彈飛來，他重重地倒在窗戶下的平臺上。維克蘭德試圖爬回去，但他的身體立刻被人抬起來，摔在地上，維克蘭德失去了知覺。

斯蒂文森和史密斯被困在房間裡，沒有爬出來。

領事館內戰術指揮中心的保安官仍在同中情局辦事處、大使館和國務院聯繫，其他三名保安官從另一座樓裡趕到C區，他們找到躺在地面上不省人事的保鏢維克蘭德。他們衝進燃起熊熊大火的樓內，尋找斯蒂文森和史密斯。

附近中情局辦事處聽到了領事館傳來的爆炸聲，接到求救電話，開始組織營救。但他們沒有立刻趕往領事館，而是在等當地的地方武裝，他們有架在汽車上的重型機槍，火力足夠強勁，但地方武裝並沒有來增援。二十分鐘後，中情局特務等不到增援，只能自己衝向領事館。

混亂的紅色警報

國務院的指揮控制中心負責監控世界各地的美國領事館，幫希拉蕊聯絡各國領導人。華盛頓時間下午四點零五分，中情局特務從辦事處出發，衝往領事館的同時，國務院指揮中心向國務院高級官員、白宮戰情室發出了紅色警報：

「大約二十名武裝分子開槍；現場同時聽到爆炸聲。」行政秘書斯蒂芬・穆爾（Stephen Mull）拿著手機，衝進希拉蕊的辦公室。

「我們剛開始還以為發生在埃及，以為開羅的抗議暴亂升級。」白宮一名國家安全事務助理說。白宮官員正在副國務卿傑克・魯的房間裡開會討論埃及局勢，國家安全顧問湯姆・多尼隆說：「每個人都在擔心開羅，因為開羅大使館的規模很大，有一百多人，沒有什麼防禦措施，和班加西領事館不一樣，開羅沒有類似的即時通訊系統。」

歐巴馬與多尼隆、國防部長帕內塔和參謀長聯席會議主席鄧普西緊急商議如何應對班加西領事館遭襲，但白宮從剛剛組建的利比亞當局那裡得不到任何有價值的情報，他們提供的資訊混亂甚至自相矛盾，利比亞派出一個四十多人的武裝小分隊試圖支援班加西領事館，但寡不敵眾，很快被暴亂武裝擊退，第二隊人馬還沒抵達現場，就被路邊埋伏的狙擊手堵在半路上。

希拉蕊在七樓的辦公室召集幕僚緊急討論班加西的局勢，米爾斯、蘇利文、伯恩斯、波

斯威爾，以及近東事務署的一名助理在場。

在班加西，中情局六名特務組成「快速反應突擊隊」，加上十六名利比亞人，抵達領事館，分散行動，一隊人馬奔向戰術指揮中心，營救仍被困在裡面的使館保安官，其他人則負責尋找大使斯蒂文森和史密斯的下落。他們在C區燃燒的大樓內找到史密斯的屍體。

但斯蒂文森仍然下落不明。

五名外交安全官擠進一輛裝甲車，朝中情局辦事處撤退，衝出領事館時與路邊的武裝分子交火。中情局特務留守在領事館內，抵達武裝分子發動的第二波攻擊，火箭彈爆炸聲和槍聲持續了十五分鐘。

在國務院，一名助理告訴希拉蕊，史密斯已經身亡，斯蒂文森仍失蹤。希拉蕊擔心的黎波里的大使館是否也遭到襲擊，她打電話給白宮的多尼隆，「我們碰到麻煩了，我們需要你們來處理。」希拉蕊說。

通過電子郵件和電話，各種襲擊的資訊傳來，很難在第一時間梳理出事件的具體進展。希拉蕊獲知，中情局在班加西有一個情報站，已經開始對領事館展開營救行動，她立刻打電話給大衛．彼得雷烏斯，以前的中央司令部司令，如今已是中情局局長。「你在當地有沒有什麼資源可以利用？」希拉蕊問，她想找一架無人偵察機在領事館上空即時監控襲擊的最新進展，但利比亞境內的無人偵察機屬國防部管轄，中情局沒有資格調用。而五角大廈已經調派一架無人偵察機正在前往班加西。

下午五點，調任國防部長的帕內塔和參謀長聯席會議主席鄧普西在白宮與歐巴馬舉行星期二例會，正在班加西發生的領事館遭襲事件成為唯一的議題。帕內塔命令駐紮在西班牙的美國海軍反恐部隊隨時待命，準備部署到班加西或的黎波里，在克羅埃西亞，美國本土的特種部隊也準備出發前往義大利南部的美軍基地，隨時待命。

在國務院，希拉蕊和助理們面臨的另一個難題是如何向美國公眾宣佈班加西領事館官員史密斯死亡和駐利大使失蹤的消息。

班加西當地時間深夜十一點半（華盛頓時間下午五點半），中情局特務和領事館倖免於難的幾名外交官突破重圍，安全抵達辦事處，但辦事處也不是安全島，他們很快就遭到火箭彈襲擊。與此同時，在的黎波里，一支美軍安全小分隊搭乘飛機，趕往班加西支援。但從班加西機場到中情局據點的道路不通，他們幾經波折，總算趕到。隨即就聽到據點外傳來巨大的爆炸聲，武裝分子對中情局據點發動第二輪襲擊，這一次顯然是精心準備，武裝分子躲在附近的屋頂和樹後，除了槍榴彈，他們還使用了迫擊炮等重型武器，兩枚迫擊炮彈落在院子裡，三枚擊中屋頂。一名參與中情局作戰的伊拉克軍人說，他們在兩分鐘內發射了十五枚槍榴彈，迫擊炮襲擊非常精準，尤其是在黑夜，沒有精確的座標計算，不可能打得這麼剛好，顯然是專業的武裝人員幹的。兩名中情局的特務在爆炸中喪生。

第二輪襲擊持續了十五分鐘，突然間槍聲停止，武裝分子迅速撤離。

在華盛頓，美國幾大重要的國家安全機構，包括國家安全委員會、國務院、五角大廈和中情局召開「副部級」緊急視訊會議，由國家安全委員會副顧問丹尼斯．麥克多諾主持。

會議正在進行中，希拉蕊突然走進國務院指揮中心參加會議，其他與會者從電視畫面上看到希拉蕊都很吃驚，因為部長級內閣成員很少參加這種副部級的工作會議，況且都已經這麼晚了。

希拉蕊坐在長桌的一端，向麥克唐納介紹了事態的發展，聽取其他成員介紹各自部門的最新情報，「她聽得很專注，非常擔心當地的使館工作人員，她瞭解所有的細節，介紹得也非常中肯，資訊很及時全面，」一名參加當晚會議的白宮官員說，「顯然班加西的緊急事態已經成為這個時候希拉蕊和國務院工作的全部內容。她已經盡了最大努力處理這一緊急事態。」

在白宮，助理不斷地從戰情室奔進奔出，因為這一安全區域裡通訊受阻，他們收不到簡訊，也沒辦法打電話。在國務院，也是一個不眠之夜。希拉蕊在她的辦公室、指揮控制中心和會議室之間來回穿梭。她直接打電話給利比亞總統穆罕默德．馬加里亞夫，要求他立刻派兵，加強對班加西和的黎波里的美國領事館的安全戒備，馬加里亞夫一口答應，但事實上，這個剛組建的政府對國內武裝力量的控制遠未達到一個國家政權正常的水準。

希拉蕊也給埃及、葉門、突尼西亞和中東北非地區的其他國家領導人打電話，希望他們加強對美國機構的保護。但對於班加西到底發生了什麼事，沒有人說得清楚，整個襲擊事件非常突然，現場一片混亂，各種資訊和情報魚目混珠、難辨真偽。

華盛頓時間第二天早上八點，希拉蕊打電話給的黎波里的希金斯，詢問斯蒂文森的消息和大使館進一步的計畫。的黎波里使館當晚也遭到攻擊，希金斯打算讓使館工作人員撤出大使館，搬到另一處設施內工作。希拉蕊同意了。

正在這時，大使館接到一個電話，是用斯蒂文森的手機打來的。電話的另一端，一名操著阿拉伯語的男子說，斯蒂文森正在醫院裡，但他拒絕讓斯蒂文森接聽電話。消息傳到國務院，所有人都鬆了一口氣，但依然無法證實斯蒂文森還活著。大使館人員讓這名阿拉伯男子拍一張病床上那個人的照片，傳給使館。

利比亞時間凌晨三點，希金斯接到利比亞總理凱博打來的電話，斯蒂文森已經遇難，死因是煙霧吸入性窒息。

據國會聽證會記錄的事件經過，當領事館的濃煙散去，武裝分子開始在院內大肆搶劫。他們看到地上躺著一個人，白襯衫，灰褲子，鼻孔被煙熏得發黑，嘴裡冒著膿液。武裝分子把他從窗口拖到院內，「他還活著！」有人大叫，「快閃開！」送醫後，醫生搶救無效，人已死亡。

華盛頓時間晚上九點，助理遞給希拉蕊一張紙條，上面寫著：斯蒂文森「可能」已經死亡。在沒有拿到死者確切的身份資訊之前，國務院無法證實斯蒂文森的死訊，但基本上可以

肯定，兩名使館官員在襲擊中喪生。

上午七點半，武裝分子對班加西中情局據點的襲擊稍停，一批同情美國人的利比亞武裝人員進入辦事處，護送倖存的美國特務和使館人員乘坐一架私人包機撤回的黎波里。而原本計畫支援班加西的美軍特種部隊，直到中情局辦事處的戰事結束仍未趕到，他們只派來一名醫療人員，最後帶走了四具美國人屍體。

的黎波里使館已經聯繫好一架利比亞軍方的C-130運輸機，當地時間上午八點二十五分，斯蒂文森的屍體被運往機場，確認死亡。

連續近二十個小時沒有合眼的希拉蕊，凌晨一點回到華盛頓的家中，她仍然睡不著覺，繼續通過電話與國務院行動指揮聯繫，兩點半，她等到的是斯蒂文森確認遇難的消息。希拉蕊的疲憊寫在臉上，斯蒂文森是她派往利比亞的，現在他死了，原本只有美軍作戰人員遭遇的傷亡慘痛，這一次居然落在了希拉蕊的頭上。

希拉蕊曾在國務院的內部刊物《外交與發展季報》中寫過一篇文章，強調國務院的工作是與五角大廈等部門合作，將外交官派駐到世界上最危險的地方，這是捍衛美國利益必須付出的代價，「為了配合美國正在擴大的衝突和危機應對能力，我們必須在國務院和國際發展局建立一支具有創新精神的外交隊伍，為實地工作建立新的標準。」希拉蕊說，「這一實踐將成為我們在衝突地區和衝突後重建過程中派駐外交人員的『新常態』。」對於可能面臨的危險，希拉蕊認為要學會「風險管理」，而不是避險。

但在格達費倒臺後的利比亞亂局中，美國外交官面臨的風險已經遠遠超過他們所能「管理」的地步，希拉蕊第一次意識到，外交文職人員的風險，有時候可能會付出生命的代價。

代罪羔羊

在利比亞格達費政府反對派的大本營，在最應該對美國人的「解放戰爭」感激涕零的班加西，美國大使的遇難著實讓希拉蕊和美國政府百思不得其解。一部掀起伊斯蘭世界強烈憤慨的影片，在原教旨主義色彩並不十分濃厚的利比亞，卻能激起如此暴力的軍事反擊，也讓美國感到意外。

從二〇一一年夏天開始，美國外交機構情報部門截獲的部分資訊就表明，基地組織可能正在利用格達費政權倒臺後形成的政治真空，加緊對利比亞的滲透。之前，在二〇〇六年到二〇〇七年，基地組織在伊拉克戰場上的外國雇傭兵裡，五分之一都是從利比亞東部招募的。

二〇一二年八月，國會圖書館的聯邦研究部門發佈一份詳細的調查報告，稱巴基斯坦的基地組織領導人正在利比亞建立一個地下網路，其影響力滲透到許多薩拉菲派穆斯林武裝分子，其中一個組織名叫安薩爾．伊斯蘭，儘管沒有證據表明這個組織直接聽從基地的指揮，但至少組織成員對基地持有同情態度。報告同時還認為馬格裡布的基地組織勢力迅速壯大，

已經控制了馬里國內的大部分地區，並且有進一步與利比亞的基地組織聯手的趨勢。

就在「九一一」的前一天，艾曼．扎瓦赫裡從他的秘密藏身地公佈了一份影音聲明，證實他在利比亞的副手阿布．亞哈．利比今年六月在巴基斯坦被美國的無人偵察機炸死，艾曼呼籲基地組織的同情者替利比復仇。

白宮竭力想從各種零碎的情報和資訊中拼出事件的真相。儘管美國對格達費沒有興趣，但在格達費時代，至少美國情報部門還能從格達費那裡拿到基地組織在利比亞的活動線索。格達費被推翻後，美國不得不派出特務深入利比亞境內尋找線索。在班加西的中情局辦事處就是最重要的情報點，辦事處有四幢建築，中情局拒絕透露裡面駐紮多少情報人員，但從襲擊第二天撤離的情況來看，至少有十幾人當時在班加西負責搜集情報。

隨著調查的深入，越來越多的跡象表明，基地組織或與基地組織有關的地方極端主義武裝分子直接策劃參與了整起事件，尤其是圍攻使館和中情局據點時使用的迫擊炮等重型武器，已經遠遠超出一般暴徒的水準。

「這場針對美國駐利比亞大使的謀殺行動是預先策劃好的。」伊斯蘭問題專家馬修．基帶赫（Mathieu Guidère）說道，「它直接回應了基地組織頭號人物扎瓦赫裡的號召：呼籲利比亞薩拉菲派為在巴基斯坦被美軍無人機炸死的阿布．亞哈．利比報仇。」基帶赫認為，影片和此次襲擊事件的發生沒有直接關聯，事實上，這部電影在利比亞沒有太大的影響，但薩拉菲派認為，他們找到了發動特別行動的突破口，以便使這一事件政治化。

自二〇一一年七月舉行議會選舉以來，利比亞一直被政治博弈所困擾：薩拉菲派始終陷入一種不得不團結馬加里亞夫的自由黨和穆斯林兄弟會的困境之中。在此背景下，薩拉菲則可起到決定性作用：它如果與穆兄會結盟，穆兄會能取得議會多數席位。

「為了使影片的影響政治化，薩拉菲派希望把一些敏感事件擴大，已取得轟動效應，從而影響利比亞公眾的情緒，」基帶赫說，「北非國家的薩拉菲派間有著千絲萬縷的聯繫，當它們在政治上無足輕重時，就會使用一些非常規的激進手段，使政府陷入尷尬境地。」

隨著二〇一二年大選的逼近，班加西襲擊和斯蒂文森大使的遇難，讓國務院和白宮倍感壓力。對國務院來說，他們損失了四名官員；對希拉蕊而言，她應對國務院的損失負直接領導責任；對歐巴馬來說，他沒有盡到在海外保護本國國民和機構安全的責任；對於白宮和國務院積極宣導甚至一定程度上推波助瀾的「阿拉伯之春」，這一回，美國人搬起石頭砸了自己的腳，歐巴馬政府期待的民主秩序並未實現，宗教極端主義和國內政治紛爭卻把美國視作頭號敵人。

歐巴馬和希拉蕊正面臨著他們政治生涯最大的信譽危機，但艱難卻讓他們比以往任何時候都走得更近。

班加西領事館遇襲的第三天，白宮玫瑰園，一個陽光燦爛的早晨，歐巴馬準備向全國發

表哀悼致辭。在橢圓形辦公室外，歐巴馬給了希拉蕊一個安慰性的擁抱，他告訴希拉蕊，儀式結束後，他想到國務院走走，看望那些與希拉蕊一起度過艱難時刻的員工。

希拉蕊沒有搭乘總統的車，她提前返回國務院，為歐巴馬的到訪做準備。在國務院大樓南院的中庭內，黑色大理石牆壁圍繞一座水池，這一刻顯得更加莊嚴肅穆，水池內，矗立著藝術家馬歇爾．弗雷德里克（Marshall Fredericks）的青銅作品《人類和擴張的宇宙》，一名力士斜躺在地球上，兩只手裡各拿著一座行星，以紀念人類向外太空的擴張。雖然美國太空梭「旅行者」號已經飛出太陽系，但國務院在北非的影響力擴張卻遭遇重挫。希拉蕊站在臨時搭建的講臺，大聲叫著讓大家去招呼所有與斯蒂文森大使有過一面之緣的國務院員工，立刻趕到中庭來。麥克風壞了，希拉蕊只能扯著喉嚨喊，她的嗓音有些嘶啞。

歐巴馬講了十五分鐘，沒有講稿，面對一百多名國務院員工。歐巴馬談到了他的童年，談到他在印尼度過的四年艱難時光，談到美國的駐外機構對他的意義。

演講結束，在希拉蕊陪同下，歐巴馬同國務院的官員一一握手，這一姿態對遭受重創的國務院，對背負著「領導不力」壓力下的希拉蕊，無疑是莫大的支持。

希拉蕊在國務院的三年，無論是在打擊阿富汗激進武裝，對賓．拉登藏身地發動突襲，還是在阿拉伯之春的美國外交推動等問題上，她一直堅定地站在歐巴馬的一邊。現在，希拉蕊的忠誠終於得到了回報。在白宮，他們像親人一樣擁抱安慰，在玫瑰園，他們在記者的鏡頭前堅定地站在一起，在國務院，歐巴馬對於國務院的外交努力做出肯定，在安德魯斯空軍基地，當裹著國旗的遇難外交官遺體被抬下飛機時，歐巴馬輕輕地摟著希拉蕊。儀式結束，希拉蕊的左手握著歐巴馬的右手，那一刻，他們的距離無比接近，希拉蕊在耳邊輕輕地對歐巴馬說：「謝謝你。」

班加西事件的第二天，美國三大廣播電視網不約而同地打來電話，邀請希拉蕊上電視節目接受採訪。希拉蕊在國務卿四年任期中，很少接受電視臺的節目邀請，除非她的確需要通過媒體傳達某種資訊，比如二〇〇八年總統大選民意落後時，或者在國務卿前半年，輿論傳言她被歐巴馬政府冷凍時，希拉蕊主動邀約電視臺做專訪並澄清立場。一般情況下，希拉蕊不需要靠媒體通告來衝人氣，她的知名度已經夠高了。不過，希拉蕊似乎對NBC的《與媒體見面》（Meet the Press）感興趣，總共接受了主持人大衛．格裡高利（David Gregory）九次專訪。在班加西襲擊疑雲未消之際，希拉蕊認為，在電視媒體上公開談論襲擊事件沒有任何好處。

但白宮卻希望利用星期天晨間談話節目這個機會，對公眾有所交待，搶得輿論主導權。一名白宮官員說：「我們認為，讓美國最高級別的外交官走出去，討論國務院一名高級外交官為這個國家作出的犧牲，是非常有意義的一件事情，這不僅僅是在討論那一天發生的事情，我們也想讓大家瞭解阿拉伯之春，平息社會對那部影片的憤怒，向世界表明，這不是美國的立場。」

在希拉蕊的授意下，萊因斯謝絕了白宮的請求。考慮到襲擊事件之後希拉蕊忙得團團

轉，白宮也不好強求，只好另找別人，他們想到了美國駐聯合國大使蘇珊．萊斯。

雖然同為黑人女性，但蘇珊．萊斯與前國務卿康多莉扎．萊斯並沒有親戚關係，這一點，連美國人自己也會搞錯。蘇珊．萊斯甚至有時候會自嘲說：「此萊斯非彼萊斯。」兩人除了膚色和姓差不多，中學時代都是佼佼者，並且野心十足，除此之外，她們沒有太多的共同點，在政治觀點和外交政策取向上大相徑庭。

蘇珊的父母都是教授，父親是經濟學家，曾擔任過美聯儲董事會成員，母親畢業於著名的拉德克利夫學院，是一位教育政策研究專家。蘇珊從小在華盛頓最具盛名的私立學校國家天主教學校讀書，中學是三星級體育運動健將、校內籃球明星。蘇珊在牛津大學拿到博士學位，專業是國際關係，畢業論文寫的是辛巴威的維和行動。

蘇珊在華盛頓的人脈關係深厚，她母親是前國務卿歐布萊特的好朋友，她小時經常在歐布萊特家裡玩耍。歐布萊特出任柯林頓總統的國務卿時，她把蘇珊從國家安全委員會調到自己身邊，擔任國務院負責非洲事務的助理國務卿，當時，蘇珊．萊斯還不到三十三歲，隨即在應對基地組織襲擊肯亞和坦尚尼亞大使館等危機事件中嶄露頭角。

二〇〇一年，喬治．布希出任總統，共和黨再次掌權，蘇珊．萊斯在華盛頓的布魯金斯學會蓄勢待發，等待著下一輪民主黨執政時謀求更高的職位。民主黨一名官員回憶說，有一次蘇珊．萊斯陪同一位外交政策專家去香港訪問，席間，蘇珊問當時的德州大學公共政策學院院長吉姆．斯坦伯格，怎麼樣才能在華盛頓的圈子裡更上一層樓，她想擴大自己的研究範圍，以免總是被人狹隘地定義為非洲問題專家。

除了向上爬的野心，蘇珊．萊斯的政治觀點也非常激進，總是希望挑戰現狀。早年在史丹佛大學讀本科的時候，蘇珊就發起成立了一個基金會，試圖脅迫學校拒絕接受那些同南非種族隔離政權有經濟往來的公司向斯坦福捐款。與歐布萊特、吉姆．斯坦伯格相比，蘇珊．萊斯的政治觀點更傾向於自由主義，她是布魯金斯學會裡少數對伊拉克戰爭持強烈反對態度的學者，她不僅認為這場戰爭的發起純粹是因為一個莫須有的藉口，而且認為戰爭本身就是一場根本性的錯誤。

蘇珊認為，民主黨的外交政策專家在批評小布希的伊拉克戰爭問題上，反應太慢、猶豫不決、態度過於溫和。在這一點上，她與歐巴馬的立場接近，因此，當歐巴馬最終選擇希拉蕊出任國務卿，而把她派往紐約出任聯合國大使時，蘇珊掩飾不住她的失望。現在，班加西事件讓她重新看到了入主國務院的希望，她決定不惜一切代價抓住這根稻草。

在美國，星期天上午是政論性談話節目的黃金時間，幾大電視臺均以資深節目主持人配備重磅嘉賓，搶佔這一時段的收視率。白宮決定搞一場轟轟烈烈的輿論攻勢，一口氣為蘇珊．萊斯約下了五場專訪，分別是NBC的《與媒體見面》，福克斯電視臺的《星期天新聞》，CBS的《面對全民》。ABC的《本周》和CNN的《美國國情》。在華盛頓，輪番接

受五場星期天談話節目的專訪，這種車輪大戰式的宣傳有一個專業的說法，叫做「金斯堡全站」，起源於陸文斯基的辯護律師威廉．金斯堡（William H. Ginsbrug），他在一九九八年一個上午跑了五場主流電視臺的談話節目專訪。

這是蘇珊．萊斯期待已久的機會，希拉蕊早已放出話來，四年任期結束後，不會謀求連任。垂涎多年的蘇珊將在班加西問題上充分展現她的敏銳觀察和對國際問題的駕馭能力，一個上午的媒體集中轟炸無疑將使她的曝光率大增。

但蘇珊絲毫沒有意識到，她正走向自己政治生涯的滑鐵盧。

在一次非公開的說明會上，眾議院情報委員會民主黨議員盧泊斯伯格（Dutch Ruppersberger）向中情局局長提出一個請求，希望能夠就班加西襲擊事件給他提供幾條口徑和要點，以便國會議員能夠在媒體接受採訪時，不要說漏嘴。在涉及國家安全的問題上，盧泊斯伯格主動要求與白宮「對錶」，倒也並不罕見，畢竟他和歐巴馬都是民主黨陣營，在大選的敏感時期，稍有不慎，就會被共和黨抓住把柄，成為政治話題。

中情局迅速擬定了一份口徑清單，提供給眾議院情報委員會，例如，班加西襲擊是受之前開羅大使館騷亂的「啟發」；武裝分子採取暴力行動之前，班加西領事館四周有大批人群聚集；基地組織成員混跡在武裝人員中參與了襲擊事件；利比亞戰亂過後大批流散民間的武器，使武裝分子非常容易得到精良裝備，導致使館官員傷亡；情報部門與利比亞政府及美國其他機構已經對武裝暴徒的陰謀有所察覺。

但中情局部分官員對這份口徑草案非常不滿，認為沒有提到中情局事先已經對國務院發出警告，要求他們注意開羅使館騷亂的連帶效應。經過修改後的口徑加了兩句話：「九月十日，我們發出警告，社群媒體上有人呼籲在使館門口示威，聖戰組織威脅要衝擊使館。」另一句話是說：「中情局提供大量的零碎資訊」，表明基地組織威脅與利比亞境內的恐怖主義有關。

究竟是中情局沒有預見恐怖分子對班加西領事館和中情局據點的襲擊？還是國務院忽視了中情局提供的情報，沒有採取更加有效的防護措施？歐巴馬政府的兩大機構開始為推卸責任而暗中較勁，中情局和國務院為媒體採訪的口徑幾經周折，多次在電子郵件中就一些涉及到「責任問題」的敏感措辭交鋒。

星期天上午，蘇珊．萊斯終於拿到最後版本的談話要點和口徑，但她在訪談中卻在兩個關鍵性的問題上「自由發揮」釀成大禍。一是，她把好萊塢導演的那部污蔑先知穆罕默德的影片，與開羅大使館的示威活動和班加西領館的襲擊事件直接掛鉤；其次，她錯誤地表述這場「抗議示威」最終演變為武裝攻擊，而根據口徑，班加西領事館門口並沒有示威活動，從一開始就是武裝暴徒的襲擊。

「根據我們到現在為止所掌握的確切情報，目前的基本判斷是，班加西事件實際上最初是自發性的反應，是對開羅使館門口的抗議示威活動的效仿，而這一示威活動顯然是由那部

影片激發的。」萊斯在《與媒體見面》節目中說，「因此，我們認為，班加西事件是由各種極端的因素湊巧碰在一起，引發的連鎖反應。」

每逢大選之年，任何小事都會演變為政黨攻訐的大事，共和黨怎麼能放過歐巴馬政府在班加西問題上的軟肋。為了證明歐巴馬政府在班加西問題上試圖推卸責任和掩蓋事實真相，連續幾個月的調查和國會聽證，將這一事件的前前後後兜了一個底朝天，國務院、中情局和白宮之間在口徑措辭上的「對錶」被逐條拿出來剖析。

蘇珊．萊斯在五大電視網上的集中亮相陳詞成為共和黨第一個標靶，急於表現真知灼見的萊斯在表達上犯了兩條致命的錯誤，直接將自己打入冷宮，她想在歐巴馬第二任期內接替希拉蕊的夢想徹底破滅。

而希拉蕊面對媒體一貫的「低調」和「不合作」這一次卻在政治上救了她。共和黨明知希拉蕊的人氣不是一次班加西事件就能撼動的，索性就集中火力攻擊主角歐巴馬。

希拉蕊逃過一劫，她唯一的損失是原本靠「阿拉伯之春」標榜美國顏色革命史冊，成為國務院「巧實力」外交範本的利比亞格達費政權顛覆，因班加西事件而黯然失色。

十月十五日，美國總統候選人第二場辯論開始前一天，希拉蕊決定站出來，主動承擔責任，在前往秘魯首都利馬訪問的途中，她接受CNN的採訪時說：「我承擔全部責任。」

希拉蕊主動為歐巴馬擋子彈，勇氣固然可嘉，但她選錯了時間，班加西事件成為紐約長島亨普斯泰德（Hempstead）這場總統候選人辯論的熱門話題，共和黨的總統候選人羅姆尼（Mitt Romney）當然不會錯過這個機會，他搬出班加西事件，來證明歐巴馬的領導力有問題。

但歐巴馬陣營還是找到了羅姆尼的弱點，因為他在班加西襲擊事件的當天發表的一份說明。

「當我們正在全力以赴地應對我們的外交人員面臨的威脅時，羅姆尼州長卻發表了一份媒體聲明，企圖從這一襲擊事件中撈取政治利益。這不是一個美利堅合眾國當家人應該做的事情，你不應該把國家安全問題變成一個政治話題，尤其是當事情還在進展之中的時候。」歐巴馬反唇相譏，但事實上，他在辯論中也把幹掉賓．拉登當作自己的反恐政績大吹特吹。

「我們會弄明白事情的真相，將所有的犯罪分子繩之以法。對於班加西發生的一切，我應該承擔全部責任，因為他們是我的人，當他們的遺體躺在棺木裡運回國內的時候，是我去迎接他們回家。希拉蕊國務卿的工作非常出色。她是為我工作的，而我是總統，最後永遠都應該是我來承擔責任。」歐巴馬說。

就在歐巴馬和羅姆尼圍繞著班加西事件唇槍舌戰之際，共和黨人想出了一個餿主意。共和黨全國代表大會的智囊團製作了一個諷刺性的競選廣告。二〇〇八年，希拉蕊在大選中反覆播放一條政治廣告，叫做「淩晨三點的電話」，一個深沉的畫外音說：「現在是淩晨三點，你的孩子安靜地睡著，他們感到很安全。但在白宮，電話鈴響了，一直響著……你想讓

誰來接聽你的電話？」

畫面切換，希拉蕊在黑暗的房間裡，接聽電話。這條廣告旨在批評歐巴馬沒有能力應對緊急事件，因構思巧妙而家喻戶曉。

共和黨就把這條廣告的腳本拿來，與班加西襲擊的畫面拼接在一起，借希拉蕊之口來證明歐巴馬的確缺乏應對危機和緊急事件的能力。在班加西領事館熊熊燃燒的鏡頭上，白色字幕寫道：「二〇一二年九月十一日，電話響起。四名美國人喪生，安全的希望破滅。而這個政府仍在改編他的故事。」背景音樂的電話鈴聲變成忙音。

共和黨全國代表大會沒有資金在各大電視臺播出這條廣告，但這些智囊認為，只要他們把話題炒熱、吸引媒體的注意，就能搭上新聞報導的順風車，免費將廣告搬上網際網路。他們得意洋洋地把廣告發給了羅姆尼陣營，卻碰了一鼻子的灰，羅姆尼的團隊認為，他們已經在班加西問題上搬起石頭砸自己的腳兩次了。一次是在襲擊當天發表的那份媒體聲明，第二次是在競選辯論中，羅姆尼被認為是拿美國人的不幸犧牲為自己的政治利益服務。羅姆尼的團隊認為，他們不會再打班加西牌，而是集中力量攻擊歐巴馬的經濟政策。

羅姆尼放棄班加西這張牌，從另一方面也證明，這波美國海外機構的重大挫折沒有對希拉蕊未來的白宮之路造成太大的影響。

第十一章 死結

「重啟」美俄關係

入主國務院半年，時間就像希拉蕊本人，一直在飛。在華盛頓和國際社會的密切關注下，希拉蕊努力調整著自己的政治姿態，在她的外交新思路和歐巴馬政策的執行空間下尋找新的平衡。

在歐巴馬短暫的參議員任期中，一個得意的政治成果就是促成美國和俄羅斯對削減各自的核彈頭數量達成共識，歐巴馬認為，核武數量的減少，一方面降低了美俄核武對抗的風險，另一方面也有利於防止核武向恐怖分子或「流氓國家」流失或轉移。

歐巴馬在大選中不斷把這一成果拿出來，證明自己的外交卓識。上任之後，他決定在核裁軍問題上乘勝追擊，與俄羅斯儘快簽署新的《削減和限制進攻性戰略武器條約》，因為舊的條約很快將在二〇〇九年失效。歐巴馬將美俄關係的改善作為他任期的外交突破口，而簽署新的核裁軍條約，被看作是「重啟」（reset）美俄關係的重要成就之一。

希拉蕊說：「我和歐巴馬總統都認為，通過與俄羅斯在三個方面的戰略發展，能夠確保美國關鍵性的國家利益：一是在美俄利益一致的情況下，尋找特定的合作領域；二是在利益分歧的

時候，堅持我們的立場；三是與俄羅斯人民長期保持接觸。這條路徑被稱為『重啟』。」

二〇〇九年三月，希拉蕊前往日內瓦，與俄羅斯外交長拉夫羅夫就簽約一事展開協商。出發之前，希拉蕊從她的老朋友霍爾布魯克那裡瞭解拉夫羅夫的情況。霍爾布魯克和拉夫羅夫在一九九〇年代都曾擔任聯合國大使，相熟相知。霍爾布魯克說，拉夫羅夫是一位非常完美的外交官，聰明、有活力，當然，也不乏傲氣。他皮膚黝黑、穿著講究，說著一口流利的英文，對威士忌有很高的品味，喜歡普希金的詩。

拉夫羅夫跟前國務卿萊斯的關係鬧得很僵，尤其是在俄羅斯出兵喬治亞之後，俄美關係一度陷入僵局。但作為冷戰結束依然有實力跟美國對抗的大國，美國需要俄羅斯在核武裝備控制、對伊朗制裁和阿富汗北方戰線上的合作。副總統拜登一個月前在慕尼黑安全會議上表示：「現在是按下重啟按鈕的時候了。我們要重新審視美俄之間能夠合作的諸多領域。」

希拉蕊喜歡「按下重啟按鈕」這個表達，她決定賦予這個外交詞另外一個戲劇性的呈現，要在全球媒體面前具象化地展示美俄關係「重啟」效果。希拉蕊將在儀式上贈送給拉夫羅夫一個紅色按鈕，上面分別用英語和俄語兩種文字寫著：「重啟」，這無疑是媒體熱衷的最具鏡頭感的畫面，一個極具創意的「菲林殺手」。

希拉蕊將這個任務交給他的助理兼新聞發言人萊因斯去執行。

但萊因斯卻沒有按照傳統的工作流程，向國務院眾多的專業俄語翻譯請教，而是找到國家安全委員會負責俄羅斯事務的主任邁克．麥克福爾（Michael McFaul），拿到「重啟」這個詞的俄語拼寫，國務院的俄羅斯專家比爾．伯恩斯也確認了單字拼寫無誤。

謀殺菲林的時刻到了。在日內瓦洲際酒店頂樓的全景沙龍，鏡頭閃爍、快門聲此起彼落，希拉蕊拿出一個黃色的禮物盒，「這個禮物代表著歐巴馬總統、拜登副總統和我的心意，」希拉蕊打開綠色禮物盒，拿出一個碩大的按鈕，上面寫著英文「reset」和俄語「peregruzka」，「就像這個按鈕，我們要重啟我們的關係。讓我們一起來吧。」希拉蕊舉起紅色按鈕，攝影記者按動快門。

希拉蕊將按鈕交給拉夫羅夫，說：「我們費了半天勁，才將這個俄語單詞找出來，怎麼樣？」希拉蕊得意地問。

「你拼錯了。」拉夫羅夫湊近看了一眼，回答說。

「我拼錯了？」希拉蕊錯愕，喃喃地回了一句。

拉夫羅夫指著按鈕說，這個單詞不是斯拉夫語，而是拉丁語，意思是「漫天要價」。

希拉蕊發出她標誌性的爽朗大笑，擊掌道：「哈哈，我們絕對不允許你們『漫天要價』。」

拉夫羅夫禮貌地笑著說，他一定會把這個按鈕禮物放在他的書桌上。

台下的幾名國務院和國安會助理臉色刷白，恨不得找個地洞鑽進去。萊因斯企圖亡羊補牢，他找到俄羅斯駐瑞士大使，問他能不能從拉夫羅夫手裡把按鈕拿回來，重新做一個，送

給外交長。

俄大使一臉壞笑地說：「這是美國人民的禮物，我不能還給你。如果給你，我們部長會很不高興的。」

萊因斯哭喪著臉說：「如果你們外交長不把按鈕還給我，我們的外交長會把我發配到西伯利亞的。」

萊因斯甚至提出，可以帶一名工匠師到賓館房間裡，專門為外交長現場重新做一枚按鈕。他口袋裡揣著一個按鈕，是派人從酒店的按摩浴缸裡偷偷拔下來的。

「不行。」俄大使冷冷地拒絕了。

第二天，《俄羅斯日報》頭版頭條刊登希拉蕊和拉夫羅夫拿著按鈕的大幅照片，大幅標題為：「拉夫羅夫和希拉蕊按錯了按鈕」。

希拉蕊倒是非常大度，沒有過分指責萊因斯，《時代週刊》也在封面故事中報導了這場滑稽的外交事故。希拉蕊後來找到這期《時代週刊》，自己和拉夫羅夫共同在封面上簽名，送給萊因斯，上面寫著一句話：「菲利普，俄羅斯人按了你的按鈕，不過，這很公平，因為你也按了他們的按鈕！一如既往地愛你，希拉蕊。」

希拉蕊對手下的寬容，讓她在國務院未來幾年，吃了不少苦頭。希拉蕊團隊與歐巴馬團隊的惡鬥導致白宮和國務院關係緊張，一些顧問在外交政策上出現紕漏，助理行為不檢、言語失當被記者推上報紙頭條，雖然狀況不斷，但作為救火隊長，希拉蕊從來沒有因此開除任何一名助理。

歐巴馬與俄羅斯總統梅德韋傑夫第一次會談是在倫敦。二〇〇九年四月，歐巴馬赴歐洲參加二十國集團高峰會和北約高峰會，希拉蕊陪同歐巴馬出訪，這是歐巴馬總統上任以來首次出國訪問，也是希拉蕊第一次全程陪同歐巴馬出行。

在美國駐英大使位於倫敦溫菲爾德的官邸，美國和俄羅斯代表團成員面對面坐在長條餐桌旁，希拉蕊是餐桌上唯一的女性。會談中，俄美兩國在阿富汗、反恐、貿易以及伊朗等問題上達成廣泛共識，只是在反導防禦系統和喬治亞問題上意見分歧。

在阿富汗問題上，梅德韋傑夫表示，前蘇聯一九八〇年代曾在阿富汗有過一段「不堪」的往事，俄羅斯願意開放的北方俄阿邊境，允許北約通過這道入口向阿富汗境內的美軍運送補給，這樣，駐阿美軍在南部的巴基斯坦邊境和北方俄羅斯邊境同時有兩條物資補給線，大大增強了因巴基斯坦局勢不穩造成補給線中斷的應變能力。

在伊朗核武問題上，梅德韋傑夫同樣對伊朗核武研發能力的增強表示擔憂。俄伊關係微妙而複雜，一方面，俄羅斯向伊朗出售武器，幫助伊朗修建布希爾核電站，但另一方面，俄羅斯並不希望伊朗局勢惡化，在核武擴散問題上影響俄羅斯南部地區的安全。二〇一〇年六月，在聯合國通過的對伊朗問題第一九二九號決議中，俄羅斯對制裁伊朗投了贊成票。

二〇一〇年四月，歐巴馬和梅德韋傑夫在捷克首都布拉格簽署了關於削減進攻性戰略武器的新條約。歐巴馬特意選在布拉格，是因為一年前，也是在這個地方，歐巴馬表示希望建立一個「無核世界」的構想。

根據新條約，俄美雙方需全面裁減冷戰時期部署的核彈頭與飛彈。與二〇〇二年的《莫斯科條約》相比，兩國需各自減少三分之一的核彈頭數量，將各自的核彈頭數量限制在一千五百五十枚以下。同時，將洲際彈道飛彈發射架、潛艦發射彈道飛彈發射架及配備核武的重型轟炸機等戰略武器運載工具的水準降低50%以上，總數以八百為上限。

對於希拉蕊來說，這項新的核裁軍條約是她國務卿生涯第一個歷史性的勝利，但這一條約還需提交俄羅斯議會和美國國會批准才能生效。在參議院共和黨方面，新條約面臨巨大阻力，尤其是準備在二〇一二年挑戰歐巴馬的共和黨潛在的總統候選人，趁機抨擊歐巴馬對俄羅斯讓步太多。羅姆尼說，新條約將成為「歐巴馬外交政策有史以來最大的失誤，它讓俄羅斯在與美國的核武力量對比中佔據優勢」。保守派共和黨領袖金里奇（Newton Gingrich）則認為新條約對於美國的國家安全是一個完全過時的東西，他呼籲共和黨人在議會投票時阻撓條約通過。

除去黨派紛爭，美俄關於削減進攻性戰略武器的新條約，在一些軍控專家看來，也是過於溫和，缺乏力度和實際意義。但是，共和黨對新條約大唱反調還有另一層考量，他們不希望歐巴馬藉著這項條約得寸進寸，進而通過《全面禁止核子試驗條約》。

希拉蕊開始在參議院利用她八年參議員積累下來的人脈關係和影響力，加緊遊說，一個星期內給十八位共和黨參議員打電話，勸說他們投贊成票。二〇一〇年國會中期選舉結束後，共和黨從歐巴馬手裡重新奪回了眾議院的控制權，在參議院，民主黨勉強保住了多數黨地位，但與共和黨僅有六票的差距。美國國會呈現「兩院分治」的局面，歐巴馬政策在國會受阻的可能性增大。

最終，參議院以七十一票對二十六票的結果通過了新條約，參議院所有的民主當議員全部投了贊成票，二十六票反對票全部來自共和黨議員，黨派紛爭色彩明顯。

希拉蕊與梅德韋傑夫的重啟按鈕在歐巴馬政府初期的確有用，在阿富汗物資供給線、俄羅斯加入世貿組織、在利比亞設立禁飛區、對伊朗制裁，以及擴大美俄反恐合作等方面，雙方合作愉快，但好景不長。二〇一二年五月，強人普丁和梅德韋傑夫角色互換，重新執掌俄羅斯大權，對美態度逐漸強硬，拒絕歐巴馬的邀請，缺席大衛營八國高峰會。

希拉蕊給歐巴馬發出一份備忘錄，提醒他即將面臨一位難纏的對手，希拉蕊說，普丁「對美國有著深刻的憎惡，對我們的一舉一動一直抱以懷疑的態度」，他夢想著在東歐和中亞地區擴大影響力，重建俄羅斯帝國在這一地區的主導地位。在二〇一二年墨西哥洛斯卡沃斯舉行的G20高峰會上，歐巴馬與普丁初次見面，希拉蕊在一旁慫恿歐巴馬，「對普丁殺價要狠！因為他不會給你任何好處。」

希拉蕊一直在試圖看懂普丁。

二〇一〇年三月，希拉蕊在普丁位於莫斯科郊外的一幢別墅裡與他見面，兩人在貿易和俄羅斯加入世貿組織等問題上一直談不攏，繞來繞去，雙方都很不耐煩。普丁顯然已經聽不進希拉蕊的話，思考開始游離。希拉蕊決定換個話題，她聽說普丁對野生動物保護很感興趣，於是就想找點普丁感興趣的話題，活躍會談的沉悶氣氛。

「普丁總理，跟我講講您在西伯利亞拯救老虎的事情吧。」希拉蕊冷不丁地冒出一句，讓普丁驚訝不已。

「跟我來。」普丁起身說道。兩人將助理拋下，徑直穿過一條長長的走廊，來到普丁的私人辦公室。幾名彪形的保鏢正在走廊上閒逛，被兩人的突然出現搞得措手不及，連忙舉手敬禮。推開一扇厚重有裝甲防護的大門，希拉蕊進入普丁的私人辦公室，辦公桌旁邊的牆上，掛著一幅巨大的俄羅斯地圖。普丁開始用口音極重的俄式英文給希拉蕊上了一趟野生動物保護課，他談到西伯利亞地區瀕臨滅絕的東北虎、北極熊和其他稀有動物。看著一個政治強人突然變成熱血的野生動物保護專家，希拉蕊覺得很有意思。

普丁問希拉蕊，柯林頓有沒有興趣和他一道去北極圈內的法蘭士約瑟夫群島，考察北極熊。希拉蕊回答說，回去問問丈夫，「如果他去不了，我倒可以看看我是否有空。」普丁眼睛一亮，顯然他對作為一個妻子的希拉蕊更有興趣。

不過，這段插曲很快結束，希拉蕊和柯林頓都沒有和普丁一起去找北極熊。

二〇一二年九月，亞太經合會在俄羅斯東部港口城市海參崴舉行，歐巴馬正忙於大選，無暇抽身，於是就派希拉蕊全權代表總統出席。普丁非常在意歐巴馬的缺席，加上一直對美國強烈批評普丁支持敘利亞阿薩德政權不滿，在APEC高峰會上故意冷落希拉蕊，遲遲不願與希拉蕊會談，直到當晚的晚宴即將開始前十五分鐘，才突然安排與希拉蕊短暫會談。

根據APEC的慣例，上一屆APEC高峰會的主辦國美國的代表將與本屆APEC會議的主辦國代表坐在一起，普丁只能硬著頭皮與希拉蕊緊挨著坐在主桌。兩個人聊起俄羅斯面臨的挑戰，普丁似乎興趣不大。希拉蕊告訴普丁，她剛剛參觀過聖彼得堡二戰英雄紀念碑，當時的聖彼得堡還叫列寧格勒，這場持續三年的保衛戰有六十多萬前蘇聯士兵戰死沙場。

希拉蕊對歷史的回憶觸動了普丁，他終於打開話匣子，向希拉蕊講起他的父母。

列寧格勒保衛戰期間，普丁的父親從前線回來短期修整，還未走到家門口，遠遠地就看見門口堆著一堆屍體，人們正在將屍體抬上平板車準備運走。他走近一看，發現屍體堆裡露出一雙腳，他認出來腳上的鞋子正是普丁媽媽穿的那雙鞋子。他衝上前，要把屍體搶回來，幾經爭執，終於要回了妻子的屍體。普丁父親緊緊地抱著妻子的屍體，哀慟之中突然發現，妻子居然還有一口氣，趕緊抱回家，經過搶救和調養，最終將妻子的一條命從屍堆裡撿了回來。

八年之後的一九五二年，他們生下了一個兒子，名叫佛拉迪米爾·普丁。

希拉蕊事後向美國駐俄羅斯大使邁克．麥克福爾求證這件事。作為俄羅斯問題專家，他也從未聽說過這個故事。雖然希拉蕊無法證實普丁的故事，但至少她明白：普丁對這個古老而充滿災難的國家懷有深深的民族主義感情。

二〇一三年一月，當希拉蕊準備卸任國務卿的時候，她寫給歐巴馬總統關於俄羅斯的最後一份備忘錄，希拉蕊說，她預計普丁將會連任俄總統，在美俄關係「重啟」四年之後，雙方在核武軍備控制、對伊朗制裁、阿富汗等問題上取得進展。雖然希拉蕊認為，與俄羅斯發展建設性的合作關係符合美國的長期利益，但她認為必須對普丁的野心，對俄羅斯、對周邊國家、對全球秩序形成的威脅保持警惕。希拉蕊對歐巴馬說，美俄關係將在未來幾年進一步惡化，普丁將美國視為主要的競爭對手，「他對國內反對派勢力的增長，對中東等地區專制政權的垮臺感到非常恐懼，也使他不可能與美國維繫良好積極的關係。」

希拉蕊建議歐巴馬，「不要急於表現得願意跟普丁合作，不要給予他高度的關注讓他自鳴得意，拒絕參加九月份在莫斯科舉行的領導人高峰會，告訴他我們不會因為俄羅斯的干涉，就放棄在歐洲、中亞、敘利亞及全球其他地區尋求我們的戰略利益。強硬和毅力是普丁唯一能夠明白的語言。」

希拉蕊對於普丁和美俄關係的激進建議在白宮引起不同的反響，幾經商議，歐巴馬總統最終還是接受了普丁的邀請，準備出席美俄首腦高峰會，但隨後的斯諾登事件再度讓美俄關係滑入低谷，歐巴馬臨時取消了高峰會行程。美俄關係的重啟進程，就像希拉蕊送給拉夫羅夫的「重啟」大按鈕，只是一個外交界的笑話。

中東的鷹派對手

為了報復哈馬斯的火箭彈襲擊，從二〇一二年十一月十四日開始，以色列在加薩走廊發起代號「防務之柱」大規模軍事行動，以軍事戰鬥機、坦克和海軍戰艦繼續向加薩走廊開火，空襲了一百五十六個目標，包括一百二十六處火箭彈發射陣地、哈馬斯的部分安全據點和訓練基地。哈馬斯武裝人員則以火箭彈還擊，向以境內發射了三百多枚火箭彈。

這場蓄意已久的軍事行動，以色列總理納坦尼雅胡提前告訴了歐巴馬。當時，希拉蕊正陪同歐巴馬在東南亞三國訪問。幾天來，歐巴馬一直在考慮是否要派希拉蕊緊急出訪中東，在以色列點燃中東「火藥桶」之前，提前將引信澆滅。一般來說，只有當白宮確認以巴之間的確有可能達成和平的時候，才會派國務卿出馬斡旋，促成和平協議的達成，而在戰爭一觸即發的危機下，冒然出訪，不僅無法息事寧人，反而會引火焚身，將中東和平的責任攬在自己身上，顯得美國很無能。因此，歐巴馬猶豫不決。

在「空軍一號」的總統客艙裡，面對歐巴馬的一籌莫展，希拉蕊也皺了眉頭，這一幕冤冤相報，從她還是白宮第一夫人的時候就已經開始，以巴和談是歷屆美國政府一直未能解開

的死結。在希拉蕊即將卸任國務卿的最後時刻，她已經不指望能夠將中東和談列入自己的外交歷史成績單。

時光追溯到三年前，希拉蕊真的以為她能夠被載入中東和平的史冊中。

二〇〇九年一月，在歐巴馬即將宣誓正式就任美國總統的前幾天，以色列軍方發起「鑄鉛行動」，攻入加薩走廊，對哈馬斯武裝人員對以境內的火箭彈襲擊實施報復性打擊，將哈馬斯總部、訓練營和武器彈藥庫等多個目標夷為平地。以軍對加薩分割合圍，切斷了哈馬斯通過邊境走私武器的地下通道，並進入加薩城內對哈馬斯進行打擊。在取得既定軍事目標之後，一月十七日，為了給歐巴馬的總統就職典禮留點面子，以色列總理歐麥特宣佈停火。

在小布希總統任期的最後兩年，美國政府基本上已經放棄在以巴間進行斡旋的努力，放任以色列和日益坐大的哈馬斯武裝組織在火箭彈和報復性的軍事打擊之間循環往復。歐巴馬上任後，決意要在小布希毫無作為的中東地區再現大衛營協議和奧斯陸談判的輝煌，重塑美國在中東和談進程中的老大哥地位。一方面，歐巴馬政府要求以色列停止在約旦河西岸擴建定居點，拆除現有的非法定居點，另一方面也敦促阿拉伯國家對以色列作出讓步。

歐巴馬正式赴任白宮後的第二天，就任命前緬因州參議員喬治・米切爾為中東問題特使，前往中東斡旋，準備重啟以巴和談。米切爾曾擔任參議院多數黨領袖，在華盛頓政壇享有很高的聲譽。一九九四年，米切爾被任命為美國北愛爾蘭問題特使，利用他的政治影響力、耐心和談判技巧，成功地在一九九八年促成北愛衝突各方達成和平協議。米切爾有一句名言：「我們失敗了七百多天，只有一天是成功的」。

出任歐巴馬的中東問題特使，米切爾已是七十六歲的高齡，並且患有前列腺癌，閱盡人生政治紛爭，讓他對和平有一種特殊的感悟。有一次，米切爾在耶路撒冷演講時說，北愛衝突持續了八百多年，最終才達成和平。台下一位老先生不屑地說：「才吵了這麼點時間，難怪你能解決！」以色列人兩千七百年前就從約旦河地區流散至世界各地，中東問題的複雜性的確不是北愛地區衝突能夠比擬的，它涉及的歷史、宗教、經濟和地緣政治上的矛盾，已經超越了現代政治學能夠解決的範疇。

希拉蕊就任國務卿後，以色列總理歐麥特是她第一個打電話的外國領導人。她告訴歐麥特，歐巴馬政府將派米切爾作為中東問題特使前往以色列，商討如何重啟以巴談判，締結全面和平協議。希拉蕊重申，美國將一如既往地支持以色列，加強美以軍事安全合作，建立「鐵穹」攔截系統，以抵禦巴勒斯坦人的火箭彈襲擊。

歐麥特也表達了重啟以巴和談、支持建立巴勒斯坦國的立場。他是以色列政壇少有的「鴿派」領導人，一直主張執行夏隆路線，在約旦河西岸地區繼續實施撤離行動，並承諾在四年內單方面劃定以巴永久性邊界線。但是，當時的歐麥特實際上已經是隻「跛腳鴨」了，因涉嫌在擔任耶路撒冷市長期間貪污腐敗，他在二〇〇八年九月辭去總理和前進黨主席職

務。作為看守內閣總理，歐麥特沒有任何政治動力推動以巴和談。二〇〇九年五月，歐麥特以收受賄賂罪被判六年監禁，成為以色列自一九四八年建國以來首位因腐敗而獲刑的總理。

希拉蕊的中東和平之路，因歐麥特的獲刑，剛開始就跌了一跤，這是一個不祥的預兆，她即將面臨的對手，是縱橫以色列政壇幾十年、享有極高聲譽的鷹派人物——納坦尼雅胡。在歐麥特辭職之後，納坦尼雅胡領導的庫爾德集團和極右翼政黨「以色列是我們的家園」結盟，並聯合工黨、沙斯黨等右翼小黨派，於二〇〇九年三月建立聯合政府，這是他十年之後第二次出任以色列總理。

希拉蕊和納坦尼雅胡認識多年，兩人的交情很深，雖然在中東和平上的立場不同，但卻經常跨洋煲電話粥，一聊就是一兩個小時。希拉蕊形容納坦尼雅胡是一個「很複雜的人物」。

納坦尼雅胡一九四九年出生在特拉維夫，小名「比比」。父母為立陶宛移民，都是堅定的猶太復國主義者。

一九六三年，十四歲的納坦尼雅胡隨在賓州任教的父親移居美國，高中畢業後回以色列服兵役五年，因驍勇作戰獲得上尉軍銜。一九七三年身體復原後返回美國，在麻省理工學院獲建築學士和工商管理碩士。納坦尼雅胡能言善辯，有一口流利的美語，曾在前共和黨總統候選人羅姆尼在波士頓開設的一家諮詢公司裡短暫工作過。

一九七六年，納坦尼雅胡的哥哥約納坦跟隨所屬的突擊隊，長途奔襲烏干達恩德培機場，營救被劫持的九十八名猶太人質，在行動中殉職。哥哥的遇難對納坦尼雅胡刺激很大，他決定投身反恐事業，成立了「約納坦研究所」，致力於打擊恐怖主義。在納坦尼雅胡組織的一次反恐會議上，他結識了以色列駐美國大使摩西·艾倫斯，並從此真正走上了政治的道路。

可以說，一九七三年的贖罪日戰爭和一九七六年恩德培機場人質事件，大大影響了納坦尼雅胡的鷹派立場。而他的父親直到一百零二歲去世的時候，還在夢想著建立一個包括約旦河西岸和加薩走廊的猶太國，這種極端民族主義的歷史觀，在一定程度上也影響了納坦尼雅胡對奧斯陸協議關於建立巴勒斯坦國的對立立場。

一九八三年，納坦尼雅胡作為代表團成員參加美以戰略協定談判，初露鋒芒。翌年，他被任命為以色列駐聯合國大使，成為以色列最年輕的大使。一九八八年納坦尼雅胡進入議會，擔任副外交長。一九九四年，他成為利庫德集團新舵手。一九九六年首次總理大選中，他提出「安全換和平」對陣「土地換和平」，迎合民眾對安全的渴望，出人意料地戰勝德高望重的前總理佩雷斯，成為以色列最年輕的總理。

納坦尼雅胡儘管立場強硬，但上任後很務實，期間實施和平協議，達成希伯倫和懷伊協議，大幅降低恐怖活動。而在利庫德集團內部，他和夏隆稱得上是老對手，曾互換過總理和外交長位置。因強烈反對夏隆的單邊撤軍計畫，讓夏隆憤而退黨，組建了前進黨。利庫德集團也因此跌入低谷，在二〇〇六年的議會選舉中只得到十二席。在哈馬斯控制加薩後，利用

選民對安全形勢的不滿，利庫德集團東山再起，納坦尼雅胡又一次站在歷史的潮頭。

二〇〇八年八月，希拉蕊大選失敗後，納坦尼雅胡來到位於紐約第三大道的參議員辦公室安慰希拉蕊。納坦尼雅胡說，在一九九九年選舉失敗之後，他打電話給英國前首相柴契爾夫人，她送給納坦尼雅胡一句話：「你總能期待意外的發生。」納坦尼雅胡同樣把這句話送給低潮中的希拉蕊，幾個月後，當希拉蕊接到歐巴馬出任國務卿的邀請時，她又想起納坦尼雅胡的這句贈言，還挺準的。

從二〇〇〇年九月巴勒斯坦人發動第二次「起義」以來，以巴關係就一直在動盪和報復性攻擊中，滑向不可調和的戰爭邊緣，從二〇〇〇年到二〇〇五年，有一千多名以色列人在巴勒斯坦武裝部隊的襲擊中喪生，八千多人受傷；巴勒斯坦的傷亡人數則是以色列人的三倍。為了加強防衛，以色列沿約旦河西岸豎立了一道安全隔離屏障，嚴格封鎖以巴邊境，有效阻止了巴勒斯坦人對以色列發起的自殺性炸彈襲擊，人肉炸彈襲擊從二〇〇二年的五十多起，下降到二〇〇九年沒有一起恐怖攻擊事件。以色列人躲在高牆之後，覺得相對安全，從而也對重啟中東和平興趣索然。

但兩大因素卻一直影響著以巴關係。

一是在巴勒斯坦領導人阿拉法特二〇〇四年去世之後，巴勒斯坦內部政治力量發生劇烈變化。激進的哈馬斯武裝組織以暴力和不妥協為口號，贏得了許多對以巴和談感到絕望的巴勒斯坦民眾的支持。哈馬斯逐漸取代法塔赫，在加薩走廊掌握了控制權，並在二〇〇六年首次贏得大選。哈馬斯改變人肉炸彈的恐怖攻擊策略，開始用火箭彈從加薩走廊和黎巴嫩對以色列境內發動襲擊，雖然襲擊目標並不明確，且多數被以色列的「鐵穹」防禦系統攔截，但卻對以色列民眾的安全造成嚴重威脅。

二〇一〇年四月，有消息稱，敘利亞正在將遠程導彈飛毛腿運抵黎巴嫩的真主黨武裝組織，其射程足以到達以色列的主要大城。以色列在海上攔截了一艘貨船，上面裝載著敘利亞製造的M302地對地導彈，準備運往加薩的哈馬斯武裝組織。兩起事件再度引發以色列國內強烈的安全恐慌。

二是以色列不斷修建新的猶太人定居點，導致以巴矛盾愈演愈烈。

以色列是世界上唯一以移民定居而形成的國家，在世界各地漂泊流散了幾千年，猶太人對於約旦河這塊聖經中的「流著奶與蜜之地」有著強烈的民族歸屬感，他們將約旦河西岸稱為「猶大地和聖瑪利亞」，是上帝賜予猶太人的「應許之地」。以色列在一九六七年第三次中東戰爭中，佔領了約旦河西岸和東耶路撒冷，此後開始在這些地區修建猶太人定居點。

一方面是出於宗教情感，另一方面也是為了解決世界各地的猶太人移民以色列後的居住地緊張問題，以色列政府不斷在這裡興建定居點，目前在約旦河西岸和東耶路撒冷地區，居住著五十萬猶太人和兩百五十萬巴勒斯坦人，兩個勢不兩立的民族比鄰而居，定居點呈犬牙

交錯之勢，安全形勢緊張。

長期以來，巴方堅持要求，只有以色列完全凍結定居點建設，巴方才能重回談判桌。而以方強調定居點建設是根據「自然增長」的需要。按照以巴一九九三年簽署的奧斯陸協議，以定居點擴建只能在人口「自然增長」的基礎上進行。因此，以色列在定居點問題上拒絕做出實質性的讓步。

在出任歐巴馬政府的中東問題特使後不久，米切爾隨即在幾個主要的阿拉伯國家旋風般地走訪了一圈，試圖在二〇〇二年阿拉伯和平倡議的基礎上，促成以色列與阿拉伯鄰國就地區和平達成一個全面的和平協議。他提出中東問題涉及以色列、巴勒斯坦和阿拉伯國家三方利益，只有三方本著良好意願，採取建設性的和解步驟，才能為各方重新坐在談判桌前打下信任基礎。為此，米切爾提出三點建議。

首先，在巴勒斯坦方面，美國要求巴勒斯坦民族權力機構加強對恐怖主義的打擊力道，減少針對以色列的仇恨宣傳。例如，巴勒斯坦將約旦河西岸一個城市廣場以一名在以境內實施自殺性攻擊的「英雄」名字命名，美國認為，巴勒斯坦應放棄對此類暴力行為的鼓勵政策，減少對以色列的妖魔化宣傳。對於哈馬斯，美國將繼續採取孤立政策，在其公開承諾放棄暴力手段、承認以色列之前，拒絕讓哈馬斯參與和平進程。美國同時呼籲巴方立即釋放被綁架的以色列士兵吉拉德·沙利特。

其次，對阿拉伯國家而言，美國希望能夠在阿拉伯和平倡議的基礎上，實現以色列和阿拉伯國家的關係正常化，例如允許以色列民用客機飛越阿拉伯國家領空、重開貿易辦公室、建立通郵管道等等。希拉蕊透露，納坦尼雅胡二〇〇九年與希拉蕊在國務院會談時，特別提出希望看到中東的老大哥——沙烏地阿拉伯採取實際行動，緩和與以色列的關係，為中東其他國家做出榜樣。

第三，對於以色列，美國提出凍結在巴勒斯坦領土上的所有定居點興建計畫。這是以巴衝突最現實、最棘手的死結。巴勒斯坦領導人阿巴斯多次表示，不凍結定居點建設，以巴絕無談判的可能。

幾個月來，納坦尼雅胡與歐巴馬在定居點問題上幾經交鋒。納坦尼雅胡堅決不妥協讓步。而白宮認為，必須在定居點問題上對以色列新政府採取強硬態度，否則以後其他的難題更無法解決。歐巴馬也認為，凍結定居點建設是以巴談判一個很好的戰略切入點，有助於將美國在中東和談中打造成一位真心實意的斡旋者形象，軟化美國一直站在以色列一邊的刻板印象，從而贏得多數阿拉伯國家的支持。

希拉蕊對歐巴馬團隊在定居點問題上的強硬立場並不完全贊同，她認為以色列人在涉及自身安全利益，以及沒有任何回報的情況下，絕不肯輕易在凍結定居點問題上讓步，以巴可能將在這個問題上撞得頭破血流。二〇〇九年整個夏天，希拉蕊和米切爾都在為定居點的事情在以

巴之間艱難撮合。歐巴馬決定利用九月紐約聯合國大會的機會，讓納坦尼雅胡、阿巴斯當面坐下來談，效果會更好一點，但這場非正式會面最終在尷尬和無語中收場，歐巴馬空手而歸。

焦點仍是耶路撒冷的地位問題。以色列在一九六七年戰爭中佔領了約旦河西岸和東耶路撒冷地區，而巴勒斯坦人一直夢想著以東耶路撒冷為首都建立巴勒斯坦國，因此，強烈要求以色列必須停止在東耶路撒冷興建定居點。但以色列人認為整個耶路撒冷地區都是以色列的首都，納坦尼雅胡當然不肯在東耶停止定居點工程。

十月底，希拉蕊接到以色列國防部長打來的電話，幾經商討，以政府的立場有所鬆動，同意在十個月內不再批准新的約旦河西岸猶太人定居點建設專案，但納坦尼雅胡堅決不同意將東耶路撒冷納入禁令範圍。

希拉蕊打電話給阿巴斯，告訴他以方的妥協，阿巴斯的第一反應是拒絕，「這樣的備忘錄，簽了也毫無用處，還不如不簽。」阿巴斯說。希拉蕊不得不再度鼓動巧舌，說服阿巴斯，「我想再次強調，我們在定居點上的政策不會改變。喬治．米切爾向你通報的以色列關於定居點的備忘錄意義重大，以色列做出了前所未有的讓步，但這不能替代以色列對路線圖的承諾。」

但是阿巴斯對備忘錄中將耶路撒冷排除在外，並附帶其他限制條件不滿，拒絕參與談判。不過作為「示好」，阿巴斯也做出了一些讓步，稱巴勒斯坦將推遲在聯合國提交的古德斯通報告進行表決，這份報告指責以色列在二〇〇八年對加薩發動的襲擊中，犯下非人道的戰爭罪行。阿巴斯這一微小的讓步在阿拉伯世界引發強烈爭議，包括半島電視臺在內的阿拉伯媒體對阿巴斯個人展開了連篇累牘的攻擊，甚至有人對他以及孫子的人身安全發出威脅。最後阿巴斯退縮了，還是向聯合國提出了古德斯通報告的表決議案，以巴關係的傷口上再次撒了一把鹽。

十一月二十五日，以巴雙方終於就暫時凍結在約旦河西岸興建猶太人定居點簽署備忘錄，期限為十個月。

時鐘滴答，希拉蕊指望著十個月內，以巴能夠在備忘錄形成的善意氣氛中，進一步推動以巴和談。但巴方以東巴勒斯坦定居點仍在繼續修建為由，拒絕與以色列展開直接談判，只是同意進行「週邊談判」，由米切爾在以巴之間穿梭傳話。

二〇一〇年四月，一場外交風波讓美國在以巴談判中扮演的角色顯得更加尷尬。

美國副總統拜登訪問以色列，他的專機剛剛落地，以色列內務部突然宣佈，在東耶路撒冷地區新建一千六百套房屋，再次燃起巴勒斯坦人的怒火。雖然納坦尼雅胡堅稱他對內務部宣佈這個消息的時間節點這麼「不巧」毫不知情，但媒體都把這一招看作是以色列給拜登和美國政府在中東政策上的一個下馬威。

面對這場外交「禮遇」，拜登本人倒也坦然接受，顯得不慍不火。歐巴馬在國內卻非常惱火，他把東耶新建定居點的消息看作是對他個人、對副總統拜登，甚至對美國的侮辱。他指示希拉蕊一定要向納坦尼雅胡表達美國的嚴正立場，希拉蕊只好照辦，納坦尼雅胡還是那句話：「公

佈消息的時間完全不是故意的，只是不巧而已。」他拒絕收回新建定居點的決定。

說來也巧，歐巴馬很快就找到了報仇雪恥的機會。美國以色列公共事務協會即將在華盛頓召開年會，這是美國最有影響力的親以政治組織之一，納坦尼雅胡決定親自到訪華盛頓，並在年會上發表講話。

希拉蕊代表美國政府出席年會，大家都很關注她會在拜登出訪以色列遭遇尷尬一事上如何表態。但希拉蕊卻利用這一機會，第一次完整地闡述了她在以巴問題上的觀點。她談到以色列的安全問題，談到以色列國和巴勒斯坦國的解決方案，談到中東地區在地緣政治、技術和意識形態上的革命性變化，最後，她把話題轉到敏感的東耶路撒冷定居點問題。

希拉蕊說：「我們反對在東耶路撒冷修建定居點，不是出於我們對東耶路撒冷最終地位的立場，最終地位問題需要在談判桌上解決。在東耶路撒冷或約旦河西岸修建新的定居點，會破壞各方好不容易建立起來的互信，將以色列和美國在這一問題的分歧曝光於天下，削弱了美國扮演的中間人角色，讓中東其他國家有機可乘。」

第二天，納坦尼雅胡按照計畫前往白宮，與歐巴馬總統舉行會談。

君子報仇，十年不晚。歐巴馬顯然就等著這一天。會談進行到一半，他突然起身離開，把納坦尼雅胡晾在白宮的羅斯福廳，讓他坐在那裡乾等了一個多小時，歐巴馬自己則在旁邊的辦公室悠哉地處理他的事情。會談結束後，他也不與納坦尼雅胡握手並拍照留念，徑自地將以色列總理送出了白宮。會後，白宮沒有向新聞界發佈任何兩人會談的新聞稿。

十個月並沒有留給希拉蕊太多的迴旋空間，希拉蕊和米切爾在中東各國來回奔波，他們要求約旦和埃及向巴勒斯坦施壓，在東耶路撒冷問題上退一步海闊天空。歐巴馬七月與阿巴斯會面，宣佈向約旦河西岸和加薩走廊提供一籃子新的援助計畫。作為回報，阿巴斯同意，只要關於定居點問題的備忘錄仍然有效，他願意在華盛頓與以色列就以巴衝突的核心問題展開直接談判，但是，一旦備忘錄按照簽署有效期在九月底結束，他立刻退出談判。急得米切爾在一旁大叫：「幾個月前，你還說備忘錄簽了也是白簽，怎麼現在反而成為談判的籌碼了？」

只剩一個月的時間了，希拉蕊必須加快斡旋的步伐。九月一日，在白宮的宴會廳，歐巴馬舉行了一場小型的工作晚宴，邀請希拉蕊、埃及總統穆巴拉克、約旦國王阿卜杜拉二世、英國前首相布萊爾，以及納坦尼雅胡和阿巴斯等，七人圍坐在餐桌前邊吃邊聊，為第二天在國務院的正式會談暖場熱身，氣氛雖然溫馨，大家都彬彬有禮，但矛盾依舊難以化解。

第二天，國務院八樓氣派的班傑明．富蘭克林大廳，納坦尼雅胡和阿巴斯都表達了和平的意願。納坦尼雅胡從《聖經．舊約》的故事談起，亞伯拉罕有兩個兒子，與侍女夏甲所生的庶長子以實瑪利是阿拉伯人的祖先，嫡幼子以撒是猶太人的祖先，儘管兩個兒子不睦，但是當父親去世的時候，他們最終還是一起攜手埋葬了亞伯拉罕，「全世界所有的人，所有的以色列人，和所有的巴勒斯坦人，我只能祈禱，祈禱你我之間在過去幾百年所經歷的衝突

和痛苦，能夠將我們團結起來，不僅僅是此時此刻，不僅僅是在華盛頓這張和平談判的桌子上，而且要讓我們在走出這個房間之後，能夠為子子孫孫帶來永久的和平。」

阿巴斯則回憶起一九九三年拉賓和阿拉法特那次歷史性的握手，「但願和平能夠結束衝突，能夠滿足各方的需求，在以巴人民之間開創一個新的時代。」阿巴斯說。

下午，在國務院七樓，希拉蕊將納坦尼雅胡和阿巴斯迎進自己的辦公室，稍微交談了幾句就退出，留下兩人坐在壁爐前的高背靠椅下，第一次面對面的直接會談。會談沒有取得實質性的進展，但兩人商定，兩周之後，在埃及紅海旅遊勝地沙姆沙伊赫再次舉行會談。紅海會談同樣沒有達成具體成果，但在一些核心問題上，再次交換了立場。會談再度移師耶路撒冷。

二〇一〇年九月十五日晚上的耶路撒冷，在以色列總理納坦尼雅胡的辦公室，一面巴勒斯坦國旗赫然豎立在那裡，綠白黑三色旗配以紅色的三角形，顯得格外刺眼。在一九九三年奧斯陸和平協議之前，這面旗幟曾經被作為恐怖主義和巴勒斯坦抵抗運動的象徵，禁止出現在以色列的領土上。即使今天，它與以色列國旗一道出現在納坦尼雅胡的辦公室，也被以色列保守主義派強烈批評。

但對於利庫德集團領袖納坦尼雅胡來說，這是他對巴勒斯坦民族權力機構主席阿巴斯示好的象徵性姿態。

「非常高興您能來到我的辦公室。」納坦尼雅胡站在門口，迎接到訪的阿巴斯。

阿巴斯在門口的簽到簿上留言，「經歷了這麼長時間的停滯，今天，我回到這裡，繼續對話和談判，希望能夠在整個中東地區，尤其是在以巴人民之間實現長久的和平。」阿巴斯說。

希拉蕊陪同納坦尼雅胡和阿巴斯進入書房的一個小房間密談，美國人花了兩年多的外交努力終於讓這兩個死對頭坐下來，面對面地直接談判。但半個月來，兩人一直在未來巴勒斯坦國的邊界、以色列的安全保障、巴勒斯坦難民，以及耶路撒冷的地位等一系列核心問題上交涉，雙方的差距猶如歷史的鴻溝，難以跨越。

而他們所剩的時間不多了。十天之後，以色列在約旦河西岸暫停修建猶太人定居點的限建令將正式失效，阿巴斯已經明確表示，一旦備忘錄失效，他將立刻終止談判，拍屁股走人。

納坦尼雅胡在會談中明確告知阿巴斯，以方將在二十六日定居點限建令到期後，恢復在約旦河西岸地區的建設活動。阿巴斯則再次重申巴方立場：一旦以色列恢復定居點建設，巴方將立即退出直接和談。

除了定居點這個死結，以巴還在約旦河谷地的以色列駐軍問題上膠著不下，約旦河谷地未來將成為巴勒斯坦國和約旦的分界線。納坦尼雅胡堅持，以色列將繼續在這裡駐紮軍隊，以確保國家安全，至於什麼時候撤軍，要根據地區安全局勢的發展而定，他不會設定一定具體的期限。阿巴斯則表示，他可以接受在巴勒斯坦國成立之後，以軍繼續駐紮在約旦河谷地，但不能無限期地駐紮下去，必須設定一個期限。希拉蕊和米切爾試圖在以色列的安全擔

憂和巴勒斯坦的主權要求之間尋找一個共同的妥協點，提出是否可以由國際社會這裡提供安全保障，或者以技術手段、邊境控制等手段，確保以色列的安全。

小小的書房密室裡，納坦尼雅胡和阿巴斯的你來我往還在進行，等在門外的記者有點不耐煩了，許多記者無聊之餘，跑到官邸外的一家酒店，喝酒聊天、打發時間。

三個小時的緊張會談，最終還是宣告破裂。兩人站起來，走出書房，希拉蕊同納坦尼雅胡單獨聊了幾句，「你能不能再考慮把定居點停建令再延長一段時間？」希拉蕊問。納坦尼雅胡搖搖頭，他已經給了巴勒斯坦人十個月的時間，而他們浪費了其中的九個月。

時間已到，中東和平的窗口正在緩緩關上。滴答滴答……另一個時間窗口開啟，那就是中東「火藥桶」的定時器。

脆弱的停火

希拉蕊在以巴之間的斡旋仍在努力進行。十一月，在紐約的麗晶酒店，希拉蕊和納坦尼雅胡進行了長達八個小時的談判，這是希拉蕊就任國務卿以來最漫長的一次雙邊會談，所有的障礙和難處都被搬出來，重新盤點梳理，尋找達成妥協的突破口。最終在美國承諾提供武器和安全保障的前提，納坦尼雅胡同意將約旦河西岸的定居點工程再緩建九十天，作為交換，美國同意為以色列提供三十億美元的一籃子安全保障計畫，並承諾會對聯合國任何有可能對以巴直接談判造成影響的決議案投反對票。

但希拉蕊在這場八個小時馬拉松會談換來的妥協，卻是吃力不討好。納坦尼雅胡聯合政府的右翼黨派對停建令的延期大為光火，為了緩和矛盾，納坦尼雅胡強調，停建令並不包括東耶路撒冷地區，但將巴勒斯坦擬議中的首都東耶排除在外，巴勒斯坦當然也不買賬。在美國，輿論更是嘲笑希拉蕊花了三十億美元的大價錢換來九十天的緩衝期，九十天後，一切照舊，這筆生意不知道是怎麼做成的。

希拉蕊絕望了，她私下打電話給布萊爾，抱怨中東和平這團亂麻實在是剪不斷理還亂。二〇一一年夏天，喬治．米切爾辭職不幹了，這位曾經一手促成北愛和平的政治談判大師，在七十多歲的人生最後時刻，折戟中東。

這一年的夏天，以巴談判最具影響力的中間人、埃及總統穆巴拉克在席捲北非的「阿拉伯之春」狂潮中下臺，中東政治陷入前所未有的亂局，以色列的地緣政治和安全局勢面臨新的挑戰，巴勒斯坦人也在考慮是否可以通過街頭政治的方式，將阿拉伯之春的燎原之火引燒到約旦河西岸，以巴和談的希望更加渺茫。

二〇一一年底，歐巴馬的伊朗和中東問題高級顧問丹尼斯．羅斯也宣佈辭職，他在《華盛頓郵報》上撰文指出，「沒有和談就不存在和平，至少相當長的一段時間內，不要對以巴和談抱有任何幻想。這麼多年來，雙方的心理差距一直困擾著和談工作，使他們很難解決分歧。」

二〇一二年十一月十四日，希拉蕊和國防部長帕內塔、參謀長聯席會議主席鄧普西正在澳洲的珀斯參加美澳聯盟年會。下午的會議議程即將開始，帕內塔突然接到一個電話，是以色列國防部長巴拉克打來的。帕內塔悄悄地溜進廚房，用安全電話接聽。

在珀斯會議中心的露天平臺上，帕內塔告訴希拉蕊和鄧普西，以色列將對加薩發動大規模軍事打擊，中東「火藥桶」爆了。

希拉蕊並沒有感到特別吃驚，預料已久的靴子終於落地。

在阿拉伯之春的效應下，巴勒斯坦人頻頻向以境內發動火箭彈襲擊，二〇一一年總共有六百二十七枚火箭彈落在以境內，二〇一二年，數量急劇上升，達到兩千兩百四十八枚，僅十一月份的一天，哈馬斯就發射了幾百枚火箭彈。據以色列國防部的數據，哈馬斯和巴勒斯坦伊斯蘭聖戰組織分別擁有六千和五千五百枚火箭庫存，而其他組織共存有約一萬枚火箭。伊朗向哈馬斯提供的「勝利五型」火箭彈，是哈馬斯目前所擁有的最為強大的武器，射程高達六十至七十五公里。在十一月份的火箭彈襲擊中，以色列最大的經濟中心特拉維夫城和聖城耶路撒冷均首次遭到襲擊，在國內造成極大的恐慌。

二〇一二年十一月，結束了在珀斯的年會，希拉蕊緊急趕往曼谷，與正在泰國、緬甸和柬埔寨三國訪問的歐巴馬總統會合，這是希拉蕊在任期內最後一次跟隨總統出訪，而緬甸則是她結束國務卿生涯的一個高潮。在美國長期的禁運制裁和政治高壓下，這個鎖國多年的軍人政府突然發起的民主改革進程，讓美國人大喜過望。但希拉蕊還沒來得及在她最後一次的緬甸之行享受「勝利」的果實，就被以巴衝突的全面升級沖昏了頭。在歐巴馬東南亞訪問的後半程，以巴衝突的驟然升級成為歐巴馬政府應對的頭號危機。

經過多方商議，歐巴馬親自打電話給埃及總統穆爾西。埃及是第一個與以色列簽署和平協議的阿拉伯國家，長期以來，埃及憑藉與哈馬斯領導人的親密關係，一直是以巴之間保持對話和談判最重要的中間人，埃及同時也是巴勒斯坦人通過加薩走廊埃以邊境下的秘密地道對外走私和獲取武器、物資的主要管道。儘管穆巴拉克倒臺後，新總統穆爾西對哈馬斯的影響力大大削弱，但比起戰略重心早已東移太平洋的美國，埃及仍是歐巴馬在中東和平談判進程的主要依靠。

歐巴馬告訴穆爾西，他準備派遣希拉蕊出訪中東，在以巴之間就停火展開斡旋。歐巴馬表達了兩點意願，一是希望穆爾西能夠在埃及親自會見希拉蕊，給足美國人面子，二是確保希拉蕊在出訪以巴之前，能有和談的具體文本。穆爾西同意了。

希拉蕊是一個喜歡挑戰的人，尤其是在重壓之下，多年來無論多麼惡劣的政治和輿論環境，彷佛壓力越大，她的腎上腺素分泌就越旺盛，對於這趟臨危受命的中東之行，希拉蕊非常興奮，如果她試圖在中東和談上為自己的國務卿歷史留下一筆，那這是最後一次機會，而她當然不願錯過。更何況，希拉蕊自認為，從參議員開始，她與以色列的關係就非常好，

為拉攏勢力強大的美國猶太人社團，希拉蕊多次站在以色列的立場，呼籲對以給予110%的支持。在希拉蕊的回憶錄裡，她帶著強烈的感情描寫第一次去聖城耶路撒冷和去巴勒斯坦訪問時形成的反差：「我深深地佩服以色列人的聰明和頑強，他們能夠讓沙漠開出鮮豔的花朵，在敵意環伺和獨裁強權政治的擠壓下，建立起一個欣欣向榮的民主國家。而當我們離開耶路撒冷，前往約旦河西岸城市傑里科參觀，第一次親眼目睹巴勒斯坦人的生活，他們毫無尊嚴和自覺。」希拉蕊認為，憑藉這些年穿梭中東積累的人脈，她能夠在戰爭一觸即發之際，力挽狂瀾，促使以巴之間達成停火協議。

十一月二十日晚間十點，希拉蕊的專機降落在耶路撒冷機場，希拉蕊和助理直奔納坦尼雅胡的辦公室，在一個小房間裡，以色列內閣幾乎所有的重量級人物悉數到場，除了總理納坦尼雅胡，還有國防部長巴拉克、外交部長利伯曼和國家安全顧問阿米德諾夫。原本計畫一個小時的會議，一直開到第二天的凌晨。雙方沒有爭吵，只是在商議要做出哪些讓步，才能同時讓納坦尼雅胡和巴勒斯坦人都能接受，並最終達成停火協議。

會談非常艱難，以巴之間巨大的歷史鴻溝，要想在這一兩個小時內消弭分歧，幾乎是一件不可能的事情。一名參與會談的人說：「危機命懸一線，彷彿只要再有一枚火箭彈落入以境內，以軍就會大規模攻入加薩走廊。」希拉蕊第二天上午還要與巴勒斯坦權力機構主席阿巴斯會談，顯然，與納坦尼雅胡的會談無果，她將空手去見阿巴斯。

第二天早上，危機出現轉機，納坦尼雅胡的助理打來電話，以色列準備和希拉蕊再進行一次討論。希拉蕊同意，在與阿巴斯的會談結束之後，就趕回總理府與納坦尼雅胡見面。

這一次，納坦尼雅胡提出了一個他比較滿意的妥協方案，如果巴勒斯坦停止對以色列境內發動火箭彈襲擊，以軍將停止進攻，並同意開放加薩走廊的以色列邊境，允許巴勒斯坦人自由進出，補給日常生活用品。希拉蕊終於可以帶著納坦尼雅胡的和平方案前往開羅，找穆爾西落實停火協議。

由於美國仍將哈馬斯列入恐怖組織，根據政策，美國政府不會與哈馬斯直接展開談判，繞道埃及，委託穆爾西給哈馬斯傳話是必經之路。

在開羅，希拉蕊的態度非常強硬，她告訴穆爾西，這是迄今為止她能夠從納坦尼雅胡手裡拿到的最大的讓步，以色列已經點頭同意，就看穆爾西的了，「協議就擺在這裡，我們今晚就要宣佈，不管怎樣，這件事一定要做。」希拉蕊甚至表示，感恩節馬上就要到了，柯林頓已經在查帕克的家裡準備好感恩節大餐，她急著趕回家裡過節，要他們趕緊抓緊時間。

對於剛剛上臺不久、政權根基不穩的穆爾西政府，促成中東和平協議的簽署將大幅提升在中東地區，乃至國際舞臺上的地位和政權合法性，穆爾西同意了以色列提出的停火條件，作為哈馬斯武裝組織最大的金主和政治後臺，這也就意味著哈馬斯肯定會停止對以色列發動火箭彈襲擊。

當天晚上，希拉蕊和埃及外交長阿瑪爾召開新聞發表會，公佈了以巴停火協議的要點。這是一份非常直白的外交資料，雖然部分條款後來有所變動，但核心內容是以巴停止互相攻擊，柳暗花明後的這場外交勝利，讓希拉蕊和她的助理格外高興，在緬甸民主改革之外，中東和談將成為希拉蕊外交史上另一個里程碑。

從開羅返回華盛頓的飛機上，希拉蕊助理向她表示祝賀。「呵呵，我們走著瞧吧。」希拉蕊顯然並不相信中東的和平之路能夠這麼順利，「快去看看，協議被撕毀了嗎？」

Part 4

網路外交

從北非的阿拉伯之春到伊朗的綠色革命，一系列的危機事件都表明，網路和社群媒體正在深刻地改變著街頭政治的生態，改變著美國外交的傳統方式。希拉蕊在國務院有著「網路教母」之稱，她把網際網路滲透看作是「軟實力」在二十一世紀最突出的體現，不遺餘力地推行。

但網路是一把雙刃劍，希拉蕊通過網際網路收獲了「顏色革命」的喜悅，卻也被亞桑傑的維基解密網站搞得焦頭爛額。

「一些國家試圖改變網際網路自一九九〇年代創立以來，就已經是社會共識的治理規則，那就是在一個全球性的網路裡，彙聚政府、私營企業、社會組織和公民力量，支持資訊的自由流動，而不是用政府之手對資訊集中管制。有些國家和政府想制定自己的規則，在網路空間設立國家級的防火牆，對於網際網路自由和商業精神，這不啻於一場災難。我要求我們的外交機構利用所有的講壇，回擊這種企圖。」

——二〇一〇年一月二十一日，

希拉蕊在華盛頓新聞博物館演講

【第十二章】推特政治

伊朗綠色革命

二十八歲的傑瑞德·科恩（Jared Cohen）坐在國務院政策研究室的電腦前滿頭大汗。這位不折不扣的電腦天才，敲鍵盤的速度基本上跟他腦筋轉的速度一致，但在二〇〇九年的這個夏天，無論是他的手指，還是大腦，都趕不上地球另一端正在發生的巨大變化。

二〇〇九年六月，在剛剛結束的伊朗總統選舉中，官方宣佈現任總統艾哈邁迪·內賈德以63％的得票率成功連任。但是反對派總統候選人、前總理侯賽因·穆薩維不服，認為選舉存在嚴重舞弊，要求重新選舉。

十三日凌晨，伊朗首都德黑蘭，大批民眾走上街頭，抗議選舉不公，要求伊朗進行民主改革。由於穆薩維用綠色作為競選顏色，因而示威群眾大多身穿綠衣，或者佩戴綠色絲帶、頭巾等，揮舞綠旗，形成一場蔓延伊朗全國的「綠色革命」。在德黑蘭，超過三百萬人在街頭參與示威，砸毀商店、政府機構和警察局、焚燒公共汽車和輪胎，並組成人牆與防暴員警對峙。

雖然伊朗政府一直在國內實施資訊封鎖，對網際網路等接收器進行管制，但在社群媒體全面滲透的大趨勢下，伊朗民眾，尤其是年輕人通過推特、臉書和Youtube，以及翻牆軟體等新興的網路工具傳遞資訊、擴大影響，不斷向境外即時傳遞國內「綠色革命」的進展和街頭抗議的實況。

在「綠色革命」的最前線，科恩通過他的個人推特和臉書賬號，一直與國內反對勢力保持即時溝通。早在伊朗大選之前，科恩就與美國境內的一些網際網路巨頭密謀，探索如何通過技術手段在輿論上影響美國民意，特別是年輕人，可暗中助穆薩維一臂之力。

在街頭政治爆發的關鍵時刻，科恩獲悉，推特的伺服器將在美國東部時間十五日凌晨一點關閉九十分鐘，進行日常維護。這也就意味著，伊朗民眾在這場「綠色革命」中賴以傳遞資訊的社交平臺將在德黑蘭時間當天上午八點四十五和十點十五分之間陷入癱瘓。

反對派領導人穆薩維在他的推特帳戶上緊急發出求救信號。

科恩第一時間發現了這條推特訊息，他毫不猶豫地用電子郵件將這條推文轉發給他的好友、推特公司的創始人傑克・多爾西（**Jack Dorsey**），「這次斷網，能不能從伊朗人的角度出發，而不是方便美國人，換個時間維護？」否則，伊朗街頭的抗議示威者將在最關鍵的時刻失去溝通和對外聯絡的工具，科恩說。

「我來看看怎麼辦。」多爾西指示他的技術團隊重新擬定維護時間。過了幾個小時，多爾西回覆科恩：「問題看起來遠比想像得複雜。」

「你一定要幫幫這個忙。」科恩再次寫信，他強調，美國政府現在只能從推特上獲悉伊

朗街頭抗議的真實狀況「這對國務院來說很重要。」在網際網路長期斷網的情況下，國務院和伊朗的示威者都需要推特服務來溝通資訊，傳遞情報。

美國持續多年的對伊制裁和禁運，在美駐伊朗大使館關閉後，白宮對伊朗情報的掌握，主要依靠英法等同盟國家。國務院在迪拜設了一個小型據點，名為伊朗地區事務辦公室，保留了少量專家和外交人員，通過監控伊朗境內國家電視臺或者與在海灣國家旅遊的伊朗人交談，獲取伊朗境內的線報和情況。但大部分情況下，美國對伊朗境內的情報管道，同普通線民沒有太大的區別，都是通過推特和臉書獲得。

不過，美國方面也很難判斷推特在伊朗境內到底有多大的影響力。在海外的伊朗人使用推特發送的資訊主要是英文，因為推特的介面並不支持波斯語。在華盛頓的一名伊朗裔社運人士說，由於在伊朗的西方媒體記者大多已被驅逐出境，海外媒體主要依賴推特等工具，從境內的伊朗人那裡獲得資訊。六月十五日和十六日，伊朗革命連續兩天成為推特上的熱門關鍵字，一些伊朗用戶臨時將他們的帳戶註冊地轉移到伊朗境外，以迷惑伊朗當局。許多海外的伊朗僑民將推特上的資訊轉發到自己的臉書主頁上，進一步擴大傳播。並且放在熱門的圖像和照片分享網站 Youtube 和 Flickr，讓德黑蘭街頭暴力的畫面成為西方網友關注的焦點。

六月二十日晚上六點多，一名二十六歲的少女內達·蘇丹尼在德黑蘭街頭被防暴員警用槍射殺，路人用手機拍下整個槍擊過程，少女倒在血泊中的錄影鏡頭上傳到網路上，幾個小時內隨即在推特和臉書，以及各大影音分享平臺瘋傳，電視媒體隨後跟進報導，無辜少女之死引發更多網友的同情和憤怒，數千萬人觀看了這段畫面粗糙原始但卻令人震撼的影像。《時代週刊》說，這恐怕是人類歷史上圍觀人數最多的死亡場景。科恩後來在拜訪 YouTube 總部時，也驚歎這段視頻在 YouTube 上的病毒式擴散，「這是我們這輩子看到的最有意義的上傳影片」，他對 YouTube 的高層表示，從某種意義上講，YouTube 的資訊比我們任何情報都管用，因為它是伊朗民眾自發性上傳，且實實在在的東西。

伊朗政府成功地關閉了臉書，但對於推特，技術手段仍顯不夠，因為用戶可以不依賴網際網路，通過手機的短訊服務發送推特資訊。要想徹底阻斷推特病毒式的訊息傳播，伊朗政府要麼切斷一對一的個人簡訊服務——一項費時費力的艱巨任務，或者取消整個伊朗境內的訊息服務，而這也是不可能的。

過了一會兒，多爾西再度給科恩轉發了一封推特技術小組的內部郵件，將維護時間推遲到第二天凌晨。多爾西加了一個標題：「搞定！」。推特在其官方帳號上不無得意地宣佈：「推特目前正在伊朗扮演著重要的角色」。

一個多星期之後，伊朗政府終於下定決心，將網際網路服務和手機簡訊功能全面關閉，伊朗三千兩百萬網友一夜之間退回資訊時代的中世紀。「綠色革命」最終偃旗息鼓。

在伊朗街頭政治演變的關鍵時刻，推特公司推遲了擬定的例行維護時間，讓美國國務院成

功地滲透進入這場以民主為幌子的政權顛覆行動，一定程度上主宰了「綠色革命」的進程。

相比傳統的外交工具，無論是制裁，還是和平演變，都需要數月乃至數年的時間，潤物細無聲的一點點瓦解被顛覆國的統治基礎。但在網際網路時代，以社群媒體為代表的技術手段卻能以極小的代價撼動民意，一夜之間瓦解美國滲透多年也未能如願的政權。

喬納森．艾倫在《希拉蕊的國務院秘密和重生》一書中提到，對於科技不發達的國家而言，美國的技術援助能夠在基礎設施建設、控制犯罪、改善通訊、抵禦網路威脅等方面發揮巨大的影響力，但同時，接受美援也意味著風險，因為民眾也可能利用這些技術手段對抗政府，就像阿拉伯之春一樣，網路技術成為推翻政權的重要因素。美國政府可以利用像推特、Google、或臉書這樣的科技巨頭，對外國政府進行威逼利誘，順我者昌，逆我者，我們就坐視反對力量將你推翻下臺。

如果說，歐巴馬對於新技術的認識，還只是停留在競選時期的組織動員、通訊聯絡或募款等方面，或者只是為了不那麼落伍而擺擺樣子，那麼，在希拉蕊手裡，新技術就是網際網路時代外交創新的主要動力。為此，她把歐巴馬大選時期的技術顧問艾力克．羅斯（Alec Ross）拉進國務院，並堅持留任萊斯時代的技術顧問科恩，兩大電腦天才攜手，共同說服美國最頂尖的高科技企業為國務院的外交目標服務。

科恩利用自己在矽谷的影響力，成功說服推特延遲維護時間，為伊朗反對派贏得時間，這是希拉蕊在國務院打造網際網路戰略最成功的一次實踐。得意之際，科恩發了一封電子郵件給羅斯，告訴他事情的經過。

羅斯大驚失色，他立刻回覆說：「知不知道，你違反了美國總統的外交政策，美國剛剛表示不干涉伊朗的選舉。」

「哦，糟了。」科恩這才從駭客的狀態中回過神來，想起自己還是國務院的一名外交官員。就在十五日當天，歐巴馬剛剛就伊朗的「綠色革命」公開表態：「誰將成為伊朗領導人，這將由伊朗人民自己決定。我們尊重伊朗主權。」白宮之所以在伊朗的顏色革命問題上保持低調，一是歐巴馬對於反對派領導人穆薩維的政治親美傾向並沒有百分之百的把握，伊朗反對派也認為，美國如果公開干涉，只會適得其反，激起伊朗大部分民眾的反美情緒。其二的原因在於，美國不想讓這一事件成為美伊正在重啟核談判的障礙。

在美伊關係上，希拉蕊和歐巴馬原本就分歧嚴重，他們的矛盾甚至追溯到希拉蕊任職參議員時期。在紐約州強大的親以色列勢力下，希拉蕊對伊朗一直持強硬的高壓姿態。而歐巴馬在大選中卻聲稱，如果他當選，將在總統任期的第一年，願意與伊朗總統內賈德進行一對一的談判。希拉蕊嘲笑歐巴馬的這一外交設想過於天真，斥之為「宣傳口號」。

科恩的社群媒體滲透戰略與歐巴馬的不干涉主義高唱對臺戲，在原本就矛盾重重的白宮和國務院之間，無疑是在傷口上又撒了一把鹽。

而這一次，雙方矛盾被無孔不入的媒體逮個正著，《紐約時報》、《華盛頓郵報》很快將國務院密令推特公司推遲維護的事情抖了出來，媒體界一片譁然。

美國政府成了伊朗「綠色革命」的幕後黑手。白宮不得不展開危機處理，將責任推給「非在編人員」。一名白宮官員說：「這不是國務院主導下的行為，而是一個低級別的職員私下與推特員工聯絡。推特只是伊朗人用以聯絡的媒介工具。」

國務院也成了馬蜂窩，科恩的推特帳戶幾乎要被評論擠爆，《紐約時報》當天的報導成為「霧谷」熱議的焦點，希拉蕊會不會把科恩踢出杜魯門大樓？

國務院七樓，上午八點四十五分的希拉蕊顧問團例會，許多人在等待謎底揭曉的那一刻。希拉蕊不是一個能藏得住憤怒的人，她的失望會毫不掩飾地寫在臉上，流露在語言裡。

希拉蕊從她的辦公室走出來，穿過狹窄的走廊，進入會議室，她的手上拿著一份當天出版的《紐約時報》，這是一個不祥的徵兆。希拉蕊很少看報紙，更不會在開會時帶著報紙進來，她一般都是看公文夾裡的簡報。

希拉蕊把報紙重重地扔在桌子上，用眼睛掃了一眼在坐的十幾位高級顧問，

「太好了。這正是我們應該去做的事情。」希拉蕊說。

科恩沒有看到希拉蕊會議室的這一幕，他的級別太低，還不夠資格參加例會。

但這場無心插柳的推特外交風波，再一次讓希拉蕊看到了社群媒體在底層用戶和輿論煽

動的巨大作用。

「綠色革命」未遂之後，國務院削減了伊朗境外一些民運組織的活動經費，將「投資」轉向資訊技術，重點研發能夠滲透伊朗政府的網路防火牆，與伊朗國內異見人士保持資訊溝通的新技術。

但是，這些技術手段的實際效果如何，在與伊朗政府反翻牆技術道高一尺、魔高一丈的較量中，國務院究竟有多少勝算，美國人自己也意見不一。

華盛頓大學學者葉甫根尼．莫羅佐夫（Evgeny Morozov）在《華爾街日報》上撰文，強烈批評希拉蕊過分誇大了推特外交的作用，「所有伊朗人都在使用推特和臉書，並不是只有親西方的一幫人在使用社群媒體。伊朗政府在網際網路上同樣很活躍，不僅僅是在網路通訊設置障礙，政府部門以及它基礎龐大的支持者同樣也在伊朗各大網站上發聲，上傳大量似是而非的影像，以激怒或分化反對派勢力。」

希拉蕊對此也認同，她說，網際網路技術的迅猛發展，通過各種技術手段幫助異見人士繞過政府的網路監控，並不是件難事，「但這也存在風險，犯罪分子和駭客也有可能利用這些技術躲開追查，進而增加我們情報部門和司法機構的工作難度。我們是否要打開這個網路非法活動的潘多拉盒子？為異議活動分子提供武器和保護，我們冒這樣的風險，值得嗎？」

網路力量

科恩在史丹佛大學原本學的是歷史和政治學，但他對學業似乎興趣不大，畢業前去非洲兜了一圈，寫了一篇畢業論文討論盧安達大屠殺。

在非洲的一次視訊會議上，科恩與當時還是國家安全事務助理的萊斯有過一次對話，讓萊斯印象深刻，當時他只有二十二歲。畢業後，科恩在希臘、黎巴嫩、伊拉克和伊朗等地遊歷，通過社群媒體與當地的年輕人交流互動，他對社群媒體與社會政治之間互動影響的前瞻性研究吸引了萊斯的注意，「坦白的說，他對伊朗的瞭解之深入，連我們政府部門都自嘆不如。他也寫了很多文章，我讓他整理成文件，然後轉給總統。」

萊斯擔任國務卿後，科恩立刻被召進國務院政策研究室，負責青年文化溝通、反激進主義和反恐研究。那一年，他只有二十四歲，成為國務院最年輕的學者。

萊斯在她的回憶錄《至高榮譽：我在華盛頓的日子》中，對科恩評價頗高，稱他為「不斷閃現出新觀點的青年才俊」。萊斯說：「二十多歲的科恩畢業於史丹佛大學，曾在伊朗待了四個月。在國務院政策研究室，他將社群媒體的功能整合到我們的外交工具。幾年後，當推特和臉書成為中東地區民主變革的加速器時，科恩的工具開始發揮出巨大的影響力。」

而在網際網路這個虛擬的世界裡，科恩的影響力在政府官員中的排名僅次於歐巴馬和共和黨總統候選人麥肯，粉絲數名列第三。名列第四的是希拉蕊的高級顧問艾力克・羅斯。

科恩說，在個性化交流的時代，國務院仍把自己束縛在老氣橫秋的交流手段裡，靠外交電報和政府間繁文縟節般的溝通進行外交。按照羅斯的說法，就是「一幫打著紅色領帶，穿著白襯衫的白人，和另一幫紅領帶、白襯衫的白人，站在插滿旗子的背景牆前談話，討論他們之間的關係」，而希拉蕊的到來，「徹底解放了我們，她是二十一世紀國務院的網際網路教母。」

雖然羅斯的馬屁有點語不驚人死不休，而傳統的會談和會見仍是外交的主流，但在希拉蕊的「巧實力」外交構想中，國務院的「觸網」不僅僅是品牌的重新打造，更是戰略上重要的一步，即擴大美國外交的傳統領域，建立以技術手段為基礎的解決方案，搶佔網路空間的發言權。二〇〇九年底，國務院在巴基斯坦開發出第一個社群媒體專案，叫做「Humari Awaz」，意思是「我們的聲音」，通過簡訊服務向兩千七百多萬手機用戶發佈資訊，體現出希拉蕊主政下的國務院希望以開放的姿態，爭取民間力量。

而科恩和羅斯在推特上的巨大粉絲群無疑成為希拉蕊網路戰略最成功的代言人。希拉蕊給了他們兩人以極大的自由度探索技術與外交的結合。她說：「當整個世界都在這條路上前進，國務院如果按兵不動，這本身就是一件奇怪的事情。全球一半的人口都在三十歲以下。許多人並不一定認同我們美國人價值觀，要打破這個障礙，最好的辦法就是我們政府部門的人說人話、有個性，讓人感到親近。」

二〇一〇年二月，希拉蕊派科恩與霍爾布魯克以及參謀長聯席會議主席邁克·穆倫一同前往阿富汗視察，在一所監獄裡，他們看到塔利班試圖向監獄的囚犯偷運手機。為此，霍爾布魯克專門就阿富汗戰爭中通訊科技的作用，給希拉蕊寫了一份備忘錄。

希拉蕊興趣大增，科恩和羅斯成為她推動技術外交的左膀右臂，她甚至為他們在國務院裡建立一座技術實驗室，並派出負責民主、人權和勞工事務的助理副國務卿丹·巴爾（Dan Baer）參與設計。這表明，希拉蕊網際網路外交的主要目的就是為了政治滲透和民主演變。

在科恩插手伊朗的綠色革命後，國務院的創新小組成員增加到一百多名，由多個部門協同打造網際網路外交手段，在希拉蕊的直接指揮下，這支網路外交特種部隊在多個國家設立美國國務院的社群媒體帳戶，在中東國家為反對派提供技術裝備，培訓網際網路翻牆技巧。

國務院公共事務部專門成立了一個數位化辦公室，研究如何通過各種網際網路平臺，如推特、臉書、Flickr、Tumblr和Google+等，拓展國務院在網路民意上的到達率。希拉蕊要求美國駐外使館和外交官建立自己的推特帳戶和臉書主頁，積極通過當地主流的新媒體平臺，發佈資訊，與當地民意互動交流。二〇一〇年九月，美國駐中大使館開通了新浪微博，除了常規的外交工作資訊發佈之外，還以各種活潑的網路語言介紹美國的文化歷史，與網友展開互動，在四年多時間裡，發了八千五百多條微博，粉絲數上升到九十多萬。美國駐中大使駱家輝更是頻頻在微博上製造話題，引爆網路對於中美文化差異的爭議。

截至二〇一三年，美國三百零一個駐外機構以各種形式「觸網」，用十一種語言對外發佈訊息，其中包括美國外交的核心區域，如阿拉伯語、中文、波斯語、俄語、土耳其語、烏爾都語等，推特粉絲數達到兩百六十萬名。

二〇一〇年一月，羅斯和科恩決定敞開國務院的大門，邀請美國網路產業最具影響力的十位巨頭參觀國務院，希拉蕊當晚在華盛頓設宴招待這些IT界大咖，與Google執行長施密特（Eric Schmidt）、推特創始人之一傑克・多爾西、手遊開發商謝爾文・皮沙瓦（Shervin Pishevar）等人熱議網際網路時代的外交。希拉蕊在席間說：「我不是一名技術專家，對你們從事的工作並不十分熟悉，但我知道，你們的事業非常重要，我可以在我的位子上，為擴大你們所做事業的影響盡一份力，把我當作一個『APP』應用，充分開發吧。」希拉蕊說完，哈哈大笑。

到二〇一一年，國務院投入四千五百萬美元，進行反監控程序和翻牆軟體的開發，在全球範圍內培訓了五千多名網路駭客，並通過他們繼續發展培訓人員。國務院還設計了許多「希拉蕊應用程式」，比如「緊急按鈕」就是碰到員警上門搜查時，這些異見人士可以隨時按下手機上的緊急按鈕，通知家人或朋友自己可能已經被捕，並同時自動刪除手機裡的聯繫人。

希拉蕊不會編程，但她相信作為一個「APP」，她能夠在美國政府和美國企業之間搭起一座橋樑，在外交和經濟領域，為美國的國家利益尋找新的機會。

幾天後，國務院與IT界立刻攜手進入實戰。一月十二日，海地發生規模七點三的地震，

傷亡慘重。剛剛與希拉蕊共進晚餐的移動通訊商Mobile Accord老總詹姆斯·艾伯哈德（James Eberhard）立刻行動，與國務院合作，發起一項名為「海地90999」的簡訊公益活動，每條簡訊募捐十美元，短短幾天時間，就為海地賑災籌措到四千萬美元。

同一天，Google公司通過其法律顧問，在官方微博上突然放出風聲，指責中國駭客入侵Google電腦的Gmail郵件系統，稱Google可能關閉Google中國網站，徹底退出中國市場。希拉蕊迅速做出反應，並把矛頭直接指向中國，她呼籲中國政府徹查對Google的網路攻擊事件。希拉蕊的措辭非常強硬，稱任何一個國家的政府如果發動這類網路攻擊，「都將遭到國際社會的譴責，並承擔後果。」國務院一名高級官員透露，國務院內部對希拉蕊這篇聲明的措辭意見分歧，許多不願意看到中美關係受到傷害的人，對這篇聲明「恨之入骨」。

但希拉蕊卻決定在網路自由問題上與中國徹底攤牌，雙方立場漸行漸遠。二〇一〇年一月二十一日，希拉蕊在華盛頓的新聞博物館發表四十五分鐘的演講，在這篇題為《自由互聯》的講話中，希拉蕊聲稱，將把網路世界的「自由互聯」納入美國人權和外交政策的原則範圍，「我們在家裡，在公共場合所珍視的權力——集會、演講、辯論和推動變革的自由，在網際網路世界，同樣存在。」她點名批評突尼西亞和埃及，但地球人都知道，她最大的目標是中國。

「一些國家試圖改變網際網路自一九九〇年代創立以來就已經是社會共識的治理規則，那就是在一個全球性的網路裡，彙聚政府、私營企業、社會組織和公民力量，支持資訊的自由流動，而不是用政府之手對資訊集中管制。有些國家和政府想制定自己的規則，在網路空間設立國家級的防火牆，對於網際網路自由和商業精神，這不啻於是一場災難。我要求我們的外交機構利用所有的平臺，回擊這種企圖。」

三月二十三日，Google公司宣佈不再與中國政府針對網路內容審核進行合作，將搜索引擎伺服器轉移到香港。

希拉蕊將她在伊朗「綠色革命」中小試牛刀的推特武器和網路戰火，第一次燒到了中國。在中國自成體系的社群媒體生態下，她高估了推特和臉書在中國潛在的影響力，低判了中國長城防火牆的厚重和堅實。

中美在虛擬網路世界的對抗只是現實政治的縮影，在希拉蕊上任後的半年裡，美國對中關係一度有過短暫的「小陽春」，中美戰略與經濟對話機制的升級，希拉蕊利用個人影響力積極為上海世博會美國館募款，都是希拉蕊與中國保持全方位接觸的外交新思路的體現。

但是從根本而言，歐巴馬上任後，美國外交戰略的重心轉向亞太地區，制衡中國崛起的意圖明顯，中美之間的利益衝突在所難免，「網路自由」只是中美關係觸礁的第一塊礁石。

第十三章 維基解密

爆炸性的外交電文

二〇一〇年感恩節前，希拉蕊靜靜地待在紐約州查帕克的家中，準備過一個溫馨團圓的感恩節。但她的腦海裡卻怎麼也揮不去一個人名：朱利安．亞桑傑（Julian Assange）。

這位出生澳洲的網路駭客，這些年居無定所地浪跡世界，以資訊透明和自由交流為宗旨。他在二〇〇六年創辦「維基解密」網站，時不時地公佈一些政府黑幕或機密檔，例如，阿拉斯加州女州長、麥肯的副總統候選人莎拉．佩林（Sarah Palin）的私人郵件，或者英國新法西斯黨的秘密成員列表等等，但都沒有形成太大影響力。

二〇〇九年，「維基解密」開始闖出了一點名氣。亞桑傑公佈了多名研究全球變暖的氣候學家之間的電子郵件往來，顯示出氣象學界為了支持溫室氣體排放導致全球氣溫上升的論點，篡改了部分科學數據。

但維基解密真正引起希拉蕊的注意是在二〇一〇年四月，亞桑傑前往華盛頓，披露了一份二〇〇七年的戰鬥影片。這段影片拍攝自在巴格達執行任務的美軍阿帕契直升機駕駛艙內，影片顯示，美軍士兵反覆向地面人群射擊。附近一輛麵包車上的人當時正想幫助傷患，但同樣遭到射擊。

在本次事件中死亡的兩人是路透社的攝影記者和他的司機。五角大廈曾經試圖隱瞞此事，但維基解密卻把這段官方影片嵌入到他們的演講資料中，並配以「謀殺無辜」的文字說明。亞桑傑說，直升機上的美軍士兵當時就像是在玩電子遊戲「殺紅了眼」。五角大廈的官員對此回應稱維基解密對這段影片「斷章取義」。

此後，亞桑傑和他一手創辦的網站一發不可收拾，開始在美國掀起一場又一場殺傷力驚人的網路對戰。

七月底，維基解密公佈九萬兩千份阿富汗戰爭的秘密檔案。

八月，公佈了部分中情局檔案，主要涉及中情局分析恐怖分子雇用美國人從事恐怖活動、以及將美國作為恐怖基地而帶來的嚴重影響。

十月二十二日，公佈四十萬份伊拉克戰爭的文檔，其中包括大量美軍在伊拉克使用酷刑、虐囚和濫殺平民等內幕。

十一月二十八日到二十九日，包括《紐約時報》、英國《衛報》、法國《世界報》、西班牙《國家報》和德國《明鏡週刊》在內的全球主流媒體紛紛曝光，維基解密網站公佈了二十四萬三千兩百七十份美國各駐外領事館發給國務院的外交電報，以及八千零十七份國務院發給駐外機構的外交指令。大量的原始機密資訊讓記者如獲至寶，甚至根本來不及解讀，

此後，相關內容連續多日成為媒體曝光的焦點，其中包括大量新鮮有趣的細節。如《紐約時報》摘錄了部分電文內容：

——美韓官員討論朝鮮半島統一的可能性，認為一旦在經濟和政治權力交接上出現問題，北韓局勢將迅速崩潰。南韓官員認為，同中國保持良好的經濟關係，有助於朝鮮半島實現統一。

——美國在阿富汗最重要的盟友卡爾扎伊總統有「性格缺陷」，有點「偏執狂」，腦子裡總在懷疑陰謀論。「穿著白色阿富汗傳統長衫褲，看起來很緊張，喜歡對坎大哈的外國勢力發表意見」，動不動就搬出多年前他在芝加哥開餐館的老掉牙故事，與美國人套交情。

——阿富汗副總統馬蘇德二〇一〇年訪問阿聯酋時，當地海關和禁毒署從他的行李箱裡查獲五千兩百萬美元的現金，最終，馬蘇德被海關放行，仍把巨額現金帶走，阿聯酋政府沒有追查現金來源和去向。

——在伊朗最高國家安全委員會的會議上，革命衛隊司令穆罕默德．賈法里與總統內賈德當面吵架，賈法里賞了內賈德一巴掌。

——埃及總統穆巴拉克認為美國在伊拉克的戰爭是「歷史上最大的錯誤」，小布希太固執，因為「殘忍血腥」的伊拉克人對民主根本不感興趣。

——為了關閉關塔那摩基地的美軍監獄，美國外交官四處活動，開出各種交易條件，讓一些國家收留塔利班戰俘，例如，斯洛維尼亞如果想讓歐巴馬來訪，就必須接受一名囚犯。太平洋島國吉里巴斯收留幾名東突武裝分子，美國就給幾百萬美元的援助。美國外交官還勸比利時政府收留幾名囚犯，稱「這是比利時在歐洲凸顯重要性的低成本手段」。——「沙烏地阿拉伯是全球遜尼派恐怖組織最主要的資金捐款人」。卡達則是海灣國家中「反恐最不賣力的國家」，卡達安全部門「即使知道恐怖分子的下落，也不願採取行動，害怕與美國走得太近激起民意反彈」。

這些資料有些只是家長里短的小事，有些是道聽途說的傳言，不管是否有情報價值，一股腦兒地傳回國內。由於保密期長達二十五年，這些外交官從來不擔心洩密，說話也就口無遮攔。莫斯科使館發回來的一條電文說，俄羅斯第一夫人斯維特蘭娜有一份黑名單，上面列滿對她丈夫梅德韋傑夫不夠忠誠的官員，並揚言總有一天要「收拾」這些人。另一份電文說，亞塞拜然總統阿利耶夫的夫人臉上多處整容，整到後來臉都轉不動了，從遠處看，還以為是她女兒。利比亞使館更是熱衷於彙報格達費的怪癖，說他身邊總是陪著一位烏克蘭護士——「性感豐滿的金髮女郎」。

美國國務院在全球一百八十個國家設立了兩百六十個大使館和領事館，派駐外交人員超過一萬二千人。除了本職工作之外，這些使館人員同時還承擔著為美國搜集情報，整理各種公開和非公開信息的任務。他們向螞蟻工兵一樣將各種瑣碎的情報傳回國務院，構成龐大的

情報資料庫，供研究人員使用。

所有駐外領事館的外交電文都是通過加密的網路傳回國務院的，這條名為「絕密網際網路由協議網」（SIPRNet）在二〇〇一年九一一恐怖攻擊之後，經過大規模擴充，連接國務院和國防部，共用資訊。後來，國家安全局也開始使用這個資訊庫，用於大數據分析和海外監控，例如，只要知道某一個政府官員的常旅客號碼，國安局就能夠非常方便地追蹤他的旅遊去向。

目前美國各個政府部門有兩百五十萬人能夠接觸使用這一網路資訊庫，其中主要為五角大廈，在軍方的戰地指揮中心通過特定的電腦能夠進入這一系統。登錄程式和密碼每五個月變更一次。資訊庫裡，即使標為「最高機密」級別的檔案，通過單獨的登錄窗口，有權進入的用戶也超過八十五萬人。這麼龐大的開放使用權限，國務院電文會外洩當然是早晚的事。

洩密事件立刻追溯到伊拉克。一名美軍士兵布萊德利・曼寧（Bradley Manning）從國防部的加密網上下載了幾十萬份檔案，拷在一張光碟上，偽裝成女神卡卡（Lady Gaga）的專輯交給亞桑傑。二十二歲的曼寧在網路聊天室得意洋洋地向另一名駭客吹噓自己戰績，結果遭舉報被捕。

道歉之旅

十一月二十四日，感恩節的前一天晚上，希拉蕊坐在查帕克的家裡，開始打第一通電話，她通過書房的保密電話接通了日本外相前原誠司。當時是東京時間早上八點三十一分，兩人談了十五分鐘。接下來，希拉蕊又打給南韓外交長金星煥。由於媒體還沒有把外交電文捅出來，希拉蕊只是預防性通知兩國外交長，有洩密這件事情，可能涉及到兩國關係中的一些保密資訊，希望他們提前做好應對的準備。

通話結束後，希拉蕊接到澳洲總理陸克文打來的電話，兩人先討論了一些熱門話題，比如北韓，但希拉蕊心裡明白，陸克文在感恩節前突然來電，絕對不是為了北韓問題來和希拉蕊寒暄。

希拉蕊主動談到維基解密，在此之前，美國駐澳大使已經簡單地向陸克文通報，美國和澳洲之間對一些敏感問題的機密討論，可能已經外洩。澳方已成立緊急應對小組，處理這一棘手的事情，「問題可能很嚴重。」陸克文在電話的另一頭，顯得有點焦慮。

「就像是一場可怕的核爆蘑菇雲。我們覺得很抱歉，也被蒙在鼓裡。」希拉蕊說，美國將盡一切努力控制事態的發展。

整個感恩節的休假期間，希拉蕊就在電話鈴聲度過，其中包括一位總統、一位總理和

十幾位外交長，希拉蕊不斷地解釋，未來一段時間可能洩密事件會進一步惡化，希望他們諒解。加拿大外交長勞倫斯・坎農（Lawrence Cannon）表現得非常大度：「沒關係，你不用擔心，你可以看看我們的外交官在秘密電文裡對美國說了多少壞話。」

中國外交長楊潔篪也打來電話安慰希拉蕊說：「我無法預測公眾的反應，但中美兩國加強互信非常重要。互信是中美雙邊關係的關鍵字。」

十一月二十八日，維基解密聲稱他們將在下午三點開始大量公佈國務院秘密電文，所有人都屏住呼吸，靜待這一刻的到來。

下午一點十分，希拉蕊的黑莓機上收到國務院的內部郵件，上面寫道：「今天下午大約一點零五分，《耶路撒冷郵報》和《明鏡》分別刊登文章，內有引用國務院機密電文評論各國領導人的內容。《耶路撒冷郵報》宣稱相關內容引自《明鏡》週刊的文章。」

一場搶發國務院秘密電文的新聞大戰開始了。

希拉蕊只能再次拿起電話，給電文中涉及的各國外交長打電話，做著同樣的解釋，表達同樣的歉意。

但尷尬卻如影隨形，尤其是在各種外交場合。有一次出訪中東，希拉蕊對隨行記者說：「我應該穿一件外套，就像出門巡迴演出的搖滾樂團一樣，外套上畫一個地球，上面一圈字寫著：道歉之旅，估計還不止這個國務卿的任期，說不定我要用我的餘生來解釋維基解密的事情。」

十二月初，希拉蕊趕赴哈薩克首都阿斯塔納，出席歐安合作組織領導人高峰會。這是歐安組織自一九九九年以來首次舉辦的領導人高峰會，有三十八個國家元首和政府高層出席。哈薩克總統納扎爾巴耶夫為這場世人矚目的高峰會精心準備了一年多，但如今，卻被亞桑傑搶盡風頭。

開幕那一天，七十歲的納扎爾巴耶夫站在獨立宮的高臺上，迎接各國元首，出席會議的領導人必須爬上一條狹窄的樓梯，與高臺上的總統一一握手。

希拉蕊穿了一件深藍色的套衫，走上樓梯，笑著與納扎爾巴耶夫握手，這是自維基洩密以來希拉蕊第一次出現在重大外交場合。在洩露的國務院外交文件中，面前這位七十歲的老人被美國外交官描述為「喜歡暖和的天氣，馬廄裡養了四十匹良駒，在阿聯酋有一座豪華行宮」，雖然納扎爾巴耶夫之前已經向希拉蕊表示，不介意個人資料外洩，駐外領事館對所在國領導人的個人嗜好和精神狀況定期評估，是正常現象。但現在兩人面對面，希拉蕊還是笑得很尷尬。

再回頭看看滿屋子的各國領導人，幾乎都在洩密文件中被赤裸裸地曝光。俄羅斯總統梅德韋傑夫被使館人員描述為「臉色蒼白，做事優柔寡斷，長得像漫畫卡通人物。」土庫曼總統別爾德穆哈梅多夫在國務院電報中被認定為：「其實是個騙子」，而且「並不是十分聰明」。

義大利總理貝盧斯科尼是最後一個抵達阿斯塔納的領導人。義大利媒體這幾天一直在熱炒維基解密網站上爆料的國務院電文，美國駐義使館人員在密電裡盡情嘲笑貝盧斯科尼的愚

蠢，稱他「目光短淺、狂妄自負和缺乏效率，夜夜笙歌、泡吧、開派對、睡眠嚴重不足。」美國人還對貝盧斯科尼涉嫌嫖妓一名未成年的摩洛哥肚皮舞娘的事情向華盛頓回報，稱老貝對此事被媒體曝光極為憤怒。電文同時披露，希拉蕊曾命令美國駐莫斯科和羅馬的大使秘密調查貝盧斯科尼和普丁之間是否存在私人的經濟往來。

貝盧斯科尼拖著肥胖的身軀，氣喘吁吁爬上高臺，胳膊下還夾著一個資料夾。「媒體都在指責我。他們認為是美國人說的，說我狂妄自負，整天夜不歸宿。希拉蕊，我累死了，真的很累。我跟比爾、喬治、巴拉克的關係這麼好，」老貝一坐下來就質問希拉蕊，「他們怎麼能這樣在背後說我？」

貝盧斯科尼還深情地回憶起小時候，父親帶他去二戰期間為解放義大利而犧牲的美軍士兵墓地。老貝對於醜聞和流言並不陌生，但被美國人出賣，且原汁原味地引用他私下講的話，他還是覺得老臉掛不住。

希拉蕊寬慰他說：「你也知道，這些電文都是使館的低級別工作人員寫的，老貝，你們都認識十五年了，我很清楚，對於他們指責的那些事情，沒有人比我更清楚到底是真是假。」

貝盧斯科尼希望希拉蕊能夠借這個高峰會，在所有媒體記者面前，重申美義關係的重要性，希拉蕊一口答應。會議結束後，兩人特意站在一起，希拉蕊面對記者照本宣科似的說：「我們是最好的朋友，沒有一個人能夠像貝盧斯科尼總理這樣一直支持美國的政策。」

感恩節的這個假期，希拉蕊幾乎給洩露的外交電報中所有涉及的外國領導人都打了一通電話，試圖將外交影響降到最低限度。用義大利外交長弗拉蒂尼的話來說，「這簡直就是全球外交界的『九一一』。」希拉蕊的惱怒可想而知。據她的發言人說，希拉蕊曾表示，這些洩露的電文，她一份也不看。在歐安組織高峰會前，希拉蕊從來不在公開場合談論維基解密或亞桑傑。

五角大廈成立了一個一百二十人的緊急行動小組，連夜評估維基解密網站曝光幾十萬份檔案的情報價值和損失。中情局局長帕內塔發表聲明，威脅將對亞桑傑和維基解密「採取強硬措施」，他們設立了一個專門的調查小組，名為「維基解密特勤組」。在美國的壓力下，瑞典以涉嫌強姦罪逮捕了亞桑傑。

希拉蕊發表聲明，稱國務院外交電報外洩「威脅到他人的人身安全，威脅美國的國家安全，嚴重破壞我國與他國合作解決共同問題的努力」。她命令負責內務管理的助理國務卿帕特．甘迺迪建立一個特別小組，分析洩密的電文，以評估哪些資訊被曝光，以及對相關人員和國家利益造成的損失。國務院立刻建立一套工作程序，確認因洩密而身份暴露的人，並在需要的時候緊急轉移。

美國駐利比亞大使克里茲在發給國務院的電文中對格達費的惡語評價被維基解密曝光，他的個人安全受到威脅，格達費的支持者揚言要他的人頭，希拉蕊不得不緊急將克里茲召回華盛頓。

根據評估，在維基解密曝光的二十五萬份外交檔案中，約有一半的檔案沒有分類，屬於不敏感資訊，另外有41%被歸入「保密」一級，6%的檔案，即一萬六千六百五十二份標為「秘密」，真正具有殺傷力的則被標為「非外國」，意思是非美國人不能接觸到這類檔案。所有檔案中，歷史最早的可以追溯到一九六六年，但大部分是分派流程系統建立以後存檔的，一半的內容是二〇〇七年以後傳回國內的。

其中，美國駐土耳其大使館發回的情報最多，傳回了八千多條資訊。這顯然跟土耳其是美國在中東利益的重要戰略位置的重要性相關，也反映出美國對這個盟友某種程度上的不信任。在洩密的電文中，美國使館人員將土耳其外交長查武什奧盧描述為「將土耳其妄想成鄂圖曼帝國、危險的大伊斯蘭主義者」，把土耳其總理埃爾多安形容為「野心勃勃，總以為自己是真主派他來領導土耳其的」。

其次是美國駐巴格達使館，約有六千七百條，這也可以理解，畢竟那是美國最重要的海外戰場。

但是，情報數量與大使館的重要性並不成正比，可能只代表了美使館人員的勤奮和耳聰目明的程度。例如，阿富汗戰場的喀布爾大使館傳回了三千條情報，與遙遠辛巴威使館傳回的情報數量差不多。

或許是對自己的傳統盟友英國非常放心，美國駐倫敦大使館的情報非常少，披露的內容也相對比較溫和，缺乏爆炸性，例如，電文中提到英國最大的武器出口商在與沙烏地阿拉伯的武器交易存在腐敗，安德魯王子對此並不在意；英國央行行長對卡麥隆應對金融危機的能力表示懷疑等等。而英國民眾對維基解密的反應也比較溫和，他們並不認為亞桑傑是一個全民公敵。英國駐阿富汗和巴基斯坦特使謝爾德・科爾（Sherard Cowper Coles）說，維基解密曝光的資料雖然可能會造成「不便」，但也「沒有特別有爆炸性的東西」。正是在這種寬容的氛圍下，二〇一二年六月，亞桑傑在保釋期間得以成功躲入厄瓜多爾駐英使館尋求政治庇護，並且一待就是兩年多。

中情局官員羅伯特・鮑爾（Robert Bauer）在《金融時報》上撰文指出，「我們沒辦法把牙膏擠回牙膏管裡，木已成舟，國務院作為一個值得信賴的對話者，它的信譽度已蕩然無存，未來很長一段時間，沒有人敢和美國外交官說實話。」

二〇一二年大選共和黨內最有潛力被提名的總統候選人邁克・哈克比（Mike Huckabee）憤怒地說，不管是誰洩露這些資訊，都應該被處以叛國罪，「不殺不足以平民憤。」

他的競爭對手莎拉・佩林與亞桑傑更是宿敵，早在二〇〇八年，維基解密就把佩林的個人敏感資訊放在網上。佩林說，亞桑傑不是「記者」，「而是一個反美的密探，雙手沾滿鮮血……為什麼我們不能像追殺基地組織和塔利班領導人一樣，將亞桑傑逮捕歸案？」

但在整個維基解密事件中，歐巴馬總統卻不多作表態，顯得淡然冷靜。他的政治對手不

斷指責歐巴馬在應對維基解密時反應遲緩、不夠果斷、措施不到位，對美國超級大國的形象造成嚴重傷害。保守主義政治評論家安．庫特（Ann Kurt）稱歐巴馬躲在白宮，猶豫不決，根本無力捍衛美國的國家利益。庫特說，在國際刑警組織通緝亞桑傑的時候，美國卻仍在袖手旁觀，像一個「可憐兮兮、無能為力的巨人」。

而連續兩次近似四十萬份外交電報的外洩，也讓世人看到國務院在與五角大廈、中情局和國家安全局在爭奪對外關係的發言權時所做的「不懈努力」，以及付出的「浩瀚艱辛」。

冷戰結束後，美國軍方及中情局在對外情報搜集工作中一直扮演著主要角色，尤其是在九一一恐攻之後，在小布希政府時期，伴隨著美國在阿富汗和伊拉克連續發動兩場反恐戰爭，軍方徹底壓倒國務院，成為美國外交決策的主要力量，五角大廈的軍事預算是國務院和對外援助機構預算總和的二十四倍。

國務院當然不肯咽下這口氣，從維基解密的檔案中可以看到，在前國務卿萊斯執政的後兩年，國務院明確提出，駐外機構和外交人員應利用各個場合和人際關係，加強情報搜集工作，一半的電文都是從二〇〇七年以後蜂擁傳回國內的。

歐巴馬政府上臺後，開始意識到，在經濟危機困擾的美國，已無力支撐軍事打擊的擴大化，他決意改變小布希窮兵黷武的強硬手段，「伊拉克和阿富汗戰爭提醒我們，單純依靠戰場上的勝利，不足以確保我們的完勝。」美國外交政策必須調整，駐外機構的工作重點不僅是反恐，更要在政治、經濟、文化和民間交往上拓展思路，展開全方位外交。正是在這種背景下，希拉蕊出任國務卿後，在情報搜集工作上加大力度、拓展範圍、加強滲透。

為了獲取情報，國務院外交官的手段並不比中情局間諜光彩多少，希拉蕊甚至要求大使館把所在國一些名人或高官的信用卡帳號、常旅客號碼、工作行程安排、個人情況等資料都要搞到手。在一封由希拉蕊親筆簽名的國務院電文中，希拉蕊指示美國駐聯合國總部的工作人員，「收集北韓高官的生物學資訊和人體數據」。

為此國務院制定了詳盡的工作手冊，在這份名為《國家人力資源情報搜集指南》中，規定駐外機構人員應當收集的資訊包括：公司和機構名稱；名片上的姓名、職位和其他資訊、電話號碼、手機、傳真和呼叫器、電子郵件地址、網址、信用卡帳號、常旅客號碼、工作行程，以及其他相關的個人生物資訊。

另一方面，面對位元組數超過百億的龐大機密資訊，任何一個機構即使配備超強的電腦，也無力全面透徹地分析，但從中還是能窺出美國外交近年來弱勢下降的總體趨勢。

外交電文披露，二〇〇三年，美國欲出兵伊拉克，國務院動用大批外交資源，試圖勸誘聯合國安理會其他十四個理事國，投票同意軍事介入伊拉克的提案，但只有三個國家答應投贊成票。

電文還表明，在海珊政府被推翻後，伊拉克政局並沒有按照美國人設想的往民主模式發展，副總統拜登不得不多次訪問巴格達，與伊拉克各派力量談話，政治施壓，武力威脅，或

者經濟利誘，各種手段多管齊下，但收效甚微。後海珊時代，伊拉克的政治亂局持續多年，且愈演愈烈。

美國駐中東各國使館發來的電文透露出整體的趨勢，美國為了確保石油利益而絞盡腦汁在這一地區搞政治平衡、爭奪主動權、打擊恐怖勢力，但收效甚微。在阿拉伯和以色列、什葉派和遜尼派、伊斯蘭原教旨主義和世俗主義之間，美國人費勁口舌，也無力化解矛盾。中東地區的政治穩定和社會發展仍沿著自己的軌跡，與美國漸行漸遠。從這個角度上講，歐巴馬政府的亞太戰略重心轉移，也是中東外交經營多年最終失敗後的無奈選擇。

德國《明鏡週刊》同時注意到，在處理以中國為代表的新興經濟體關係時，美國外交同樣面臨影響力下降的窘境。美國駐中大使館在電文中描述中美關係時認為，中國在對外開放中展現出更加自信的姿態，「炫耀實力，必勝信心，堅定自信」，電文中連用多個形容詞表明中國的形象。

即使希拉蕊本人也不得不承認，很難再以平視的眼光同中國人說話，因為中國買了四萬億美國國債，是美國最大的債主，「跟你自己的銀行老闆，你還有什麼資格強硬起來？」希拉蕊對澳洲總理陸克文說——消息來源是美國駐坎培拉大使館的外交密電。

Part 5

性情中人

擔任國務卿四年，希拉蕊直爽的脾氣收斂了許多，作為一名外交官，她代表著美國政府的形象，不會輕易外露感情，但直筒褲、一成不變的髮型和刺耳的大笑，依然是希拉蕊的標誌。

希拉蕊說，在華盛頓這麼多年，她已經修煉到不在乎他人眼光的地步，但有一些人卻仍然是她內心最在乎的，包括歐巴馬、柯林頓，和她的女兒雀兒喜。

「在布拉格一次開會前，他把我拉到一邊：『希拉蕊，我有話要跟你說。』他摟著我，一起走到窗口。我很好奇，什麼樣的敏感話題需要躲到窗口來談？他輕輕地湊到我的耳邊，說：『你的牙齒上沾了點東西。』

這的確很尷尬，但也只有朋友才會對你說這樣的話，這是一種態度，說明我們會在背後一直支持著對方。」

——希拉蕊在《艱難抉擇》裡回憶她和歐巴馬的關係

【第十四章】形象

邊緣

在國務院，希拉蕊就像個上緊發條的鬧鐘，一直響個不停，跑了二十個國家、數不清的大大小小會議、打電話給各國領導人、會見各國大使、去大學演講、接受媒體採訪、主持各種儀式會議。

忙到希拉蕊私下也承認，她快要崩潰了。二〇〇九年在一個婦女非政府組織Vital Voices舉行的活動上，希拉蕊在後臺碰到她以前競選時的新聞發言人伊利菲爾，他問：「你喜歡現在的工作嗎？」

希拉蕊笑著回答：「超愛，工作棒極了。」但沉默片刻，她又說：「我現在的工作，比我這輩子所有的工作都要累人。」見慣了希拉蕊在競選中廝殺模樣的伊利菲爾，對希拉蕊流露出來的疲態感到很吃驚。

歐巴馬也注意到希拉蕊有點拼命三郎的感覺，一次會議上，他當著助理的面對希拉蕊說，這是一場馬拉松，不是百米衝刺，「你不能對自己要求太高，你太拼了。」

六月的一個下午，希拉蕊終於倒下了，而且摔得不輕。當時她要搭電梯下到地下室，準備去白宮討論國務院新任全球婦女事務大使弗維爾（Melanne Verveer）的阿富汗之行。剛出電梯口，希拉蕊突然重重地摔了一跤，身體重量完全壓在右胳膊上，她痛得喘不過氣，躺在地下室的地板上抽搐。希拉蕊被緊急送往附近的華盛頓大學醫院，經診斷，右手肘關節骨折。柯林頓和女兒雀兒喜都急忙趕到華盛頓，陪在她身邊。

醫生說，過幾天，需要進行肘關節手術。希拉蕊不願躺在醫院裡，她執意回到懷特海文街的家中靜養，甚至連坐在床上都非常吃力的情況下，希拉蕊還不忘工作，還在看國務院簡報，打電話。國務院發言人克勞利（Aleister Crowley），後來在一次新聞發佈會上拿希拉蕊開玩笑說，希拉蕊躺在家裡，終於弄懂了一件事：就是一隻手綁在繃帶裡，怎麼樣發手機簡訊。

國務院地下室的這一跤，讓希拉蕊不得不踩下煞車，把繃得太緊的神經放鬆下來。她取消了原定的希臘訪問和出席義大利八國領導人高峰會，不得不放棄陪同歐巴馬出訪俄羅斯，與梅德韋傑夫簽署新的削減戰略武器條約。

七月，希拉蕊靜靜地躺在床上，肘關節的疼痛仍未退去，新的傷口卻在慢慢地被撕開。華盛頓的圈子裡，希拉蕊被歐巴馬政府晾在一邊的傳言不脛而走。

《洛杉磯時報》、《紐約時報》紛紛撰文，稱希拉蕊的影響力正在被歐巴馬和他的幕僚一步步蠶食，她在許多國際焦點領域的發言權正在被歐巴馬剝奪。在阿富汗、巴基斯坦和中東地區，霍爾布魯克和米切爾正以他們的專業掌握著主導權；在伊拉克問題上，歐巴馬更信賴副總

統拜登；希拉蕊在伊朗問題上的高級參謀丹尼斯．羅斯投奔了白宮，擔任海灣和西南亞事務特別顧問；希拉蕊親自領導的對外援助機構美國國際發展局，在白宮決策中屢屢受阻；希拉蕊交給歐巴馬一個希望任命的大使人選名單，但最後只有一個人被歐巴馬任命為大使；歐巴馬撤換了約瑟夫．奈爾的駐日大使職務，換成一位重要的政治捐款人。奈爾是希拉蕊「巧實力」外交理念的主要倡導者，也是美國學界少有的「親日派」。

國務院和白宮西翼的勾心暗鬥，由於希拉蕊意外的跌傷和一個月的靜養，被媒體以前所未有的熱情放大審視。

希拉蕊多年的好友蒂娜．布朗（**Tina Brown**）在她創辦的新聞網站 **Daily Beast** 上撰文質問：「希拉蕊去哪了？」蒂娜說：「歐巴馬有這樣一位外交政策上的賢妻，簡直是他的福分。那些支持希拉蕊的選民不禁要問，她對歐巴馬內閣這種沙烏地阿拉伯風格的多妻制還能忍耐多久。現在，應該是歐巴馬放手讓希拉蕊揭去面紗的時候了。」

連歐巴馬自己都忍不住要拿希拉蕊的窘境開玩笑。在華盛頓一次盛大的晚宴上，歐巴馬舉杯遙祝希拉蕊早日恢復健康，「儘管有媒體報導說，這是一次意外事故，但有些跡象卻讓人不得不產生懷疑。有探員發現，在希拉蕊跌倒之前，他們看到霍爾布魯克在車道上到處噴灑 **WD-40** 潤滑劑。」

在國務院的半年多時間裡，希拉蕊把自己的全部時間都塞滿了工作，不是在國外，就是在去國外的路上。希拉蕊不是天生的外交官，很多東西她要去學習並適應，包括她的打扮、說話的方式以及處理危機的輕重緩急，外交不是簡單的實力決定一切，更多時候需要的是技巧和耐心。

但再大的耐心，也有崩潰的時候。在家中靜臥養傷的這一個月，希拉蕊忙裡偷閒地想了很多，國務院的事務似乎不是靠她的「勤」就能補「拙」的。她提交給歐巴馬的一些駐外大使人選名單，遲遲得不到回應，媒體開始揣測她在白宮的影響力下降。歐巴馬甚至繞開希拉蕊，將她的丈夫柯林頓派往北韓，談判解決兩名美國記者獲釋的棘手難題。

「我真的被邊緣化了嗎？」在國務卿的位子上還不到一年，希拉蕊已經開始問自己這個問題。

其實，媒體熱炒的「希拉蕊靠邊站」，有些是驢象黨爭的選邊之戰，有些是兩大陣營的角力，而有些動作，則是媒體的謬誤和曲解。例如，霍爾布魯克和米切爾出任特使或特別代表，其實是希拉蕊入主國務院後新的人事戰略，而羅斯擔任白宮特別顧問，也是希拉蕊插手白宮外交事務布下的一顆棋子。

一般來說，在外交事務上，總統擁有比國務卿更大的權力，因此總統的助理顧問團也比國務院的外交班底更有發言權。當然，像基辛格那樣的外交奇葩能夠包攬尼克森政府的外交大權，是一個特例。希拉蕊非常清楚，在外交事務的權力天秤上，國務院永遠不可能和白宮並肩齊眉，

對於媒體炒作的宮院之爭，希拉蕊表現得很淡然，她立刻向媒體澄清，歐巴馬的白宮也沒有讓她保持沉默的意思，「我摔壞的是胳膊肘，又不是我的喉嚨。」希拉蕊對記者說。

在美國國務卿這個位子上，你需要的是體力、腦力和明星氣質。前國務卿迪安．艾奇遜在二戰結束後重建了歐洲，亨利．基辛格甚至在還沒有當上國務卿的時候，就已經像個國務卿一樣為尼克森奔走。但除此之外，此後的歷任國務卿，誰能在杜魯門大樓裡熠熠生輝，彪炳史冊？鮑威爾離開國務院後，他的政治聲譽不升反降，歐布萊特和萊斯打破了國務卿的性別歧視，工作也非常賣力，但卻沒有留下任何歷史遺產。國務院被稱為「霧谷」，這個名頭可不是白叫的，一般的政客來到這裡，跳進去，也濺不起水花。

但希拉蕊不是一般的政客，在蓋洛普的民意調查中，她連續九年被列入「美國最有影響力的女人」。一位熟悉希拉蕊的朋友說，希拉蕊並不是一位天生的外交家，「她是在六十一歲的時候才第一次認真思考外交政策。她實際上是在用她的智慧，她的勤奮，她的勇氣和政治技巧，處理外交事務。」

任何一位國務卿，在霧谷成功的前提是與總統搞好關係。老布希和他的國務卿詹姆斯．貝克（James Baker III）的關係好到什麼程度？實在太親了，讓貝克都不好意思，只好辭掉國務卿的工作，一心一意地為老布希一九九二年的大選連任繼續效力。希拉蕊的一名高級助理說，希拉蕊很難與歐巴馬心靈相通，兩人的關係也就是比「相敬如賓」高一點的層次，很難再往上突破。但這並不意味著冷淡或難以溝通，「兩人非常尊重對方，她認為自己總有一些觀點是歐巴馬能夠欣賞的。」這名助理說。僅僅在兩年前，希拉蕊和歐巴馬為民主黨黨內提名廝殺時，歐巴馬表示他將在上任後的第一年，主動與伊朗、北韓等流氓國家領導人展開接觸對話，不設任何前提條件。希拉蕊嘲笑歐巴馬「過於天真，站著說話腰不疼」。

但現在，她卻不得不為這位「天真」的總統給按讚。至少在第一年，希拉蕊接受了白宮獨大的事實，她努力揣摩著白宮的意思，避免和歐巴馬發生正面衝突，儘量做到不被歐巴馬的團隊看作是外行人。

從阿肯色州第一夫人到白宮第一夫人，希拉蕊非常理解站在一個男人背後的感覺，現在作為國務卿，她同樣可以接受站在歐巴馬的背後。希拉蕊越來越習慣於在她的演講中加上一句：「就像總統歐巴馬所說的……」但她心裡清楚，國務院的弱勢，將對她在華盛頓圈內的政治魅力以及未來的公眾形象造成潛在的負面影響。

《新聞週刊》專欄作者喬納森．阿特（Jonathan Alter）從希拉蕊還是阿肯色州第一夫人時，就開始採訪她，私交深厚。有一次，他問希拉蕊，和歐巴馬到底相處得怎麼樣？希拉蕊的回答中規中矩，他們的關係「從工作上講非常好，從個人角度而言也非常溫暖」。「溫暖」是一個很曖昧的辭彙，但在華盛頓的政治圈子裡，它已經是一個被濫用的外交詞。阿特窮追不捨，想讓希拉蕊舉幾個例子，希拉蕊想了半天，終於想起一個勉強算是「溫暖」的場

景。二〇〇九年春季，有一天，陽光燦爛，天氣「溫暖」，歐巴馬建議希拉蕊，一起出去走走。於是，他們在白宮南草坪上散步，當著眾多駐白宮記者的攝影鏡頭前，圍著一張野餐桌聊天。「這就是我希望的，一場說走就走的散步，發自內心的。當下我們聊得很開心。」

「再舉一個例子吧。」阿特心想，這個公眾新聞大家都知道。

希拉蕊勉強地講起另一件事情——當健保法案最終通過時，歐巴馬在白宮戰情室，給了希拉蕊一個大大的擁抱。好吧，看來還是不要再為難希拉蕊，她要麼是對關係緊密的定義過於廣泛，不然就是希拉蕊與歐巴馬之間，實在找不到太多的親密跡象。不過，在程序化的工作關係之外，有點小溫馨倒也未嘗不可。希拉蕊在她的回憶錄裡講到一個溫馨的場景。

那是在二〇〇九年四月，歐巴馬就任總統後第一次出訪歐洲，希拉蕊全程陪同。在布拉格，有一次開會前，歐巴馬突然把希拉蕊拉到一邊：「希拉蕊，我有話要跟你說。」

歐巴馬摟著希拉蕊，兩人一起走到窗口。希拉蕊很納悶，什麼樣的敏感話題要躲到窗口來談？歐巴馬輕輕地湊到希拉蕊的耳邊說：「你的牙齒上沾了點東西。」

希拉蕊在《艱難抉擇》裡將這一舉動昇華到精神層面，「這的確很尷尬，但也只有朋友才會對你說這樣的話，這是一種姿態，說明我們會在背後一直支持著對方。」

真情流露

二〇一〇年十二月十三日，星期一，晴天。

希拉蕊一天的行程從早上五點開始寫起。她一大早起床，乘飛機前往加拿大的魁北克參加北美外交長會議。休息時，希拉蕊跟幾位外交長聊了一會兒滑雪，然後被召集到室外拍集體照，希拉蕊大衣也沒穿，在零下二十度的寒風中非常配合地擺著姿勢。

乘飛機趕回華盛頓，希拉蕊換了一套莊重的禮服，出席好友霍爾布魯克的葬禮。

霍爾布魯克的去世非常突然。前天，就在希拉蕊的辦公室，霍爾布魯克與希拉蕊正在討論在阿富汗與塔利班武裝組織談判的前景，歐巴馬已經決定逐步撤出美軍在阿富汗的作戰部隊，將權力移交給卡爾扎伊政府。談話間，霍爾布魯克突然身子一歪，面孔漲得通紅。過了一會兒，他緩過勁兒來，示意希拉蕊繼續討論下去。

「你得馬上去醫院，」希拉蕊關切地說，「你要去看醫生。」

旁邊的蘇利文趕緊將霍爾布魯克扶進希拉蕊辦公室的私人電梯，送到國務院的醫療室，抬上救護車趕往附近的喬治．華盛頓大學附屬醫院。霍爾布魯克在電梯裡已經昏迷不醒，醫生診斷為主動脈撕裂，雖經手術搶救，三天後，霍爾布魯克不幸身亡。

在霍爾布魯克接受手術的三天，希拉蕊每天都會去醫院探視自己的老朋友，安慰陪伴在

床邊的霍爾布魯克的同事。一天晚上，希拉蕊主動提出，請他們一起去吃飯。他們步行經過華盛頓總統在普林斯頓戰役中的騎馬雕像，來到一家名叫「美華」的中式餐廳。這是柯林頓夫婦在華盛頓最喜歡光顧的中式餐廳，牆上貼滿了在餐廳吃過飯的政界名人照片，當然，也包括柯林頓和希拉蕊。柯林頓經常在「美華」叫外賣，他的助理也常在這裡吃午飯，聊天，儼然一個小白宮會議室。

葬禮結束後，希拉蕊和霍爾布魯克的同事一起來到麗思卡爾頓酒店的酒吧，喝酒聊天，緬懷他們多年的好友和資深外交家。

六十三歲的希拉蕊似乎並沒有受到肘關節摔傷的影響，她的工作行程排得滿滿的。她穿了一條精心剪裁的灰色時裝褲，脖子上戴著兩串珍珠項鏈，在時尚雜誌《芭莎》的記者面前，顯得容光煥發，精神抖擻。「我喜歡我現在的工作，喜歡跟我打交道的人。過去二十五年來，我的工作一直非常精彩，我很幸運，身體非常好，除了摔斷了胳膊。」希拉蕊笑著，「每一天都不一樣，你必須精力充沛，集中精神。」

希拉蕊似乎很會安排自己的時間。在華盛頓的家中，希拉蕊雇用了一位私人教練，一週三次，每天早上六點把她從床上拉起來，進行體能訓練。無論是在她的波音七五七專機上，還是自己的辦公室，希拉蕊總能抽出時間打盹。當然，她也得靠咖啡提神，「每次開會時，或者坐飛機調時差，看見招待端來咖啡和茶，我心想，哦，天哪，我還得再保持清醒一個小時。」希拉蕊說。

作為一個國際舞臺上的公眾人物，希拉蕊並不算非常刻意地修飾自己，在華盛頓，她有自己的化妝師幫她打理頭髮，但出門在外，希拉蕊基本上靠自己化妝，除非有時候一些駐外大使夫人會推薦她當地有名的髮型師。所以，希拉蕊的助理經常看到她在專機上，黑色檔案夾不知為何就跑到希拉蕊的頭上，變成了髮夾。希拉蕊的皮膚很好，打扮起來也比較容易，可能是因為家族基因比較強大。希拉蕊的母親九十二歲，看起來卻像只有八十歲。而希拉蕊的外表也比她六十二歲的實際年齡看著更年輕。如果希拉蕊準備在二〇一六年競選總統，至少從長相上講，還不至於給選民的感覺太過老氣。

從第一夫人到國務卿，希拉蕊在美國大眾眼中的形象逐漸改善，希拉蕊的發言人萊因斯說：「過去，她給別人的印象是比較冷漠，精於算計，缺乏感情，但現在，時間很快證明，這種感覺是錯誤的。」

二〇〇九年八月，希拉蕊訪問剛果。在首都金沙薩的一個市政廳舉行的一場論壇上，提問環節，一名剛果學生站起來，問希拉蕊，「你有沒有聽說中國人在剛果簽署的經濟協議？對於世界銀行提出干預協議一事，柯林頓怎麼看？」

等翻譯把問題講完，希拉蕊似乎有點困惑，她脫口而出：「我丈夫不是國務卿，我才是。」停頓片刻，希拉蕊顯然按捺不住怒火，她身體抬起來，對著提問的學生大聲說：「如果

你想問我的意見，我會告訴我的意見。但我不會替我丈夫發表意見。」希拉蕊撇撇嘴，重重地坐回椅子，頭扭向一邊。

想當然，希拉蕊這段怒火中燒的真情流露將成為第二天美國媒體熱議的焦點。希拉蕊的新聞發言人萊因斯連忙致電白宮，稱這是由於現場翻譯錯誤，誤解了提問者的意思，希望白宮出面解釋，儘量挽回一些負面效果。

白宮助理回覆萊因斯，深表同情地說：「誰碰到這種事，都會火冒三丈。她千里迢迢地飛到世界上最危險國家，趕到這個國家最危險的地區，以表達對當地婦女苦難生活和恐怖境遇的同情，但媒體關注的焦點卻仍是她和丈夫自一九九八年就開始的心理戰。」

白宮立刻動用媒體關係，展開危機處理，試圖縮小這件外交小事的影響。

但希拉蕊在剛果發飆的影片還是被上傳到網路上，被無數的網友熱議轉發。全國廣播公司主播問前方記者，希拉蕊到底是坐飛機時差沒調過來呢，還是嫉妒柯林頓？「兼而有之。」記者回答。《紐約郵報》在希拉蕊的大幅照片上刊登標題：「我是老闆。」

希拉蕊的助理說，她發飆的那一刻，恰恰證明了希拉蕊也是人，不是一塊冷漠無情的鐵板，她也有崩潰的時刻。在這趟十二天連跑七個國家的非洲之行，金沙薩只是第四站。無論是體力上，還是情感上，希拉蕊都承受著巨大的壓力。

在剛果這個被騷亂和族群衝突折騰得千瘡百孔的國家，外交安全人員建議希拉蕊，走過路過不要錯過，就可以了。但希拉蕊堅持要到戰事破壞最嚴重的地區實際看看，剛果武裝分子在當地對婦女兒童慘無人道的奸殺屠戮，讓希拉蕊心痛不已，在與剛果政府的會談中，希拉蕊宣佈將提供一百七十萬美元的人道主義援助，幫助政府軍恢復秩序。她不諱言地對剛果領導人表示，美國無法容忍剛果政府放任戰亂衝突地區大規模的姦淫行為。

但剛果的亂局不是希拉蕊僅憑一己之力能夠解決的。非洲從來都不是美國外交的重點，布希和前國務卿鮑威爾多次表示，非洲不在美國的戰略利益範圍內，美國「對非洲不負有必盡義務」，「非洲應靠自己應對新挑戰」。歐巴馬也並沒有因為他的非洲血統而對非洲給予更多的關注。確保美國在非洲的石油利益是美國主要的外交戰略，希拉蕊訪問的非洲七國中，奈及利亞和安哥拉分別占美國石油進口額的8%和7%。而剛果這種只能讓美國出於人道主義精神燒錢援助的國家，希拉蕊也只能唏噓不已。

希拉蕊自己也注意到輿論的變化，「我還是我，但我所處的環境變了。別人對我的評價或批評，主要是看我到底做了哪些事情。就像現在的歐巴馬總統，在健保改革上被罵得狗血噴頭，當初我在做第一夫人時，也曾因健保改革計畫被人罵過。」

出任國務卿一年多，希拉蕊在這個位子上承受的壓力是外人難以理解的，「有時候，我非常生氣，很難過，因為別人做事愚蠢，或者連累他人，或者不遵守諾言。」希拉蕊有她自己的減壓方式，「我喜歡游泳，特別是在海裡，或湖裡游泳。」每當週末回到紐約上州查

帕克的家裡，希拉蕊就會請來一位瑜伽老師，練習伸展吐息，收拾房間也是忘掉煩惱的好辦法，「整理衣櫃，清理廚房抽屜，我喜歡做事有始有終。」

希拉蕊和丈夫也喜歡在森林裡散步，理清思路，「我們經常帶著狗一起出去散步，然後出去看一場電影，或者吃頓晚飯。」靠著好萊塢的人脈，柯林頓家裡有一堆奧斯卡大片，希拉蕊最喜歡看的是《王者之聲》，最想看的是《大地驚雷》和喜劇片《性福拉警報》。

對於美劇，希拉蕊看得不多，但《實習醫生》她幾乎一集未落地追完了整部劇，「我喜歡他們碰到的各種狀況，很有意思，有個傢伙居然肚子裡放了一個炸彈，呵呵……」希拉蕊九十一歲的老母親喜歡看《與明星跳舞》，也經常和希拉蕊討論選手的名次爭奪。

對於自己的時尚品味，希拉蕊頗有自嘲精神，她喜歡穿褲裝，但據她的助理說，希拉蕊其實是一名包包控，拍她馬屁最好的辦法就是誇她的包包。「我的確喜歡包包，誰也別嘲笑別人的包包品味。我認為這是一種深層次的精神需求。它能給你一種井然有序的感覺，因為裡面有你一天生活必需的東西。我有一款菲拉格慕的粉紅色書包，我非常喜歡。儘管可能只有在春天，我才會拎著這款包包出門，但它讓我很滿足，甚至一月份的時候，我就迫不及待地拎著出門了。誰能拒絕一款超大的粉紅色包包呢？」

被惡搞的簡訊

二〇一二年四月，一個乏味的星期三晚上，連國會都在放春假。兩個男人坐在一家名為Nellie的酒吧裡，百無聊賴地喝著伏特加和汽水，桌子上放著一大碗洋蔥圈。

史黛西．蘭博（Stacy Lambe）和亞當．史密斯（Adam Smith）都在公關公司工作，他們聊起朋友圈裡傳閱的去年年底出版的一期《時代週刊》，當期的封面故事是希拉蕊，裡面刊登了希拉蕊的御用攝影師戴安娜．沃克（Diana Walker）拍攝的多幅照片。其中有一張是希拉蕊坐在國務卿專機上，戴著墨鏡，正在看自己的手機。

蘭博心想，這還是御用攝影師的大作呢，把希拉蕊拍得像個黑道，「她在給誰發簡訊？發的是什麼內容呢？」

回家的路上，蘭博還在想著這張照片，彷彿什麼地方見過，他找到一張拍攝角度不同的類似照片，是路透社記者拍攝的：希拉蕊坐在軍方C-17運輸機上，等著從馬爾他飛往的黎波里，戴著墨鏡，看著手機。

蘭博決定把希拉蕊和歐巴馬串在一起。還真的被他找到一張歐巴馬看手機的照片：歐巴馬躺在沙發上，正在看他的黑莓機，旁邊站著首席戰略師大衛．阿克塞爾羅德，後面牆上寫著歐巴馬的競選標語：我們相信可以改變。

蘭博將兩張照片上下拼接在一起，加了幾句惡搞的對白。

——歐巴馬用手機發訊息問：「嘿，希希，在幹嘛呢？」

——希拉蕊回覆：「滿世界飛著呢。」

蘭博一直忙到淩晨一點，他給這幅拼圖取了一個標題《來自希拉蕊的簡訊》，然後上傳到微網誌Tumblr，短短四十八小時，就被點閱了九千多次。第二天，新聞網站BuzzFeed首先發現了這張惡搞的圖片，放到自己的新聞頁面，立刻引爆媒體圈，《華盛頓郵報》、《赫芬頓郵報》、雅虎新聞紛紛跟進報導。當晚，幾大主流電視臺也報導了這張照片，並挖出了整個事件的全部經過。此後的一周，圍繞著這張充滿喜感和反差的「新聞偽作」，網友展現出無窮的創作天賦，各式各樣的版本紛紛出籠。

——「於是，我就寄了一封簡訊，問問我最喜歡的那款太陽眼鏡是不是忘在她的桌子上了。」萊斯在飛機上對小布希說。

——「對不起，萊斯，沒看到。」希拉蕊戴著墨鏡，回覆說。

還有這一條：

——「恭喜你拿到了一輛汽車！」動不動就在節目裡送觀眾汽車的歐普拉興奮地給希拉蕊發訊息。

——「不用了，謝謝。我正坐著自己的G6灣流私人飛機。」希拉蕊戴著墨鏡，冷冷地回覆。

僅僅用了一個禮拜的時間，《來自希拉蕊的訊息》在臉書上被轉發了八萬多次，超過十七萬人點讚，在所有的主流社交網站上都成為熱門話題，掀起了一場惡搞名人的集體狂歡。希拉蕊室內戴墨鏡，一副黑社會老大的樣子，彷彿一切盡在她的掌控之下，這與之前媒體渲染的希拉蕊在與白宮的權力爭奪中被冷落，形成滑稽的視覺落差。

這是希拉蕊的公關團隊坐在國務院的辦公大樓裡，想破腦袋也想不出來的公關創意，卻在一個酒吧裡開始孕育。不同於以往使用PS的技術手段惡搞政界名人的照片，在這場全民創作中，網路上的民間高手依然保留了照片的原汁原味，通過設計對白，將不同情景下的名人通過對話，戲劇性組合，引發眾人會心一笑。

這種充滿演技卻又不落俗的宣傳，凸顯了希拉蕊的酷感，極大地拉近希拉蕊與大眾文化的距離。希拉蕊對女兒雀兒喜說，她最喜歡的是一張與加拿大性感男星雷恩·葛斯林（Ryan Gosling）的偽對白。

——「嘿，美女……」雷恩拿著手機，帶著壞壞的笑，搭訕說。

——「我是美國國務卿。」希拉蕊戴著墨鏡，酷酷地回覆簡訊。

雀兒喜很驚訝，老媽居然連這位加拿大男星都知道。

看到希拉蕊如此欣然接受這些惡搞，發言人萊因斯決定邀請兩位原創者到國務院來作客，他以牙還牙地發給他們一份希拉蕊簽名的投降書，搞得兩人一時間難辨真偽。

希拉蕊與蘭博、史密斯在國務院短暫會面，拍照合影。希拉蕊在那張被傳播百萬次的照片上簽上自己的大名——「喜歡這個網站，希拉蕊」。

網路社會裡，人們更喜歡平視對等的交流，那些平日裡在鏡頭前高高在上掌控一切的領導人，更容易被網友以各種手段拉低身段。希拉蕊喜歡這種氛圍下的交流，這次「簡訊風波」也讓她見識到社群媒體傳播力倍數增長的爆炸量——希拉蕊陷入了深深的沉思。

兩個星期後，希拉蕊又一次的真性情流露，被媒體曝光。

四月十四日，希拉蕊在哥倫比亞的卡塔赫納參加第六屆美洲高峰會，一天的會議議程昏昏欲睡，晚上，希拉蕊和朋友決定去夜店放縱一番。

在當地著名的「哈瓦那咖啡」俱樂部，一個六十四歲的女人，前第一夫人，和著激情的騷莎舞曲，雙手揮舞，扭動腰肢。希拉蕊穿著一件休閒的黑色裙裝，戴著一條碩大的金枝墜鏈，沒有標誌性的盤髮，而是自然垂下，顯得鬆弛隨意。她手裡拿著啤酒，大笑暢飲，完全沒有平日裡的嚴肅和強硬。

希拉蕊的夜店照片很快被《華盛頓郵報》和《紐約郵報》等右翼媒體放在頭版大肆渲染，共和黨批評希拉蕊染上酗酒的毛病，她蹣跚著走上專機舷梯的影片更是成為YouTube網站上的熱門，連歐巴馬都有點半信半疑地開玩笑說，他當天晚上收到希拉蕊發來一條「醉醺醺的簡訊」。但網路民意的反應基本是正面的，大家看到了希拉蕊作為女人的一面，她也有釋放壓力的需求。夜店、熱舞、宿醉、不事妝容，這些原本是政客避之不及的東西，貼在平日裡過於疏離的希拉蕊身上，卻顯得非常親切。

夜店買醉僅僅過去半年，希拉蕊再度成為網路流媒體的熱門關鍵字。這一次是在普勒托利亞，由南非外交長舉行的一場晚宴上。

希拉蕊紮著馬尾，跟著一名祖魯女歌手翩翩起舞。起初還只是隨著音樂擊節鼓掌，輕扭老腰，後來在歌手的邀請下，希拉蕊索性步入舞池，與女歌手大跳性感熱舞。那是一首南非祖魯族的民歌，歌名直譯過來的意思是《向前走，去找下一個男人》。

影片上傳後，引發網友一陣尖叫圍觀，僅在YouTube上，就有四十多萬的點閱量。希拉蕊第二天對霍馬特說，她實在搞不懂這段影片為什麼會在網路上有那麼高的點擊率，「為什麼人們對我在南非跳舞那麼感興趣？」

社群媒體時代的傳播規則已經超出了希拉蕊能夠理解的範圍，希拉蕊的公共團隊很得意，雖然是一段無心插柳的插曲，但對於打造一個全新、充滿活力的希拉蕊形象，卻是所有形象廣告都無法比擬的。

第十五章 柯林頓

柯林頓的小岩城

開車旅行，一進入阿肯色州，高速公路上就能看到一片醒目的標牌，上面寫著：「歡迎你到阿肯色州，這是一個自然環境優美的地方，也是柯林頓總統的家鄉」。如果坐飛機，你同樣逃不開柯林頓的置入式「廣告」，阿肯色州首府小岩城的機場二〇一二年已經改名為「比爾．希拉蕊．柯林頓機場」，在做了十二年的阿肯色州州長之後，柯林頓夫婦的名字與這座人口只有十七萬的南部小城緊緊地聯繫在一起。

柯林頓是小岩城的靈魂，這裡有威廉．J．柯林頓總統圖書館和博物館，柯林頓基金會辦公室，以及阿肯色州立大學柯林頓公共服務學院。柯林頓改造了這座瀕臨沒落的小城。耗資一點六五億美元的柯林頓總統圖書館，讓小岩城逐漸恢復生機。借著柯林頓這個金字招牌帶來的旅遊商機，柯林頓幫助小岩城重新打造老城區，從二〇〇四年柯林頓總統圖書館建成，小岩城十年間吸納了二十五億美元的投資。

柯林頓總統圖書館共有五層，利用阿肯色河邊的一處倉儲廢地建立起來的，將原先垃圾遍地、被城市遺忘的角落，變成了濕地公園和小岩城最具盛名的招牌地景。這座玻璃與鋼架結構的圖書館，外形宛如一座懸空的橋，正對阿肯色河，意喻著柯林頓的競選口號：打造一座通往二十一世紀的橋樑。柯林頓的辦公室兼住宅位於圖書館頂樓，三面透光的落地玻璃窗，由防彈玻璃製成，在幽藍的景觀燈照射下，顯得很夢幻，很有未來感。

「每當柯林頓回到小岩城，晚上，你都可以看見總統圖書館頂樓柯林頓辦公室透出藍色的燈光，就像一個燈箱廣告，這是在告訴小岩城的人，柯林頓回來了。」柯林頓的一位朋友說。

在柯林頓的辦公室，裝飾著世界各國領導人送給柯林頓的禮物，充滿異域風情。整座建築充滿高科技和綠色環保理念，所有的燈光和空調系統都是電腦自動控制，地板是由廢棄橡膠輪胎回收再利用製成的，樓頂覆蓋著二十多釐米的有機土壤，吸納雨水回收再利用，並精心打造成一個屋頂花園和菜園，種著九十多種綠色植物，包括草莓、香蔥、蕨類，還有柯林頓母親生前最喜愛的黃玫瑰。圖書館有一個四星級餐廳，名為「42」，代表第四十二屆美國總統柯林頓。天氣好的時候，柯林頓會在屋頂花園的陽光房裡招待客人，摘下花園裡的玫瑰送給女人，請男人在屋頂打高爾夫，對著阿肯色河練習開球。

在這裡，柯林頓在退出白宮十年之後，仍享受著他大眾情人的偶像地位，尤其是在女人中間。柯林頓經常在圖書館頂樓舉辦派對，一名曾在圖書館裡實習的工作人員說：「這裡就是比爾的後宮，他的花花公子豪宅，女人趨之若鶩的地方。比爾在這裡經常舉辦各式的派對，從大型的政治聚會，到私密的個人約會。他經常邀請一些潛在的基金會捐款人、勞工組

織領導人、政治家、名人和朋友來玩。有些派對，對一位年事已高的前總統而言，似乎有點狂野過頭了。」

柯林頓出門，一般由四輛通用的黑色SUV組成車隊，帶著保鏢，在小岩城主要幹道——柯林頓總統大街，柯林頓會搖下車窗，跟街上的行人打招呼，有時柯林頓會一時興起，叫司機停下車，他會下車與路人握手擁抱，導致交通堵塞，秩序大亂。柯林頓需要這種被人圍觀、敬仰和拍照的感覺。

柯林頓的一位朋友說：「比爾只是覺得他可以在這裡做任何事情。如果他喜歡一個人的老婆，即使這個人就在旁邊，比爾也敢和他老婆打情罵俏。我見過他不止一次這麼做。希拉蕊當然很不屑，這也是為什麼她儘量不和柯林頓一起出現在公共場合，除非是公務活動，沒有辦法。因此，希拉蕊和比爾一起來小岩城的次數屈指可數。」

希拉蕊的夫妻哲學是眼不見為淨，她寧願柯林頓整天往小岩城跑，也不要待在紐約或華盛頓，跟他的貼身助理道格拉斯．班德等一幫狐群狗黨或商界菁英混在一起。希拉蕊想讓雀兒喜代替班德的角色，負責打理柯林頓的日常事務，尤其是在希拉蕊為二〇一六年競選忙碌的時候，她需要有一個信任的人照顧柯林頓。因為她相信，只要雀兒喜在身邊，柯林頓不會做過分出格的事情，他不會讓自己的女兒出醜。

熟悉柯林頓的人，絲毫不會懷疑這位前總統能夠在民主黨內動員全部的政治資源，支持希拉蕊二〇一六年競選。但私下裡，他們卻擔心，希拉蕊最大的敵人，不是共和黨的競爭對手，而是在她身後傾盡全力、扶她上馬的丈夫，他們的個性差異會不會導致希拉蕊的戰車在「陽」溝裡翻船。在二〇〇八年，柯林頓對希拉蕊的大選「用力過猛」，很多時候都是在幫倒忙。

一位希拉蕊的老朋友說：「他們倆幾乎在所有的問題上都意見分歧，這是個性的問題。柯林頓喜歡卡住對手的脖子，直到他屈服為止。希拉蕊的內心深處是希望被人愛，而不是遭人恨。她是一位鬥士，從高中開始就爭強好勝。差別在於，柯林頓認為，一切必須是公平的，無論是愛情，還是政治。希拉蕊卻不希望做事或說話引起別人對她的嫉恨。」

二〇〇八年大選，對於歐巴馬長期堅持反對伊拉克戰爭的立場，柯林頓批評說就像一個「童話」，希拉蕊對「童話」這個說法非常反感，認為這種攻擊搞不好最後傷害的是自己。她與柯林頓在這個問題上大吵一架，甚至動起手來，她推了柯林頓一把。對於柯林頓將歐巴馬的競選與黑人民權領袖傑西．傑克遜對比起來的說法，希拉蕊更是警告說，當心被人罵作種族主義分子。

「過去十幾年裡，每次競選，他們倆幾乎每天吵架，互相毫不客氣地直呼名字，拍桌子。有時，甚至在賓館客房裡還在唇槍舌戰。比爾競選時，希拉蕊有意退後一步，眼睜睜地看著柯林頓犯錯誤，至少在她眼裡，認為這是錯誤。幸虧柯林頓這個人心胸還算寬闊，又能言善辯，這些雞毛蒜皮的小錯誤沒有對他的競選造成太大的影響。」希拉蕊的朋友說，「柯林頓不是那種願意低頭的人，他不會讓希拉蕊那麼容易地佔上風。在未來的大選中，他們的

內鬥將持續演變為家庭戰爭。」

隨著年齡的增長，柯林頓的脾氣也越來越大。一位法律顧問說：「我認識比爾多年，他的脾氣一向很大。他與希拉蕊經常拳腳相向，這在朋友圈內已是公開的秘密。現在，情況更糟。我們有些人會隨著年事已高，脾氣變得溫和，柯林頓卻相反。一旦他覺得自己被人背叛，或者他原本很器重的人卻讓他失望，柯林頓就會大發雷霆。所以，如果希拉蕊在二〇一六年的總統競選中讓他失望，他肯定會向她爆發。而她當然也會強烈反擊。如果選情正處於關鍵時期，比如，正在準備總統候選人辯論之類的，他們的這種衝突將給大選帶來災難性的後果。」

「過去五年來，他們一直分居，並非時時刻刻都在一起，」法律顧問說，「競選一旦開始，產生摩擦的風險就會很高。我擔心，那時候，柯林頓會生不如死，希拉蕊則會精神崩潰。」

柯林頓夫婦難得一起出現在小岩城，但他們依然是各自分頭行動。柯林頓像往常一樣，來到首都酒店的酒吧，要了一杯紅酒和油炸黑豆，他的情緒高漲，儘管不時地向酒保抱怨他的體重又增加了。幾個月前，柯林頓的營養師和雀兒喜專程來到酒店，與大廚一起商量柯林頓的食譜問題，大家都認為，柯林頓吃太多油炸食品了。

當柯林頓在酒吧裡與酒保聊天，與女粉絲搭訕，希拉蕊正在拜訪一位老朋友，他們從希拉蕊還是阿肯色州第一夫人的時候，就結識了。

「希拉蕊和柯林頓大概有二十多年沒有在一起滾床單了，」希拉蕊的一位閨蜜說，「他們從白宮開始就各走各的路。陸文斯基是影響他們關係的因素之一，但並不是全部，所有的矛盾都是一點一滴日積月累形成的。希拉蕊已經無法容忍他們之間再有什麼親密的肢體接觸。希拉蕊說，他們從來沒有在這個問題上吵過，柯林頓偶爾會過來找希拉蕊親熱一番，但希拉蕊總是找藉口躲開。後來，柯林頓只好放棄。這已成為兩人長期以來約定俗成的慣例，他們從來不睡在同一張床上。」

「希拉蕊相信，柯林頓並不缺乏性生活，」這位朋友說，「投懷送抱的女人太多了，柯林頓顯然仍有浪漫的需要。但這並不影響希拉蕊，她和柯林頓白天仍照常生活，所有的重大決策，一個人絕不擅作主張，都是商量來著。當然，希拉蕊並不總是聽從柯林頓的建議，這讓柯林頓有時候會氣得跳腳。他們偶爾會和女兒雀兒喜在一起，但三人共享天倫之樂的機會不多，多數情況下，希拉蕊和柯林頓是分別和女兒待在一起。」

《紐約時報》二〇〇六年曾統計過，希拉蕊和柯林頓在七十三個週末中，只有五十一個週末是兩人待在一起的。在希拉蕊就任國務卿之後，坐著波音七五七專機滿世界打轉，他們在一起的時間更少了。希拉蕊空閒的時候，一般是住在華盛頓懷特海文的家裡，而比爾．柯林頓卻很少回到這裡，他更喜歡小岩城或紐約哈萊姆的辦公室。因此，希拉蕊經常一個人在家，沒事就在花園裡種花養草，或者裝修房間。希拉蕊的一名助理說：「他們幾乎每隔幾個星期就要重新弄一次房間，將家具罩起來，我想她大概樂此不疲吧。」

柯林頓夫婦對購置房產似乎有特別的嗜好。除了華盛頓和紐約州的兩套住宅，他們還在紐約州靠近康乃狄克州的地方看中了一套價值一千萬美元的房產，這座有著南方殖民風格的白色豪宅占地廣闊，有游泳池、燈光網球場、工作室、馬廄、室內和室外跑馬道，和能夠容納三輛轎車的車庫。柯林頓想把室外跑馬道改造成會議中心，讓柯林頓全球倡議可以在這裡舉行招待酒會，順便也能收取一點場地費。

但是這幢豪宅卻有一個致命的缺點，離它最近的機場是丹伯里機場，開車大概二十分鐘，但機場的跑道太短，無法供應柯林頓夫婦的專機起降，另一個稍大的機場車程需要三十多分鐘。幾番猶豫，柯林頓夫婦最終還是放棄了這套房子。

當然，這其中也有政治考量。如果希拉蕊在大選前買下了這棟一千萬美元的豪宅，顯然無形中拉大了與廣大中產階級選民的距離。二〇一二年，羅姆尼就曾因為豪宅太多，其中一套超級大宅居然為汽車安裝了一部電梯，被批太過奢侈。統計資料表明，從二〇〇四年開始，民主共和兩黨的總統候選人，最後落敗的都是家裡房產太多的那位。

超高人氣

在進入國務卿任期的第四個年頭，希拉蕊已經從二〇〇八年的大選失敗中徹底鹹魚翻身。歐巴馬的團隊正在想方設法地接近她的丈夫柯林頓，希望借助這位前總統的影響力幫助歐巴馬競選連任，希拉蕊在美國民眾那裡也收穫了超高人氣，她的推特帳戶粉絲數超過九十萬，民意支持率高達66%，比歐巴馬高出十六個百分點。

除了極少數白宮助理仍對希拉蕊在二〇〇八年的言行耿耿於懷，希拉蕊與歐巴馬團隊的大部分成員都已冰釋前嫌，忠誠和低調讓希拉蕊儼然已經成為歐巴馬身邊不可缺少的一部分，「她對歐巴馬的忠誠，你簡單難以想像，」希拉蕊的一名助理說，「她從來不說『我的立場』，而是說『我們的立場』，她從來不說，『我準備做什麼』，而是說『我們準備做什麼』，她嚴守紀律，從不抱怨。」

在白宮的決策圈，希拉蕊成為重要的意見領袖之一，在戰情室裡，她的觀點往往具有無可辯駁的說服力和影響力。在抓捕賓．拉登、促成利比亞禁飛區的西方國家結盟等方面，希拉蕊一次又一次站在歐巴馬一邊，並為貫徹總統外交意圖，滿世界奔波，在她的國務卿任期內，希拉蕊出訪了一百一十二個國家，超過美國歷史上任何一位國務卿的飛行里程數。

作為感謝，歐巴馬送給希拉蕊一個黑色的iPad皮套，這是他為希拉蕊量身訂製的，封面上刻著金色的「HRC」，這是希拉蕊姓名的縮寫，背面印著「國務卿」。

希拉蕊出任國務卿的四年，她的人氣之旺盛，使她卸任後成為各種誘人崗位的熱門人選，從最高法院法官，國防部長，到世界銀行行長。

尤其是世界銀行行長一職的傳言，已在華盛頓圈內流傳了幾年，一度讓人信以為真。

二〇一二年三月，歐巴馬任命達特茅斯學院院長、美籍韓裔學者金墉出任世界銀行行長，接替即將卸任的佐利克（Robert Zoellick）。美國政治新聞網站「政治圈」第一時間搶發了這消息，希拉蕊的新聞秘書尼克．梅里爾（Nick Merrill）將消息轉發給向希拉蕊的發言人萊因斯，惡作劇地加了一句：「金墉的任期到二〇一三年一月為止。」這個日期正好是希拉蕊卸任國務卿的時間。

梅里爾的原意是想拿華盛頓圈子裡的傳言搞笑一番：「萊因斯，你懂的！」可偏偏萊因斯不懂「風情」，信以為真，就把這個消息原封不動地轉發給希拉蕊。

希拉蕊正在白宮橢圓形辦公室與歐巴馬等人開會，隨口就把金墉任職世行行長的事情說了出來，歐巴馬一愣，我給他的任命書可是從來沒有提到任期到二〇一三年一月結束啊，難道金墉不想幹了？白宮一陣慌亂，趕緊徹查消息來源，結果發現不過是烏龍一場。

一些民主黨人猜測，歐巴馬為了能在競選連任時打破僵局，可能有意讓希拉蕊和拜登互調角色，由拜登出任國務卿，希拉蕊作為歐巴馬的搭檔，利用她的超高人氣，拉歐巴馬一把。歐巴馬陣營甚至舉行了一場民意調查，看看這種組合能否產生一加一大於二的效果，但調查結果還不足以讓他們出此奇招。

隨著時間的推移，圍繞著希拉蕊國務卿退位之後的打算，媒體各種版本的猜測大多因為太不可靠，而漸漸不再提起，但有一個職位卻在希拉蕊的助理圈內引發揣測。

據《華盛頓郵報》報導，二〇一一年夏天，白宮幕僚長比爾．戴利突然造訪國務院，詢問希拉蕊是否對財政部長一職感興趣。當時出任財政部長的是提摩西・蓋特納，在他的繼任者名單中，希拉蕊被排在首位，白宮對蓋特納的推薦非常重視，歐巴馬也認為希拉蕊是非常合適的人選，因此派戴利專程前往國務院徵求希拉蕊的意見。

希拉蕊謝絕了。一名助理說，在眾多的競爭者中，希拉蕊勝出的可能性不大，所以她不想出來攪局。

但戴利一口否認《華盛頓郵報》的報導，在二〇一三年六月參加柯林頓全球倡議組織的一場活動時，戴利說：「這完全是胡說八道，我從來沒有和希拉蕊談過這件事。」

蓋特納的一名助理說，這個故事有點過度想像的成分，蓋特納的確給白宮開列了一份繼任者候選人名單，希拉蕊名列其中，但絕不是僅有的唯一人選。

如果希拉蕊的職業履歷上再增加一項「美國財政部長」或「世界銀行行長」，無疑是為她在二〇一六年的總統大選加分，但在美國經濟仍處在艱難復甦的時候，「財政部長」是個燙手的山芋。

不管怎麼說，只有一點可以肯定，希拉蕊做滿四年之後，是絕對不會繼續在國務院做下去了。希拉蕊心裡清楚，她現在之所以能維持這麼高的人氣，是因為她在國務卿這個技術性工作上，具有一定的超政治性，沒有太多黨派色彩。一旦她脫離國務院，重新介入選戰，民意的左右分裂和黨派之爭，將直接影響她的超然。

二〇一一年九月中旬，希拉蕊從華爾道夫酒店坐車，準備前往聯合國總部參加聯合國大會。多年的好友愛倫．陶舍（Ellen Tauscher）也一同搭車前往。愛倫是國務院內負責軍備控制的助理國務卿，她一上車，就聊起剛剛從全國廣播公司的晨間新聞裡聽到的一條消息。

據彭博新聞社公佈的最新民意調查表明，64％的美國人對希拉蕊有好感，34％的人認為，如果美國現在是由希拉蕊，而非歐巴馬來做總統，美國的境況會好很多，47％的人認為差不多，只有13％的人認為情況會惡化。美國主流的新聞媒體對此的解讀是，選民普遍存在的「買了就後悔」的心理，後悔當初選了歐巴馬，而沒有投希拉蕊的票。

希拉蕊坐在後排，臉上洋溢著滿足的微笑，顯然她對這個數字非常得意。

作為好友，愛倫不得不提醒希拉蕊，不要太高估了她的人氣，「我擔心的是，你的超高支持率是因為人們把你視作政治圈外的人，他們能夠接受的只是現在的希拉蕊，」愛倫說，「假如哪位共和黨的傢伙敢在我面前說，要是你當選總統就好了，我就一巴掌呼過去。」

希拉蕊一直靜靜地聽著，被「呼一巴掌」的說法逗得哈哈大笑。愛倫繼續說道：「你要知道這裡面的不利因素。一旦你重新回到政治圈，你的民意支持率會從66％跌到46％，跌到26％，只需一眨眼的工夫。這就是華盛頓的政治現實。你怎麼樣能夠應對後國務卿時代的生活？」

希拉蕊沉默不語，她心裡明白這一點，但她從未真正離開過華盛頓的政治圈，她的丈夫柯林頓已經為她的政治前景謀劃了三年多。

八月份，柯林頓宣佈支持加州民主黨議員布萊德．謝爾曼（Brad Sherman）競選連任。在二〇〇八年的大選中，謝爾曼一直是希拉蕊最忠實的擁護者，在華盛頓建築博物館的競選失敗演講時，他甚至帶頭為希拉蕊歡呼鼓掌。

柯林頓對謝爾曼的支持原本並不引入矚目，但加州獨立選區劃分委員會決定重新劃分洛杉磯地區的政治選區地理分界線，導致謝爾曼與另一名民主黨資深眾議員霍華德．伯曼（Howard Berman）在初選中就面臨民主黨內捉對廝殺。伯曼已經做了三十年的眾議員，擔任眾議院外交關係委員會主席，在許多棘手的外交問題上，與希拉蕊關係融洽，配合得相得益彰。

而謝爾曼卻在華盛頓「舉目無親」，沒有深厚的政治關係網。比爾．柯林頓的支持對謝爾曼至關重要。柯林頓也有自己的政治算盤，選區重新劃分之後，對謝爾曼有利，並且謝爾曼曾經死忠地支持過希拉蕊。而伯曼當初支持的是歐巴馬。

柯林頓公開為謝爾曼背書，讓原本在華盛頓享盡「人和」之利的伯曼大感局勢不妙，於是想盡一切辦法阻止柯林頓不要支持謝爾曼，不要為謝爾曼的競選站臺或募集政治獻金。

伯曼打電話給柯林頓時期的貿易代表坎特（Mickey Kantor），讓他勸說柯林頓撤回支持，請民主黨全國代表委員會主席舒爾茨（Debbie Schultz）干預，甚至到國務院找希拉蕊去向柯林頓吹吹枕邊風。但也無濟於事，中間人傳話給伯曼說，雖然柯林頓非常清楚在眾議院的位子上，伯曼比謝爾曼更有資格，但他不願收回對謝爾曼的支持。

伯曼有一種被「背叛」的感覺，至少在一件事情上，柯林頓是欠他一個人情的。一九九〇年代初，柯林頓推動簽署北美自由貿易協定，伯曼冒著被勞工組織唾棄的政治風險，帶頭在眾議院對柯林頓表示支持。伯曼希望柯林頓能看在當年這份情，不說放棄支持謝爾曼，至少能夠發表一份聲明對伯曼在貿易問題上的貢獻美言幾句。

二〇一一年十月，希拉蕊在國會為歐巴馬的三項自由貿易協定遊說民主黨人，伯曼趁機把當年他支持柯林頓的舊事重提，希望希拉蕊回去能讓柯林頓不要那麼堅定地支持自己的對手。

伯曼對希拉蕊說，「你一方面要求我投票支持歐巴馬的自由貿易協定，另一方面卻又拒絕在我的選區為我造勢，而你的丈夫更是支持我的競爭對手，你不覺得這很諷刺嗎？」

希拉蕊發出神經質一般的怪笑，稱她從來不捲入華盛頓的政治。伯曼回想起當時的情形，仍然渾身是氣。

柯林頓利用他的政治資源回報二〇〇八年希拉蕊的支持者，同時，他也向歐巴馬的競選連任下注。這是一項需要精確計算回報率的政治投資。如果歐巴馬獲勝，確切地說，如果歐巴馬是在柯林頓和希拉蕊的幫助下獲勝，這將進一步加強柯林頓夫婦在民主黨內外的地位。

柯林頓與歐巴馬的關係，已經不是用朋友或敵人這種簡單的二分法能夠概括的，他們的對視微妙而複雜。

第十六章 雀兒喜

官二代

二〇一三年六月，在芝加哥一家酒店的會議廳裡，上千名來賓將偌大的會議大廳擠得水泄不通，柯林頓坐在臺上，眼睛一直瞟著地面，眼前的美似乎讓他不敢直視。坐在他面前的是NBC的美女主播崔西．雷根（Trish Regan），年僅二十二歲就入選美國小姐的決賽。對於柯林頓的視線游離，崔西的臉上掛著一絲得意。

「柯林頓總統，最後一個問題，問完這個問題，我就放過您。二〇一六年我們有沒有可能見證另一位柯林頓入主白宮？」崔西問道。

台下有人發出咯咯的笑聲，這是所有人都非常感興趣的話題。「我保證，這是最後一個問題。」崔西留點時間讓柯林頓斟酌一下措辭。

柯林頓的頭髮已經花白，聚光燈下，他的臉顯得更加蒼白。這是「柯林頓全球倡議」辦的一場公共活動，目的是為了與柯林頓基金會的捐款人聯絡感情。六十六歲的柯林頓不辭辛苦，專程從華盛頓趕來捧場。

跟老態龍鍾的體態相比，柯林頓的思路依然非常清晰，他頗具智慧地回答了一句：

「雀兒喜還很年輕。」

所有人期待的答案當然是他的妻子希拉蕊．柯林頓，但柯林頓卻把自己的女兒雀兒喜．柯林頓搬出來做擋箭牌，有點政治幽默的意思。沒錯，二〇一六年，三十六歲的雀兒喜如果當總統，還太嫩了一點，但柯林頓的腦海中並非沒有閃過這個念頭。這些年來，雀兒喜一直是柯林頓夫婦脆弱婚姻關係的唯一橋樑，也是柯林頓在希拉蕊萬一失敗之後的備胎。

一九九三年，年僅十三歲的雀兒喜跟隨父母第一次走進白宮。美國民眾印象中的雀兒喜，還是那個在白宮辦公室跑來跑去，有點羞澀，有點笨拙，笑起來很甜美的小女孩。這些年來，柯林頓夫婦竭力呵護自己的獨生女兒，避免媒體的過度曝光和公眾的關注讓雀兒喜的成長留下心理陰影。柯林頓夫婦在白宮，長期以來一直嚴格執行一條禁令：不得報導雀兒喜的任何消息，即使是在一些半公開的場合，或者跟隨父母出國訪問，媒體記者都會被事先告知，不要去碰雀兒喜的話題，也不允許向雀兒喜提問。這個禁令從雀兒喜在華盛頓的頂尖私立中學賽德威友誼中學開始，一直持續到她到史丹佛大學讀書。

但雀兒喜最大的陰影卻不是來自大眾的目光，而是圍繞著柯林頓夫婦的政治風暴和一個名叫陸文斯基的白宮實習生。

希拉蕊寫過一本關於兒童撫育的書，名叫《同村協力》，在書中，希拉蕊回憶說，一九八六年，當比爾．柯林頓準備再次競選阿肯色州州長時，他和希拉蕊在餐桌上，與女兒談心，「我們跟她解釋說，選舉時，有些人會講爸爸的壞話，以贏得大選。我們希望她能夠做好心理準備，」希拉蕊寫道，「像大多數父母一樣，我們想教她撒謊是錯誤的，她努力地學著理解這些問題。」

為了讓女兒切身體會，柯林頓甚至演起了情境劇，「比爾就從椅子上站起來，學著他的競選對手的樣子，說著一些惡毒的話，像真的壞人一樣。」雀兒喜開始哭起來，柯林頓夫婦仍一搭一唱地模擬著競選場合政治對手之間的對罵和攻訐，直到雀兒喜最終聽明白到底是怎麼回事，不再哭泣為止。那一年，雀兒喜只有六歲。

常人很難想像雀兒喜是在怎樣的家庭環境裡成長起來的，丹尼爾．哈勃在《柯林頓公司：政治機器的大膽重建》一書中說，「她有著美國政治史上最怪異的生活。不僅僅因為她是總統的女兒，更因為她的父親時常曝出與女人調情，或性行為不檢點，在政治對手那裡甚至被扣上強姦的罪名，儘管從未證實。而她的母親一直被罵作是騙子、謊言家和奸詐小人。即使是內心再強大的人，在這樣奇怪和充滿攻擊性的環境下生活，性格也會發生改變。」

雀兒喜有一次在接受採訪時說：「我一直生活在大眾的目光下。我出生時，父親就是阿肯色州州長，出生第二天，就上了當地報紙的頭版頭條。雖然我並不記得當時的情況，但我仍然記得，人們總是能夠認出我來，他們過來和我搭訕，告訴我他們如何喜歡我父母，或者對我父母所做的什麼事情表示痛恨。」

作為官二代，雀兒喜也享受了尋常孩子永遠享受不到的特權，披頭四的保羅．麥卡尼（Paul McCartney）與她共舞，芭芭拉．史翠珊（Barbra Streisand）為她唱歌，甚至一位在職的副總統兼之後的總統親自護送她上廁所。這個故事講的是老布希，那是在一九八三年，當時的布希還是雷根時代的副總統，柯林頓帶女兒去老布希家裡玩。柯林頓回憶說：「我女兒當時只有三歲，我介紹她認識喬治．W．布希，我告訴她，『雀兒喜，這是副總統布希，這是他漂亮的家。』雀兒喜看著他說『我要上廁所。』於是，老布希就拉著她的手，帶她上廁所。」

在一個不斷被窺視、被評價的政治環境下長大，雀兒喜對記者有一種天生的不信任感，雀兒喜曾說：「媒體報導的內容，所要傳遞的資訊，所牽涉利益關係，不管是出於政治目的，或者純粹是商業考量，關鍵在於你如何去理解這些內容。有時候，我父母會談到這些報導，有時候是我從報紙或學校裡聽到某些消息，會和父母一起討論。這些消息中，哪些是真實的？哪些是虛假的？為什麼新聞的真實性有時候會顯得並不重要？他們的討論讓我對媒體形成一種更廣泛的理解，一種理性的懷疑，並對傳媒心生敬畏。」

二〇〇一年六月，《紐約時報》終於打破白宮禁令，開始報導雀兒喜的消息，記者發現，儘管雀兒喜的名字對美國民眾來說，就像鄰家女孩一樣親切熟悉，但實際上卻對她的事情毫不瞭解，「她不再是那個躲在爸媽的身影背後悄悄溜進美國人視野的十三歲小姑娘，二十一歲的她，已經跟隨父母幾乎跑遍了世界每個角落，但人們卻對她一無所知。」

在柯林頓與陸文斯基性醜聞的陰影下，雀兒喜的人生也一度飄忽不定，她似乎不知道自己未來要幹什麼。從史丹佛大學歷史系畢業之後，雀兒喜追隨老爸的足跡，在牛津大學和美國哥倫比亞大學梅爾曼公共衛生學院拿了兩個碩士學位，後來又去牛津大學攻讀國際關係博士學位，她的博士論文主題是關於全球治理架構和公共衛生。一名雀兒喜的朋友說：「她一開始報考紐約大學，但後來又不喜歡，然後又準備上哥倫比亞大學，但還是不喜歡，再次回到紐約大學。」

柯林頓得意地說，雀兒喜拿到牛津大學博士學位後，將總共擁有四本學位證書，「這個數量相當於她父母兩人加起來的學位證書總數」，柯林頓說，「像其他小孩子一樣，雀兒喜小時候總是覺得自己比我懂得多。但是現在我老了，這竟然變成真的！」

雀兒喜優良的學習基因一部分來自柯林頓。作為「羅德學者」，柯林頓也曾於一九六八年至一九七〇年在牛津大學深造。「羅德獎學金」被視作全球最難申請的獎學金，獲稱「全球本科生諾貝爾獎」，「羅德學者」也被視為全球學術最高榮譽之一。

雀兒喜的性格也有點像柯林頓，有野心，希望做一些事情，並能夠為了一個目標而堅持努力，彷彿任何事情都不能成為她前進道路上的障礙。二〇〇三年，雀兒喜終於在紐約拋下她人生第一塊錨，成為麥肯錫諮詢公司的高級經理，顯然，柯林頓這個名字讓她的職業起點高到一般畢業生難以企及，一進公司，起薪就是一年十二萬美元。在麥肯錫，雀兒喜是高級

經理這一級別中年紀最輕的，一般只有MBA畢業的人奮鬥個幾年才有可能做到這個位置。

二〇〇六年，雀兒喜離開麥肯錫，進入華爾街一家名為「資本大道」的風險投資公司，公司的老闆是柯林頓的長期捐款人馬克．拉斯瑞（Marc Lasry），身家超過十七億美元。

大學畢業後，雀兒喜一直儘量避免捲入柯林頓夫婦的事務，即便是在柯林頓因心臟繞道手術在病床上曾懇請雀兒喜出馬，為他打理基金會的事務，也被雀兒喜拒絕，一位朋友說：「她不想參與她父母的事情，這些年來，她一直堅持這個立場，並且向周圍人表達得非常明白。」

但是，雀兒喜突然改變了主意。

二〇〇八年，希拉蕊與歐巴馬在民主黨提名大戰中鏖戰，雀兒喜第一次涉足美國的公共政治，幫媽媽打理一些競選事宜，並親自出馬，在一些高校和社區巡迴演講，為希拉蕊爭取大學生群體的選票。起初，雀兒喜只是在自己放假的時候，參與媽媽的競選活動，但隨著選戰的膠著和雀兒喜逐漸成熟，她開始全力投入為希拉蕊的競選造勢，在她身上強大的政治遺傳基因終於被啟動。

雀兒喜對《時代週刊》說，為希拉蕊競選拉票原本不是她想要做的事情，「但是，當希拉蕊在新罕布希爾州的初選中獲勝之後，我突然發現自己已經陷得很深了，我只是在想，我不能回去工作，我要告訴大家，作為女兒，作為一名年輕的女性，作為一名美國人，作為一個自認為進步主義者，我對她充滿信任。」

雀兒喜辭去了在風投公司的工作，全面投身政治選舉，儘管希拉蕊的政治團隊仍小心翼翼地呵護著雀兒喜，避免任何不利於她的過度曝光或媒體採訪，但在無數次大大小小的競選集會上，雀兒喜逐漸找到了自己的信心。「在五個月的時間裡，我跑了四十個州，參加了四百多場政治集會和活動，有時候，只有兩名觀眾，有時候，超過兩萬人，我會回答他們針對我母親提出的各種問題，我會告訴他們我對她的信任。通過這五個月，我真正明白了政治的重要性。每個人都希望參與政治，希望在選舉中他們的聲音能夠被聽見。在這個時候，我深深地理解，人們為什麼要去投票，為什麼選舉在他們的生活中如此關鍵。」

但是，在外人看來，雀兒喜只是希拉蕊的代言人，是她母親政治工具的一部分。在與公眾視野隔絕了這麼多年後，雖然在競選中，她的熱情、強勢和賣力拉票成功了吸引了年輕選民的注意力，但雀兒喜真實的政治面貌依然模糊不清，或者，內心深處，她還沒有找到真正屬於自己的那一個政治角色。

雀兒喜在柯林頓夫婦的政治事業中開始扮演越來越重要的角色，當希拉蕊在二〇〇八年的初選中鎩羽而歸之後，著名新聞網站《赫芬頓郵報》舉行了一項民意調查，「誰最有可能成為未來美國第一位女總統？」在列舉的候選人名單中，赫然出現雀兒喜．柯林頓的名字，一個大學剛畢業沒有任何政治成就的菜鳥，只不過在希拉蕊的競選團隊裡做了一個啦啦隊長的角色，就這樣入了赫芬頓郵報的視野，這讓許多政治觀察家感到有些滑稽。

雀兒喜的身上依然有著在白宮長大的官二代痕跡，一旦需要，她就會把這段成長經歷搬出來。珊卓拉．弗盧克（Sandra Fluke）是一位女權主義活動家，曾在國會聽證會上呼籲將避孕納入健保的範圍，遭到極端保守主義的著名廣播談話節目主持人拉什．林堡（Rush Limbaugh）的惡毒攻擊。一次競選集會上，雀兒喜和珊卓拉共同出現在講臺上，雀兒喜對珊卓拉說：「你和我有許多共同之處，我們倆都被拉什．林堡罵過。只不過，你被罵的時候已經三十歲，我當時只有十三歲。」台下一片哄堂大笑。

「真的，一點都沒錯，」雀兒喜接著說，「那是在一九九三年，雖然我已經記不清他當時具體是怎麼說的，大概意思是，柯林頓夫婦在白宮有一只名叫『短襪』的貓，他們還養了一條狗。然後，他就拿出我的照片。」

「謝天謝地，我是在公眾的關注下長大的，我知道，要想生存下去，你就必須臉皮厚。」雀兒喜與其說是在傳授珊卓拉如何應對無良媒體的批評，還不如說是在炫耀自己的白宮身世。

一名跟隨希拉蕊多年的助理透露，雀兒喜雖然給外界留下的印象是一副天真無邪的樣子，但實際上她被柯林頓夫婦嬌寵慣壞了，而且自命不凡。一九九四年七月，十四歲的雀兒喜跟著希拉蕊一起去義大利的龐貝古城參觀，整個古城遺址全部對遊客封鎖，只接待希拉蕊母女兩人和她們的隨從人員。在這樣的環境下長大的雀兒喜，對自我與世界的看法不可能等同於鄰家女孩。「圍繞著她的一切都是不真實的。」熟悉雀兒喜的人說，因為在紐約，著名的魯賓斯坦公關公司專門有一個強大、高度專業的公關團隊在幫她打理公眾形象。雀兒喜身邊有自己的圈子，比她父母的圈子還要緊密，無法滲透。

此外，雀兒喜的個人情感生活也並非那麼完美，柯林頓的白宮性醜聞和父母的緊張關係，若有似無地影響著她對愛情和婚姻的看法。雀兒喜的前男友傑瑞米．凱恩（**Jeremy Kane**）也曾經是一名白宮實習生，在大學裡與雀兒喜交往了一年半後分手。外界認為，這是雀兒喜借機報復柯林頓的一種方式。雀兒喜傳聞中的男友還有「羅德學者」伊恩．克勞斯（**Ian Klaus**），他曾寫過一本有關庫德族自治區的書。也有消息指稱，好萊塢影星班．艾佛列克（**Ben Affleck**）跟「小辣椒」葛妮絲．派楚（**Gwyneth Paltrow**）分手後，曾與雀兒喜擦出火花。

二〇一〇年夏天，三十歲的雀兒喜和她在史丹佛大學的同窗好友馬克．梅茲文斯基（**Marc Mezvinsky**）結婚，兩人可謂青梅竹馬，門當戶對。雀兒喜十幾歲時在父母舉辦的一場民主黨宴會上就認識梅茲文斯基，不過，外界對兩人後來的交往過程知之甚少。

梅茲文斯基出身民主黨政治世家，他的母親瑪喬麗．梅茲文斯基（**Marjorie Margolies-Mezvinsky**）曾擔任賓州民主黨國會眾議員，不過，她只擔任了一屆國會議員，在競選連任時失敗。失敗的原因在於瑪喬麗過分忠誠於柯林頓總統，她不顧多數賓州選民的反對，執意對柯林頓總統的增稅計畫草案投贊成票。梅茲文斯基的父親愛德華．梅茲文斯基（**Edward**

Mezvinsky）曾擔任兩屆愛荷華州民主黨國會眾議員，後來爆出醜聞，被控從投資者手中詐騙一千萬美元，他曾利用兒子與雀兒喜的關係暗中活動，試圖疏通關係，免於起訴，但沒有得逞，最終被判入獄五年。

三十二歲的馬克本人是一名華爾街投資銀行家，曾在高盛集團工作，在柯林頓家族捐款人的幫助下，自己成立了一家對沖基金公司。

二〇一〇年七月三十一日，在紐約州小鎮萊茵貝克的阿斯特莊園，雀兒喜與梅茲文斯基舉行了一場「優雅但不低調」的婚禮，耗資三百多萬美元，堪稱美國的「皇室婚禮」。僅有八千多人口的萊茵貝克小鎮當天明星雲集，保安嚴密，小鎮上空還一度禁飛。

當雀兒喜穿著華裔設計師薇拉王為婚禮度身定做的婚紗，挽著柯林頓的手，走向新郎的那一刻，希拉蕊激動地不能自已，三十年前躺在自己懷裡的寶寶如今已出落成美麗新娘。婚禮上，柯林頓與雀兒喜，和著一曲《今晚你的美麗》，翩翩起舞，希拉蕊說，這是她人生最快樂和驕傲的時刻，她想起在中國訪問時，國務委員戴秉國拿出孫女的照片給希拉蕊看，他說：「這就是我們為之奮鬥的一切。」在婚禮的這一刻，希拉蕊深深地認同戴秉國的感受。

家族事業

二〇一三年三月，雀兒喜．柯林頓從紐約飛往華盛頓，她和丈夫馬克．梅茲文斯基剛剛在紐約花了一千零五十萬美元買了一套公寓，緊鄰麥迪遜花園廣場。公寓有四百多平方公尺，四個臥室，六個半衛生間，配專用電梯和私人健身房。這樣大手筆的投資，無論是對於在投資銀行裡做的丈夫馬克，還是NBC電視臺裡的記者雀兒喜，都不是一件特別困難的事情，畢竟光是他們的婚禮就花了三百多萬美元。

沒有任何採訪經驗和新聞資歷的雀兒喜，二〇一一年與NBC電視臺簽約，成為一名特約記者，為NBC晚間黃金檔新聞節目的一個正能量欄目《創造不同》做過幾期採訪，不用每天上班，偶爾出鏡，NBC開給她的年薪居然高達六十萬美元，而在NBC做了多年的老記者，年薪也不過在十萬到二十萬美元之間。傳媒界一度譁然，指責NBC是想通過雀兒喜暗中向她老媽希拉蕊示好，期待在二〇一六年大選時占得人情先機。《紐約郵報》稱，「雀兒喜只不過是一位靠著爸媽的關係，嬌生慣養，生活沒有目標的富二代。」

雀兒喜和丈夫都很忙，忙得甚至外界紛紛傳言他們正在鬧離婚。馬克在華爾街上班，除了NBC電視臺偶爾的採訪任務，雀兒喜的主要工作是幫忙打理老爸的柯林頓基金會。此外，她還在網際網路投資巨頭IAC互動公司和美國芭蕾舞學院的董事會佔有一席之地。兩人需要有

一個穩定的愛巢安頓他們的生活。

三十三歲的雀兒喜有著華盛頓官二代全部的名人氣質，穿著時尚的短風衣夾克，緊身羊毛褲，牛仔靴。自然捲曲的頭髮被拉成直發，中分，披在肩上，如果一陣風吹來，再配以慢鏡頭，儼然就是一幅好萊塢範。一場家庭聚會把雀兒喜從紐約拉回了華盛頓，從火車站出來，雀兒喜坐上一輛等候的加長豪車，朝懷特海文街駛去。希拉蕊夫婦的兩名貼身保鏢把車停在車道上，然後護送雀兒喜進入她爸媽家。柯林頓夫婦上前擁抱女兒，他們邀請了一大堆雀兒喜的朋友，在這個春日暖洋洋的午後，準備辦一個小型的家庭聚會。

趁著客人還沒來，母女倆決定出去走走，聊聊家常。她們穿過池塘，來到離家不遠的岩溪公園，幾名特工遠遠地跟在後面，保持一定的距離。幾個月來，老媽一直在勸雀兒喜抓緊時間，生一個寶寶，每次雀兒喜都說，他們一直在努力懷孕，但沒有成功。希拉蕊說，「你不要工作壓力太大，我和你老爸當年也有這個問題。他剛剛當選州長，我在羅斯法律公司做合夥人。後來，我們決定去百慕達度假，調整一下，結果就懷上了你。所以，我建議，你把手機和**iPad**扔在家裡，不要告訴別人你去哪兒。」

雀兒喜和希拉蕊回到家裡，客人陸陸續續抵達，雀兒喜上樓，到自己的房間裡換了一套聚會服裝，一件淺綠色羊毛衫，黑色裙裝，輕便帆布鞋。柯林頓夫婦的傭人將水果和零食擺放在客廳的茶几上，基本上以健康的素食為主，當然，也給幾位嘴饞的客人準備了燒烤味的洋芋片和可樂。

柯林頓夫婦站在門口，歡迎雀兒喜的朋友，旁邊簇擁著三條寵物狗，沙默斯是一隻拉不拉多犬，年老多病，患有關節炎，爬在地上幾乎都站不起來；塔莉是一隻卷毛貴賓犬；馬西是柯林頓收養的一隻迷路的小狗。

客人們擁進客廳，牆上掛著越南的抽象藝術，其中有一幅畫著希拉蕊和雀兒喜，戴著越南傳統的斗笠帽。穿過法式玻璃門，陽光房裡有一張巨大的玫瑰紅天鵝絨沙發。

比爾細心地與每個人都聊上幾句，確保不冷落每一位客人，幾位年輕人有點緊張，美國政壇最閃耀的明星夫婦突然就這麼平常地站在自己面前，多少讓他們顯得有點局促不安。

雀兒喜像女主人一樣忙碌著，招呼客人。這幾年，她一直幫著老爸打理他的基金會，基金會的名字也從當初的「威廉·傑佛遜·柯林頓基金會」，改成了「比爾、希拉蕊和雀兒喜·柯林頓基金會」。基金會總部最近剛剛搬到《時代·生活雜誌》大廈，佔據了四十二層和四十三層兩個樓面，準備新聘一些員工。下午的聚會就是想讓柯林頓認識一些雀兒喜準備招募的朋友和員工。

希拉蕊的一位朋友說：「柯林頓現在還能照顧自己，身體也還算強壯，但他的心臟有問題，總有一天，他會放棄基金會的日常事務管理，雀兒喜隨時準備接柯林頓的班。」

柯林頓一手打造的基金會和基金會底下的「柯林頓全球倡議」是柯林頓家族最重要的資產，

也是希拉蕊二〇一六年問鼎白宮的主要政治資源。基金會目前在全球一百八十個國家設有辦事處，雇傭員工超過三百五十人。截至目前，柯林頓全球倡議共籌得一千零三十億美元善款，在世界各地資助兩千八百多項慈善專案，從遏止全球氣候變暖，到打擊偷獵象牙，內容無所不包。

二〇一三年八月，在南非約翰尼斯堡以北一百多公里的一個小鎮醫療站，南非兒童穿著斑馬服，載歌載舞，迎接柯林頓夫婦的到來。兩人足足遲到了兩個小時，但這並沒有影響歡迎人群的熱情，柯林頓基金會在這裡捐助了一個醫療專案。柯林頓在發言中得意地宣稱，他的基金會和南非政府經過艱苦的談判，促使抗愛滋病藥物在南非的售價大幅降低，造福了南非人民。站在一旁的南非衛生部長附和著對柯林頓夫婦表示感謝，「由於你們的幫助，我們能夠治療的病人比過去多了三倍半。」陪同柯林頓夫婦非洲之行的還有好萊塢女星達珂塔．芬妮（**Dakota Fanning**）、紐約市市長候選人約翰．卡茲曼迪斯（**John Catsimatidis**）的兒子。

貧困地區，民生關懷，政府推動，明星捧場，名流助陣，再加上柯林頓夫婦的閃耀登場，小鎮醫療站的慈善活動具有典型的柯林頓風格，但它只是柯林頓基金會龐大運作的冰山一角，在幾十家私人企業、政府部門和非政府組織的基礎上，柯林頓基金會已經成為全球最具影響力的慈善機構之一。

與其他家族式基金會不同，例如，蓋茨基金會或洛克菲勒基金會，基金會資本構成是靠個人財產積累。而柯林頓、希拉蕊和雀兒喜基金會的主要資產來源於各方捐贈，靠的是柯林頓家族私人朋友關係和大企業贊助。基金會的企業贊助商每年的年費至少在二十五萬美元以上。在慷慨解囊的富豪中，有五個人的捐款超過兩千五百萬美元，另外有十二人捐款至少在一千萬美元以上。二〇一二年，柯林頓基金會和下屬的兩個慈善機構年收入超過二點一四億美元，柯林頓的人脈資源之深厚和吸金能力可見一斑。

而柯林頓基金會的捐助方式也不是單純地出資撒錢，而更主要的是幫助一些企業策劃實施捐助專案，幫助寶潔公司向發展中國家捐贈先進的淨化飲用水設備，與信用卡公司合作，向城市低收入人群提供低息貸款等等。二〇一一年，基金會向幫助兒童抵制肥胖的「健康下一代同盟」捐款兩百三十七萬美元。二〇〇九年，向美國心臟病聯合會捐款兩百二十三萬美元。

但是，柯林頓基金會龐大的募捐收入和捐款支出之間嚴重不成比例，也引發外界質疑。例如，二〇一一年，柯林頓基金會的總資產為一點九七億美元，在全美慈善機構中排名五百九十一位。但是，基金會的對外捐款支出僅為四百七十二萬美元，排名一千六百七十三位，不到其募捐收入的十分之一。

柯林頓基金會的大部分捐款支出似乎都與柯林頓本人的利益相關，例如，基金會向國家檔案和唱片管理署提供了一筆四千三百二十萬美元巨額捐款，而這家機構同時也負責管理柯林頓的總統圖書館。此外，柯林頓還向小岩城捐款三百萬美元，用於柯林頓總統圖書館中央公園的建設。

在柯林頓基金會裡，「柯林頓全球倡議」是最重要的搖錢樹，每年在曼哈頓舉行的年會，都能吸引無數政界和娛樂圈的大咖參與，要想參與這個為期三天的名利年會，代價不菲，僅會員年費就需要兩萬美元。根據美國的競選財務法律和稅收政策，柯林頓基金會和柯林頓全球倡議募集的資金，不能用於希拉蕊或其他任何人的競選活動，但不可否認，慈善事業與柯林頓家族的政治生態圈有著密不可分的關係。通過在全球範圍內內容廣泛的慈善援助專案，希拉蕊和柯林頓不僅獲得了名聲，提升公益形象，同時，在募捐、管理和實施專案過程中，柯林頓夫婦打造了一張巨大的社會關係網，這些人或者是認可柯林頓夫婦的政治和社會價值理念，或者是崇拜他們的人品和個人魅力，他們代表著美國社會最穩定富裕和最有發言權的核心階層，能夠在很大程度上影響美國的輿論和民意。

但是，受華爾街金融危機的影響，二〇〇七年之後，柯林頓基金會的高速擴張遭遇融資瓶頸，許多柯林頓的老朋友和資深捐款人把錢投給了希拉蕊二〇〇八年的競選，拿不出更多的錢捐給基金會。與此同時，基金會在善款使用上也暴露出監管不嚴的弊端，影響了柯林頓募款的聲譽。數百萬定向捐助的善款被挪作他用，沒有按照捐款人意願投入某一具體專案。二〇〇七年和二〇〇八年，兩年的時間，基金會的赤字達四千萬美元。雖然柯林頓奮力募款，四處奔波化緣，二〇一二年的赤字也有八百萬美元。

另一方面，基金會花錢如流水的毛病也被媒體曝光。二〇〇九年，柯林頓全球倡議在奧斯汀的德克薩斯大學舉行會議，好萊塢影星娜塔莉．波曼（Natalie Portman）作為特邀嘉賓出席活動，基金會不僅為她買了一張頭等艙的機票，還為她隨身攜帶的一隻寵物狗的旅費埋單，引起不少爭議。

此外，柯林頓基金會高層和工作人員的薪水之高，令人咋舌。根據報稅單據，基金會的執行總裁布魯斯．林賽（Bruce Lindsey）的職務津貼累計超過五百三十九萬美元，所有工作人員的薪水和福利加起來，達到二點二億美元。從二〇〇三年到二〇一一年，基金會的差旅費超過五千五百六十萬美元，廣告推廣開銷三百五十萬美元，為基金會募款開支兩千五百萬美元。

柯林頓將基金會的日常事務交給他多年的朋友和心腹打理，艾拉．馬加齊納（Ira Magaziner）是基金會主要的經理人，他曾擔任柯林頓的白宮高級顧問，在一九九〇年代協助希拉蕊推行全民健保計畫，雖然計畫失敗，但馬加齊納深得柯林頓夫婦的信任，柯林頓將基金會業務最重要的一塊「柯林頓健康推廣倡議」全權交由他打理，馬加齊納也不負眾望，這些年來在他的主導下，柯林頓基金會與各國政府和全球幾大重要的製藥廠商展開談判，成功地降低發展中國家急需的一些藥品價格。

但是，馬加齊納的管理風格和組織才能在基金會內部頗有爭議，他沒有現代企業的成本管理理念，許多專案還在實施的初期就預算超標。例如，有一次，馬加齊納派遣了多名基金會工作人員坐著飛機滿世界跑，只是為了替一個氣候變化方案收集數據，而這個方案根本沒

有實施就胎死腹中。還有一次，基金會花費重金請來麥肯錫諮詢公司，為基金會如何在森林保護領域發揮作用進行調查研究，但最終調研報告出爐後，馬加齊納看也沒有看一眼。

二〇一〇年和二〇一一年，馬加齊納管理的「柯林頓健康推廣倡議」獨立於基金會單獨運作，但仍未擺脫虧損的局面，儘管捐款源源不斷，僅二〇一一這一年就收到一點六億美元捐款，但運營成本居高不下，「柯林頓健康推廣倡議」每年的虧空仍高達四百萬美元。馬加齊納雇用了一位首席金融官，也只做了八個月就掛冠而去。

二〇一〇年婚禮過後，雀兒喜就開始幫助柯林頓打理基金會的事務。二〇一一年底，「柯林頓健康推廣倡議」擴大董事會席位，新增的兩個席位中，雀兒喜佔據了一席。

以雀兒喜在麥肯錫擔任企業諮詢顧問的眼光來看，柯林頓基金會和旗下「柯林頓健康推廣倡議」的管理的確極為混亂，亟需重新梳理，她立刻在基金會內部展開調研和質詢。柯林頓基金會的慈善捐助目標主要集中在對抗愛滋病、肥胖和貧困問題，雀兒喜建議將社會關注的婦女兒童權益保護和失業等問題也納入基金會的價值範疇。二〇一四年，基金會發起「沒有天花板」專案，主要由雀兒喜負責，幫助全球婦女兒童爭取社會地位和自身權益。

雀兒喜決定重組基金會的架構，注入新血。雀兒喜向柯林頓推薦了幾位自己的朋友，並邀請她在麥肯錫的同事艾瑞克．布拉夫曼（Eric Braverman）擔任基金會總經理。此前，基金會的事務一直由柯林頓幾十年的老朋友布魯斯．林賽全權負責，林賽曾擔任柯林頓時期的白宮顧問，他大部分時間仍住在阿肯色州，只是偶爾飛到紐約處理基金會事務，二〇一一年中風之後，更無法全心投入基金會的運作。

在柯林頓基金會，一些老同事對乳臭未乾的雀兒喜突然空降過來，接管柯林頓家族龐大的慈善運作非常不滿，尤其是對基金會的名字裡加入了希拉蕊和雀兒喜的名字，他們感覺自己曾經願意為「柯林頓」這個名字奮鬥的事業，現在漸漸變了味，彷彿成了一個柯林頓的家族企業。為了安撫員工的情緒，比爾．柯林頓不得不親自出面表示，布魯斯．林賽雖然不再是基金會的執行長，但仍然將「深入參與」基金會的事務，基金會的元老、柯林頓貼身祕書道格拉斯．班德也將繼續在「柯林頓全球倡議」中扮演重要角色，「沒有班德，我在總統卸任後所做的這些事情，恐怕一半都無法完成。」柯林頓說。

對於女兒的介入，最開心的莫過於希拉蕊，她說，雀兒喜全面參與基金會的工作，是柯林頓家族這些年來所做的一切的自然延續，「毫無疑問，這裡面有基因的關係。她的能力超強，做事井井有條，是個非常注重結果的人——當然，我的評價可能沒有站在公正的立場上，與其讓她加入其它組織或機構，還不如讓她來為我做點事情，繼續這些年來我一直努力去做的事情。對此，我深信不疑。」希拉蕊顯然並不滿足於讓雀兒喜看管一個基金會，而是要以基金會為平臺，為自己和雀兒喜未來的政治事業奠定基礎，「她天生就是這塊料，對吧？」希拉蕊補充道。

從二〇一三年開始，雀兒喜正式加入柯林頓基金會，擔任董事會副主席。她公開表示，

「我開始加入家族事務。」除了基金會的事務，雀兒喜在希拉蕊的競選事務也扮演著越來越重要的角色，希拉蕊言傳身教，悉心呵護，帶著女兒手把手地教她美國複雜的政治組織活動的日常運作。如果希拉蕊決定二〇一六年出來競選，雀兒喜無疑將扮演更為重要的角色，或許會成為希拉蕊軍團的戰略管理師。希拉蕊的朋友說：「在她老爸的指導下，以後所有的日常事務肯定都要交給雀兒喜來打理。她對柯林頓家族的事務瞭若指掌。她非常善於學習，喜歡政治圈裡這些雞毛蒜皮的事情，她註定會成為華盛頓政壇一位呼風喚雨的人。」

這些年來，在柯林頓和希拉蕊的競選陣容裡，總少不了雀兒喜的身影。雀兒喜至今還記得她三歲的時候，拿著一面小國旗，站在父親旁邊，為柯林頓在一九八〇年代初的州長競選搖旗助威。二〇〇八年，在希拉蕊的競選中，雀兒喜更是在各大高校四處奔波，舉行了幾百場政治演講，為她母親爭取學生選民的支持，這些二十多歲的八〇後、九〇後是六十多歲的希拉蕊很難找到溝通語言的獨特群體，雀兒喜為這幫未來的菁英階層與希拉蕊的白宮之路搭起了一座橋樑。

「總有一天，她說不定會出來競選，為紐約爭取一個眾議院席位。但柯林頓和希拉蕊在這個問題上有分歧，如果女兒從政，他們當然會非常高興，但希拉蕊認為，政治對於一個女人來說，太殘酷了，在許多方面，大家對女人的要求，比對一個男人的要求高很多。」這位朋友說。

這些年來，能夠接到柯林頓夫婦的邀請，成為懷特海文街的座上賓，在華盛頓政治圈內是一件很有面子的事情。多年的精心營造，希拉蕊的家庭聚會在華盛頓政壇的影響力，時常被拿來與帕梅拉．哈里曼（Pamela Beryl Harriman）和凱瑟琳．格雷厄姆（Katharine Graham）相提並論，前者是英國上流社會著名的交際花，她的公公是英國前首相溫斯頓．邱吉爾，被柯林頓任命為美國駐法大使；後者是《華盛頓郵報》的老闆，美國報業的第一夫人。

「這幢大宅能夠輕鬆容納上百人舉行聚會，如果在花園裡再搭一座臨時帳篷，開一場幾百人的政治集會都沒有問題，」多次參加希拉蕊聚會的一位朋友說，「希拉蕊每個禮拜都要在懷特海文的家裡辦幾場雞尾酒會，這些聚會往往第二天就會成為華盛頓圈內討論的話題之一。希拉蕊一手打造了華盛頓最炙手可熱的政治沙龍。雖然有一段時間，柯林頓夫婦在圈內一度沉寂，就像卡特總統卸任後人走茶涼一樣，但這個政治低潮的時間並不長。希拉蕊為了她的政治沙龍，從不吝嗇，上的都是最好的法國香檳和紅酒，請來華盛頓最好的廚師準備菜點。菜單總能有一兩道菜給來賓驚喜，讓人眼睛一亮。」

由於柯林頓經常不在家，總是在外奔波，不是在紐約的辦公室，就是去小岩城的總統圖書館，雀兒喜就成了希拉蕊在家裡宴會賓客的主要幫手，扮演著半個女主人的角色。希拉蕊給她留了一個臥室和書房，雀兒喜很多時間也是待在懷特海文的爸媽家裡，在華盛頓人脈最深厚的政治沙龍裡耳濡目染。希拉蕊正在潛移默化地將她的政治資產過渡給女兒，從某種意義上說，雀兒喜已經成為希拉蕊的政治繼承人。

每逢希拉蕊家裡搞聚會，總有一名攝影師在現場，記錄下每一位參加聚會的名流，這裡

儼然就是一個小白宮。但懷特海文是屬於希拉蕊的個人秀，最多再加上雀兒喜共同出演，柯林頓雖然每次在場的時候，總是聚會的焦點人物，但希拉蕊控制著聚會的話題和氣氛，她是當仁不讓的派對女皇。

一天晚上，雀兒喜敏感地覺察到，柯林頓的情緒似乎有點反常，聚會快結束了，柯林頓的笑臉背後流露出一絲疲倦和煩躁。「這是我們跟歐巴馬在白宮共進晚餐後留下的後遺症，」希拉蕊解釋說，「你老爸非常惱火，因為他知道歐巴馬肯定會支持拜登。」

柯林頓遠遠地聽到希拉蕊的話，「白宮晚宴一團糟，」他走過來說，「場面很尷尬，歐巴馬毫無風度。我以為他邀請我們去白宮，是想聽聽我對他第二個任期有什麼建議，但他什麼狗屁問題也沒問我。這場晚宴可能是他搞的一個魅力攻勢，但他根本就沒有任何魅力。」

雀兒喜哈哈大笑，「歐巴馬真的想支持拜登？」

「肯定又是一場惡鬥，」柯林頓已經在謀劃怎麼樣對拜登搞點小動作，「但我敢肯定，歐巴馬沒有支持你媽的意思。他們可能會選擇約翰．凱瑞，或者拜登。但你要知道，我們比拜登，比他們任何人，都要聰明。如果老拜登跟我們對著幹，我們一定會把他打趴。」

希拉蕊在一旁點點頭。

「最近，我聽到一些委員會的人在傳言，說歐巴馬正在為二〇一六年大選挑選候選人，」柯林頓繼續說，「他傾向的人選跟他當年出道時很像，要找那種沒有太大的名氣，找一張陌生的面孔。他覺得美國選民不會為一個在政壇裡混得太久的人投票。他認為自己非常了不起，所以要再『克隆』一個總統出來。他正在找一個能繼承他衣缽的人。他覺得你媽和我都是『二十世紀』的老東西，他要找另一個巴拉克．歐巴馬。」

升格外婆

在與希拉蕊岩溪花園談話後一年，二〇一四年四月，雀兒喜在與母親出席柯林頓基金會的一個活動時宣佈懷孕。雀兒喜說：「我們的第一個孩子將於今年出生，我和丈夫馬克非常高興。我希望能夠成為我媽媽那樣的好母親。」

希拉蕊坐在旁邊，露出幸福笑容，連聲說自己「真的非常激動。」柯林頓也在推特上發文稱「我的推特個人簡介增添新內容了——準外祖父，真興奮啊，為雀兒喜和馬克感到高興！」媒體迅速為這一幸福事件增添政治注腳，希拉蕊對女兒懷孕的激動表態「為了未來一代的強大而工作變得更重要了」，立刻引發猜想。民主黨分析家認為，這將成為希拉蕊競選道路上一個「改變遊戲規則」的里程碑事件，而共和黨則認為，懷孕並不一定能夠對民意產生決定性的改變。一些保守的政治分析人士甚至從陰謀論的角度揣測，柯林頓夫婦故意讓雀兒喜在這個時候懷孕，以便在二〇一六年大打溫情的家庭牌，《紐約時報》專欄作家索爾金（Andrew Ross Sorkin）第二天評論稱，這一消息的公佈，標誌著「希拉蕊外婆的人情大戲正式拉開序幕」。

這其中，不乏惡意的政治攻訐。雀兒喜已經三十四歲，結婚四年，屬於晚婚晚育的模範人妻，從人之常情的角度來講，生一個寶寶是最幸福不過的事情，沒必要過分地政治化解讀。

更何況，雀兒喜的懷孕，對希拉蕊二〇一六年的競選是一把雙刃劍。

一方面，這意味著，希拉蕊屆時將以外婆的身份參加總統大選。六十八歲的希拉蕊，在公眾眼裡的形象已經有點老態龍鍾，如今再貼上「外婆」的標籤，讓她的年齡更成為一個敏感的焦點。一位《華盛頓郵報》的專欄作家說，六十八歲對一個男人來說，還不算特別老，但這位一個公眾性的女人而言，這樣的年紀不啻於是一場災難。當然，這樣的攻擊也可能會激怒一部分女權主義者，而且黨派色彩過於明顯，因為共和黨候選人羅姆尼有十八個孫子孫女，似乎沒有人去攻擊他年事已高。

另一方面，過去幾十年裡，「外婆」這個字眼在美國大眾文化中的含義也已經發生嬗變。一九七〇到八〇年代，隨著大量女性進入工作崗位，年齡成為女人的敏感話題，政界的女性尤其忌諱談論自己的年齡，做了外婆，還在公眾場合拋頭露面，會被認為沒有人情味。但當六〇年代嬰兒潮的一代美國人大多已經到了外公外婆的年齡，這個詞不再是政治人物的大忌，相反，當上了外公外婆，反而在無情爭鬥的政客外表之下，多了一份人情的溫馨和家庭的責任感，這種溫情的家庭主義回歸，是美國進入二十一世紀保守主義思潮上升的一個副產品。

此外，家庭對於現在的年輕一代、以及一向注重大家庭價值觀的黑人和拉丁裔選民而言，更是一張穩妥的「政治正確」牌。民主黨競選分析師安妮．李斯頓（Anne Liston）認為，「當前，40％的新生兒都是單親家庭，單親媽媽沒有能力獨自支撐一個家庭，都靠奶奶或外婆帶孩子。在人們的心目中，外婆就是一個慈祥、富有愛心的家長形象。」

因此，越來越多的美國政治人物開始主動打祖母祖父牌，渲染家庭價值觀。就在雀兒喜公佈懷孕消息後不到幾個小時，哈佛大學法學院教授、著名的法律公眾人物伊莉莎白．沃倫（Elizabeth Warren）在她的臉書主頁上曬出一張她和孫女的照片，上面寫著：「我超、超、超愛做外婆。」眾議院議長南希．佩洛西（Nancy Pelosi）一直在努力化解她在眾議院的女強人形象，她經常把自己八個孫子孫女搬出來講，偶爾還會拖著他們出席各種政治性場合。二〇〇八年，共和黨副總統候選人、阿拉斯加州州長莎拉．佩林由於她的女兒十七歲未成年就未婚先孕，而意外地當上了外婆，佩林坦然地接受了這一現實，並屢次用這件事證明自己對家庭的重視。

對於希拉蕊，外婆這個光環尤其管用，因為無論是在二〇〇八年的大選，還是出任國務卿的四年，希拉蕊的公眾形象大多是冷漠、精於算計和「脫離群眾」。如果希拉蕊在競選時推著一輛嬰兒車，大談養育孫子孫女的不易和幸福，再炫耀一下自己身上的斑斑鼻涕，無疑將使希拉蕊冷酷、職業化的政治家形象柔和許多，變得如同鄰家大嬸一樣親近和藹，從此，希拉蕊的演講撰稿人在談論學前教育或家庭和睦等話題時，再也不用擔心沒有現實的例子或缺乏感情紐帶。

二〇一四年九月，離雀兒喜的預產期越來越近。希拉蕊按捺不住心中的興奮，在愛荷

華州的民主黨野餐會上，她說：「比爾和我無時無刻不在關注著家庭新成員的誕生。」希拉蕊還不忘將外孫的出生與美國夢聯繫起來，「我希望我們的每一個孩子都繼承美國最好的東西，有機會實現自己的夢想。這個國家會給你公平的競爭環境，無論你是總統的孫子還是門衛的孫子，無論你在城市出生還是在鄉村出生。」一名老兵站起來說，希望看到希拉蕊競選二〇一六年總統，希拉蕊得意地回答：「沒錯！我正在考慮這件事。」

希拉蕊此前曾表示說，外婆是她迄今「最為興奮的稱呼」，在孩子誕生前，她不想就是否再次參加選舉作決定。希拉蕊甚至都已經選好了準備讀給孩子聽的第一本書，即美國經典的兒童繪本《晚安月亮》。

希拉蕊回憶說，「夏天很快就過去了，我快要把雀兒喜逼瘋了，因為我時不時地就要去問問她：感覺怎麼樣？醫生怎麼說？什麼時候出生？」臨產前，柯林頓夫婦手足無措，不知道該做什麼好，反倒是雀兒喜自己很鎮定。「我記得最後當雀兒喜被送往產房的時候，比爾已經快累癱了，」希拉蕊說，「按照拉梅茲呼吸法的推薦，在分娩時最好準備一些冰袋冷敷止痛，結果，比爾帶了一大袋的冰塊，滿滿的一袋，那場面真夠滑稽的。」

二十七日，雀兒喜在社交網站上宣佈，她與丈夫「滿懷著愛、敬畏和感激，慶祝女兒夏綠蒂·柯林頓·梅茲文斯基（Charlotte Clinton Mezvinsky）的誕生」，柯林頓夫婦正式升格成為外公外婆。這也意味著，希拉蕊的總統提名之戰，終於可以拉開序幕。

Part 6

白宮之路

希拉蕊已經成為共和黨在二〇一六年大選時最具威脅性的假想敵，儘管她從未公開表示將出馬競選美國總統，希拉蕊仍在蟄伏著，靜靜地等待一個時機。

希拉蕊不缺政治資歷，在一連串的光環之下，國務卿的四年任期再為她的履歷添上了濃墨重彩的一筆；她不缺人氣，民意支持率從未低於50%，民主黨內再無他人敢和她競爭；她也不缺錢，一個非正式的政治行動組織光賣手機殼就為她籌措了四百多萬美元。

而她缺的，只是時機和信心。

「母親，妻子，律師，阿肯色州第一夫人，美國第一夫人，女性和兒童權益宣導者，作家，愛狗人士，髮型偶像，褲裝控，美國參議員，打破天花板的人…未完待續……。」

——二〇一三年六月十三日，希拉蕊首次開設推特帳戶的個人簡介

第十七章 熱身

傳奇

在霧谷的國務院大樓內，掛著歷任六十七屆美國國務卿的畫像，從湯瑪斯．傑佛遜到約翰．凱瑞，其中不乏對美國外交和國際關係歷史性的轉折做出重要貢獻的傳奇人物。約翰．昆西．亞當斯（John Quincy Adams）協助門羅總統起草了《門羅宣言》，成為美國外交十九世紀初在美洲殖民主義上的立場開端；馬歇爾提出的歐洲復興計畫幫助在歐洲在一片戰爭廢墟中重建歐洲秩序和繁榮；迪安．艾奇遜克服了國務院中的孤立主義傳統，協助杜魯門總統確立了北大西洋公約組織，組織了對日三藩市和約；基辛格則開創了中美外交的新局面。

希拉蕊的畫像也位列其中，但和這些劃時代的人物相比，希拉蕊顯然無法進入國務院的歷史名人堂。雖然她一直勤勉地四處奔波，忠實地執行歐巴馬的外交政策，在國際上有著深厚的人脈和明星魅力，在國內享受高漲的人氣和民意支持率，但希拉蕊並沒有給美國外交戰略留下足夠名垂青史的政績。

副國務卿奈茲認為，希拉蕊在她四年的國務卿任期內，缺乏足以載入史冊的成就，例如，在以巴之間達成全面的和平協議，希拉蕊的主要成就在於融合和協調國務院和美國其他國家安全部門的工作關係，「希拉蕊在國務院最大的成就在於國務院和國防部之間形成的良好關係，」奈茲說，「在希拉蕊就任之前，兩大部門的人幾乎老死不相往來。國務院的人認為，五角大廈實際上是在搶奪國務院的管轄權，越俎代庖，隻手遮天。希拉蕊上臺後，徹底扭轉了這一局勢。我們與國防部之間的合作專案超越以往的任何時候，我們用的是國防部的經費，但權力還是我們自己掌控。」

希拉蕊在二〇一〇年接受採訪時談到國務卿任期的目標，她說：「我最偉大的目標是重建美國的領導力，這是你所能找到的最偉大的一份工作。我所做的一切都是在為這一目標而奮鬥。」

法國樞機主教黎胥留（Armand Jean Richelieu）曾有一句經典的理論：「弱國無外交」。作為內政的延續，外交一向是以國力，尤其是武力為後盾，在美國傳統的政治和軍事支撐下的實力外交背後，希拉蕊以一個女人的細膩挖掘出美國外交「軟性」的一面，並成功地成為歐巴馬政府主要的外交策略。

伴隨著美國經濟的弱勢和歐元區金融危機的不斷惡化，全球政治格局朝多元文化的發展，以網際網路和自由媒體為基礎的草根力量崛起，以及新興經濟體的成長，已經成為二十一世紀初影響世界戰略力量對比的重要因素。歐巴馬的第一個任期，面臨如何從伊拉克和阿富汗兩場反恐戰爭的泥沼中抽身而退，面臨在如何從小布希總統戰略失誤和經濟衰退的爛攤子中重振美

國「帶頭大哥」的國際地位，歐巴馬無法像他的前任那樣，單純憑藉武力或威脅就能達成外交目標，因此，更強調通過「巧實力」外交推動美國的價值擴展和國家形象的重塑。

希拉蕊是第一個將「巧實力」外交理念推向美國國務院外交第一線的國務卿。希拉蕊不遺餘力地在全球各地呼籲推動網路自由、保障婦女權益、完善公共健康和發展民生經濟，試圖超越傳統外交領域，將外交從利益交換變成人與人之間的直接交流溝通，回歸外交的本質。

同雷根時代的舒爾茨國務卿一樣，希拉蕊也強調外交和經濟發展並行不悖，她認為，跟單純地依靠簡單強硬的外交手段相比，推動社會進步和穩定，例如，在健康、糧食安全和婦女權益等方面確確實實地做一些具體的事情，更容易推廣美國的主流價值觀，確保美國的國家利益。

希拉蕊的一位助理國務卿則認為，希拉蕊的功績在於，致力於推動美國商品進入國外市場；堅持同國外領導人討論婦女問題以提升女性在其社會中的地位；將巧實力作為改變緬甸軍政府的關鍵；強調通過技術培訓而不是單純地依賴經濟援助幫助其他國家發展；加強公民社會的建設，「希拉蕊國務卿重塑了美國在海外的形象。」這位助理國務卿說，她將美國以全新的姿態重新展示在世人面前，而人們喜歡他們現在看到的美國形象，並且願意成為美國主導下的國際社會中的一員。

在小布希政府的後期，蓋普洛民意調查顯示，受訪者中對美國領導力表示認可的人數約占三分之一，排名在英國、法國、德國、日本和中國之後。但在希拉蕊上任後，認為美國具有全球領導力的人超過半數。二〇一〇年，這一數據略有回落，為47%，但比排名第二的國家高出七個百分點。二〇一一年，第一次被德國超過，屈居第二。

二〇一一年一月，「阿拉伯之春」尚在萌芽狀態，希拉蕊在卡達發表的演講，似乎在預示一場席捲北非的街頭政治運動的風雨將至，她說，阿拉伯人民已經厭倦了政府腐敗和政治改革的一灘死水，如果阿拉伯國家領導人不立刻醒悟過來，為年輕人創造一個他們有信心、願意為之奮鬥的未來，阿拉伯國家的根基將陷入沙漠裡。

希拉蕊在阿拉伯國家穿梭訪問，與普通市民見面討論，同當地媒體溝通解釋，為社團和非政府組織等民間力量打氣，試圖緩解阿拉伯民眾對美國的敵意，傳達政治改革的願望，儘管成效甚微，希拉蕊卻開創了民間外交的新領域。普林斯頓大學教授安瑪莉·斯勞特曾擔任國務院政策研究室主任，她認為希拉蕊的這一民間接觸的外交手段是一種全新的嘗試，「她一直強調，除了政府間的對話，你還必須遊走在政府與人民之間，和人民與人民之間展開廣泛接觸。她清楚地認識到，不同國家的人民，不只是政策的主體，他們更是改革和演變的活動力量，是解決問題的關鍵。」

同時，希拉蕊又是歐巴馬政府內不折不扣的鷹派，她對重塑美國強大國力的這份信心甚至超過她的總統歐巴馬。二〇〇九年，她與國防部長蓋茨站在一起，積極推動在阿富汗再部署三萬美軍，以徹底掃蕩塔利班政權，而歐巴馬卻傾向於逐步減少在阿富汗的軍事干預；

二〇〇九年底，儘管歐巴馬不太情願，但在希拉蕊的強力遊說下，白宮還是決定對伊朗實施更加嚴厲的制裁；二〇一一年，希拉蕊集結美國駐聯合國大使蘇珊．萊斯等人，說服歐巴馬支持由北約發起的對利比亞實施禁飛區計畫；希拉蕊一手主導了美國外交戰略向亞太地區的「再平衡」，以抗衡和遏止中國的崛起；希拉蕊率先嗅到緬甸民主政治發展的動向，並在背地裡通過兩年的外交活動，推動緬甸的政治改革向美國期待的價值方向演進；在歐巴馬對外交和國外事務並不十分「感冒」的情況下，希拉蕊以「模範勞工」的精神在世界各地穿梭訪問，維繫著歐巴馬政府與大多數國家領導人的個人聯繫。

事實上，希拉蕊並不擅長和外國政府打交道，她把全球許多棘手的問題都留給她的特使去處理，依靠喬治．米切爾在以巴之間斡旋，把阿富汗和巴基斯坦問題全權交給老朋友霍爾布魯克打理，即使當她的特使在這些熱點地區的外交努力受挫時，希拉蕊也不願挺身而出，親自出馬。其它一些久拖不決的困難問題，如朝鮮半島六方會談，希拉蕊更是一推了之，美其名是「戰略性耐心」，實際上是失去了耐心，乾脆撒手不管。

二〇一二年九月的班加西美國領事館遭襲事件無疑是希拉蕊國務卿四年任期的滑鐵盧之戰，她成為三十三年來首次在任內有美國大使遇襲殉職的國務卿。上一次的悲劇發生在一九七九年，美國駐阿富汗大使阿道夫．達布斯（Adolph Dubs）在喀布爾遭綁架遇害，當時的國務卿是賽勒斯．萬斯（Cyrus R. Vance）。共和黨總統候選人羅姆尼在二〇一二年的大選中就曾斷言，製造九一一恐怖攻擊事件的恐怖組織並未斬草除根，美國反恐戰爭遠未取得勝利。無論事件的真相在無休止的黨派紛爭和國會聽證中變得怎樣的模糊不清，希拉蕊作為國務卿，必須為襲擊事件承擔一定的責任，正如她在參議院聽證會上所承認的，國務院對聖戰者激進武裝分子在利比亞及北非地區的急速擴張感到吃驚，並且沒有準備：「阿拉伯之春的演變伴隨著基地組織的再度崛起，我們本應該有更加完善的戰略。」

十年前，美國前國防部長拉姆斯菲爾德曾留下一聲歎息，「在全球反恐的戰場上，我們究竟是贏了，還是輸了，缺乏一個衡量標準。」十年後，希拉蕊面臨同樣的困惑。在最後一次國會作證中，希拉蕊承認，中東和北非地區的混亂狀態導致大批武器流散民間，「潘多拉的盒子」已經打開。後格達費時代的利比亞一直未能建立強而有力的員警和軍隊系統，地方軍閥割據，內戰不已，敘利亞政府軍與反對派之間的衝突已造成十萬人死亡，「伊斯蘭國」恐怖武裝組織從伊拉克、敘利亞一路北上，打到土耳其邊境。一些白宮官員擔心，北非將陷入非洲獨立運動之後類似索馬利亞和剛果之類的無政府狀態。一個個燙手山芋，希拉蕊一股腦地留給了她的繼任者約翰・凱瑞。

有專家認為，在歐巴馬第一個任期，希拉蕊著力鼓吹的美國戰略重心向太平洋轉移遭中國等國強烈反對之後，北非和中東亂局將迫使凱瑞不得不改變戰略，重新回歸中東地區，尤其是在敘利亞，儘管持續三年的內戰已經導致十萬人死亡，數百萬人流離失所，成為難民，

但歐巴馬政府並未對衝突造成的巨大人道主義災難做出更加強硬的表示，在「伊斯蘭國」勢力不斷壯大的危機下，歐巴馬需要阿薩德政權的支持，協助打擊極端恐怖主義的威脅。

卡特政府時期的前國家安全事務助理布熱津斯基（Zbigniew Brzezinski）評論說，希拉蕊任國務卿的四年，歐巴馬政府缺乏一個更加宏觀的外交戰略構想，許多外交政策「太隨意」，尤其是在中東問題上，他非常驚訝地發現，希拉蕊在斡旋以巴和談的時候，居然沒有想到如果以色列拒絕美國提出的要求，國務院該如何應對？希拉蕊事先沒有任何備案，「在與別人對峙談判的時候，至少應該事先問問自己，如果對方不接受自己的條件，該怎麼辦？」布熱津斯基說。

美國沒有覺察到「阿拉伯之春」留下的北非政治亂局中，讓伊斯蘭極端恐怖主義勢力趁機填補政治真空。對穆斯林兄弟會的穆爾西政權，美國重新拿出當年對穆巴拉克政權一樣的實用主義安撫政策，但成效不大，埃及局勢的混亂仍將持續相當長的一段時間。美國國際開發署顧問賴瑞．戴蒙德（Larry Diamond）說：「對於如何推動埃及政局脆弱的民主發展，希拉蕊執掌的國務院沒有形成一個完整統一的戰略，或者為政治進步創造一個良好的環境。」

或許一個四年的任期，還很難看出希拉蕊國務卿對美國外交歷史的意義。希拉蕊的副國務卿斯坦伯格為自己的老闆辯護稱，「北非的動盪局勢變化實在太快，很難判斷。從歷史上看，宏觀戰略很難對廣泛的群眾性運動作出及時的應對，這不是一個戰略的問題，而是在這場變革中如何確定美國的立場，並利用這場變革的問題。」

邁克爾．湯瑪斯基（Michael Tomasky）在《新聞週刊》撰文指出，今天的外交，與馬歇爾或艾奇遜時代的傳統外交相比，已經發生了很大的變化，「希拉蕊在她的國務卿任期面臨的麻煩不斷：美國連打兩場反恐戰爭，追捕賓．拉登，阿拉伯之春和之後的北非亂局，伊朗核武計劃僵局，中國周邊事態，持續的恐怖主義威脅。這些問題，不是四個男人，穿著睡衣圍坐在巴黎的一張橡木桌子上，就能解決的。正如希拉蕊告別國務院之前，在華盛頓外交關係委員會的發言那樣，杜魯門和艾奇遜用經典的對稱和清晰的線條建造了帕特農神廟，而我們需要為這個新世紀創造新的建築風格，不是傳統的希臘古典主義風格，而更像是弗蘭克．蓋瑞（Frank Gehry）的（後現代解構主義）建築。」

在國務院的四年，希拉蕊除了作為「空中飛人」全世界奔走之外，她有很大一部分的精力浪費在幾公里外的白宮，費盡心機地說服歐巴馬政府接受她的意見並不是一件容易的事情，尤其是當橢圓形辦公室旁邊有一大堆的國家安全事務助理和外交顧問在為歐巴馬出謀劃策時，希拉蕊不得不扮演花瓶的角色，她的國際知名度和超高人氣，倒也適合這種搶足了鏡頭卻始終不是主角的尷尬角色，這也是歐巴馬在二〇〇八年大選之後執意要挑選希拉蕊出任國務卿的主要原因。

在華盛頓有句話，叫做「權力大不大，要看你進宮面聖的次數多不多」，希拉蕊深知這

一點，她在和歐巴馬就出任國務卿一事討價還價的時候，提出的條件之一就是確保她每週到白宮與歐巴馬見面彙報工作的次數。但事實上，與歐巴馬的疏遠讓希拉蕊在就任國務卿的半年後，變得非常沮喪和失望。歐巴馬當初口口聲聲表示，他就任總統後，主要精力將放在國內，以應對嚴重的經濟危機，國外事務就交給希拉蕊一手打理。但事實上，希拉蕊從未成為外交舞臺上真正的主角。

希拉蕊的一名高級助理說，「在歐巴馬上任的初期，白宮圈子裡一直縈繞著一個問題，歐巴馬的夜空，究竟能有幾顆星星閃耀？很快，答案就出來了，只有一個，那就是歐巴馬自己。」這名助理說，雖然歐巴馬在參議院任職的時間不長，但入主白宮後，歐巴馬在外交政策領域的自信迅速膨脹，他的父親是肯亞人，繼父是印尼人，母親曾在美國國際開發署工作，自己從小在印尼長大，天生就有國際化的基因。歐巴馬對國際問題開始形成自己一套獨到的見解，他不會允許希拉蕊獨舞。一旦希拉蕊在外交政策方面露出鋒芒，白宮很快就會出面打壓國務院。

二〇〇九年，希拉蕊在中東問題上提出一套新的具有冷戰風格的解決方案，將阿拉伯國家聯合起來，形成反制伊朗的包圍圈，她在演講中呼籲阿拉伯國家加入美國主導的「保護傘」，溝通對抗伊朗的核武計劃。很快的，白宮官員就通過《紐約時報》闢謠稱，這一設想完全是希拉蕊自言自語，不代表美國政府的立場。從此，希拉蕊再也不提「保護傘」的說法。在敘利亞內戰問題上，希拉蕊支持中情局的立場，希望美國對敘利亞反政府武裝組織提供援助，但這一方案同樣遭到歐巴馬的冷落並束之高閣。

事實上，在許多美國外交的傳統熱點地區，希拉蕊更多地扮演著執行者的角色而非政策的制定者。中東地區原本是國務院的勢力範圍，但希拉蕊將以巴和談的日常外交事務全部交給米切爾處理，而以巴談判方案的主要設計者是歐巴馬和他的白宮辦公廳主任拉姆・伊曼紐爾（Rahm Emanuel）。

曾經在五位總統任期內負責中東和談的阿隆・米勒（Aaron Miller）說：「歐巴馬是自尼克森以來最喜歡插手外交事務的總統，這也是希拉蕊為什麼沒有在任何一項外交政策上取得傑出政績的原因之一，當然，希拉蕊跟她的繼任者凱瑞不同，希拉蕊喜歡規避風險，而凱瑞喜歡迎著困難而上。因此，希拉蕊是一位優秀的國務卿，但算不上傑出。」

在希拉蕊與歐巴馬之間，還有另一位程咬金，那就是副總統拜登，作為參議院外交關係委員會前主席，拜登在國際事務上的經驗非常豐富，很大程度上取代了希拉蕊的角色，他對歐巴馬外交政策的影響力要遠遠超過希拉蕊。

二〇〇九年，歐巴馬政府在如何從阿富汗反恐戰爭的泥沼中抽身，儘快將權力移交給卡爾扎伊政府，內部意見分歧，拜登向歐巴馬提出建議，縮小美軍在阿富汗駐軍的規模，改成主要依靠特種兵和無人機，實施反恐定點打擊，而希拉蕊和蓋茨則堅持認為美軍應該擴大在阿富汗的駐軍，將塔利班武裝分子徹底斬草除根，歐巴馬雖然最終同意了希拉蕊的意見，但

到了二〇一二年，他開始傾向於拜登的方案，加快了從阿富汗撤軍的步伐。

而伊拉克的撤軍計畫，歐巴馬更是全權交給拜登和他的助理去處理，一名白宮高級官員描述當時白宮討論這一問題時的情形，「歐巴馬突然打斷大家的話題，說，『讓喬（拜登）去處理伊拉克問題，他比任何人都瞭解伊拉克。』」

希拉蕊曾評價她的國務卿工作時說：「這是一個緩慢而漸進的過程，許多工作不是你們能夠在報紙標題上能夠看到的，我希望我的工作能夠為我們打下一個更加堅實的基礎。」

在國務院四年，希拉蕊打下的基礎，能否支撐她在二〇一六年順利入主白宮？希拉蕊能否像她的前輩湯瑪斯・傑佛遜和昆西・亞當斯一樣，從國務院走向幾公里外的白宮？眼光放得長遠一點，希拉蕊或許對她在國務卿任期內的傳奇，也就並不那麼在乎了。

新生

二〇一三年七月國慶長假，希拉蕊突然出現在小岩城，為一座以她的名字命名的兒童圖書館剪綵。

在「希拉蕊・羅登・柯林頓兒童圖書館和學習中心」，希拉蕊拿著一本兒童讀物，正在給一群小朋友讀《饑餓的大瓢蟲》，她看起來精神不錯，幾個月嚴格的飲食控制和體育鍛煉，讓她容光煥發。希拉蕊的體重減輕了幾公斤，腰上的贅肉少了許多。她做了一個全新的髮型，剪短了頭髮，用束髮帶紮在腦後，顯得年輕幹練。但最讓媒體記者和現場觀眾眼前一亮的卻是希拉蕊的臉。

幾個月來，一直有傳言說希拉蕊去做了整容手術。事實上，希拉蕊只是在卸任國務院之後，在臉上局部做了一點拉皮手術。雖然此後，柯林頓一直勸說希拉蕊把她脖子下的贅肉也動動手術，但被希拉蕊一口回絕。柯林頓堅持認為，希拉蕊需要的不僅僅是第二次整容，更需要徹底的改頭換面，他要希拉蕊丟掉那些褲裝，穿上柯林頓所謂的「權力套裝」。柯林頓讓雀兒喜幫她老媽挑選一位美國的時裝設計師，為希拉蕊量身打造新形象，就像當年卡西尼（Oleg cassin）為甘迺迪夫人賈桂琳設計的許多經典款的第一夫人套裝一樣。

「現在這個年代，老氣橫秋，與時尚脫節，可進不了白宮。」柯林頓說。

「去死吧。把你自己的臉整整！」希拉蕊沒好氣地回答。

比爾·柯林頓並不避諱整容，二話不說，立馬跑到加州，在好萊塢比佛利山莊找到一家在圈內小有名氣的美容機構，脖子用鐳射除皺，臉上打玻尿酸，還把他那顆醒目的紅頭鼻子重新塑型。手術結束後，柯林頓得意地說：「我看起像W·C·菲爾茲。」菲爾茲是好萊塢一九初著名的喜劇演員，兩人乍看之下還真有點像，都有一個標誌性的紅頭大鼻子。

看著丈夫的整容效果還不錯，希拉蕊終於同意第二次整容。她原本想飛到里約熱內盧，去世界著名的伊沃·匹特圭診所做整容手術，但後來一想，這麼明目張膽地飛到國外去整

容，目標太大，後來還是決定在美國境內悄悄地幹活。

希拉蕊堅持，整容手術必須一點一點地來，每一步都要達到她的滿意之後，才能進行下一步，「如果整容手術讓我看起來變化太大，或者變得很怪異，我會立刻停止手術。」希拉蕊告訴醫生。

這樣一來，手術的過程就被拖得很長，一個簡單的脖頸除皺手術，需要經過幾個小型手術，才能完成。連續幾個月，整容醫生將希拉蕊的前額皮膚抬升，以去掉過深的抬頭紋，將脖子上的褶皺抹平，臉部和眼瞼周圍注射玻尿酸，以去除皺紋。

「和所有的女人一樣，希拉蕊也不願多談她整容的事情，每次問起來，她總是笑笑的不回答。但她對整容的效果很滿意，也很高興自己能夠鼓起勇氣接受柯林頓整容建議，」希拉蕊的一位朋友說，「我敢打賭，如果換個頭就能入主白宮，她肯定會去做換頭術。」

除了整容，希拉蕊對自己一貫的自然長髮也重新打理，她試用了幾名美髮師，最後挑中了一位，幫她設計了一頭乾淨的短髮造型。

希拉蕊還去參加了演講課程。希拉蕊告訴演講老師，雖然她對自己的說話方式感到滿意，但有時候，一激動，聲音就會變得尖銳呱噪。而且，如果她沒注意，就會含糊不清。

希拉蕊決定重新佈置自己的衣櫃，她走訪了幾位著名的時裝設計師。《時尚》雜誌的編輯安娜．溫圖（Anna Wintour）是柯林頓一家多年的老朋友，她欣然擔當希拉蕊的非官方時尚顧問。就在希拉蕊為她的圖書館揭幕的同時，紐約著名的時裝設計師奧斯卡・德拉倫塔（Oscar de la Renta）也在兒童圖書館舉辦一場時裝個展，希拉蕊出席了個展的開幕式。

希拉蕊對德拉倫塔的設計並不陌生，在柯林頓總統第二個任期就職儀式時，希拉蕊穿的就是奧斯卡為她量身定做的禮服，二○一○年參加女兒雀兒喜的婚禮時，希拉蕊穿的也是奧斯卡的時裝。應奧斯卡的邀請，希拉蕊一家人還去他在多明尼加的度假豪宅裡旅遊過一趟。在安娜・溫圖的引薦下，奧斯卡成為希拉蕊的御用時裝設計師。

漫長的整容手術結束之後，希拉蕊終於可以拋頭露面，她開始著手自己的回憶錄《艱難抉擇》。

這本回憶錄是希拉蕊四年國務卿生涯的職業總結，也是奠定她在美國外交歷史歷史地位的第一手記錄。希拉蕊非常重視，她找來基辛格、艾奇遜等前國務卿的回憶錄，仔細拜讀，學習他們是如何定義自己的外交功績。希拉蕊告訴她的朋友，她不想把這本書寫成像前國防部長蓋茨的回憶錄《職責》一樣，成為一本包羅萬象的全景式回憶錄，而且，「這本書可能會得罪一些歐巴馬的人。」

和希拉蕊一起操刀這本回憶錄的都是希拉蕊在國務院的舊部下，包括貼身助理胡瑪・阿伯汀，撰稿人丹・什未林和泰德・維德曼（Ted Widmer）幾個人經常在希拉蕊的家裡，面對一大堆的筆記和機密資料，仔細比對記錄，勾勒樣書的架構。工程進度比預想的要慢，希拉

蕊並不是天生的寫手。

二〇一四年四月，《艱難抉擇》大致完成，出版商西蒙和舒特圖書公司策劃了一連串猶如競選造勢般的宣傳活動。五月，政治網站Politico率先披露希拉蕊新書中有關班加西領事館遭襲的部分內容，隨後，《人物誌》在封面故事中介紹了希拉蕊和她的《艱難抉擇》，並摘錄了其中的部分章節。新書發行一周內，各大電視媒體充斥了希拉蕊的新書專訪，此後，是希拉蕊在紐約、芝加哥、費城和華盛頓等地舉行的新書簽售會，風風火火地造勢持續了一個多月，《艱難抉擇》也順利登上了各大圖書銷售的排行榜首，連續數周位列《紐約時報》暢銷書榜的前十位。

不過，新書銷售的火爆程度並未達到出版商的預期，這是希拉蕊自二〇〇三年推出《生活史》之後，第二次撰寫回憶錄，記述了希拉蕊在國務院四年間經歷的國際風雲和國內政治角力。西蒙和舒特圖書公司預計第一周的銷售將超過十五萬冊，儘管預售高達一百萬冊，但實際上首周的銷售成績平平，精裝本賣了六萬冊，電子書售出兩萬四千本。而希拉蕊的丈夫柯林頓當年出版的《我的生活》，由於涉及陸文斯基的性醜聞，上架第一天就狂銷四十萬冊。

其實也難怪，希拉蕊的這本新書離眾人的預期仍有不少差距，如果說這是一本為二〇一六年大選造勢的政治宣言，她沒有在書中提出任何代表性的思想，如果說這是一本個人傳記，它缺乏鮮活的細節和爆炸性的內幕，行文枯燥，基本上是按照國別連篇累牘地記述希拉蕊在國外的行程，從非洲國家剛果到氣候變化，從對外援助到網路科技，主題敘事可謂宏大，但如果讀者想從書中窺視希拉蕊的個人生活，顯然會有點失望。《艱難抉擇》全書在六百三十五頁的篇幅中，三百零九次提到歐巴馬，一百三十八次提阿富汗，七十七次提班加西，而談論女兒雀兒喜的次數近有四十九次，對丈夫柯林頓幾乎是提也不提。對於外界普遍關注的二〇一六年大選，希拉蕊語焉不詳地僅有五次。

不管怎樣，在距離二〇一六年大選還有三年的時間，希拉蕊推出《艱難抉擇》，並展開聲勢浩大的巡迴簽售活動，普遍被看作是對未來大選的一次熱身和民意試水。白宮政要在離職之後著書立說，無非有兩個目的，一是賺錢，出版商西蒙和舒特圖書公司並未透露他們付給希拉蕊的稿酬標準，但希拉蕊上一本《生活史》的稿費是八百萬美元，考慮到通脹因素和希拉蕊人氣這些年的積累，《紐約每日新聞》估計，希拉蕊將一次性獲得一千兩百萬美元的稿酬。

當然，對於希拉蕊來說，人們普遍關注她出書的政治目的，那就是澄清立場，贏得選民的支持。在入主白宮前，靠出書拉攏人氣，宣傳造勢，這在華盛頓已是慣例。甘迺迪的《勇敢的心》，歐巴馬的《無畏的希望》，麥肯的《我父親的信仰》和羅姆尼《不道歉》，都是在大選前及時推出。圍繞這希拉蕊的新書巡迴簽售活動引發的粉絲追捧和輿論熱議，正是希拉蕊在大選前需要的，它能夠為希拉蕊未來可能的競選活動提供最新的政治數據，尤其是粉絲的地理分佈，便於今後希拉蕊的競選者上門或電話訪談，同時，那些寧願在簽售會門外排

幾個小時長隊，也要買本書靠希拉蕊近一點的人，無疑是未來希拉蕊競選團隊進行選民動員的核心力量。

共和黨對於希拉蕊的一舉一動保持著高度警惕，在《艱難抉擇》公開出版的同時，一個共和黨團隊也適時推出一本電子書《錯誤抉擇》，根據各種公開的資料和筆記，詳盡記述了希拉蕊在擔任國務卿期間的失敗和錯誤。

選戰尚未開始，圍繞著《艱難抉擇》引發的火藥味，已隱約嗅見。

第十八章 女總統

準備

希拉蕊二〇一六年的總統大選，從二〇一二年十一月六日歐巴馬成功連任之後就已經開始了，只是少了一位主角——希拉蕊本人的參與。

那天晚上，希拉蕊二〇〇八年大選時的兩名老部下愛麗達·布萊克（Allida Black）和亞當·帕克霍蒙托（Adam Parkhomenko）開始在電子郵件裡討論一個野心勃勃的計畫，他們決定發起一個全國性的競選組織叫做「時時刻刻為希拉蕊準備（Ready for Hillary）」。他們知道，作為歐巴馬政府的一名技術官員，國務卿希拉蕊已經脫離政治四年多的時間了，並且由於競選法律的限制，她的身分也使希拉蕊不可能像一名競選專業戶一樣，全力投入競選志工、活動積極份子和捐款人的組織活動中。社群媒體的發達已經極大地改變了美國的選舉政治，革命性地顛覆著美國競選活動的組織方式和互動模式，這一切都是希拉蕊陌生的。他們願意為希拉蕊未雨綢繆，發起一個草根組織，等待希拉蕊最終的決定。

布萊克是喬治·華盛頓大學的一名教授，研究羅斯福總統的夫人，並寫過一本專書《現代美國女同性戀史》，一九七〇年代開始從事社會和政治運動。她說：「儘管我與希拉蕊認

識的時間不長，我記不太清楚，大概是一九九〇年或一九九一年，但我知道她的大名，卻是從一九七六年或七七年開始。我信任她，就像信任我所有的閨蜜一樣，但我不會像騷擾我的閨蜜一樣，去騷擾她。」在二〇〇八年的競選中，布萊克為希拉蕊效力，參加了十四個州的競選組織活動，參加了五百多場家庭聚會，挨家挨戶地敲了五千多戶人家的大門做訪談。

布萊克成為希拉蕊最死忠的支持者，最讓她感動的是在自己的母親因心臟病去世前，希拉蕊親自打電話給她母親表示問候，「非常抱歉，雖然我們從來沒有見面，但我想讓你知道，你一定是一位非常偉大的母親，因為你有一位非常偉大的女兒。」希拉蕊說。布拉克的母親安詳地走了，希拉蕊成為最後一位跟她講話的人，而布萊克的心從此就交給了希拉蕊。

布萊克一頭短髮，有點雜亂，穿著一件印第安人風格的休閒襯衫，看起來就像校園裡的自由散漫慣了的教授，她的聲音有些沙啞，聲稱自己不是大咖，更不是希拉蕊重量級的捐款人，「看看我這個樣子，」布萊克伸出五個手指，「我的手上沒有任何值錢的戒指。」

而這個民間政治團體的另一位發起人帕克霍蒙托，自高中畢業後，就在支持希拉蕊的民間政治團體中為希拉蕊搖旗吶喊，也算是希拉蕊陣營中元老級的人物。他沒有什麼正式工作，在華盛頓市警察局做臨時工，一個月上幾天夜班，在大街上巡邏，只有政治才是他全部的熱情。

布萊克和帕克霍蒙托在二〇〇八年曾在希拉蕊競選團隊的經理多爾手下工作，多爾因大選組織不力，被希拉蕊炒魷魚之後，帕克霍蒙托也離開了競選團隊，他和布萊克發起了一項政治請願行動，叫做「兩人都選」，他們認為，歐巴馬（總統）／希拉蕊（副總統），或者希拉蕊（總統）／歐巴馬（副總統）是最佳的競選組合，是二〇〇八年的票選「夢幻隊伍」

二〇〇九年，帕克霍蒙托競選維吉尼亞州眾議員時，他小小的捐款人名單上居然都是希拉蕊陣營的捐款大戶，如曾經為上海世博會組織捐款的伊莉莎白・巴格利和喬斯・維拉里爾，可見希拉蕊對他發起的草根支持運動的感激之情。

布萊克也認為，如果希拉蕊陣營對她和帕克霍蒙托私下裡搞的這場民意拉票熱身運動不滿，他們肯定會第一時間打電話過來，叫他們不要亂來，但希拉蕊的人從來沒有打來電話阻止，而是默認他們為希拉蕊進行自發性的政治動員。

事實上，「時時刻刻為希拉蕊準備」這個為二〇一六年大選自發性的競選組織背後，已經能夠找到希拉蕊團隊的影子，一些前白宮助理，如安・路易斯（Ann Lewis）、克瑞格・史密斯（Craig T. Smith），以及哈羅德・艾克斯（Harold Ickes），都陸續成為該組織的顧問團成員。克裡格與柯林頓夫婦的交情可以追溯到阿肯色州長的時代，而哈羅德在白宮是處理各種危機公關的高手，被譽為白宮的「衛生部長」。在克裡格的領導下，「時時刻刻為希拉蕊準備」逐漸開始整合希拉蕊競選所需的人力和財力資源，大大小小的募款及造勢活動悄悄展開。金融界大咖喬治・索羅斯（George Soros）已經簽約，成為這個組織的政治捐款人。

對於希拉蕊的支持者，「時時刻刻為希拉蕊準備」有三個目標：加入組織的聯繫人名單；

動員你的朋友或家人加入聯繫人名單；準備好錢包等著捐款。希拉蕊的一些老朋友和忠實的捐款人再三向希拉蕊團隊確認這個組織不是掛羊頭賣狗肉的冒牌貨，的確是希拉蕊默認的非官方競選機構，紛紛同意將自己的名字加入聯繫人名單，並開始將一些小錢投入組織的帳戶。

「時時刻刻為希拉蕊準備」並不在乎這點小錢，他們現在的主要工作是聚攏人氣，打好基礎，因此，募捐的規模並不大，最高的捐款限額為兩萬五千美元，即使是像索羅斯這樣拿百元大鈔點煙抽的巨富，布萊克也只是要求他們捐上五千美元就可以了。「雖然我們之前有過預期，但火熱程度還是超乎我們的想像。」布萊克興奮地說。「選民的熱情，以及我們得到的積極回應，讓我們的臉書和推特帳戶和社交照片分享網站Instagrams上的粉絲數爆增。」

二〇一三年，「時時刻刻為希拉蕊準備」籌措了四百萬美元的競選捐款，其中一部分是靠賣iPhone手機外殼賺來的，這款獨家發行的手機套上印著希拉蕊那張在網上被無數次惡搞的經典照片：在飛往的黎波里的途中，希拉蕊戴著墨鏡，坐在運輸機的椅子上，查看黑莓機。二〇一四年初，「時時刻刻為希拉蕊準備」在紐約K大街的一家餐館裡辦了一場低調的募款活動，門票低到只有二十美元，來賓可以與希拉蕊真人大小的一張硬紙板畫像合影留念，酒吧裡供應的一款調酒名叫「打破天花板的人」，這是希拉蕊在二〇〇八年那場著名的承認競選失敗演講中的經典語錄。

二〇一六年的這場大戲，主角希拉蕊尚未登場，民主黨已經開始準備為她站臺。就在她的「鐵粉」積極在民間活動之外，民主黨全國委員會指定一名負責外交政策研究的專家全職準備希拉蕊二〇一六年的大選。而共和黨還在為二〇一六年的幾位潛在總統候選人人選玩猜謎遊戲，像副總統拜登，紐約州州長安德魯．庫默（Andrew Cuomo），馬里蘭州州長馬丁．歐麥利（Martin O'Malley）等等，每個人似乎都有可能。

而在民主黨內，希拉蕊的候選人地位難以撼動，拿民主黨全國委員會通聯部長尚恩．斯賓塞的話說，希拉蕊是民主黨陣營中「八百磅大猩猩」級別的重量級人物。她已經讓民主黨內一些頗具候選人實力的大腕人物提前退避三舍。紐約州長安德魯．庫默在紐約政商界擁有強大的人脈關係和吸金能力，一九九二年，庫默的老爸馬里奧．庫默（Mario Cuomo）曾考慮與比爾．柯林頓爭奪民主黨總統候選人的提名，一度關係不睦，但安德魯．庫默與柯林頓夫婦的關係一直不錯，在紐約州首府奧爾巴尼的州長辦公室裡，還掛著柯林頓的語錄。二〇一二年，當希拉蕊卸任國務卿之後，安德魯．庫默對身邊的助理說，假如希拉蕊如傳言的一樣，準備參加二〇一六年大選，他就不會考慮出馬。

希拉蕊的一名助理分析說，安德魯之所以不敢出來與希拉蕊競爭，「是因為他在與非洲裔美國人卡爾．麥考（Carl McCall）競選紐約州州長時，將所有的黑人選民都得罪了，假如他再和希拉蕊競爭美國總統，恐怕這輩子要把所有的女性選民都得罪。」

過去幾年，越來越多的民主黨人士意識到，他們高估了歐巴馬撼動華盛頓的能量，過

分地陶醉在他作為美國歷史上首位黑人總統的政治意義中，而對希拉蕊的價值忽略不計。二〇一四年十一月中期選舉，民主黨在參議院的慘敗給了他們一記響亮的耳光。二〇一六年，歷史可能給了他們第二次彌補錯誤的機會。

二〇一三年底，參議院民主黨內所有的十六位女性參議員發佈了一封聯名信，宣佈支持希拉蕊競選總統，這與二〇〇八年希拉蕊宣佈競選時，她在參議院的朋友大多選擇沉默形成鮮明的對比。聯名信中，包括密蘇里州女參議員克萊兒・麥卡斯基爾（Claire McCaskill），二〇〇八年，希拉蕊多次上門遊說，想贏得她的支持，但克萊爾卻毅然站在歐巴馬的一邊。不僅如此，她還不忘往希拉蕊的傷口上再撒一把鹽，聲稱自己支持歐巴馬的原因是因為女兒的關係，歐巴馬的勵志傳奇是她女兒的榜樣，而她永遠不會讓自己的女兒接近比爾・柯林頓半步。

眾議院議長、民主黨領袖南希・佩羅西在二〇〇八年大選中因宣佈中立而得罪了不少黨內人士，這一次，她也早早地跳出來，為希拉蕊助威。十二月底，她在接受NBC採訪時說：「我希望她出來競選，如果她決定參加競選，一定能贏，在白宮待了那麼多年，我想，重新入主白宮，她會比任何人都有所準備。」

二〇一三年十月二日，康乃狄克州的昆尼皮亞克大學公佈了一份民意調查，在假想的二〇一六年大選中，希拉蕊以61%的得票率勝出，超過她的民主黨內對手拜登十一個百分點。

拜登的支持者並不認同這份調查，他們認為，作為副總統，拜登在國內政策和外交領域積累了豐富的經驗，幫助歐巴馬總統結束了在伊拉克和阿富汗的戰爭，推動槍枝管控政策，也是歐巴馬政府中第一個站出來支持同性戀婚姻合法化的人。歐巴馬總統任期內的每一項政績背後，都有拜登的一部分功勞。

可惜，歐巴馬八年任期，給選民留下的政治功績並不多。二〇一四年十一月的國會中期選舉，共和黨不僅保住了在眾議院的多數黨地位，更在參議院以五十四票對四十四票重新奪回控制權，民主黨在參眾兩院的失守讓歐巴馬徹底成為「跛腳鴨」，表明選民對他任期內推行的健保改革、控槍法案等措施的不滿。國會中期選舉的出口民調顯示，歐巴馬在二〇〇八年和二〇一二年競選時的主要選民群體，如年輕人、拉丁裔美國人和單身婦女，已經對歐巴馬和民主黨幾年來的表現喪失信心。拉丁裔選民在二〇一二年大選投票人數的12%，他們對歐巴馬的支持率高出羅姆尼四十四個百分點，但兩年後的中期選舉中，這一差距縮小到二十六個百分點。因此在二〇一六年的大選中，副總統拜登受歐巴馬政績的拖累，躺著也中槍。

在歐巴馬內閣，拜登在國內問題上的改革姿態和國家安全問題上的鴿派作風讓他贏得了不少讚譽，但他與共和黨人一起支持布希政府時期的稅收削減計畫，卻得罪了民主黨內高層，尤其是參議院多數黨領袖哈利．瑞德，他認為拜登與共和黨參議員領袖米奇．麥康奈爾（Mitch McConnell）在減稅問題上達成交易，一個鼻孔出氣，削弱了民主黨在參議院的地位。

希拉蕊和拜登的關係非常不錯，儘管兩人的交情在二〇〇八年大選時因互相攻擊而受到傷害，但大選結束後，兩人和好如初。在白宮，拜登經常給希拉蕊打電話，每次掛斷電話之前，拜登都會親暱地說一句：「我愛你，親愛的。」

在紐約中城「時代．生活出版集團」的總部大樓裡，柯林頓基金會佔據了兩個樓層，希拉蕊私人助理中有七位成員正準備從華盛頓擁擠不堪的辦公場地裡搬出來，轉移到紐約柯林頓基金會高大的辦公室裡，他們將在這裡為希拉蕊準備巡迴演講或出席各種頒獎活動，打理希拉蕊後國務卿時代的一切對外活動。在柯林頓基金會裡，還有一些希拉蕊競選團隊的老面孔。丹尼絲．陳（Dennis Cheng）曾擔任希拉蕊的國務院禮賓辦公室前副主任，也是她二〇〇八年大選時的財政總管，將負責協調希拉蕊競選的民間募款和組織活動。

歷經十四年的打造，柯林頓基金會終於開始華麗轉身，從一個專注於兒童肥胖或禁止虐待大象等問題的慈善機構，轉向柯林頓為它確定的最終角色——希拉蕊二〇一六年大選的政治大本營。

白宮戰役即將展開，希拉蕊的休假已經結束，她開始給自己的朋友圈和顧問打電話，發出明確的信號，「我已經休息得差不多了，準備工作，」希拉蕊說。這句話距離她當初說的「想在沙灘上曬曬太陽和游泳，以及到全國各地講講話」不到半年時間。

共和黨已經開始對希拉蕊提高警惕，並時不時地借題發揮，敲打希拉蕊。參議院多數黨領袖麥康奈爾在華盛頓召開的保守派政治行動會議上攻擊希拉蕊和拜登的年齡已經不適合當總統，「如果民主黨二〇一六年大選的候選人長得都像是《黃金女郎》的回歸，他們說不定還有點希望。」

年齡牌將是共和黨對抗民主黨主打的一張牌，因此，分析人士估計，共和黨內一些冉冉升起的政治新星將會是總統候選人黨內提名的熱門人選，列入這個名單的包括佛羅里達州參議員馬可．盧比歐（四十三歲，已退選），肯塔基州參議員蘭德．保羅（五十一歲），德州參議員泰德．克魯茲（Ted Cruz）（四十四歲），新澤西州長克里斯．克里斯帝（Chris Christie）（五十二歲）。

希拉蕊仍在靜觀其變，二〇〇八年大選的失敗讓她穫得了三條寶貴經驗：一是不能過早地投入競選，讓自己成為靶子，二是要有充分的燒錢準備，籌到足夠的競選資金，三是不能太過低估對手。

希拉蕊的小試牛刀是在網際網路上。二〇一三年三月初，在美國最高法院準備就同性戀婚姻問題展開辯論的前幾天，希拉蕊通過臉書發表了一段影音聲明，她說：「同性戀群體是我們中間的一員，他們可能是我們的同事，我們的老師，我們的戰士，我們的朋友，甚至我們最愛的愛人——他們是完整的個體，是平等的公民，理應得到公民權利，這其中，當然也包括婚姻的權利。因此，我個人支持同性戀婚姻，支持將同性戀婚姻納入政策和法律，為美

國的同性戀群體和所有美國人民，進一步爭取平等的權利和機會。」

這段影片由美國勢力最為強大的同性戀遊說組織「人權運動」發佈。通過這段聲明，希拉蕊開始從國務卿的技術型官僚角色向更廣泛的社會問題靠攏，而且選擇同性戀婚姻這個極具吸引力的社會敏感話題，能夠最大程度地贏得年輕人的好感，年輕一代的選民比他們的父輩在價值觀的選擇上更加傾向於自由主義，更加習慣於通過網路和社群媒體傳遞資訊，希拉蕊顯然熟稔新媒體傳播的宣傳規則。

二〇一三年六月十三日，希拉蕊首次開設了她的推特帳戶。雖然她是美國歷史上為數不多、不需要刻意經營就能擁有百萬粉絲的政治家，但希拉蕊對社群媒體在政治動員中的作用有著深刻的體會，她第一個在國務院推動美國外交向新媒體轉型，第一個敏銳地意識到臉書和推特在阿拉伯之春中扮演的角色。

希拉蕊選擇《時代週刊》記者拍攝的那張引起網路惡搞熱潮的照片作為自己的頭像——希拉蕊坐在C-17運輸機上看手機。她的第一條推文是向創作《希拉蕊的簡訊》惡搞事件的兩位網友致敬：「謝謝@asimith83和@sllambe，謝謝你們的啟發——以後就讓我自己來吧……#希拉蕊的推文。」

上線第一周，希拉蕊的推特帳號就獲得近五十萬個粉絲追蹤，一舉超過她未來競爭對手的推特帳號。第一夫人蜜雪兒也來為希拉蕊助陣，在她的推特帳戶上發起一場「星期五轉發」運動，呼籲她的粉絲加入希拉蕊的粉絲群。幾個月後，希拉蕊的推特粉絲數就輕鬆超過一百萬。

在她的推特帳戶個人情況介紹中，希拉蕊自稱是一位「母親，妻子，律師，阿肯色州第一夫人，美國第一夫人，女性和兒童權益宣導者，作家，愛狗人士，髮型偶像，褲裝控，美國參議員，打破天花板的人……未完待續……。」

這長長的一串標籤，希拉蕊反覆斟酌揣摩了半天，在推特帳戶開通的第一天，希拉蕊甚至讓她的助理將這份短短的自我介紹修改了六遍，把「妻子」放在「母親」的前面，以顯示她對柯林頓的重視，將褲裝控「**Pantsuit fashionista**」改為「**Pantsuit aficionado**」，以免與南美一名時裝設計師混淆，其它幾個描述性辭彙，也幾經修改，順序調來調去。

但「未完待續」始終保留著，為她未來三年留下巨大的想像空間，人們是否會像八年前期待一位黑人總統一樣，踮著腳尖，期待著美國歷史上第一位女性總統的出現。

一切仍然未完，待續。

女總統的好戲還未開場，一場因私人電子郵件引發的風波卻提前將希拉蕊暴露在共和黨的槍口之下。

二〇一五年二月，共和黨總統候選人的熱門人選、小布希的弟弟傑布．布希（**John Ellis "Jeb" Bush**）公開自己擔任佛羅里達州州長時的二十八萬封私人電子郵件，以期展示良好形象，不料卻被批亂「曬」選民隱私。

但是隨後，《紐約時報》卻挖出更猛的爆料：希拉蕊在擔任國務卿期間，使用私人電子信箱與他人通信，涉嫌違反美國《聯邦檔案法》。

根據美國法律，所有的聯邦政府雇員都必須保留與工作相關的電子郵件，白宮在招募雇員時也嚴格要求他們使用政府官網註冊一個工作用的電子信箱，含包含「.gov」地址字元的電子郵件一般會被自動歸檔，一方面可以保證安全性，另一方面，這也是美國國家歷史最原始的資料記錄。

但是，希拉蕊在卸任後近兩年的時間裡，只是為了自己的「方便」，將公務郵件與私人郵件毫無區分地存放在自己家裡的伺服器上。有人質疑，與經過特別加密的官方郵箱相比，私人信箱更易被駭客侵入，希拉蕊的行為可能導致美國外交情報洩露。也有人懷疑，希拉蕊是否有意隱瞞通信記錄。

三月四日，美國國會一個由共和黨人控制的調查委員會向希拉蕊發出傳票，要求她交出電子郵件，以配合調查二〇一二年美國駐利比亞班加西領事館遇襲事件。傑布・布希也乘機呼籲希拉蕊，讓她也公佈自己的私人郵件，以示「清白」。

但是，希拉蕊對自己隱私的珍視似乎超乎一切，甚至不惜冒著在未來大選中授人以柄的危險，她毫不理睬共和黨人的借題發揮。希拉蕊的律師大衛・坎達（David Kendall）說，希拉蕊的私人郵箱中共有六萬兩千三百二十萬封電子郵件，其中三萬四百九十萬封涉及公務，已於二〇一四年十二月五日提交國務院。希拉蕊已經申請公開涉及公務的全部電子郵件，國務院隨後將著手評估郵件中，是否含有不宜公開的敏感資訊。

至於另外三萬多封「不涉及公務」的電子郵件存放在紐約家中的伺服器上，希拉蕊一股腦地全數刪除，她說：「這些純粹都是私人電子郵件，例如，為雀兒喜策劃婚禮慶典，為我母親安排葬禮，朋友發來的慰問信，還有瑜伽課程安排、家庭度假等等，都是收件箱裡常見的郵件類型。」

美國國會下屬「班加西特別委員會」主席、共和黨眾議員崔・高迪（Trey Gowdy）指責希拉蕊在過去數周裡沒有向「班加西特別委員會」交出任何涉及班加西襲擊事件的郵件或檔案，且拒絕把她的家庭伺服器交由第三方進行獨立調查。眾議院議長、共和黨人約翰・博納則表示，不排除在眾議院舉行投票迫使希拉蕊交出伺服器的可能性。

可以想見，未來一段時間，圍繞著「電郵門」、「演講門」和柯林頓基金會，共和黨將開動最強大的「挖糞利器」，試圖從中嗅出希拉蕊陣營的負面新聞。這是美國大選的殘酷和冷血所在，而挺過「白水門風波」、柯林頓性醜聞、國會彈劾案，經歷過二〇〇八年大選的洗禮，希拉蕊早已處變不驚，《時代週刊》評價說，如果一個小小的「電郵門」就能扳倒希拉蕊，柯林頓和希拉蕊這對超強政治夫妻檔當年就不可能走出小岩城。

希拉蕊射向白宮之箭，已經箭在弦上。

競爭

經歷了二〇〇八年的競選失敗，在四年的國務卿生涯之後，希拉蕊漸漸明白，相比政見、理念和資歷這些虛幻的東西，形象有時候對選民來說更重要，它無關真實，同長相也沒有太大的關係，但在選民看來，你是否能夠代表他們說話，決定了他們手中的選票。

希拉蕊並不缺乏人氣。二〇一一年國務卿期間，希拉蕊的民意支持率超過60%。在宣佈競選之前，受「電郵門」事件的影響，支持率有所下降，但民眾對她的好感度仍有46%。況且，在二〇〇八年，選民還有一個「視覺疲勞」的因素，許多選民不願意看到柯林頓家族內再出現一位總統。而在二〇一六年，這一負面效果可以忽略不計，因為三十八歲以下的選民基本上沒有為比爾．柯林頓投過票，不存在對希拉蕊．柯林頓的厭煩心理。

但是，八年之後，希拉蕊面臨的卻是一道道新的難題。

首先是選民對民主黨的疲倦心理。二〇〇八年，希拉蕊要取代的是共和黨的小布希總統——美國歷史上最不受歡迎的總統，民意不支持率超過71%，比水門事件後的尼克森還要令人討厭。而現在，希拉蕊要取代的是自己民主黨內的現任總統歐巴馬，這是一項超難度的動作。過去六十年裡，只有共和黨的老布希完成了這項挑戰，成功接替了同為共和黨人的雷根總統。部分原因在於雷根八年任期的超高人氣，作為副總統的老布希沾了雷根的光。

美國選民一向喜新厭舊，他們不喜歡白宮一直被某一個政黨長期霸佔，兩黨輪流執政被視作美國式民主的主要特徵，更何況，歐巴馬八年任期褒貶不一，很難為希拉蕊加分。

希拉蕊也意識到這一點，開始主動地與歐巴馬切割，劃清界限。當然，這需要很高的政治技巧，一方面要表明自己與歐巴馬存在分歧，另一方面又不能把分歧擴大化，以免得罪民主黨內歐巴馬的選民。

跟共和黨內群雄爭霸、模糊不清的候選人局勢不同，希拉蕊幾乎是二〇一六年民主黨總統候選人當仁不讓的人選，民主黨內目前還找不到一個能夠與希拉蕊抗衡的對手，這種毫無壓力的黨內角逐在民主黨歷史上還並不多見。二〇〇〇年，副總統高爾原以為憑藉他在任副總統的優勢，拿到黨內提名易如反掌，卻未曾想遭遇新澤西民主黨參議員比爾·布拉德利（Bill Bradley）的強有力挑戰；二〇〇四年，麻州民主黨參議員約翰·凱瑞與佛蒙特州州長霍華德·迪恩（Howard Dean）也為黨內總統候選人提名爭得頭破血流；二〇〇八年，歐巴馬與希拉蕊的激烈爭奪，直到預選投票的最後一刻，「女強人」希拉蕊才繳械投降。

當然，民主黨內，面對希拉蕊獨孤求敗的優勢，有一些人並不甘心，總有一些出其不意的黨內黑馬願意出來亮相一下，而沒有黨內初選的壓力測試和熱身，希拉蕊競選戰略的弱點就很難暴露出來，也容易在大選中被共和黨抓到弱點。麻州民主黨參議員伊莉莎白·沃倫一再被推到前臺，被輿論視為最有潛力與希拉蕊一爭高下的民主黨總統候選人，一是因為沃倫

也是女性，二是她在黨內威望頗高，尤其是她反對華爾街金融階層的立場被視作是中產階級的代言人，而希拉蕊經常被指責為與華爾街走得太近。

雖然沃倫一再表示，她無意參加二〇一六年總統大選，但是據美國聯邦選舉委員會的資料，目前，至少有兩個政治組織打著沃倫的旗號，在為她的總統競選募款造勢。一個名為「為沃倫準備著」的競選民間組織已經募集到了十萬美元，而另外一個名為「競選，沃倫，競選」的組織尚未公佈財務數據，但據說已經搜集到兩萬五千人的請願簽名。

就在希拉蕊宣佈參加二〇一六年大選的第二天，佛羅里達州共和黨參議員馬可．盧比歐在邁阿密一場政治集會上正式宣佈競選總統，

盧比歐一九七一年出生在邁阿密一個古巴移民家庭，母親是女傭，父親是酒保，做過多拉丁美洲裔移民至今仍在從事的辛苦活。作為出生在美國的移民後代，盧比歐成長的故事可謂「美國夢」的一個縮影：靠著橄欖球獎學金進入大學，拿到法學碩士學位，早早步入政壇，從市議員到州議員，再到國會參議員，一路平步青雲，還娶了全國橄欖球聯盟（NFL）邁阿密海豚隊的前啦啦隊隊長，生下四個孩子，一家六口，其樂融融。

雖然盧比歐連一任參議員都還沒當滿，在政壇卻打滾了多年。一九九六年鮑伯．多爾競選總統時，剛走入社會的盧比歐就加入了這名共和黨籍聯邦參議員的競選陣營。二〇〇七年，他成為佛羅里達州眾議院首位拉美裔議長。二〇一〇年，在民粹主義和右翼保守派政治

團體「茶黨」大力支持下，盧比歐首次當選國會參議員。

二〇一三年二月，盧比歐成為美國《時代週刊》的封面人物，被稱為「共和黨救世主」。年輕，無疑是盧比歐藉以問鼎白宮的最大資本，年齡優勢有助於盧比歐吸引年輕選民，以及拉丁裔和非洲裔黑人選民的支持。對法新社評論說，比起黨內其他候選人和民主黨六十七歲的希拉蕊，盧比歐希望凸顯自己的年齡優勢。作為「新人」，他更希望告訴美國人，不要讓布希家族和柯林頓家族輪流統治將近四分之一個世紀的歷史延續。

共和黨內已經宣佈參加競選的還有兩位候選人，分別是德州參議員泰德・克魯茲和肯塔基州參議員蘭德・保羅。

泰德・克魯茲現年四十四歲，是共和黨內保守派「茶黨」最主要的代表人物，極度反對歐巴馬政府的諸多立場，包括槍枝管制、墮胎、移民改革和健保改革。

泰德的父親生於古巴，換句話說，他的父親乃至他都是移民政策受益者，因此他反對非法移民入籍的改革引發很多質疑。他的解釋是，允許非法移民入籍，對於合法移民不公平。

泰德在移民政策上「過河拆橋」的立場，勢必影響到他的大選表現，雖然極端保守立場或許有助於贏得共和黨內初選，但如果能夠進入全國投票，少數族裔的是否會支持他就很難說了。

蘭德・保羅現年五十二歲，他的父親羅恩・保羅（Ron Paul）二〇一二年也曾參加大選，不過沒能贏得黨內提名，當時共和黨的提名人是羅姆尼，最終輸給了歐巴馬。

保羅繼承了父親的自由派立場，但在日趨保守化的共和黨內部，他的立場有些格格不入，在對外政策方面，他反對干涉主義，但如今克里米亞併入俄羅斯，「伊斯蘭國」等宗教極端武裝組織成為新的恐怖主義威脅，美國外交面臨諸多挑戰，和平主義能贏得多少支持還是個疑問。

女人

和共和黨的幾位候選人相比，希拉蕊的優勢在於識別度高。從第一夫人開始，希拉蕊進入美國選民的政治視野已經超過二十年，從參議員到國務卿，希拉蕊在華盛頓擁有無可比擬的政治資源，並在中產階級職業女性選民中有著絕對的影響力。而共和黨的幾位候選人，他們首先要在黨內初選進行廝殺，在移民、教育等問題上不得不向右翼保守主義傾斜，從而將一批獨立派人士推向希拉蕊陣營。

而從美國大選的政治地圖上看，希拉蕊的優勢更加明顯。由於美國各州人口這幾年持續的變遷，尤其是在一些民主共和兩黨競爭激烈的州，希拉蕊的選民基礎受人口遷徙的影響，有逐漸擴大的趨勢，除非共和黨能夠在西班牙裔選民中獲得強烈支持，或者從希拉蕊志在必得的女性和年輕選民那裡分得一杯羹，否則，希拉蕊在一些搖擺州的優勢會進一步擴大。

最後，也是最重要的一點，希拉蕊有錢！美國政治選舉就是一臺貪婪的燒錢機器，而在近十年的歷屆大選中，以「政治行動委員會」（PAC）為代表，大選的金錢本色更是表露無遺。

PAC是支持候選人的私人政治組織，通常向企業、利益集團或者個人募捐。美國競選法律對於個人以及企業能夠捐助給候選人的款項有嚴格的限制，在二〇一〇年前，個人對於PAC的捐款不能超過五千美元。PAC在選舉中的影響有限，在國會選舉中，PAC的廣告支出占三分之一左右，對總統大選的影響會更小。

但是二〇一〇年在「聯合公民訴聯邦選舉委員會」一案中，最高法院裁定PAC從個人、企業、工會以及貿易組織那裡募款不受限制，並且可以用這些款項來支持或者打擊聯邦政府的候選人，這使得PAC升級為超級行動委員會。

「超級行動委員會」與PAC的最大不同，在於前者可以「無上限」地接受捐款，但前提是不可以把錢交給候選人，只能用這筆錢投放廣告、或舉辦相關的政治宣傳活動。

開放四年多來，「超級行動委員會」幾乎改變了美國政治獻金的生態。目前，全美有一千三百六十個超級行動委員會。兩年來，「時時刻刻為希拉蕊準備」這個有著強烈PAC特徵的民間團體在全美各地舉辦活動、募款，不僅吸納了超過一千五百萬美元的資金，還建立了多達四百萬人的「基層募款名單資料庫」，該團體還專門雇傭了一家名為「二七〇戰略」的數據分析公司，負責管理和大數據分析。而這家公司的創辦人則是歐巴馬的人馬。此外，另外一個名為「美國行動優先委員會」的超級行動委員會也將為希拉蕊募款，這個組織是由歐巴馬的校友發起的。

外界預計，希拉蕊在二〇一六年的大選中將花費二十五億美元。可以想見，在歐巴馬團隊的支持下，希拉蕊擁有民主黨歷史上最雄厚的政治獻金基礎，「不缺錢」的希拉蕊可以將她那輛史酷比（Scooby-Doo）房車開到美國任何一個角落組織競選。

這一幕似曾相識——二〇〇七年，當希拉蕊宣佈參加競選時，她的優勢同樣明顯，但卻出人意料地敗給了民主黨內一匹年輕的「黑馬」歐巴馬。八年之後，希拉蕊面臨的最大的敵人不是共和黨，也不是黨內的機會主義者，而恰恰是她自己。希拉蕊能否避免二〇〇八年競選時的團隊混亂和策略失當？希拉蕊招募的這些八〇後、九〇後年輕團隊，習慣於大數據分析和自由媒體語言，能否給希拉蕊帶來以傳統競選套路之外的驚喜？六十七歲的希拉蕊能否吸引年輕人的選票，能否「繼承」歐巴馬的死忠黑人選民基礎？

希拉蕊究竟應該怎樣贏得這場大選？

從選民的市場來看，希拉蕊必須贏得所謂「歐巴馬聯盟」的支持，也就是在二〇〇八年和二〇一二年兩次大選中都鐵定站在歐巴馬一邊的黑人選民，以及年輕的受過大學教育的白人選民。同時，希拉蕊還必須緊緊固守自己的領地，絕不允許對手染指自己的死黨——白人職業婦女階層，並且將這部分選民擴大到城市郊區的受過大學教育的女性。這些年來，「白人職業男性」這個龐大的選民群體有脫離民主黨的趨勢，但是希拉蕊靠著老公柯林頓當年在這部分人群中的良好回憶，仍能斬獲不少選票。

在二〇〇八年的選舉中，西班牙裔選民對希拉蕊的支持遠遠超過支持歐巴馬，但在歐巴馬推出移民改革法案之後，少數族裔選民在這個問題上出現分歧。希拉蕊如果想在關鍵性的佛羅里達州和科羅拉多州贏得選票，在移民法案上的表態將是她繞不過去的一道坎。

從選區地理上，「搖擺州」俄亥俄州仍然是關鍵，所謂「得俄亥俄者得天下」，從一九六〇年開始，所有在俄亥俄州獲勝的候選人最終都贏得了大選。二〇一六年，俄州仍是大選民主共和兩黨爭奪的焦點。

但是，與以往不同的是，近幾年美國人口地理的遷徙變化，讓科羅拉多州、內華達州和維吉尼亞州的重要性大幅提升。賓州將是整個大選最重要的風向標，希拉蕊在二〇〇八年的選舉中領先歐巴馬九個百分點。密西根州和新罕布希爾州將爭奪激烈。

從競選戰略上，希拉蕊的女人身份將成為其政治理念的最佳註腳。

八年前，希拉蕊在宣佈退出競選時，面對她的死忠女性選民，她說：「雖然這一次，我們沒能打破那道高高在上、無比堅硬的玻璃天花板，但因為你們，玻璃天窗上出現了一千八百萬條裂縫。陽光第一次這麼耀眼地灑下來，給予我們每個人希望和信心。我們相信，下一次，打碎這層天花板會更容易。美利堅的歷史是不斷前進的，我將永遠站在民主的最前沿，為未來而戰。」

現在，歷史給了希拉蕊新的機會，讓她打破籠罩在美國女性頭上的那層看不見的玻璃

天花板。希拉蕊無疑將從自己身為人母和外婆的角度出發，反覆強調她將給美國的婦女兒童帶來一個更加美好的明天，努力解決收入不平等以及中產階級困境等問題，尤其是經濟政策上，希拉蕊的女權色彩將更加濃厚，包括增加最低工資，擴大帶薪產假和和帶薪病假的福利範圍，加強早期幼兒教育，降低兒童健保支出等等。

剛宣佈競選的希拉蕊，還沒有向公眾全盤托出她的執政綱領和未來政策走向，但從以普通百姓為主角的競選廣告和開著房車公路旅行的舉動來看，走平民化路線的民粹主義將主導希拉蕊的競選基調，這也預示著，為普通民眾創造更多機會、提高中低收入階層生活水準將成為希拉蕊競選的核心經濟議程。

事實上，當希拉蕊還是白宮第一夫人的時候，她的經濟政策理念一直被認為是左翼自由主義色彩濃厚，與丈夫柯林頓的中間主義政策形成鮮明的對比，甚至被柯林頓政府時期的經濟學家冠以「布爾什維克」的稱號。

二〇〇八年大選期間，希拉蕊在經濟領域的主張「左翼」傾向更加強烈，甚至惹惱了華爾街一些主要的捐款人和老朋友，但卻為她在勞工組織和工薪階層贏得了廣泛的支持。希拉蕊提出，要消滅華爾街所謂的「業績獎金漏洞」，廢除布希政府時期給富人的減稅優惠政策，對衍生金融產品實施更加嚴格的監管，對企業高層的薪酬實行上限。「逐漸擴大的經濟不平等，正在撕裂這個國家，人口僅占1%的家庭，卻擁有美國22%的財富。我們必須採取措施。」

過去幾年，美國經濟成功走出金融危機並回到穩步復甦的增長軌道，但經濟復甦成果並未被社會各階層廣泛共享，普通民眾收入持續下滑，貧富差距進一步拉大，中產階層萎縮，成為美國經濟長期可持續增長面臨的重大挑戰，也是二〇一六年總統大選不可迴避的重要話題。

過去幾個月，希拉蕊已經和兩百多位經濟學家和學術人士就此進行探討，希望找到解決收入和財富分配不均的理想政策方案，但同時又不冒犯富人階層，以體現包容性繁榮的政策理念，並讓每個人都能獲得成功的機會。

美國經濟的撥雲見日是歐巴馬留給希拉蕊最大的政治遺產，預計在競選中，希拉蕊將緊緊抓住這一點，宣揚美國經濟復甦的前景和歐巴馬政府刺激經濟的政策效果，在金融監管改革等領域繼續蕭規曹隨，延續歐巴馬呼籲多年的提高最低時薪、投資基礎設施建設、阻擋企業所得稅漏洞、為中產階級減稅等倡議，以穩定民主黨中堅選民的支持。

但是，希拉蕊不願成為歐巴馬版本三，她會提出一些新政策，與歐巴馬保持適當距離，以避免外界形成歐巴馬第三個總統任期的印象。比如，她可能會提出一些激勵措施，鼓勵企業不過分追求短期利潤，而注重提升股東價值和增加對員工、環境和社區的投資，以促進企業經營成果共用。

此外，歐巴馬任內與國會共和黨的關係一直比較僵，民主、共和兩黨多次在財政預算、債務上限等議題上激烈搏鬥，一度導致聯邦政府非核心部門關門。希拉蕊預計會展現出更多

靈活性，以便與共和黨就一些經濟議題達成妥協。

比爾．柯林頓總統時期走的是推動福利改革、削減財政赤字和推動自由貿易協定的經濟政策路線，成立了北美自貿區，為美國一九九〇年代末的強勁經濟增長奠定了基礎。有人開玩笑說，如果希拉蕊上臺後遇到什麼經濟難題，回家問問她丈夫就可以了。

經濟歷來是美國大選的核心議題，但希拉蕊並不擅長，因而不會有太多的突破，更讓人期待的是她在外交領域，四年的國務卿生涯和長期與各國領導人打交道形成的人脈積累，將為希拉蕊在外交上帶來更多的發言權和自信度，而正在崛起並改變全球地緣政治格局的中國，無疑將成為希拉蕊「總統」在國際舞臺上最重要的一位舞者。

在擔任國務卿期間，希拉蕊對中國的態度有所修正，她意識到與中國這樣一個古老大國打交道，接觸總比對立好，加強與中國的經濟合作，擴大民間往來是消除對抗、穩定亞洲局勢的重要選擇，尤其是在美國正面臨金融危機之後的霸權衰落的新格局下，中國的合作對美國至關重要。

鷹派色彩濃厚的希拉蕊是美國「重返」亞太的積極推手。二〇〇九年，希拉蕊擔任國務卿後，首次提出「重返亞太」的構想，主張美國積極介入亞太事務。希拉蕊強調二十一世紀是「太平洋世紀」，太平洋世紀必定是「美國世紀」，而美國外交在未來十年最重要的任務就是在亞太地區擴大投入。

對於中國，她提出三條腿走路：一是擴大對華關係，二是制約中國，加強與中國以外各國的同盟關係，三是支持地區多邊組織的發展。

與中國接觸，是為了更好地遏止中國。國務卿四年間，希拉蕊時不時地在人權、網路安全與自由、知識產權、人民幣匯率、貿易政策以及南海爭端等問題上多次發表針對中國的指責言論。

四年一次的美國大選，與美國在民主實踐和價值觀上有著迥異選擇的中國，都會被拿來作為靶子，成為兩黨候選人宣示人權、自由理念和美國霸主地位的工具。對華態度一貫強勢的希拉蕊自然也不例外，出於討好選民的需要，會毫不吝嗇地批評中國。

但是，這並不代表希拉蕊「當選」後的美國對中國的政策會有劇烈的調整，現實中的美中關係，與競選時理想主義下的中美對立並不完全一致，它已經超越價值觀的不同。一方面，在中國已經成為全球第二經濟大國，中美關係已經是「二十一世紀最重要的一對雙邊關係」的情況下，任何人當選總統後都要考慮中美關係對於美國利益的重要性，都要從原先注重理念的理想主義思維，轉變為注重利益的現實主義，希拉蕊需要中國的合作；另一方面，尤其是經貿領域，中美兩國競爭與合作博弈的基本態勢不會改變。從亞太自貿區路線圖之爭到亞洲基礎設施投資銀行籌建，中美有關國際經貿規則制定的博弈日益增多，未來在國際經濟治理改革方面的交鋒可能會更加激烈。但是，共存共榮是大勢，不會因希拉蕊的上臺而有實質性的改變。

美國政治分析學者阿爾‧亨特（Al Hunt）對希拉蕊當選後的外交藍圖做出總結：普丁和希拉蕊已經表現出了相互的仇恨，因此希拉蕊對俄羅斯將採取強硬政策。而對中國，她將呼籲進行更多接觸，並且她會支持中美貿易協議，儘管可能會有一些附加條件。

美國《國家利益》雜誌認為，希拉蕊是美國「亞太再平衡」戰略的設計師，如果她能夠成功入主白宮，重返亞太將再次成為美國外交的核心議題。因此，希拉蕊會繼續加強與中國的接觸，而非選擇對抗。

福斯新聞也認為，希拉蕊上臺後，將更多地從實用主義的角度出發看待中美關係，這是美國政治在選舉和當選後特有的搖擺方式。福斯新聞將希拉蕊與美國前總統尼克森曾經使用過的「新尼克森」策略相比，認為在中國問題上，希拉蕊未來也將仿照尼克森，顯示出強烈的實用主義色彩。

希拉蕊正在創造歷史，如同她的「前任」創造了美國第一位黑人總統的傳奇一樣，一個有著第一夫人、參議員和國務卿頭銜的女人，在她六十七歲的時候，又準備重返白宮，將總統的桂冠戴在自己的頭上。

不管二〇一六年大選的最終結果如何，在她走出小岩城的二十多年後，希拉蕊的王朝已經形成，並且正在走向它光彩華麗的巔峰。

附錄一
希拉蕊大事記

二〇〇八年六月七日　希拉蕊在華盛頓國家建築博物館正式承認，競選失敗。

二〇〇八年八月二十六日　希拉蕊在丹佛民主黨全國代表大會上，呼籲支持歐巴馬。

二〇〇八年十二月一日　當選總統歐巴馬在芝加哥宣佈，提名希拉蕊擔任美國第六十七任國務卿。

二〇〇九年一月二十一日　參議院以九十四票對兩票的壓倒性多數，通過了希拉蕊國務卿的任命。

二〇〇九年一月二十二日　希拉蕊赴國務院大樓，走馬上任。

二〇〇九年二月十三日　希拉蕊在紐約亞洲協會總部首次闡述亞洲戰略。

二〇〇九年二月一十五日　希拉蕊啟程訪問日本、印尼、南韓和中國，這是她就任國務卿後首次出訪。

二〇〇九年二月二十日　希拉蕊抵達北京訪問。

二〇一〇年一月二十一日　希拉蕊在華盛頓新聞博物館發表演講，鼓吹網際網路自由，將「互聯互通」納入美國外交政策範圍。

二〇一〇年四月八日　美俄在布拉格簽署兩國關於削減進攻性戰略武器的新條約。

二〇一〇年五月二十一日　希拉蕊參觀上海世博會，並赴京出席中美第二輪戰略與經濟會議。

二〇一〇年七月二十二日　希拉蕊出席美越建交十五周年紀念活動，並首次公開表態介入南海爭端。

二〇一〇年七月三十一日　女兒雀兒喜在紐約州舉行盛大婚禮。

二〇一〇年十一月二十八日　維基解密公佈了美國駐外領事館發回的二十五萬份秘密外交電文，引發一場外交危機。

二〇一一年三月一十九日　希拉蕊推動國際社會在利比亞設立禁飛區，北約和美國開始對利比亞展開空襲。

二〇一一年五月一日　希拉蕊在白宮戰情室觀看美軍特種兵在巴基斯坦擊斃賓·拉登的實況。

二〇一一年十一月三十日　希拉蕊訪問緬甸，並與軟禁中的翁山蘇姬會面。

二〇一二年十二月二十一日　歐巴馬宣佈，正式提名凱瑞接替希拉蕊，出任新一屆的國務卿。

二〇一三年一月二十三日　希拉蕊在參議院外交委員會就班加西領館襲擊事件接受國會質詢。

二〇一三年二月一日　希拉蕊正式卸任國務卿，離開國務院。

二〇一三年六月十三日　希拉蕊開設她的推特帳戶。

二〇一四年六月十日　希拉蕊的新書《艱難抉擇》出版。

二〇一五年四月十二日　希拉蕊正式宣佈參加二〇一六年總統大選。

附錄二
參考書目

1．Hillary Rodham Clinton, Hard Choices, Simon & Schuster, 2014.

2．Jonathan Allen & Amie Parnes, HRC: State Secrets and the Rebirth of Hillary Clinton, Crown, 2014.

3．Edward Klein, Blood Feud: The Clintons vs. the Obamas, Regnery Publishing, 2014.

4．Daniel Halper, Clinton, Inc.: The Audacious Rebuilding of a Political Machine, Harper Collins Publishers, 2014.

5．Jonathan Alter, The center Holds: Obama and His Enemies, Simon & Schuster, 2013.

6．James Mann, The Obamians: the Struggle Inside the White House to Redefine American Power, Penguin Group, 2012.

7．Robert.M.Gates, Duty: Memoirs of a Secretary at War, Knopf, 2014.

8．金．伽塔絲，《見證：國務卿希拉里．柯林頓》，中國友誼出版公司，2013年版。

國家圖書館出版品預行編目（CIP）資料

譽毀之間：邁向權力巔峰的希拉蕊 / 敖軍著.
-- 二版. -- 臺北市：九韵文化；信實文化行銷,
2016.10
面；　公分. --（What's Vision）
ISBN 978-986-93548-6-8（平裝）

1.柯林頓（Clinton, Hillary Rodham）2.傳記

785.28　　105017917

What's Vision

譽毀之間：邁向權力巔峰的希拉蕊

PRAISE AND CRITIC：Hillary's Way to the President of the United States

作　　者　敖軍
封面設計　黃聖文
總 編 輯　許汝紘
美術編輯　楊詠棠
編　　輯　黃淑芬
執行企劃　劉文賢
發　　行　許麗雪
總　　監　黃可家
出　　版　信實文化行銷有限公司
地　　址　台北市松山區南京東路5段64號8樓之1
電　　話　（02）2749-1282
傳　　真　（02）3393-0564
網　　址　www.cultuspeak.com
讀者信箱　service@whats.com.tw
劃撥帳號　50040687 信實文化行銷有限公司

印　　刷　上海印刷廠股份有限公司

總 經 銷　聯合發行股份有限公司
地　　址　新北市新店區寶橋路235巷6弄6號2樓
電　　話　（02）2917-8022

香港總經銷　聯合出版有限公司
地　　址　香港北角英皇道75-83號聯合出版大廈26樓
電　　話　（852）2503-2111

本書由上海萬語文化藝術有限公司授權信實文化行銷有限公司在臺灣地區獨家出版發行。

封面圖片　達志影像

2016年10月 二版
定價：新台幣 450 元